U0107384

日本的现代神话

明治晚期的意识形态

JAPAN'S MODERN MYTHS

IDEOLOGY IN THE LATE MEIJI PERIOD

Carol Gluck

[美] Carol Gluck 卡罗尔·格鲁克 著

徐翠萍 等 译

江苏人民出版社

图书在版编目(CIP)数据

日本的现代神话：明治晚期的意识形态 / (美) 卡罗尔·格鲁克著；徐翠萍等译. -- 南京：江苏人民出版社，2023.3

(西方日本研究丛书)

书名原文：Japan's Modern Myths：Ideology in the Late Meiji Period

ISBN 978-7-214-27165-5

Ⅰ.①日… Ⅱ.①卡… ②徐… Ⅲ.①社会意识形态-研究-日本-近代 Ⅳ.①D093.134

中国版本图书馆 CIP 数据核字(2022)第 062268 号

书　　名	日本的现代神话:明治晚期的意识形态
作　　者	[美]卡罗尔·格鲁克
译　　者	徐翠萍等
责任编辑	魏　冉
特约编辑	刘一哲
装帧设计	许晋维
责任监制	王　娟
出版发行	江苏人民出版社
地　　址	南京市湖南路 1 号 A 楼,邮编:210009
照　　排	江苏凤凰制版有限公司
印　　刷	苏州市越洋印刷有限公司
开　　本	880 毫米×1230 毫米　1/32
印　　张	16.875　插页 4
字　　数	350 千字
版　　次	2023 年 3 月第 1 版
印　　次	2023 年 3 月第 1 次印刷
标准书号	ISBN 978-7-214-27165-5
定　　价	88.00 元

(江苏人民出版社图书凡印装错误可向承印厂调换)

总　序

这又会是一个卷帙浩繁的移译工程！而且，从知识生产的脉络上讲，它也正是上一个浩大工程——“海外中国研究丛书”的姊妹篇，也就是说，它们都集中反映了海外学府（特别是美国大学）研究东亚某一国别的成果。

然而，虽说两套书“本是同根生”，却又完全可以预料，若就汉语世界的阅读心理而言，这后一套丛书的内容，会让读者更感生疏和隔膜。如果对于前者，人们还因为禀有自家的经验和传统，以及相对雄厚的学术积累，经常有可能去挑挑刺、较较劲，那么对于后者，恐怕大多数情况下都会难以置喙。

或许有人要争辩说，这样的阅读经验也没有多少不正常。毕竟，以往那套中国研究丛书所讲述的，乃是自己耳濡目染的家常事，缘此大家在开卷的过程中，自会调动原有的知识储备，去进行挑剔、补正、辩难与对话。而相形之下，眼下这套日本研究丛书所涉及的，却是一个外在文明的异样情节，人们对此当然只会浮光掠影和一知半解。

不过，设若考虑到这个文明距离我们如此之近，考虑到它在当今国际的权重如此之大，考虑到它跟传统中华的瓜葛如此之深，考虑到它对中国的现代化历程产生过如此严重的路径干扰与路径互动，那我们至少应当醒悟到，无论如何都不该对它如此陌生——尤其不该的是，又仅仅基于一种基本无知的状态，就对这个邻近的文明抱定了先入为主的态度。

还是从知识生产的脉络来分析，我们在这方面的盲点与被动，至少在相当大的程度上，是由长期政治挂帅的部颁教育内容所引起的。正如上世纪50年代的外语教学，曾经一边倒地拥抱“老大哥”一样，自从60年代中苏分裂以来，它又不假思索地倒向了据说代表着全球化的英语，认定了这才是“走遍天下都不怕”的“国际普通话”。由此，国内从事日本研究的学者，以及从事所有其他非英语国家研究的学者，就基本上只能来自被称作“小语种”的相对冷门的专业，从而只属于某些学外语出身的小圈子，其经费来源不是来自国内政府，就是来自被研究国度的官方或财团。

正因此才能想象，何以同远在天边的美国相比，我们反而对一个近在眼前的强邻，了解得如此不成正比。甚至，就连不少在其他方面很有素养的学者和文化人，一旦谈起东邻日本来，也往往只在跟从通俗的异国形象——不是去蔑视小日本，就是在惧怕大日本。而更加荒唐的是，他们如此不假思索地厌恶日本人，似乎完全无意了解他们的文化，却又如此无条件地喜欢日本的产品，忽略了这些器物玩好的产生过程……凡此种种，若就文化教养的原意而言，都还不能算是完整齐备的教养。

与此同时，又正因此才能想象，如此复杂而微妙的中日关系，如此需要强大平衡感的困难课题，一旦到了媒体的专家访谈那里，往往竟如此令人失望，要么一味宣扬一衣带水，要么一味指斥靖国神社。很少见到这样的专门家，能够基于自己的专门知识和专业立场，并非先意承旨地去演绎某些话语，而是去启迪和引导一种正确的阅读。

那么，除了那两种漫画式的前景，更广阔的正态分布究竟是怎样的？总不至于这两个重要邻邦，除了百年好合的这一极端，就只有你死我活的另一极端吧？——由此真让人担心，这种对于外来文明的无知，特别是当它还是极其重要的近邻时，说不定到了哪一天，就会引发代价惨重的、原本并非不可避免的灾祸。确实，要是在人们的心理中，并不存在一个广阔的理解空间，还只像个无知娃娃那样奉行简单的善恶二元论，那就很容易从一个极端走向另一个极端。

作为一介书生，所能想出的期望有所改善的手段，也就只有号召进行针对性的阅读了，并且，还必须为此做出艰苦的努力，预先提供足够的相关读物；此外，鉴于我们国家的大政方针，终将越来越走向民主化，所以这种阅读的范围，也就不应仅限于少数精英。正是诸如此类的焦虑，构成了这套丛书的立项理由——正如在上一套丛书中，我们曾集中引进了西方自费正清以降的、有关中国研究的主要学术成果，眼下我们在新的丛书中，也将集中引进西方自赖肖尔以降的、有关日本研究的主要研究成果。

我们当然并不指望，甫一入手就获得广泛的反响和认同。回想起来，对于大体上类似的疑问——为什么满足理解中国的精神冲动，反要借助于西方学界的最新成果？我们几乎花去了二十年的不倦译介，才较为充分地向公众解释清楚。因而，我们现在也同样意识到，恐怕还要再费至少十年的心血，才能让读者不再存疑：为什么加强理解日本的途径，也要取道大洋彼岸的学术界。不过我却相信，大家终将从这些作者笔下，再次体会到怎样才算作一个文化大国——那是在广谱的意义上，喻指学术的精细、博大与原创，而并非只是照猫画虎地去统计专著和论文数量，而完全不计较它们的内在质量。

我还相信，由于这套丛书的基本作者队伍，来自我们二战时期的盟国，所以这些著作对国内读者而言，无形中还会有一定的免疫力，即使不见得全信其客观公正性，至少也不会激起或唤醒惯性的反感。此外，由于这些著作的写作初衷，原是针对西方读者——也即针对日本文化的外乡人——所以它们一旦被转译成中文，无意中也就有一种顺带的便利：每当涉及日本特有的细节和掌故时，作者往往会为了读者的方便，而不厌其烦地做出解释和给出注释；而相形之下，如果换由日本本土学者来处理，他们就不大会意识到这些障碍，差不多肯定要一带而过。

不待言，这面来自其他他者的学术镜子，尽管可以帮助我们清洗视野和拓宽视角，却不能用来覆盖我们自身的日本经验，不能用来取代我们基于日文材料的第一手研究——尤其重要的是，不能用来置换中日双边的亲历对话，以及在此对话中升华出来的独自思考。而最理想的情况应当是，一旦经由这种阅读而引起了兴趣和建立了通识，大家就会追根究底地上溯到原初语境去，到那里以更亲切的经验，来验证、磨勘与增益它们。

无论如何，最令人欣慰的是，随着国力的上升和自信的增强，中华民族终于成长到了这样一个时刻，它在整个国际格局中所享有的内外条件，使之已经不仅可以向其国民提供更为多元和广角的图书内容，还更可以向他们提供足以沉着阅读和平心思考这些图书的语境。而这样一来，这个曾在激烈生存竞争中为我国造成了极大祸害的强邻，究竟在其充满曲折与陷阱的发展道路上，经历了哪些契机与选择、成功与失败、苦痛与狂喜、收益与教训，也已足以被平心静气地纳入我们自己的知识储备。而借助于这样的知识，我们当然也就有可能既升入更开阔的历史长时段，又潜回充满变幻偶因的具体历史关口，去逐渐建立起全面、平衡、合理与弹性的日本观，从而在今后同样充满类似机遇的发展道路上，既不惮于提示和防范它曾有的失足，也不耻于承认和效仿它已有的成功。

我经常这样来发出畅想：一方面，由于西方生活方式和意识形态的剧烈冲击，也许在当今的世界上，再没有哪一个区域，能比我们东亚更像个巨大的火药桶了；然而另一方面，又因为长期同被儒家文化所化育熏陶，在当今的世界上，你也找不出另一块土地，能如这方热土那样高速地崛起，就像改变着整个地貌的喜马拉雅造山运动一样——能和中日韩三国比试权重的另一个角落，究竟在地球的什么地方呢？只怕就连曾经长期引领世界潮流的英法德，都要让我们一马了！由此可知，我们脚下原是一个极有前途的人类文化圈，只要圈中的所有灵长类动物，都能有足够的智慧和雅量，来处理和弥合在后发现代化进程中曾经难免出现的应力与裂痕。

此外还要提请注意，随着这套丛书的逐步面世，大家才能更真切地体会到，早先那套连续出版了一百多种，而且越来越有读者缘的“海外中国研究丛书”，在其知识创化的原生态中，实则是跟这套“西方日本研究丛书”相伴而生的。作为同一个区域研究的对象，它们往往享有共通的框架与范式，也往往相互构成了对话基础和学术背景。而由此也就不难联想到，尽管西方的区域研究也在面临种种自身的问题，但它至少会在同一个地区谱系中，或在同一个参考框架下，把中日当作两个密不可分的文明，来进行更为宏观的对比研究——这就注定要启发我们：即使只打算把中国当作研究对象，也必须蔚成一种比对日本来观察中国的宽广学风，因为确有不少曾经百思不得其解的难题，只要拿到中日对比的大框架下，就会昭然若揭，迎刃而解。

最后，由于翻译此套丛书的任务特别艰巨，既要求译者通晓英文，又要求他们了解日本，也由于现行的学术验收体制，不太看重哪怕是最严肃的翻译工作，给这类唯此为大的学术工作平添了障碍，所以，对于所有热心参赞此项工程的同侪，我既要预先恳请他们随时睁大眼睛，也要预先向他们表达崇高的敬意；并且——请原谅我斗胆这样说——也为他们万一有什么“老虎打盹”的地方，预先从读者那里祈求谅解。当然，这绝不是一个“预先免责”的声明，好像从此就可以放开手脚去犯任何错误了。可无论如何，我们想要透过这套书提供的，绝不是又有哪位译者在哪个细节上犯下了哪类错误的新闻，而是许多译者经由十分艰苦的还原，总算呈现在图书中的有关日本文明的基本事实——无论知我罪我，我还是把这句老实话讲出来，以使大家的目力得以穿透细枝末节，而抵达更加宏大、久远和深层的问题！

刘　东

2009 年 8 月 16 日

于静之湖·沐暄堂

目　录

第一章

意识形态与帝国化日本

意识形态主题

一

虽然没有任何社会会无视关于自身的集体话语，但是，有些国家在意识形态方面言说更多。从 19 世纪中期日本对所谓的“文明开化”政策的精心探索开始，意识形态就表现为一种自觉而雄心勃勃的计划，一种持久的公民关怀，事实上演变成了一种国家事务。在 1868 年明治维新之后的数年中，它甚至成为制度改革过程中最为迫切的要求。日本领导人认为，单凭制度还不足以保证国家的安全，仅凭政治集权、经济发展、社会阶层重置以及倾心追求的国际认可等还远远不够，民众还必须被“唤醒”，使之人心归一[1]。

在终结封建制度一年后的 1869 年，巡讲的布道员们为了新帝国的游说工作而被派往乡村角隅。1881 年，一位致力于起草包括宪法在内的国家立法为自己建功立业的官员断然宣布，当前最为急迫的“并非政府法律，而是国民精神”。当权者致力于说服民众“如风行草偃般屈服，并接受新思想”时，反对派以及讨论相同主题的启蒙思想家在唤起民众的整体情感方面

---

1 “文明开化”一词通常用于影响力，或是公民教育。《五条御誓文》中的“诸家一心”用来表示统一全体人民的感情与意见，在许多明治早期文献中表述为“人心归一”，20 世纪初变形为“国民思想统一”。关于皇家用语的例子见：明治神宫编，《明治天皇诏敕谨解》(讲谈社，1973)，114—116、239—240、1377—1379。关于社会教育的政府用语，见：内务省地方局，《地方改良实例》(博文馆，1912,)，72—114。

所做的努力也毫不逊色[1]。从19世纪80年代到20世纪的头15年间，日本人就致力于构建并宣传灌输一种为近代日本所需的意识形态。

事实证明这并非易事。尽管很多人相信其可行性，而且在国家宣教方面也卓有成效，但是很少有人在其基本内涵上达成一致。1869年，布道员们曾简单地把“神道”作为新时期的“大道”来进行宣传；1881年，律法官员则更喜欢把中国和德国学说作为国民启迪的途径。19世纪八九十年代，有些人提倡忠皇爱国、忠孝仁义，有些人则提倡日本的美学传统，还有一些人提倡社会学[2]。20世纪早期，国外的帝国扩张价值观和国内的农业价值观曾作为民众教化的适当内容。像其他国家一样，在动荡不安的社会背景下，日本国家意识的确立是一个试错过程。这种帝国化日本意识形态的产生并非无中生有，亦非有章可循。没有一个文本或一种启示作为正本之源，国家以及社会思想就会断断续续地、通常还前后矛盾地演变成一种过去

4

---

1 “布道员们”见：村上重良，《国家神道》(岩波新书，1970)，91—98。1881年井上毅的宣言见：“人心教导意见案”，井上毅传记编纂委员会编，《井上毅传·史料篇》，1卷（国学院大学图书馆，1966)，248—249。井上用“风动”（字面上指移动的风）来修饰“引导人心”。“反对派”见：例如，“人民全体若能同心则可”，“民选议员设立建议书”(1874)，见板垣退助编，《自由党史》(1910)，90；还可见角田、德·巴里、基恩编，《日本传统之源》(纽约：哥伦比亚大学，1958) 683—685。“讨论相同主题的启蒙思想家”见：威廉·R. 布雷斯特译，《明六杂志：日本启蒙刊物》(剑桥：哈佛大学出版社，1976)；明治文化研究会编，《明治文化全集，5卷，杂志篇》(日本评论社，1968)，43—268。

2 “美学传统”见：尾崎行雄，“欧美漫游记”（1888—1890)，《尾崎行雄全集》，3卷(平凡社，1926)，163—188。社会学，“新时代的儒家”，见：建部豚吾，“明治思想的变迁”，《日本》，1898年3月23日。

和现在、国内与本土的动态混合体。这种断续而前后矛盾的过程——明治晚期意识形态的成形，就是本书主题。

二

在日本和西方的著述中，这都是一个令人不悦的话题，因为它会让人立刻想到20世纪30年代末40年代初的日本，那是属于军国主义和战争的岁月。据说那时的日本人深信，日本乃神之领土，世界上最优等之民族居住于此，在仁慈的天皇领导下，人民万众一心[1]。此种社会局势是被用来服务于国家大业的有关神话调动起来的，在此背景下，关于天皇制思想的话题于战后初期被明确提了出来。在1945—1946年，日本人试图理清把日本引入战争的各种力量之格局，因为他们像当时占据日本的美国人一样认为，过去是通向未来的障碍。为了让战后的日本重新开始，首先就是要清算历史。在这个混乱的认知语境下，人们的注意力很快就集中到了战前天皇制的本质和起源上。从道格拉斯·麦克阿瑟到日本的共产党，评论者们都试图找出造成日本黑暗岁月的诸多因素[2]。

1　关于这些教条的表述，见：罗伯特·金·豪尔编，约翰·欧文·冈特莱特译，《国体之本义：日本国体的根本原则（1937）》（剑桥：哈佛大学出版社，1949）。

2　1945—1946年关于天皇制的辩论，见：日高六郎编，《战后思想的出发》（筑摩书房，1968），95—168。共产党关于推翻天皇制的章程，见："怀疑人民"（《红旗》，1945年10月20日），《战后思想的出发》，245—247；九野收、神岛二郎编，《"天皇制"论集》，卷1（三一书房，1974），7—40。占领军的总体态度见：查尔斯·L.卡德斯，"日本的代议制政府"，见驻日盟军总司令，《日本政治的重新定向，1945年9月到1948年9月》。政府报告节选，卷1（华盛顿：美国政府出版办公室，1949），xxiii－xxxv。

天皇制思想几乎在每一种述说中都很明显。麦克阿瑟认为，正是所谓的“天皇神话”使日本人民成了“卑劣的奴隶”，而美国的占领正是努力把他们从“战争罪恶、失败、痛苦、贫困以及悲惨现状的那种思想意识”中解放出来[1]。1946年，丸山真男在他著名的文章中也类似地提到过奴役、战争以及一种“成功地把一个无形的天罗地网罩在日本人民头上”的天皇制思想意识，日本民众必须得摆脱其控制[2]。其他的日本人也有同感，有些人还感至肺腑。一位作家写道，一提到“皇帝”这个词，就感到心胸紧抽；一看到国旗，就感到脊背发凉。对于他的这种“天皇恐惧症”，有人建议他积极地去思索天皇制度，直到那些思想不再让他痛苦，不再让国家遭受灾祸[3]。除将军、官员、产业家以及农业地主之外，这种天皇思想意识形态在战前诸多力量中也占有一席之位，而他们的权力须得经受审查并肃清。

在天皇制思想首次进入战后日本知识界讨论事项的那些

---

1 麦克阿瑟，“投降一周年公告”（1946年9月2日），驻日盟军总司令，《日本政治的重新定向》2：756—757，以及“致关注投降的美国公民”（1945年9月2日），2：737。关于意识形态解放的官方声明，见：驻日盟军总司令备忘录，“废止对国家神道的政府性赞助、支持、保存、控制和宣传”（1945年12月15日），2：467—469。

2 “极端国家主义的理论与心理”，见伊万·莫里斯编，《现代日本政治中的思想与行为》(伦敦：牛津大学出版社，1963)，1。原发表于《世界》，(1946年5月)，它在前一个月刚发表了津田左右吉充满争议的文章“建国之情况与万世一系之思想”。尽管津田批评了天皇制及其对民众的压迫，但他仍为皇室辩护，认为它是一个被明治政府扭曲的文化制度，这为他招致了诸多责难。见1946年的《世界评论》《人民评论》《历史评论》等期刊，以及《日本历史》上其他学者对天皇制的批评文章。

3 吉本隆明，“如何看待天皇制”，《吉本隆明著作全集》，卷13（劲草书房，1972)，460。

年间，对其不同的阐释引起了历史学家们热烈的争论，但是，与战后热烈的氛围中所界定的其他诸多问题一样，该问题的实质没有改变。争论的内容可概括如下：天皇制思想乃近代天皇制度的产物，是从 1890 年明治宪法确立近代日本新政治结构到 1945 年新结构随着日本的投降而崩溃这一历史时期的产物。正是明治政府将其合法化并以之辅助国家的近代化进程。也就是说，寡头、官僚及其御用文人意识到，要想通过艰苦的经济发展和对外扩张来确保民众的合作，必须有某种思想阐释，因此他们就创造了一种以天皇为中心的主流话语并使之为民众接纳。它既死板又多变，其死板的一面表现为将一切异己视为背叛不忠，从而防止任何有效的反对；其模糊性表现为禁忌可随不同的需要而改变。因此，就同一个国家神话而言，战时的无私奉献与和平时期的节衣缩食具有同样的正当性。通过国家本质的道德化和神秘化，政治取消了自身。这一切所需要的就是公民的忠诚和自觉服从。人们之所以能够这样做，据说是由于对每一位公民自小学教育开始到进入社会生活的每一阶段进行某种道德驯化的结果。用一个最平常的词来说，人民被“铸住”了，而且，在一战后的那些年间，任何挣脱的努力首先遇到的就是强大的宣传攻势，其后是日渐严厉的强制措施，到 1930 年代，思想警察控制达到顶点[1]。

1　描述基于主要作者们关于该主题的作品。“丸山学派”见：丸山真男，《日本的思想》（岩波新书，1961），28—52；藤田省三，“天皇制国家的支配原理”（未来　（转下页）

大多数日本著作家认为，在战前的日本社会，天皇制思想既代表内部的心理约束又代表外部的政治服从。这种主流思想不仅有助于极端民族主义和军国主义的盛行，而且，就像战争本身一样，给现代日本蒙上了一层阴影，甚至到今天，日本民族也没有完全从中恢复过来。只不过其喻体由丸山所谓的无形大网一变而为色川大吉著作中的“一个日本人民不知不觉中步入的巨大黑箱”[1]。但直到现在，出于疗救目的，许多学者仍在对天皇制思想进行研究：他们意在探索出究竟是什么样的国情和民族禀性使得这种思想意识在战前扎下根来，从而来避免历史重演。正是出于同样原因，日本知识分子对现今日本政治中

(接上页) 社，1966)；石田雄，《明治政治思想史研究》(未来社，1954)；神岛二郎，《近代日本的精神构造》(岩波书店，1961)，17—164；松本三之介，《天皇制国家与政治思想》(未来社，1969)，254—308；松本，“政治幻灭的根源：日本的‘公’与‘私’”，见 J. 维克托·科什曼编，《日本的权威与个人：历史视点中的公民抗议》(东京：东京大学出版社，1978)，31—51。马克思主义的摘要见：井上清，《天皇制》(东京大学出版会，1952)。不过，马克思主义的史学总体关注政治经济结构，对意识形态方面的关注较少，见：犬丸义一，“战后天皇制研究的成果”，《历史评论》(1967 年 4 月)：27—41。“民众史”的观点见：色川大吉，“作为天皇制的意识形态”，《明治的文化》(岩波书店，1970)，363—335；鹿野政直，《资本主义形成期的秩序意识》(筑摩书房，1969)，259—625；安丸良夫（他用韦伯式的方法分析天皇制意识形态的早期起源)，《日本的近代化与民众思想》(青木书店，1974)。关于天皇制的代表性战后作品，见：久野、神岛，《“天皇制”论集》，全 2 卷。天皇制研究的时代变化，见：“天皇制”，《思想》，336 号（1952 年 6 月)；“天皇制”，《思想的科学》，37 号（1962 年 4 月)；“作为思想的天皇制”，《科学与思想》，7 号（1973 年 1 月)；“现代的天皇与天皇制”，《现代与思想》，15 号（1974 年 3 月)；“天皇制”，《传统与现代（保存版)》(1975)；“现代天皇制”，《法学研讨会（增刊)》(1977 年 2 月)；“天皇制与日本的近代”，《历史公论》，8 号（1977 年 8 月)。战后天皇制论者的简要索引，见：和歌森太郎，《天皇制的历史心理》(弘文堂，1973)，8—12。

1 色川，《明治的文化》，265。“黑箱”是马克思所言的“暗箱”（camera obscura)，在这里，倒立成像的光学仪器被放大到其原始意义——一个足以进入的巨大房间（因此我们意识不到其中存在的意识形态扭曲)。

所称作的“天皇问题”保持警觉。无论是建议恢复战前国家节日纪元节，即日本神话传说中神武天皇统一日本、建立日本国的纪念日，还是重设靖国神社——放置战争死难者的神殿而且与战前国家主流思想有着极为重要的宗教联系——的政府基金，任何关于天皇思想故态复萌的细微迹象都会招致抗议与关切[1]。

天皇制思想，正像它发端于明治晚期（1890—1912）并成为其时代标志一样，战后被确立为学术论题，成为战后思想史的一部分。但是，对 1945 年以前数十年的反观赋予了战前诸多天皇神话前所未有的内涵。1930 年代末及战时的高压手段极大地强化了民众的信奉教条，因而使它一开始就自然地具有凝聚力、目的性及有效性。明治意识形态，或者是就此而言的其他任何离极权主义仅一步之遥的意识形态，即便以往的确显现过，也不可能会在其形成阶段就展示出这些特点。因为，像历史一样，意识形态更是过程。

三

在论述该过程以前，对意识形态进行某种界定是有必要的，哪怕只是一个简单而概括的界定。由 20 世纪末意识形态领域已经取得的理论成果出发，笔者采用当下人们在研究思想

1 “天皇制意识形态——‘明治百年’批判”，《历史学研究》，341 号（1968 年 10 月）；松浦玲等，《问天皇制与靖国》（筑摩书房，1978）；海神会，《续问天皇制》（筑摩书房，1978）。其他的天皇制问题包括教科书审查，帝国五十周年纪念，“元号”体系的制度化，等等。

与社会关系时所惯常采用的人类学、社会学和后马克思主义分析法，来确定本书的轮廓。人类学家克利福德·格尔茨认为，意识形态赋予人们的社会生活以某种意义。通过问题描述并开出处方，意识形态为本无意义和模糊不清的社会布局与个体定位提供了一种“解决社会现实问题的路线图”[1]。但是，任何关于此类路线图和特定历史期间对社会形势的考量完全一致的想法都是一种误导。意识形态不仅反映、诠释作为其支撑的社会现实，而且，在伯杰和勒克曼看来，它还创造现实并与之保持恒久不变的“辩证关系”[2]。对于意识形态作为过程的研究正是集中于这种关系，集中于阿尔杜塞所谓的“人类与赖以生存的世界之间的有机联系”[3]。不同的人们对世界的理解不同，所以在一个社会内部，往往存在多重意识形态并存的格局。那么，问题就出现了，即何种或谁的价值观以什么方式取得支配地位。葛兰西的霸权理论认为，当一个社会群体成功地说服他人接受其世界观的合法性时，武力也在接纳的范围。另外，这种心悦诚服的接纳弥漫整个社会，以至于许多人认为这是毋庸置疑、自然而然的，而且有时候是无形的。但是，另一方面，使

---

1 克利福德·格尔茨，“作为文化系统的意识形态”，《文化的解释》(纽约：基本图书，1973)，216—220。

2 彼得·L. 伯杰、托马斯·勒克曼，《现实的社会构建：论知识社会学》(纽约：锚版图书，1966)，123—138。使用哲学术语对相似问题的讨论，见：保罗·拉比诺、威廉·M. 沙利文编，《解释性社会科学：一名读者》(伯克利：加利福尼亚大学出版社，1979)，2—8，及多处。

3 路易·阿尔杜塞，《保卫马克思》，本·布鲁斯特译（伦敦：新左书系，1969)，233—235。

之弥漫于社会的方法手段事实上是显而易见的，它们包括公共和私立传播机构活动，比如学校教育、报纸宣传，尽管与日常活动无关，但是它们还是帮助人们构建了一个公共意识形态领地[1]。最终，尽管人们提到意识形态内容时就好像它是单个而静止的，但事实上它是多元而动态的思想与实践领域，“在其内部，不仅有前后一致、恒久不变的论断，而且还有张力与冲突、肯定与质疑、革新与变化”[2]。

尽管这里所选用的材料在很多方面彼此都有所差异，但人们都共同强调意识形态是必不可少的社会元素，而“不是历史的歪曲或赘生物”[3]。简言之，社会创造意识形态，反过来意识形态重构社会秩序。这些界定避免了通常意义上，严格地说，把意识形态等同于可操作的系统性政治纲领的主张。为了以另外的概念表示意识形态的不同意义，这些说法还力避使用像“信仰制度”或“国家神话”之类的替代词语。总之，一些学

---

1 安东尼奥·葛兰西，《狱中札记节选》，昆汀·霍尔、杰弗里·诺埃尔·史密斯编译（纽约：国际出版社，1971），12—13、80，及多处。阿尔杜塞，“意识形态及意识形态国家机器”，《列宁和哲学及其他论文》，本·布鲁斯特译（纽约：每月评论出版社，1971），142—147。

2 雷蒙·威廉姆斯，《文化社会学》(纽约：肖肯书局，1982)，29。

3 阿尔杜塞，《保卫马克思》，232。在一种不同的传统中，（见格尔茨对意识形态是一种“极端的智性堕落”的批驳，“作为文化系统的意识形态”，193—200。）关于意识形态是一种“所有社会系统中持久的功能性成分”的主张存在于社会科学的所有流派之中。例如，伯纳德·巴伯，“意识形态系统中的功能、易变性和变动”，见罗纳德巴伯、亚历克斯·英克尔斯编，《稳定性与社会变迁》(波士顿：小布朗出版公司，1971)，251；约瑟夫·拉帕伦巴拉，“意识形态的衰退：一种分歧和一种解释”，《美国政治科学评论》卷60，1号（1966年3月）：7；罗尔夫·舒尔茨，“意识形态的某些社会心理的及政治的功能”，见冈特·W. 雷姆林编，《通向知识社会学：一种社会学思想的起源与发展》(纽约：人文出版社，1973)，115—128。

者也不认同马克思和恩格斯至关重要地将意识形态视为一种现实的倒置和错误观念的产物从而强调其欺骗性的做法[1]。但是，最后的这种特性描述是日本术语“天皇制思想”的来源，而且意识形态的贬义词义在日本学术上占主导地位，其中，像丸山或色川，都否认自己是马克思主义者。有些学者尝试探索曼海姆长期追求的“无价值判断的意识形态概念”，有时更喜欢使用“思想”这个词语，有些人则可能会在更为中性的意义上省略“天皇制”而只用“意识形态”这个词语[2]。有争议的意识形态内容及其即时性使得日本著者理所当然地不愿意接受当下的理论观点：对于活在其中的人们，意识形态既真实又“正确”。撇开欺骗性问题不谈，日本和西方著者都保留后马克思主义者对社会决定论的关切，坚持认为意识形态的形成一定要与互为因果的社会群体联系起来。尽管这些术语具有抽象性，但是意识形态的发展并非脱离现实进展的，而是存在于具体而特定的、不仅有具体的日期而且有众多的名字和鲜活面容的社会历史之中。

8

上述有关这一研究论题的界定，是对19世纪末20世纪初日本特定精英人士所身处的或他们以为自己所身处的社会政治

1 卡尔·马克思、弗里德里希·恩格斯，《德意志意识形态》(1920)（纽约：国际出版社，1970），47、65—66。虽然相对来说不是重点，但在马克思的其他作品中也有对意识形态的非贬损性的提及，例如，“政治经济学批判序言”（1859），罗伯特·塔克编，《马克思恩格斯读本》(纽约：W. W. 诺顿出版公司，1972)，5。

2 尽管很难说这是一种严格的区分，见例如，有泉贞夫对“意识形态统合”一词的偏爱：“明治国家与民众统合”，《岩波讲座：日本历史，卷17，近代4》(岩波书店，1976)，222以后。关于卡尔·曼海姆，见：《意识形态与乌托邦》(纽约：哈考特、布瑞斯和世界出版社，1936)，84—108。

环境的诠释。既然我们关注的就是这些最终成为主流的看法，那么，我们的重点就集中在促成明治晚期意识形态主流形成的统治集团和主流社会秩序上。尽管他们都享有特权，却有很大差异。他们的思想观点并非精心组织或前后一致的，而是支离破碎、相互矛盾的。他们热衷于依据自己的信仰创立有关国家和社会的理论，然后说服他人也去信仰，并常常以此为己任。他们并非愤世嫉俗的宣传家，而是完全相信自己的观点。沿着新旧交会的界标，也许最初源于自身的需要，他们重构未来的图景。他们并非理论家，而是将观点直接诉诸民众，企图以劝导的力量来赢得国民，而非热衷于辩论。他们是道德家，当然精通仿佛是温馨的儒教劝育模式；同时还依据最新西方德育论著，又宛若欧洲的劝育模式。他们通过界定法律的意义，界定政治在社会生活中的地位以及在新中产阶层的作用，来应对重大问题。他们注重诸如皇家仪式礼节、青年人的阅读习惯以及戴奢侈的金边眼镜等细节。出于严重的危机感，他们的构想总是以对当下社会和国家事务的强烈关注为开端。在他们所说（1890 年地方长官为缺乏一个统一道德标准而哀叹）和他们所想（担忧政党政治在首次选举中会推翻他们）之间，存在着各种相互矛盾的目的并存的混乱局面，其间，不同的群体及其观点相互冲突。[1]

9

1　“明治二十三年二月地方长官会议笔记”（1890），地方官会议议决书及笔记，抄本，东京都古文书馆（手稿）。

意识形态的形成

一

正如这种总特征描述所说，“意识形态学家”随处可见。明治政府的神话缔造者，不是任何一个单一的群体，无论其有无官方身份。所谓的“政府学者”并非宫廷理论家，而是那些以拥有独立的学识而自豪的理论顾问。简而言之，没有人以建构意识形态来谋生，反而有很多人以其他方式谋生，但常常对与他们的工作或职位密切相关的事情产生“意识形态”方面的兴趣——他们称之为“公众精神”。很多人在政府供职，但是，一般来说，为人们所期待要在那些事情上给予引导的主要政治人物似乎对此并不感兴趣，只有山县有朋这个寡头政治家是个例外。中央部门的诸多上层及中上层级别的官僚在勤勉地致力于意识形态建构大业，尤其是内务省、文部省，其次是陆军省和农商务省，但其关注点又各有差异。俄日战争后，陆军省需要人们自愿从军，并且有一副好的体格，而内务省及农商务省则希望那些农村青年守在那片古老的田地里耕作，而不是奔往城市那个“国民之坟墓”[1]。他们构建各自的学说来达到其目的，而这些目的往往相互冲突，加之机构竞争和官僚地方保护主义盛行，其结果是每个政府部门争相编制自己的理论要义，而没有促成统一的正统思想。极为活跃的还有府县一级的地方官员，以及各色各样

1 “国民之坟墓”见：“农村自治的研究”（1908），《山崎延吉全集》，卷 1（山崎延吉全集刊行会，1935），21—22。

的小官吏、村级官员和其他地方缙绅，这些人尽管经常出入地方政府，但从没想过他们与中央政府有任何联系，而是认为他们自身只是当地的名流而已。

10

那时，明治时期的意识形态这些最强大的观点——强硬路线，如同其外交政策一样，是来自政府之外，即人们所称谓的那样，是来自“民众之间”。这里的“民众”指的是新闻工作者、知识分子以及公众人物，该时期的“公众舆论”主要由他们形成。他们在意识形态问题上的兴趣颇具影响力，且具有高度发达的国家意识，还极少减退。他们也经常抨击一个政府由于没有对民众的精神健康给予充分的关注而疏于道德教育。他们谴责物质主义，推崇爱国主义，质疑社会主义，极力主张日本要获得世界强国这样的更大声望，他们在日益增加的商业刊物上大量宣传这些主张。

很多利益集团，其中多数是明治早期社会制度变革的产物，诸如神道教僧侣、教育家、地主贵族之类的集团，在面临各自的危机时，比如明治初期神道教团体每况愈下，他们公开疾呼该组织对国家统一，或社会稳定，或“国民精神统一”[1]之大业——正如1918年神道信徒一再重申他们一贯主张的那样，作出的贡献具有普遍性的重要意义。出于社会、经济或者文化目的而自发组织起来的协会团体在中央政府把他们纳入之前，就已经在从事对公民的教育活动，之后亦是如此。无数的

1 “国民精神统一”见：樱井东北，“关于神祇之官衙的设立乃帝国国是最紧急最重要之部分”，《全国神职会会报》，232号（1918年2月）：2。

社团、研究小组以及乡村组织，甚至在中央政府指示他们去那样做之前，就已经在追寻自己的目标了。

因此，不同的政府官员，在一个可能比天皇制意识形态这个词的内涵意义更为复杂的社会地域里，与其他众人一道，构建意识形态领域。如果说有“意识形态学家”存在的话——本研究表明这个词本身有着误导性——他们也是遍布各处，在不同的社会领域里进行着各不相同的阐释工作。在明治晚期的日本，就像在其他近代社会里一样，意识形态的形成既有个体意识形态层面也有团体意识形态层面，其中有时候是有意于此，有时又无意于此。

二

传播各自意识形态机构的人员也是如此，他们各自不同，并且确确实实地在从事着一种工作——教育儿童，训练士兵，征纳税收——这些活动同时也多少有些彰显一种意识形态层面。此方面最为明显的就是，诸如学校、军队和地方政府制度等这样的国家机构以及诸多半公半私的组织在传递一种印象，即帝国日本的形成是自上而下的，而后又自下而上。中央政府的愿望通过这些层次相互关联的机构，传达下去，传播到最小的乡村单位，这种形式在理论上似乎是能想象得到的最有组织的社会传播网络[1]。当然，这种印象正是有关团

11

---

1 代表性的报告见：鹿野，《资本主义形成期》，429—480；石田，《明治政治思想史研究》，180—202；隅谷三喜男，“国民视野的统合与分解”，《近代日本思想史大系》，卷5（筑摩书房，1960），22—30。

体所希望传达的，因为每个政府部门都声称是自己在单枪匹马地动员整个民族。学校、神社、青年组织以及后备军人都各被资助自己的政府部门认为是传播意识形态的唯一有效途径。

把这些途径归结在一起来看，至少可以避免落入把某一种意识形态内容当作整体意识形态的陷阱。军部文献记载整个民族都好像给军事化起来了，哪怕是一个卖鞋小贩，而在报德学会的年鉴记载里，这个民族则成了二宫尊德的崇拜者，因而，从一开始就对这个宏伟的构建计划保持怀疑态度似乎是明智的。在不同的机构阶层需要民众投入时间、承担义务的时候，则更是如此。人们怀疑说，如果日俄战争后一个农民按内务省规定去出席大量协会组织的会议，那么他将无暇从事诸多地方和国家机构给予的社会活动任务，更不用说田间劳作了。其实，我们从许多地方官员的悲叹中了解到，很多地方协会团体通过免费提供食物和酒水或者是最新流行的幻灯放映，徒劳地竞相招揽人们来参加他们的会议，如养殖来亨鸡来实现经济自助远大前景的讲座[1]。其听众往往很有限，而且是自愿前来的，讲说者往往对听众宣传他们早已持有的观点。虽然这并不一定削弱宣传内容的影响，但显然比中央部门所惯常要求的宣传内容更为集中、规模更小。

1　例如，地方协会团体提供食物和酒水见：各连队区管内民情风俗思想界的现状，Ⅲ，佐仓，1913年12月，东京大学法学部（手稿）。“会议”见:《信浓每日新闻》，1890年4月1、9日。关于来亨鸡，见：4月6日。这种演讲幻灯会在1890年代非常普遍。

现有社会关系阶层在不断地妨碍政府通过其下属机构对意识形态信息的传播，而且新的机构一旦存在，就会为了自保而创建出自己的要求及其思想战略。广受赞扬的地方自治政府机关有他们自身的意识形态关注问题，有些机关支持中央政府的思想观点，有的则相反。负责塑造“下一代国民”的学校教师这一职业，很快就赢得了人们的拥戴，如同人们拥戴维护其公民利益的政府一般[1]。明治晚期意识形态的代理机构，在当时以及现在依然经常被认为是将民众信息无阻碍地传播到其意向受众的渠道。然而，这些渠道既非虚空，亦非笔直，而是有其诸多扭结。政府在地方层面任命的那些意识形态社会监护人，反映了地方的经济利益和社会关系，或者是不同的文明开化观点，但总而言之是不可靠的。最为显著的是，几乎所有的政府部门都认为地方精英是其意识形态活动在地方展开的主要支柱人物，而这些人同时又往往是创业地主，是日益扩大的政治党派寻求支持的对象[2]。但是，明治政府官员在其意识形态方面来说，对政党政治是深恶痛绝的。

12

明治晚期，向民众传播意识形态的并非只有政府扶持的机构。在这一时期，交通和通信事业迅速发展，新闻传播范围更广，印刷产业日益扩大。在 1905 到 1913 年之间，平均每年几

1 文字含义为“二号公民”，一种典型的用法见，如，“立宪国民的教育”，《东京每日新闻》，1907 年 5 月 17 日；“教育中的真福音”，《斯民》卷 6，2 号（1911 年 5 月 7 日）：55。

2 见有泉，“明治国家与民众统合”，247—254。

乎有 27 000 种书籍出版（1913 年，只有德国一个国家比日本出版的书多，美国才接近日本的一半）；同一时期，创办的杂志有 1 500 到 2 000 种[1]。由于 19 世纪 70 年代国民义务教育制度的确立，人们的文化水平提高了，这就意味着越来越多的日本年轻人能够接触到广泛的不同意见。人们的视界拓宽了，娱乐活动也向人们频频招手，教育资源迅速增加。诸如政治党派这类新的私有机构以及像家庭这样旧的私有机构都在响应时代的召唤，向其成员乃至整个社会寻求自身永存的重要意义。因而，这些传播意识形态的机构渠道增加了，其目的却相互冲突。常年关注意识形态的统一就是这一点的部分证明。比如德川时期的禁奢法令，颁布得非常频繁，结果，反复宣传本身就让人怀疑其是否有效。对意识形态持久的关注表明，如果宣传其影响的活动进展得很顺利，那么，就根本不需要这样大费周折地应对此事了。

三

为此，意识形态的形成也离不开向其做大量阐释工作的传播对象——国人自己，因为任何一种完整的意识形态历史都必须有其理论家及其追随对象。但意识形态生产者更为重要，他们天性善于表达，口才好，正是他们让我们知道，他们讲的是谁，在向谁言说。从他们那里，人们看到了意识形态价值的等

1　日本书籍出版协会，《日本出版百年史年表》（日本书籍出版会，1968），1064；铃木敏夫，《出版：景气与不景气下兴亡的一个世纪》（出版新闻社，1970），123。

13 级制度，有民众的一般做法和具体做法，有上层、中层及大众看法，有给予农民、士兵、农村青年、纳税人、妻子和母亲的暗示或指引。几乎对每个人都有点说法，尽管不是太多。不像对农民那样进行大量的劝导，日益增长的城市人口及新产生的工人阶层尽管产生了极大的恐慌和担忧，却几乎没有受到直接的意识形态宣传的影响。他们受到轻视这一点有重要意义，因为这有助于解释轻视他们的意识形态的本质及其影响。

但是政府官员及道德学家们提到的那些人存在吗？或者更为准确一些，20 世纪初，“社会驯化”提倡者想象中的“农村青年”听到了他们的代言吗？东京中央政府的想法——通过官方文件或者新闻报纸展示的无穷前景——意识形态渗透整个社会，就好像没有人不知道中央政府劝教者赋予他们身上的公民使命。检验这一前景的一个方法就是要考查意识形态语言是如何通过传播机构抵达它的目标，并确保其在地方跟在中央是一致的。有些主题在传达到地方乡村的时候已经淡化，因为那里的人们更乐于谈论桑蚕，而非“国家政体”。有时候，话语与内容没有变化，但在不同的社会语境下，人们的理解却各有差异。东京知识分子以及法律学者援引儒家学说《大学》以及约翰·罗斯金的著作，来对“家庭体制的退化”进行理论上的说明，因为他们担心家庭体制的衰退会意味着个人主义的泛滥[1]。在日本东北地区的农村，这个词的意义更为明确：长子

---

1 “家庭与敬神观念的关系”，《日本人》，446 号（1906 年 11 月 5 日）：15。

们要离开家庭前往城市，农田荒芜，家庭即将破产。如果意识形态在这件事上进行强调，那么这个群体在其他事上就要接受与其互为矛盾的劝告。如果这个群体要和谐相处就要进行不断地说教，那么达尔文的社会竞争和个人生存学说亦是如此。不断聆听“和谐”说教的农村青年同样被生存竞争的召唤唤醒。*14* 当然，他们的思想往往集中在不太具有启迪意义的事情上，常常被不同地形容并贬低为对经济成功的“自然欲望”，更加远大的前景，更多的乐趣，所有这些说法使得他们迈出“不自然的一步”，离开家乡，前往城市[1]。尽管农村青年也许听到了社会教育的说教，但同时也清楚地听到了更多的其他事情。

如果不知道那些其他的事情是什么，意识形态就脱离了其社会环境而过于孤立、极具戏剧性。从人为来源向外探查意识形态是不够的，无论那些人来自中央还是地方，还是在家庭内部，只要你接近那些缔造意识形态的人们，意识形态就会出现在各个角落，充斥乡村、学校教室、家家户户，其影响如滚滚蒸汽笼罩其上。二战后，人们回顾历史时，也确实把天皇制意识形态比作囊括一切的大气层[2]。然而，在当时身居其中的人们看来，这种思想意识只不过是明治晚期甚嚣尘上的各种社会潮流中的一种，而且远不如其倡议者可能认为的那样重要。那

1 “从欲望上看农村开发策”，《国民杂志》卷 3，3 号（1912 年 2 月 1 日）：12—15，以及 4 号（1912 年 2 月 15 日）：20—22。

2 竹内好，“权力与艺术”，《竹内好评论集，新编日本意识形态》(筑摩书房，1966)，378—384。

时，意识形态学家可以在无意中起到帮助作用，因为他们在不断地把号着社会脉搏，结果，经常发现这种意识形态在其国民精神中虚弱不堪。他们哀叹民众对其言说漠不关心，揭示这种意识形态失败时所表达出来的模糊性，犹如东风射马耳，几乎难以培养人们的这种思想意识。因为这些论说家紧接着就极其挑剔地指出，人们对其邪恶的影响并非漠不关心，他们拿出了间接证据，证明明治晚期还有其他社会、经济、政治生活中的潮流在竞相引起思想家们的关注。

为了形成一种较为完整的“画布意识”以及意识形态在其上面所处的位置，人们把目光转向了严格来说并非意识形态内容的来源上。也就是说，他们没有有意识地提倡一种民众观点，尽管观点确实有可能被表达出来了。乡村计划、教师报告、统计调查、政治演说、日记、回忆录以及流行歌曲等所有这一切，让我们有机会把明治晚期的经历放在较意识形态学家惯常提供的更大的框架里来关照。这给我们提供了类似于阅读当时报纸所得到的一种观点，而那时的报纸本身就是此项研究的来源。通过把意识形态更为平稳地纳入到其生存的语境里，这些来源就会减少其缔造者们认为它所具有的重要性，而且也不可避免地减少分析家们所认为的重要性。作为一个为其研究所吸引的分析者，笔者也没能逃脱这种失真。意识形态正如被有意识地实行一样，在意识形态研究中依然比其在实行对象的生活中更为彰显。虽然如此，偶尔还是有可能从整个社会中重建意识形态观点的某种概念的。这就意味着要寻找尽可能多的社会信息资料，对明治晚期日本所处的话语进行一个几乎是现象学的调查。人们不仅想知道皇室是如何形成的，其近代角色是如何扮演的，还想知道天皇是如何出现的。而且更深一层来说，你不仅想了解民众是如何受帝国象征和天皇影响的，还想知道他们同时受到别的什么影响。很明显，“非意识形态”来源有助于把召唤起来的公民角色置于他们其他社会生活的语境之中，把意识形态的民众意识资料置于那些不断与其竞争、矛盾、冲突的思想和价值观中。这一点尤为重要，因为此处描述的意识形态形成过程的显著特征就是认真勤勉的意识形态缔造者掌控之外的影响，在多大程度上影响了逐渐出现在明治晚期的那种具有共识的思想。 15

四

这些共识是如何出现的仍然是个问题。就此而言，本书主题强调的是差异性而非一致性。一些真正忙于民众劝导的“思想家”提出了明治晚期多种相互冲突的观点，而传播这些观点的机构同样各不相同，其听众也互有差异。这个过程本身是不可控制的。官僚和政论家只对他们所看到的现实有所回应，提出对策服务于他们所认为的社会或国家目的。他们的想法一旦表达出来，本身就成了公众财产、社会事实，以多种偏爱而相互矛盾的方式被操纵着、传播着。国体，这个神秘的国家政治概念，就有了多种用途；对于地方有效自治的呼唤有时又与发出该号召的中央部门的利益相冲突。此外，社会、经济和政治领域中正在发生很多其他事情，其引起的变异和偏离是那些孜孜不倦地工作在意识形态活动中的思想家们所无法想象的。

那么，称霸思想是如何从一个经过详细考察而明显前后不16连贯、目的不统一的进程中出现的呢？答案取决于较天皇制思想所表明的更为松散的意识形态话语构建。如果该话语被认为在其内部多样不一，霸权思想多元，那么正统思想只不过是散乱的意识形态领域中的一个元素而已。正如它通过试错过程、断断续续地产生一样，明治后期，许多其他现实思想亦是如此，它们本来就是，也应该如此。其中，有些思想为主流思想所摈弃，从而受到压制。但是，大多数思想相互共存、重叠，相互依赖，因而，不是一种而是好几种思想在一个连续的进程中相互改变、相互调整。

尽管文章中对像“意识形态学家”以及“意识形态”这样的一般名词有所影射，但这里的前提是，它们那时都没有现在所包含的意义。那时，不是近代意识形态，而是意识形态的聚集体才是称霸思想产生的领域。的确，在不同的思想意识之间有共同认可的地方，也有共同紧张的地方，其间那些思想看上去非常合乎常理，从而不值一提。比如说，有谁对进步的价值有所争议，或者对近代政治的道德模糊性有所怀疑。这些在日本的近代化进程中缓慢形成并被采用的观点，像更为显眼却没有广为认可的皇帝制度的正统学说一样，有着重大的历史意义。

但是，二者都很重要，而且这些观点在社会上创造出来并被吸纳的过程则更为重要。也许因为日本的帝国思想，像其国家本身一样，是在相对隔离的状态中发展起来的，往往显得很独特。在这里，假设刚才描述的整个过程是复杂的近代社会所共有的，但是其制定的思想内容各不相同。从另一方面来说，任何对意识形态进程的抽象说明都无法解释一个特定意识形态的内容。对此，历史负有责任，因为日本的现代神话是从明治时期开始并在此期间造就的，只有明治时期那段历史才能最终解释清楚所产生的意识形态的本质。

第二章

明治晚期

时间的确定

尽管历史感告诉我们意识形态的形成不是一蹴而就，但是，就现代日本而言，为什么这个特定时期就应该是在明治晚期尚不太清楚。1868年，明治维新使皇帝重新拥有统治权力，这象征了近代帝国的开始，然而，现在所谓的“天皇制”意识形态直到1890年前后才正儿八经地开始出现。这种延缓有时候被解释为，那时的日本正忙于艰难的近代化建设工作，从而无暇过多地顾及政治合理化或者花言巧语劝诱民众等问题。问题就在这里存在着，但并不像日本文明开化运动日程表上的其他事务那么紧迫，那些事务是日本根据大部分西方资料而拟定出来的。

记录文献常常把明治时期的前20年描绘成务实而发生巨变的年代。具有划时代意义的政治建设包含了中央集权化、征兵制度、地税改革、议会制运动以及宪法的制定；社会变革也相当多：在法律上废除封建等级身份，小学实行义务教育，开展西化运动，物质文化飞跃进步，提高乡下农业优秀人才的地位。19世纪80年代早期，日本在强大的农业基础之上已经工业化，私营企业发展势头很强，政府已有抑制通货紧缩的经验，这一切表明，日本的资本主义经济这时已开始成形。经济发展有加速，也有挫折，但是到1890年为止，其方向已清楚地确定下来了。同时，国家基础设施的发展也在进行，如铁路，通讯，金融机构。甚至在存有重大历史事

18 件的国际关系领域里，其交涉对象也已经非常明确，因为19世纪50年代后期，日本签订了很多不平等条约。这基本上就像明治初期为获得与西方平起平坐的情景正在明治晚期上演，所以，对外修改条约、战胜中国和俄国以及与英国结盟就好似成功地实现了过去的追求，也似乎是开始向未来的强大帝国迈进。那么，在所有这些领域里，那些结构的建设以及日本的近代性取向就属于明治前半期的问题了。

虽然明治初期的精英们的确在忙于追求他们所了解的“文明开化”事宜，但他们对意识形态问题绝对不冷漠，因为“即使我们让人民日夜兼程，数十年里也赶不上西方，如果这样，他们一周浪费一天，那要花费多长时间呢?”这句话中的“一天”指的是星期天，如果给“过度浪费”了，仅仅30年里就会失去1 500天，那可是“整整的四年零一个月啊”[1]。受此以及其他更要关心的事情所驱使，“启蒙”知识分子在1870年代就致力于训导民众为文明开化的各个方面做好准备，让民众节省下来那些可能的星期天。他们一再重申“人民的风俗和情感”还没有充分地发展到可以实行人民主权论的政府领导，当然他们也在提出意识形态观点[2]。神道宣教士在1870年代初期——该教的全盛时期，非常短暂——也是如此。持续时间较

1 柏原孝章，“论周日”，讲话刊于《明六杂志》，33号（1875年3月）。布雷斯特，406—407。

2 例如，大久保利通，“关于立宪政体的意见书”（1873），松本三之介编，《近代日本思想大系，卷30，明治思想集》(筑摩书房，1976)，5—7。

长且更为重要的是那些贯穿那个十年及以后的三个标语口号：富国强兵，殖产兴业，文明开化。在制度变革的动荡年代里，这些词语被反复用作国家政策的象征和文告，而且正如山县所说，像教育系统和军队这样的机构在某种程度上，被设想为“在适当的时候，整个国家将成为一个伟大的民间和军队大学”[1]。从明治时期开始——实际上在那之前——实用主义从来就没有完全压过影响民众的迫切要求。

虽然如此，1880年代后期却标志着意识形态活动高潮的到来。其活动规模更大；在政府机关里，在民间，在媒体上，在学校里，在全国各个地方都有更多的人在谈论这个问题。他们也对更多的人谈论这个问题，而且号召更为迫切。用那些演讲者的话来说，他们在某种程度上是为过多的变革所激励。国家对实现西方模式的渴望有时候好像超过了其掌控能力，因为政府既要建立新制度又要为掌控这些制度而尝试不停地变化。“政府的指令自从王政复古以来经常发生改变或者经常解散基层乡村管理机构，结果就成了一个奇怪的历史述说了。”此外，1886年井上毅（1839—1895，日本明治时期政治家、教育家。译者注）继续说道，制度上的这种变化无常使得“自治精神”难以形成[2]。到1890年为止，地方政府

1 大山梓编，《山县有朋意见书》(原书房，1966)，52；罗杰·F. 哈克特，《现代日本崛起中的山县有朋，1838—1922》(剑桥：哈佛大学出版社，1971)，65。山县许多关于征兵的意见，很可能包括这一个，是由西周起草的。见德富苏峰，《公爵山县有朋传》，卷2（山县有朋公纪念事业会，1933），267—269。

2 “地方政治改良报告”，《井上毅传》，1：480。

体制已经进行了三次重大重组，分别是在 1871—1872 年，1878 年和 1888—1889 年，其中的变化非常之小。1891 年，北方诸县的地主尽管看不清楚新制度较旧制度有什么好处，但还是强烈要求“不应该再变来变去了，而是应该给民众留下充足的时间去适应”[1]。据说教育法令亦是如此，好像是“随着教育大臣的变换，它必须得进行修订或更改”。那么，“国民教育的原则”如何能确定下来呢？[2] 1880 年代后期，这种哀怨在政府之外的新闻界，还有地方上都颇为常见，这种状况连同学生的家长共同承担了新义务教育的大部分成本。自从 1872 年制定最初教育法令以来，管理和课程变化一直令人眼花缭乱。一种管理体制先是在 1872 年基于高度中央化的法国模式被确立下来，然后在 1879 年一年之内就变成了美国模式的地方管理，1880 年恢复成国家干预模式（尽管国家没有给予任何补贴），1885 年又有所变更，而在 1886 年又大幅度发生改变，成了欧洲混合型的国家主义教育模式，这主要受了德国的影响。与此同时，基础课程内容也从英美强调个人才智的均等主义，其教材是从威尔森的《读者们》或者韦兰的《智慧》直译过来的，变成了注重道德教育的儒家主义

19

1 “各地方实况报告”，(《读卖新闻》，1891 年 2 月 14 日)，一份大日本农会的，包括了对劳农（熟练的农民）这一农业精英团体的调查。关于地方政府重组，见：龟卦川浩，《明治地方自治制度的成立过程》(东京市政调查会，1955)；大岛美津子，《明治的农村》(教育社，1977)；库尔特·斯泰纳，《日本的地方政府》(斯坦福：斯坦福大学出版社，1965)，19—40。

2 “小学令与新任文部大臣”，《山阴新闻》，1890 年 5 月 26 日；“关于学校教育与政界风波之罚站一事”，《每日新闻》，1888 年 4 月 15 日。

和欧洲精英主义的混合体，其教材范围从最古老的《论语》到最新的赫尔巴特（1776—1841，近代德国著名的哲学家、心理学家和教育家。译者注）著作[1]。

民法典从1871到1888年在以拿破仑法典为模板草案之后又进行了起草，结果拖了很久，才在1890年颁布后给否决了。这场法律论争，是在法国和英国民法概念之间进行的，二者皆反对本土风俗，最后成了公众争议。“我们国家摆脱封建主义以来任一时期的改革都有的无限的变更”都不能达成一致。欧洲模式有湮没“我们独特的方式和习俗”的危险，评论家们总是这样哀叹道，但是，这模式必须得定下来。另外，基本上没有人说，当1898年完全基于德国模式的一部民法典最终生效的时候，这些欧洲模式就已经被确定下来了[2]。自从1870年代，军队也从法国体制变为普鲁士体制，重大的机构变革在1886年和1889年之间再次进行；单单征兵法在1873年至1889年之间就进行了好几次修改。1891年，有人建议说，中国的海军优势是因为清朝“一心一意地”以英国模式来建设海军，而日本则“朝三暮四，去年学习法国，今年学习

20

1　国立教育研究所，《日本近代教育百年史》，卷1（教育研究振兴会，1974），59—150；唐泽富太郎，《教科书的历史：教科书与日本人的形成》（创文社，1956），49—149；伊万·帕克·豪尔，《森有礼》（剑桥：哈佛大学出版社，1973），9、10章。

2　法学士会，“法学士会关于法典编纂的意见”（1888年5月），星野通编，《民法典论争资料集》（日本评论社，1969），15；大日本教育会调查报告，“法典与伦理的关系”，《日本》，1892年9月24日。关于这一论争的有偏颇的观点，见：理查德·拉宾诺维茨，“日本的法律与社会进程”，《日本亚洲学会会报》卷10，系列3（1968）：7—39。

英国，军事训练不断变迁”[1]。所有这些制度变革——以及更多的变革——在1880年代引发了评论高潮，号召某种民族情感稳定下来。

在这种意义上，1880年代末意识形态的获得在一定程度上反映了某个当代评论家把“明治维新”后的前20年描述为“闪电主义”的情况[2]。明治晚期与其说是剧变时期，不如说是确定时期；与其说是结构戏剧性变化，不如说是功能调整；明治晚期是吸收消化变革的时期，是危机过后获得某种稳定的时期[3]。为把事情确定下来，在意识形态方面所做的努力是这个进程中的一部分，但这绝不只是一种简单的回应，既不是对近来动荡情况的回应，也不是对——如现在经常认为的那样——当时西方化特征的回应。认为意识形态学家反西方化，那就是把他们肩上的任务给淡化了。他们大多数人很明显都不反西化，也不提倡回归到没有什么可留恋的过去。事实上，1880年代和1890年代初期的反西化比一般记述表明的情况要复杂得多，无论是在它的社会经济根源上，还是在它的思想影响上。比如说，抵制西方洋货的地方运动，是1880年代初佐田介石以及他的文章《灯具和国家的祸根》所煽动起来的，已经涉及

---

1 “日清海军之比较”，《每日新闻》，1891年7月16日。关于军事体系见：松下芳男，《明治军制史论》，全2卷（有斐阁，1956）；恩斯特·L. 普利赛森，《侵略之前：欧洲人整备日本军队》(图森：亚利桑那大学出版社，1965)。

2 “闪电主义”见：尾崎行雄，“英美的异同”（1889），《尾崎行雄全集》(1926) 3：190。

3 关于这一建议在不同的历史背景下的情况，见：西奥多·K. 拉伯，《早期现代欧洲为争取稳定的斗争》(纽约：牛津大学出版社，1975)，147—151。

佛教对基督教以及哥白尼学说的反对，还涉及那些遭受“文明开化”政策带来的经济后果的村庄号召自助，反对建制活动[1]。这是远离诸如“逆流社团”这样的地方集团利益的世界，该社团是为保存日本精神、反对全盘欧化而成立于1889年的。这些狭隘守旧的有产者大部分身着西装，自称是进步的保守派，珍爱现有制度，聚在一起讨论妓院的废除问题，讨论独立精神问题，以及富士山、琵琶湖和爱国主义等[2]。意识形态学家，一个新兴、自觉前瞻的中产阶级精英集团，他们本身就常常是反西化主义的讽刺对象，他们的衣着被嘲弄，他们的“啤酒、白兰地、苦艾酒”被人们用在歌曲中取乐、挖苦[3]。不管怎么说，到1890年为止，太多的事情得到了改变；也不可能再恢复往昔。这在某种程度上是因为有那么多的人承认它——有些人是因为恐惧，有些人充满期盼——因而，这种意识形态势头就在1880年代晚期聚集起来了，事实就是如此。

21

国家意识

一

然而，明治晚期爆发公民定义问题有更直接的原因。从封建社会开始，长期以来重构国家制度的努力终于就要到达顶点

1　本庄荣治郎，“佐田介石之研究”，《日本经济思想史研究》，卷2（日本评论社，1947）；常光浩然，《明治的佛教家》，卷1（春秋社）

2　日本主义（群马县，前桥），1号（1890年2月11日）：1—2、23—24。

3　“演歌”，添田知道，《演歌的明治大正史》（岩波新书，1963），22—23。这是最著名的戏剧化壮士歌之一；此类叠句常用来演唱关于官僚、乡绅以及反对党政客的内容。

了。对于那些生活在该期间的人们来说，整个 1880 年代都有一股向前猛冲的推力。有一个人回顾近来所发生的变化，就会有几十个人凝视未来，尤其是在 1890 年，那时，第一届选举出来的国民议会将要开始实行一种新的政治制度。在其后的年代里，历史学家总结说，日本从早期近代化向近代化结构转型的重要时刻已经在明治时期的前 20 年里出现了。但是，在 1880 年代，社会政治精英预测说，重大的国家大事就摆在面前。1889 年宪法的颁布将会建立国家，而且不管它带来的还有什么，1890 年日本议会的召开将会使日本成为文明国家中的一员。就是这种对一个新开端的认知在 1880 年代后半期点燃了言论与行动之火，并以之点燃了意识形态的火花，变革的主题也常常在这一方面展现。人们说，如果这个国家要在制度上和意识形态上确立的话，那么，日本帝国该做出一个集体的决定了。

那股推向 1890 年的动力，在 1880 年代期间最早也最顽固地在中央政府内部变化不定地集聚起来了。1881 年，独裁专政执政者就已经承诺制订一部宪法，实行国民议会制。而后，他们花费了接下来的九年时间制定出了必要的法律和政治条令，以确保议会政府的开始不会结束他们的官僚统治。政府闪电般地制定出大量而似乎过多的制度，来与它将来必须跟各党派共同执政的那一天进行时间上的赛跑。1880 年代早期，政府内部加强意识形态关注的迹象也开始出现。已经开始担心政治在“青年人精神和思想”上的影响的山县，越来越经常地谈及

22

"立宪政府的准备工作"。后来，他说，那就像忙着做好旅行的准备，一个对他来说充满危险的旅程。立宪大事越近，他越发表示有必要在制度和精神上"加强国家的基础"[1]。

那十年间，随着时间的推进，动力也在政府之外得以加强。到了1880年代后期，1890年的到来似乎迫在眉睫，事实就是如此。对于那些有望以某种方式受到开始实行宪政的影响，或影响宪政实行的人来说，1886年到1890年这个期间充满了希望，充满了紧迫感。反对党尽管要继续忍受政府的压制，但还是进行了重组。各种反对新近提议修改条约的运动，运用熟悉的抗议政府"软"外交政策的手段，于1887年和1889年遍及全国，尤其是地方精英更是参与其中。逃过1880年代早期通货紧缩的大地主们，通常拥有较大资产以及日益商业化的企业，他们期望有一个自己这个阶层能占支配地位的国会。他们——还有他们的子孙们——满怀期待，满腔热情地投入到"波澜壮阔、深不见底、神秘莫测的政治海洋"之中[2]。其他不太富裕但有新式西方教育背景优势的年轻人，同样受到所谓的强大"政治热潮"的感染。他们在自己的村镇中成立小的协会，来关注国家的前景；他们发行或自由主义或保守主义

1　政治与青年，见如："致伊藤博文的信"（1878年7月），伊藤博文相关文书研究会，《伊藤博文相关文书》，卷8（塙书房，1980），95。立宪政府的准备，见如："关于市制町村制郡制府县制的元老院演说"（1890年11月），《山县有朋意见书》，190；"征兵制度及自治制度确立的沿革"，《山县有朋意见书》，394。

2　"略告读者诸君"，《爱国》（山梨县，甲府），1号（1890年5月7日）：2；"山梨县出现的政治思想"，5—6。

的手册般的报刊，他们，以及通常是他们原来的学校老师们，热情洋溢地在上面撰写有关国家需要的文章[1]。常常成为这些地方团体的名誉顾问的东京记者们，也大量涉及这个问题。有些人建议说，国家立宪制度更多的是需要国民精神，而不是政治狂热，因为“无论是高低贵贱，穷人还是富人，城市还是乡村”，如果都能团结起来，那么他们就能更好地“履行日本国民应有的职责”[2]。政治和道德保守派成立团社，来宣传他们自己的“国家理论”观点，而一个即将为议会斗争分裂的国家是需要一种国家理论的。这样的一个团体所提倡的神道、儒教以及佛教，构成了一条“大道”，它“宛若东京一条宽阔的大街，无论王子还是大臣，无论武士、农民，工匠还是商人，无论乞丐还是流浪者，无论是马、牛还是猫、狗，都愿意一起行走其上”[3]。而且要快，因为这些舆论权威者们总有迫切的时间感。不到两年，这个国家将必须为新政治制度的到来做好准备。

23 正如对一个新开端的那种看法非常普遍一样，日本在深度

1 政治热潮，被称为“政治热”或“政热”。例子包括期刊对政党的支持，例如：《爱民》（长野），1889 年 4 月；《平民主义》（千叶），1890 年 5 月；地方青年组织的机关刊物，例如《上毛青年会杂志》（群马县）；地方教育组织的期刊也在此时增多，如《吾妻教育》（群马县，吾妻郡），1888 年 7 月；以及保守的“日本主义”出版物如《日本主义》（前桥），1890 年 2 月。（明治新闻杂志文库收藏，东京大学法学部）

2 陆羯南，“创刊之辞”，《日本》（1889 年 2 月 11 日），西田长寿、植手通有编，《陆羯南全集》，卷 2（美篶书房，1969），1—2。

3 “国家理论”见：《日本国教大道丛志》卷 1，1 号（1888 年 7 月 25 日），1。日本国教大道社——由川合清丸、鸟尾小弥太、山冈铁太郎成立于 1889 年——的期刊，持续出版至 1917 年。另一个持久的保守主义组织，日本弘道会，由西村茂树等人成立于 1887 年。其期刊（多次改名）的出版贯穿了战前时代并在战后仍然延续。见《日本弘道会四十年史》（日本弘道会，1918）。

和危险方面还没有为即将到来的重任做好准备这种看法也很普遍。虽然不同的人对于重任和危险的界定差异很大，但人们说，对于缺乏一种集体号召的人民来说，这种召唤就是一种充分发展起来的“国家主义”。因而，“国家”和“国民”这些词就在1880年代后期突然遍布全国各地，使得从左翼自由主义到右派道德主义的各种思想都涂上了有清晰记载的国家主义色彩[1]。国家精神、民族思维、国家教义、国家本质、国家独立等这种国家意识的喷薄而出，还包含有对民族性格，重新认识本土意识的探索，以及对于日本跃入19世纪西方国家所界定的世界秩序的探索。的确，“帝国”这个词语在学校、杂志以及保险公司的命名上变得非常流行，以至于一幅漫画善意地提出警告，说接下来就会有“帝国人力车夫”以及“帝国淘粪工”这些词的出现[2]。这正是要点，正如国家越来越急切地呼吁一样，要将所有的人民纳入这个国家中来，让他们用国家思想来思维，使他们成为“国民”，成为所谓的“新日本国”的新民。更为重要的是，这样的宣教力图把民众联合起来，来对

---

1 对国家的理解被称为“国家观念”或“国民性观念”。关于“国家主义”，见：肯尼斯·B. 派尔，《明治日本的新时代：文化认同的问题，1885—1895》(斯坦福：斯坦福大学出版社，1969)；唐纳德·H. 夏夫利，“明治中期的日本化”，见夏夫利编，《日本文化的传统与现代化》(普林斯顿：普林斯顿大学出版社，1971)，77—119。代表性的日本作品包括丸山真男，“明治国家的思想”，历史学研究会编，《日本社会的历史性探究》(岩波书店，1949)，181—236；“陆羯南与国民主义”，明治史料研究联络会编，《从民权论到国家主义》(御茶水书房，1957)，192—209；本山幸彦，“明治二十年代的政论中显现的国家主义”，坂田吉雄编，《明治前半期的国家主义》(未来社，1958)，37—84。

2 《每日新闻》，1888年5月4日。

付外来敌人或者是国家价值观的失去，而且还用来应对很快就要到来的那一天，也就是他们将成为一个新立宪国家公民的那一天。

二

对于以前基本不起作用的战斗口号来说，直接取材于过去的意识形态资料好像还不太充分。到 1889 年宪法颁布的时候，以“忠于皇帝，驱除野蛮”的名义而进行的明治维新就成为古董家研究的兴趣了。的确，正如艾伯特·克莱格（美国著名的东亚问题专家、哈佛大学教授。译者注）所说，“到明治政府的诠释者进而去补充国家供给的时候，独尊天皇主义的橱柜里还空空如也[1]”。明治维新本身就像法国革命一样，是过去与现在之间的时代划分标志，它的涵义已经缩减得非常之少，为了给近代日本一个具有历史意义的首要原则，它必须再次进行改革。新的广为阅读的有关明治维新的记录资料，体现了他们在 1880 年代后期和 1890 年代早期对强调统一和国家意识的关注，对强调公众舆论重要性的关注，对强调日本“大革命”本质的关注。诠释者们在那场革命中探寻政体的根源，而那种政体只有在现在才能即将到来。而诸如德富苏峰（1863—1957，本名德富猪一郎，是日本著名的作家、记者、历史学家和评论家，是继福泽谕吉之后日本近代第二大思想家，在福泽去世后接过

24

1 阿尔伯特·M. 克雷格，“福泽谕吉：明治国家主义的哲学基础”，见罗伯特·E. 沃德编，《现代日本的政治发展》(普林斯顿：普林斯顿大学出版社，1968)，144。

其手中接力棒，鼓吹极具侵略性的皇室中心主义。译者注）这样的一些人已经在号召“第二次变革”，来完成第一次变革尚未完成的工作[1]。

德川时代对于年轻的一代来说，已经变得遥远陌生，无法再用那个时代以及更早时代遗留下来的东西来唤起对它的怀旧之情。1889年，江户协会在东京建立，来保存江户名称并记录下来江户文化，以避免它的完全消失。江户文化的捍卫者们既有点保护主义性质，又有些反对独裁统治，把德川时代颂扬为“日本文明获得最大进步和发展的时期”[2]。因而他们盗用最神圣的明治政府主张，说那20年已经让人想起了诸如“封建”和“陈旧”之类的修饰词语。也是在1889年，西乡隆盛(1828—1877，日本江户时代末期的萨摩藩武士、军人、政治

1　特别知名的是竹越与三郎，《新日本史》(1891—1892)，《明治文学全集》，77：3—225；以及德富苏峰，《吉田松阴》(1893)，《明治文学全集》，34：159—243。竹越强调了“作为日本国民的思想”，如7页；苏峰则强调“国民观念”“国民性的统一精神”，如174页。竹越分析了维新的革命性本质（134—142）；苏峰分享了这一观点，但在1908年一部更加全面的对这一作品的评述中放弃了它。见约翰·D. 皮尔森，《德富苏峰，1863—1957：现代日本的记者》(普林斯顿：普林斯顿大学出版社，1980)，292—294。苏峰对“第二次维新”的呼唤在1890年代早期的演讲和作品中广泛回响，例如，“让二次维新之期尽早到来”，《活世界》，10号（1891年3月27日）：5—7。岛田三郎，《开国始末》(1887)，它将维新历史与当时的条约修订联系起来(《明治文学全集》77：287—311)。对这一历史以及早先两段历史的评论，见田口卯吉，《日本开化小史》(1877—1882)，以及福泽谕吉，《旧藩情》(1877)，429—436。关于明治历史学家们，见：永原庆二、鹿野政直，《日本的历史学家》(日本评论社，1976)，2—59。

2　江户会的机关刊物，《江户会杂志》以及《江户新闻》，是这一引文的来源，它们都开始发行于1889年。根据小木新造的研究，这一行为标志着首次有意识地对江户进行怀旧性使用，如作为地名和文化产物。《东京庶民生活史研究》(日本放送出版协会，1979)，11—23。

家，他和木户孝允、大久保利通并称“维新三杰”。前期一直从事于倒幕运动，维新成功后鼓吹并支持对外侵略扩张，因坚持征服朝鲜论遭反对，辞职回到鹿儿岛，兴办名为私学校的军事政治学校，后发动反政府的武装叛乱，史称“西南战争”，兵败而死。译者注)，明治维新的英雄但后来背叛了明治政府，在宪法颁布的时候得到皇家赦免，并追赠官爵之位。政府如果用这样的举措来为自己赢得西乡隆盛某种传奇般的光环，那是白费功夫，因为就在两年之后，也就是 1891 年，一种耸人听闻的流言出现了，说西乡很快就会和沙皇太子一起出现在日本，另外一种说法是，他很快就会重返日本政坛。而且现在，左翼和右翼的反对派都挥舞着西乡的名号来批判政府这么快就给他恢复了名誉[1]。到了明治晚期，德川时代以及明治维新已经退出人们的视线，足以证明那个古老的传统，即用过去服务现在、尊重现在，或者咒骂现在。

从另一方面来说，明治早期依然很近，太过于争议性，刚刚过去的时期常常如此，从而无法为民众提供素材。“富国强兵”问题已经如此牢固地成为国家生活的一部分，以至于它好像无法唤起民众，除非它要反对已经以此名义行事 20 年的政府。“文明开化”的号召本身在 1870 年代和 1880 年代早期已经成为大众抗议的目标，那时征兵制度、学校、户籍制度以及

1 《东京日日新闻》，1891 年 4 月 5 日；《西乡隆盛君生存记》(1891)；生方敏郎，《明治大正见闻史》(中央公论社，1978)，25—26；《朝野新闻》，1889 年 2 月 10 日。

其他现代性事物的确立打破了乡村社会与经济的平衡[1]。再者，25
明治最初时期的意识形态规划已经开始显得抽象而有局限性。1868年天皇颁布的《五条御誓文》已经明确宣布，国事将会得到治理，“把高低贵贱，各色人等的意见观点都统一起来”，它在面对宪制国家的具体需要时，显得傲然过时。事实上，明治早期政治宣言针对的听众总体上不是人民大众，而是封建贵族及一小撮不平常的发迹平民。然而，到了明治晚期，政客们的花言巧语却坚决主张四千万同胞将足以创造这个国家。“人民大众仅仅在这个国家出生、长大并不足以被认为是国民”成了通俗说法，这在日本历史上也许是第一次。成为国民的前提是要有一种健全的民族意识，没有它，人民仍然不是国民，那么国家就濒临危险了[2]。

要详细听完意识形态学家那时的观点，还需要另外一点，这像其他观点一样，在1880年代后期，被可怕地重复来重复去。爱国主义的内容到底包含什么还不清楚这个事实，使得对统一体的切身需要变得复杂了，而这种需要建立在适于近代性的公民价值观基础之上，以迎接新政治制度的挑战。最广意义上的国策传达给国民之前，得先确立下来。这个国家是要军事化还是商业化，是跟随俾斯麦还是迪斯雷利（1804—1881，英国保守党领袖、三届内阁财政大臣，两度出任英国首相。在首

1　广田昌希，《文明开化与民众意识》（青木书店，1980），56—81。
2　《太阳》卷3，20号（1897年10月20日）：58—59。

相任期内，是英国殖民帝国主义的积极鼓吹者和卫道士，大力推行对外侵略和殖民扩张政策。译者注），是欧化还是本土化？[1] 诸如“宗教、道德、教育、艺术、政治以及生产制度”之类的事情都可以多多少少地来任意选择这种天真怪异的假设，很多“选择”就摆在面前[2]。当然，政府在能够制定的制度上已经做出很多选择了，而且正在急着作出更多的选择，大规模地通过法律法规——1890 年的前 10 个月就通过了 336 项，就是在 11 月份国会开幕之前的最后期限里[3]。关于这一点，1880 年代和 1890 年代具有国家意识的人们都非常清楚，因为他们撰写出了“关于政治和伦理的伟大著作，来为建设中的宏伟体制提供基础”[4]。那些体制无论多么宏大，都超越了它们的基础这个事实，只会使得这项重任变得难上加难。

后来几年的观点就已经常常显示出，明治晚期意识形态的喷发是 20 多年来官僚建国的高潮。因而，天皇制意识形态的记录材料通常表明，正统思想信条来源于 1889 年和 1890 年的帝国宪法和教育敕语[5]。但是，正如思想家们所坚决主张的那

26

1 加藤弘之，“日本之国是（取‘武国主义’还是取‘商国主义’）”，《天则》卷 1，1—2 号（1889 年 4—5 月）；无名氏，“应定一国之国是”，《活世界》，19 号（1891 年 3 月 27）；志贺重昂，“日本前途之国是应为‘国粹保存旨义’”，《日本人》，3 号（1888 年 5 月）。

2 志贺重昂，“宣告日本人之上等”，《日本人》，1 号（1888 年 4 月）；派尔，《新时代》，64。

3 《东京日日新闻》，1890 年 10 月 12 日。

4 横井时雄，“日本的道德危机”，《远东》卷 2，4 号（1897 年 4 月 20 日）：157。

5 战后的一般性叙述是这样说的；细致的分析见：藤田省三，《天皇制国家的支配原理》，7—35。

样，1890 年是混乱和论争的一年。然而，很少有人声称自己理解了二者的文本真义，而且那些声称理解的人对于其意义的理解也有很大的差异。事实上，文本仅仅是开始，而且，像美国宪法和面向国旗宣誓效忠一样，他们依靠诠释阶层来获得公民效能，就明治晚期的日本而言，这个阶层仍要来临。尽管这里的分析将有必要把 1880 和 1890 年代鼓吹起来的花言巧语削弱很多，以揭示其所容纳的实际含义，但是，在这一点上，至少意识形态学家们的理解还是健全的。无论 1890 年以前的几年里完成了什么，真正的国家意识形态实际上才刚刚开始。

复杂的社会

一

意识形态的形成是连续的过程，因而明治晚期的意识形态构成含有更早年代的线索。为什么一直贯穿那几十年的线索——比如说，作为国教的神道教——长期以来往往被人们忽视，却突然被早期曾经不屑一顾的那些人纳入意识形态的结构之中，这的确是个问题。然而，相反的问题却更为引人注目。是什么产生了让人们着手去编织这种意识形态的危机意识呢？1880 年代，当这个问题的现成答案是“国家”的时候，一些人在回应从西方国家主义学到的经验，也就是马修·阿诺德所谓的“这种现代生活的怪病”。但是，一些人被一种对政治的深度怀疑和恐惧所驱使，对他们来说，那是一种陌生的事物，一种更具威胁性的苦难。意识形态——以国家意识或者公民道德的形式——如果广为传播，编织得足够严谨，那种趋向政治不断闪烁的势头之火，有可能在议会制度重新点燃之前，就熄灭了，这在 1880 和 1890 年代不是一种不正常的希望。

然而，政治和国家并非意识形态形成的唯一动力，其他的很快就赫然出现了，营造出意识形态活动好像要蓬勃发展的一种危机氛围。对此，除传达 19 世纪民族国家必须履行的责任之外，明治晚期把不太容易驾驭而又令人不安的社会变革需求留给了日本近代意识形态。从 1890 年代末期，日本急于走向近代性的社会恶果就摆在了明治思想家们的面前，那时候，社会问题受到了大众关注，在日俄战争之后的整个 10 年间（1905—1915），针对社会秩序的意识形态工作达到了如 1880 和 1890 年代宣扬民族国家那样的程度。

27

从 1870 年代早期以来就明显积聚起来的社会变革为什么在 1890 年代末、20 世纪初成为意识形态的焦点，这是个问题，其答案各有不同。当时，投入到社会问题的倡议者们把他们的问题归因于社会的进步是很平常的。他们认为，日本沿着世界近代化之路已经前进了很远，在这条道路上，“一旦政治问题解决了，社会问题必然要出现”。国家的主要政治事务已经随着宪法和国会开幕而确定，“现在，社会问题已经成为政治家们的主要工作”[1]。这句

1 添田寿一，“第一次农商工高等会议议事速记录：关于职工的取缔及保护”，《明治文化资料丛书，卷 1，产业篇》（风间书房，1961），55。部分引用于冈利郎，“近代日本的社会政策思想之形成与发展：从‘国家政治’到‘社会政治’”，《思想》，558 号（1970 年 12 月）：69—88。

话是1896年一个支持产业立法来防止社会矛盾的保守派官员说的，是用来响应以世界社会主义的名义来宣扬这种矛盾的反对派活动分子的言辞。两方都援用欧洲经验和欧洲理论来说明，在未来的几年里，社会问题的凸显是不可避免的[1]。曾经反复宣传有关国家民族的新闻界现在充满了社会说教和对社会意识感的呼唤。学者和新闻工作者都一致认为，正如日本已经满足了19世纪物质文明、国家强大和政治权力的要求一样，现在它要满足20世纪社会方针和社会改革的迫切要求[2]。其他人——比如说一个给县级地方官员上课的统计老师——自负地指出，最新的知识需要的不是关注“国家之事件”，而是“社会之变故”[3]。他鄙视1880年代那不是通过职业来区分上层社会和下层社会（而可能是通过封建阶级）过时的方法，认为那不合“逻辑”。因为“逻辑”把世纪之交的日本的各种进步势力都连在了一起，令其关注社会。

这种关注，像“社会”这个词语本身一样，对于明治时期来说是新鲜而陌生的，或者是它的拥护者自豪地那样宣称[4]。

---

1 “保守派官员”见：冈利郎，“近代日本的社会政策思想之形成与发展：从‘国家政治’到‘社会政治’”，以及肯尼斯·B. 派尔，“追随的好处：德国经济学与日本官僚主义者，1890—1925”，《日本研究杂志》卷1，1号（1974年秋）：127—164。“反对派”见：冈，71，以及幸德秋水，“十九世纪与二十世纪”，《日本人》，129号（1900年12月）：13—15。

2 久松义典，“社会之管见一斑”，《日本人》，109号（1900年2月）：12—14。

3 “不是关注‘国家之事件’，而是‘社会之变故’”见：横山雅男，《町村是调查纲要》（盛冈：岩手县内务部庶务课，1909），3—9。

4 汉语复合词“社会”之现代意义“社会整体”首次由1870年代的启蒙知识分子们在日本确立，但是直到1890年代才成为普遍用法。斋藤毅，《明治的语言：架起从东方到西方的桥梁》（讲谈社，1977），175—228。

他们认为自己现在已远离1870年代，那时福泽谕吉已经断言“日本有政府，但没有国民”[1]。到了20世纪初，在他们看来，日本似乎既有政府，也有国民，但好像要落后于接下来的文明开化重任，一个社会重任。无独有偶，久米邦武在1921年声称，“在日本历史上，就没有社会概念”，因而，驱使日本继续下去的是与西方不利而权威的比较，这一点启蒙思想家们一直在做[2]。正是在这种意义上，很多在20世纪初出于各种各样、相互冲突的目的，而着手解决社会问题的人们，觉得自己处于民间知性关注的前沿。

28

对国家的关注不可避免地转到对社会的关注，无论这种感觉有多么真实，它都不是当时人们潮水般进行社会评论的主要原因。没有太多智慧却广为听到的声音，明明白白地在为突然变得重要的社会问题进行呐喊，给予不同的鼓舞和激励。他们说，社会一片混乱，充满弊病，为经济困难所困扰，为生存竞争所动荡，为劳工问题所不安，面临危险思想，为贫富差距、城乡差距以及工人与资本家的鸿沟所分裂[3]。地

---

1 福泽谕吉，《文明论之概略》(1875)，大卫·A. 迪尔沃思、G. 卡梅隆·赫斯特译（东京：上智大学出版社，1973），144。相似的，见《劝学篇》(1874)，大卫·A. 迪尔沃思、平野梅代译（东京：上智大学出版社，1969），25。

2 《会报》(1921年4月)，引用于斎藤，《明治的语言》，177。

3 “社会混乱”或“社会乱调”之语在当时的评论中随处可见。一份内容丰富的研究样本由军队提供于：各连队区管内民情风俗思想界的现状，Ⅰ—Ⅴ（手稿）。代表性的个别例子见：“社会病”见，柳田国男，“坟墓与森林的故事”，《斯民》卷6，10号(1912年1月)，48。“文明病”见，德富苏峰，“文明病”(1906)，载于《苏峰文选》(民友社，1915)，933—936。“流行病”见泽柳政太郎，“学生的风纪问题”，《人道》卷1，6号（1905年9月），7。对“经济困难”的典型表述见:《国民杂志》（转下页）

方上，比如说青年人，违法乱纪，自治混乱。城市里充满邪恶的臭味，使得年轻人走上邪路，引发社会冲突，甚至是革命。风俗颓废，道德败坏。而且，中产阶级是人们指望获得城市稳定的根本来源，他们本身已经演变成“社会问题”了[1]。在19世纪90年代末、20世纪初，政治家、地方官员、新闻工作者、小说家以及说书人一起形成社会大变动的一套话语，而那在西方人听起来，宛如圣经一般[2]。更早时期有关国家统一的用语是考虑未来的，有关社会问题的用语面对的是现在，而且处处显得混乱不堪。

对于混乱的根源，不同的人有不同的看法。有些知识分

（接上页）之《杂报》，1—3卷（1910—1912年）。“生存竞争”见：穗积八束，《国民教育：爱国心》（有斐阁，1897）；大石正巳的演讲，《国民新闻》，1907年2月15日；金子筑水，“近代主义的渊源”，《太阳》卷17，14号（1911年11月1日），18—19。“劳工问题”见：横山源之助，“劳动运动之初幕”，《中央公论》（1899年8月）；其社会政策学会之期刊，《社会》，1—3卷（1899—1901年）。“危险思想”见：牧野伸显，“关于学生之风纪振肃”，《训令》1号（1906年6月），见文部省编，《学制百年史》，卷2（帝国地方行政学会，1972），35；平田东助论1908年的戊申诏书，见加藤房藏编，《伯爵平田东助传》（平田伯传记编纂事务所，1927），119—128；小松原英太郎论社会教育（1911年4月），立石驹吉编，《小松原文相教育论》（二松堂书店，1911），309—323；村松恒一郎，“关于危险思想防止案的疑问”（众议院，1911年3月9日），见安部矶雄编，《帝国议会教育议事总览》，卷3（临川书店，1971），48—62。以上的几乎所有作品都涉及贫富之间的分歧。

1 “违法乱纪”和“自治混乱”见：“成绩不良町村行政整理实行件”（福岛：1908），见不破和彦，“日俄战后的农村振兴与农民教化，I”，《东北大学教育学部研究年报》，25号（1977），17。“风俗颓废”，“道德败坏”，见：东宽一，“风俗颓废论”，《日本人》，52—55、57号（1897年10月5日—11月20日）；以及特别是围绕着“学生风纪训令”（1906年6月）的争论，如，《教育时论》，761—771号（1906年6—11月）。“中产阶级”见：“中等社会的责任”，《东京日日新闻》，1907年1月16日；“受过教育的游民的处置问题”，《中央公论》（1912年7月），75—90。

2 “社会大变动的一套话语”，见：立花雄一，《明治下层记录文学》（创树社，1981）。

子为农村中产阶层伤透了脑筋，有些知识分子为那些穷苦人，常常是城市下层人而十分烦恼[1]。一个官僚集团哀叹自给自足的农业经济衰退了，而另一个官僚集团却在严厉指责农民的商业意识落后。然而他们却共同组成了一支意识形态合唱队，像希腊戏剧中的合唱团一样，即参与其中又对其进行评论。他们的声音虽然不和谐，却都共同唱出一个歌词“社会”。社会问题、社会变革、社会政策、社会教育、社会革命、社会小说、社会主义、社会学——合唱主题非常清晰。

29 1901年，抨击帝国主义的社会主义者幸德秋水（1871—1911，日本早期社会主义运动活动家、思想家。译者注）和鼓吹帝国主义的元老政治家山县有朋两人都在为突出的社会问题进行辩论[2]。1901年7月，在指导新任首相桂太郎（1848—1913，长州藩出身，日本现代陆军之父山县有朋的掌门弟子，在山县有朋隐退后成为其代言人，3次出面组阁。译者注）和其追随者时，山县有朋表达出他的感受，“将来，政府的困难不会来自国外，而是来自内政”。因为在那个时候，山县头脑里想的是俄国在中国东北的扩张以及与英国的结盟，很显然他没有放弃对外国问题的强烈关注。然而他却在信中表明，他比

1 一般使用的词语是“中等阶级”，它于1880年代开始被广泛使用，以及“下层社会”，它在世纪之交时广泛传播。

2 幸德秋水，“危险存在于内部”（1901），《幸德秋水全集》，卷3（幸德秋水全集编集委员会，1968），217—220；《二十世纪的怪物帝国主义》（1901），《近代日本思想大系，卷13，幸德秋水集》（筑摩书房，1975），34—78；弗雷德里克·G. 诺特海尔弗，《幸德秋水：日本激进主义者的肖像》（剑桥：剑桥大学出版社，1971），55—87。

较担忧的，也应该是桂太郎的担忧，即社会失序的后果。就在三个月前，日本的第一个社会民主党已经成立，但在当天就被取缔。山县警告新任首相说，“现在的社会在各个方面都很复杂，大政方针会慢慢不知不觉地变得混乱起来，最终会不得不改变日本之船的前进航道”[1]。对于社会主义者所宣扬的东西，山县会让桂太郎把稳船舵，进行阻止的。

因为20世纪初关于社会的理念，就像19世纪80年代有关国家的理念一样，都共同属于意识形态内容。它既不全部属于政府，也不属于反对方，也不属于任何一个社会集团。就像希腊合唱声中激昂的声调一样，意识形态是通过集体产生的美德而获得权威的。而对于不受胁迫出现的霸权思想而言，正是这种普遍而和谐的关注（无论个体声音多么不和谐）才是第一重要的。明治政府突然对社会问题的关注常常被认为是反对社会主义，在很多情况下都是如此。1901年，的确可以辱骂政府把社会主义当作邪恶的事物而进行压制，但同时政府又婉转地以“社会政策”的名义采纳了一些同样的观点[2]。但是现在，就如在19世纪80年代一样，简单的回应太机械，太公式化，无法解释清楚意识形态形成的过程。对社会问题的突然关注，正如对国家问题的关注一样，一定要追溯到不同的群体，他们

1 山县致桂，1901年8月11日，桂太郎文书（70—12号），宪政资料室，国立国会图书馆（手稿）。

2 木山熊次郎，“二三青年论”，《丁酉伦理会伦理讲演集》，101号（1911年1月）：78—79。

的社会危机感都有不同的原因。

二

最根本的原因常常是经济方面的，尽管事实是，意识形态语言往往用“社会”来替代“经济”，很像它用“国家”来替代“政治”一样。或者，根据罗兰·巴特的（1915—1980，法国社会评论家及文学评论家，早期的著作在阐述语言结构的随意性及大众文化的一些现象时提供了类似的分析。译者注）说法，他认为神话就是语言掠夺，也许可以说，因为问题是经济方面的，他们的意识形态表述就回避了这个词，好像要用社会和谐来抹去经济矛盾的意义[1]。这并不是说经济问题被忽视了，只是意识形态对其回应时，常常不提其名字而已。然而，那些经济矛盾是人们觉察得到的——而且是敏锐地感觉得到的。由于“文明的进步，生活的改变，以及新生企业的崛起，因而社会形势日益变得复杂”[2]，这种看法是常见的，甚至有点悲伤。1890年代的评论家们，很像后来几年的经济历史学家，曾经指出，这个复杂的社会是经济变革的结果，这场经济变革开始于19世纪70年代，但是在中日甲午战争（1894—1895）后的几年里迅速加快。他们的对手10年后确信，在1904—1905年日俄战争之后的几年里，变化更为巨大——而且正在进行更加不稳定的经济发展。

1 罗兰·巴特，《神话学》(纽约：希尔与王出版社，1972)，131—142。

2 《长周日日新闻》，1912年7月7日。

大多数指标表明他们的看法是正确的。虽然在1870年到1913年之间，人均国民生产总值平均每年增长2.5个百分点，使日本高居世界经济增长率前列，也许是榜首，但是，甚至那些认为经济增长比较平稳而且具有飞快的加速势头的经济学家，也发现19世纪90年代后期经济发展出现“低潮”，1909年前后出现“衰退”。其他人论述说，日本第一次“近代”经济的衰退，出现于1890年，1900—1901年（1897—1898年就出现了前兆），后来在1907—1908年间又出现一次[1]。努力工作生活的那些人知道，明治晚期经济循环往复的发展时期是一个艰难的时期，就像每一次战后的繁荣就导致了每一次战后的萧条，物价上涨，税收增加一样。政府的支出，因军费开支而猛烈膨胀，也因急剧增加的债务和不断增加的行政管理费用而负担累累，1880年是六千六百万日元，到了1910年增长到一亿八千三百万日元。在同一时期，也就是从1890年到1910年之间，地方政府的支出增加了七倍，加剧了中央和地方之间的财政拉锯战[2]。

税收不仅增加了数量，而且还增加了种类。尽管地主及其政

1　国民生产总值的统计数字不一，并且像所有的明治经济数据一样，是争议的主题。据中村隆英的推算，日本的人均国民生产总值领先美国与加拿大；其他人认为日本仅低于这些国家，但仍处于第一集团。［《战前日本经济增长的分析》(岩波书店，1971）2—9］。“低潮”见：大川一司、亨利・罗索夫斯基，《日本经济增长：二十世纪的趋势加速》(斯坦福：斯坦福大学出版社，1973)，19—43。“衰退”见：长冈新吉，《明治恐慌史序说》(东京大学出版会，1971)，2—11。

2　大川一司等，《长期经济统计：推算与分析》卷8“国民所得”（东洋经济新报社，1974)，178；安藤良雄，《近代日本经济史要览》(东京大学出版会，1975)，18—19。这些是名义上的数字，在这里使用是因为它们源于当时的数据，而非真实的数字。

党在国会中掀起了一场政治斗争，1898 年地税还是被提高了。但是，由于现有的酒税和所得税的增加以及新消费税和营业税制度，地税在国家收入中占据的比例日益减少。1890 年，地税占国家收入的 60.6%，但是在 1899 年，已经下降到 32.5%，到了 1911 年，只占 17.8%。相反，间接税在 1890 年在国家收入中占 23.7%，1899 年增至 35.5%，1911 年达到 43.5%[1]。那时，当然不仅仅是地主们，还有中下层收入的消费者们也要求救济。31 地方税收在 1890 年到 1912 年之间也增加了 12 倍，其中户税处于领先地位。结果，每个纳税家庭的国税和地税负担仅仅在 1897 年到 1912 年之间就增加 3 倍[2]。通货膨胀引起的物价上涨进一步加剧形势的恶化。低收入阶层，无论是工人还是佃户尤其受到打击。尽管经济学家对于明治时期日本的实际收入是否增加有所争议，但是现代的资料很清楚地表明，相当多的日本人在 1911 年的确觉得生活比以前更糟[3]。他们的压力太大，所以让他们有一个更为长远的目光简直是一种奢侈，他们只是认

1 安藤，《经济史》，18；坂野润治，《明治宪法体制的确立：富国强兵与民力修养》(东京大学出版会，1971)，146—174、243。地税在 1904 和 1905 年再次征收。

2 一方面，地方（市、镇和村）税收有最大幅的增长；加入地方税收之后，所有非国税增加了将近 9 倍。另一方面，国税在 1912 年是 1890 年的 5.5 倍［《明治以降本国主要经济统计》(日本银行统计局，1966)，136—137、150—151］。每户的负担见：中村政则，《近代日本地主制史研究：资本主义与地主制》(东京大学出版会，1979)，46—49。

3 安藤，《经济史》，27；野田努，“价格”，见大川一司、筱原三代平编，《日本经济发展的模式》(纽黑文：耶鲁大学出版社，1979)，219—228。新古典主义者关于生活水平提高的观点，见：艾伦・C. 凯利、杰弗里・G. 威廉姆森、拉塞尔・J. 奇塔姆，《二元经济发展：理论与历史》(芝加哥：芝加哥大学出版社，1972)，130—175。少数日本经济学家采纳了这个观点。

为“这个世界是属于生产者的”。因为，尽管生产日益增长，但是劳动者们却在失业，“而且即便在好的年头里，人们也在挨饿”，这就好比“身处琵琶湖（日本第一大淡水湖，四面环山，面积约674平方公里。译者注），却没有水喝”[1]。

另外，生产者日益向产业工人转化，因为从1895年到1915年战争期间的这20年形成了日本近代工业资本主义发展上众所周知的起步阶段[2]。几次胜利战争——1894—1895年的中日甲午战争，1904—1905年的日俄战争，还有1914—1918年花费少、获利多的第一次世界大战——所形成的日本每十年就中断一次的历史，促使了日本经济规模上的飞跃发展，这样的战争常常如此。重工业扩大了，大部分是因为政府的投资，而且资本迅速集中在财阀们的手中[3]。由非初次就业与总就业的比例来衡量的工业化率，从1890年的31.2%稳步上升到1915年的43.6%，同时，工业生产在总生产中的比例也在逐步上升。更为重要的也许是，工厂生产对家庭产业或者说家庭手工业的相对百分比急剧上升，新兴二元经济中的现代经济部

---

1 “生产者的天下，需要者的苦痛”，《国民杂志》卷2，2号（1911年2月1日）：9。

2 大石嘉一郎、宫本宪一编，《日本资本主义发达史的基本知识》（有斐阁，1975），114—334；中村隆英《战前日本经济》，14—201；大川一司、亨利·罗索夫斯基，“日本经济增长的一个世纪”，见威廉·W. 洛克伍德编《日本的国家与经济事业：关于增长之政治经济学论文集》（普林斯顿：普林斯顿大学出版社，1965），66—81；以及山村小藏，“日本经济1911—1930：集中、冲突与危机”，见伯纳德·S. 西尔伯曼、H. D. 哈鲁图尼恩编，《危机中的日本：大正民主论文集》（普林斯顿：普林斯顿大学出版社，1974），299—328。

3 中村政则估计，在甲午战争后的1897年，政府资本的工业所占比例为30%。在日俄战争后的1907年，这一比例达到51%。见大石、宫本，《日本资本主义发达史》，115—116。

门就业率也在逐步增加[1]。在城市的工厂里工作，而不是在乡村稻田劳作，这种模式不仅改变了人们的谋生性质，而且改变了他们的生活。

然而，强调工业化在明治晚期急剧发展的经济学家同样很快指出，帝国日本直到二十世纪二三十年代才达到“成熟”的工业阶段。明治晚期的大部分工业依然是轻工业，整个期间纺织业在制造业总产量中平均占三分之二，占出口总量的一半还多[2]。1909年第一次工厂普查中，52%的工厂劳力是纺织女工，其中很多人都是短期工，她们短期工作，或者订立短期合同，然后就回家结婚[3]。此外，正如对于帝国日本的每一种描述都一定仪式般所重复的那样，日本经济仍以农业经济为基础，43.6%的国民生产总值在1912年来自农业。如果再加上20.4%的家庭手工业产值，即便是工业生产急剧上升，也只有36%的产值是来自工业部分[4]。农业劳动力的绝对数量也依然没有改变，非初次就业的增长来自经济学家所说的农村剩余劳力。总而言之，

---

1 南亮进，《经济发展的转折点：日本的经验》（东京：纪伊国屋，1973），25；安藤，《经济史》，8；中村隆英，《战前日本经济》，70—73。

2 加里·R. 萨克森豪斯，“日本棉纺织业中的乡村女孩与竞争者之间的交流”，见休·帕特里克编，《日本工业化及其社会后果》（伯克利：加利福尼亚大学出版社，1976），98；山泽逸平、山本有造，“交易与报酬的平衡”，见大川、筱原，《日本经济发展的模式》，135。

3 罗伯特·E. 科尔、富永健一，“日本改变中的职业结构及其意义”，见帕特里克，《日本工业化》，59。其他的统计数字见，农商务省，《职工情况》（1903），再版，大河内一男编（光生馆，1971），17；隅谷三喜男，《日本资本主义与劳动问题》（东京大学出版会，1967），90—104.

4 后藤靖，“近代天皇制论”，见历史学研究会、日本史研究会编，《讲座日本史》，卷9（东京大学出版会，1971），192。

对明治晚期经济的回顾详细考察了那种明显的开始趋势，这种趋势在某种意义上还有数十年才能到达“转折点”[1]。

然而，这种对工业化循序渐进的理解是明治晚期的评论者达不到的。要是那样，他们也许就不太会有社会危机感了。事实上，不像历史学家至少把一部分注意力放到变化的连续性上，当代人（尤其是意识形态学者）往往把他们的注意力几乎全部放在变化上。往更好的方面变化，往更坏的方面变化——但是这些变化，尤其是后者，是意识形态生产最常用的催化剂。经常是在变革或多或少地被社会主流同化之后，意识形态学家就走开了。这就意味着一个新的现象首次出现时，比如说产业工人阶级，它常常会引起意识形态学家的关注。广泛意义上的劳动者，1909 年才达到二百五十万人，而到了 1935 年，达到八百万还要多。但是，在关注明治晚期劳工问题的人们看来，有关数字是 1888 年才只有十三万六千名劳工[2]。另外，劳动者当时还正

1　在 1872 到 1914 年间，农业人口持续稳定在约 1 600 万，同一时期，农村劳动力对非农就业的贡献率一直在 70%左右。梅村又次，“人口与劳动力”，见大川、筱原，《日本经济发展的模式》，244—246；科尔、富永，见帕特里克，《日本工业化》，57—63；以及南亮进，《转折点》，105—112、225—226。南亮进假定劳力供应中的“转折点”直到 1950 年代才到来。

2　后藤靖，“近代天皇制论”，188。估算各有不同，但总人口在 1888 年约有 4 000 万，1912 年约有 5 200 万，1935 年约有 6 800 万。以产业分类计算，后藤提供的劳动人口比例如下：

	第一产业	第二产业	第三产业
1887	78%	9%	13%
1912	62%	18%	20%
1936	45%	24%	31%

从 1887 年到 1912 年，第二产业的劳动人口翻了一倍，这引起了此处提到的“关注”。

在闹罢工。1890年代后期，工会作为广泛社会运动组织机构的一部分已经开始建立。争取更高报酬的罢工次数在中日甲午战争后的经济萧条中有所上升，随后又有点回落，然后在日俄战争后萧条期间的1907年达到最高峰[1]。对于政府以及从社会混乱中退缩出来的其他人来说，劳工纠纷就像社会主义一样，是一个明显的前兆，表明现代经济生活产生了大规模和无法接受分裂规模的矛盾。

33 关于经济变化其他后果的类似思想也有所表现。比如说，城市化问题，作为一个具有威胁性的发展问题出现了，那并非因为城市——不仅仅劳工纠纷问题——是现代发明物，而是因为变化的规模。19世纪90年代后期，尤其是日俄战争后的几年里，越来越多的人们为工作和教育机会，为社会成功和经济生存机会所吸引，而搬进城市。在1888年到1913之间，生活在城市中的人口百分比，从百分之七翻了一番，达到百分之十四[2]。尽管日本绝大多数还是农村人，但那时很多人还是认为城市发展更加重要，正是因为它对农村所具有的意义。大阪市1897年的人口到1916年翻了一番，达到一百五十万。1911年，东京只有40％的居民出生于该市。尽管事实是，这些城市移民中有很多人基本上是暂时居住的——比如说，横浜市，

1 劳动运动史料委员会，《日本劳动运动史料》，卷2（东京大学出版会，1963），3—173；隅谷，《日本资本主义》，115—119、159—160。

2 而且，城市在以总人口增长率2.5倍的速度成长。大渊宽，“日本工业化进程中的人口转变”，见帕特里克编，《日本工业化》，330—337。

1907年到1912年之间，大约60%的人口其户籍都留在其家庭所在地，但是他们的人数使那些城市膨胀起来[1]。明治晚期意识形态学家发现这种社会现象更加令人烦恼，因为它不仅仅限于首都。地方城市的发展速度也非常快，而且对于诸如四国这样的农村地区的乡村官员来说，松山市（日本四国岛西北岸港市。译者注）“乡村纯朴的风俗”所造成的恶劣影响好像和传言中罪恶的东京街头一样令人堕落[2]。

因为，尽管新产生的日本城市居民和工人常常促进意识形态活动，但是意识形态本身针对的不是这些群体，而主要是针对乡村。而且，一直都是关注焦点的日本农村，不仅正在受到来自城市吸引力的扰乱，而且还受到这里所提到的经济变化的全部社会后果的干扰。1880—1890年代，大土地私有者越来越多，而且在世纪之交，遥领地主也急剧增加。在同一时期，自己耕作的地主常常作为农村中产阶层被看作社会稳定的因素，其人数却在下降，到了1908年，租佃在耕地中已经达到了45.5%，这个数字一直维持到二战结束[3]。在教育和公共事业正在消费更多的地方资金的时候，明治期间的两次战争，以及

---

1 大阪市，《明治大正大阪市史》，卷2（日本评论社，1934—1935），118—120；“东京市的人口”，《国民杂志》卷3，10号（1912年6月15日），59；山田操，《京滨都市问题》（恒星社厚生阁，1974），22—26。

2 森恒太郎，《町村是调查指针》（丁未出版社，1909），180。地方增长率的范例见：水野坦、平野和子，“关于明治初期的‘城市-乡村’人口”，《统计局研究汇报》，30号（1976年3月），1—27；海野福寿，“工业发展与都市的动向”，见古岛敏雄等，《乡土史研究讲座，卷7，明治大正乡土史研究法》（朝仓书店，1972），148。

3 中村政则，《近代日本地主》，123；安・沃斯沃，《日本地主：地方精英的衰落》（伯克利：加利福尼亚大学出版社，1977），66—88。

以战后管理的名义要求人们作出牺牲所带来的苦难，加剧了农村困难。人口外流、贫穷，尤其是在经济不太发达的地区，比如说东北地区，使得一些村庄不复存在，让更多的村庄受到了很大的破坏。日本的农村，曾经是农业生产以及提供财政收入的期望所在，一直能够缴纳沉重的税款，现在似乎处在无法完成这些古老的重任的边缘，在性质和规模上变化得如此之大。因而，大量的农业法在19世纪90年代和20世纪初出现了[1]，意识形态方面的障碍也随之而来。官僚们主张儒家观念，认为农业是国家根本，而且农耕经济论者——想必是要对此进行赞扬——宣称“农村是国家的养料”[2]。相当一部分支持农村抵制发展对其进一步侵害的意识形态工作还是继续进行下去了，一些人认为道德劝教能够让人们像以前那样继续进行农耕生产，尽管这不利于发展迅速工业化经济所固有的社会经济优势，这种社会经济优势到了1910年还要支撑起一个进行扩张的帝国。

三

明治晚期的评论者们说得很正确：他们所说的进步带给他们的是一个复杂的社会。认识到这一点，他们就花大气力来进行记录、测量，因而各种社会测算大量出现。中央和地

---

1 见托马斯·R. H. 哈文思，《现代日本的农场与国家：农业国家主义，1870—1940》（普林斯顿：普林斯顿大学出版社，1974），56—110。

2 山崎延吉的演讲，《地方自治讲习笔记》(岛根，大东町：1912)，9。

方政府对这里提到的论题以及很多其他话题进行了调查[1]。新闻记者把当铺日益增加的数字记录下来，军方对逃避兵役的方法进行了合计，还有人（不清楚是谁）把东京街头的老鼠都进行了计算，那些老鼠仅仅在五年之内就增加到了八万只[2]。这些统计常常被用来支持社会秩序混乱成风这类的观点。的确，意识形态围绕社会问题而进行的夸张说法本身就很重要，因为那些可怕灾难的前景在任何地方，包括肮脏的东京，都没有意识形态学家在其劝教文章里说的那样清楚可见。还有他们如此频繁批判的社会现象——金钱的崇尚，城市的吸引，先进教育的诱惑——那时正在越来越深入人心。“社会”这个词语尽管在意识形态评论中与问题紧密相连，在通俗用法中却常常表达出积极的意义。比如说，几乎全部入学的儿童都热切盼望完成学业后能够进入社会[3]。进步好像不仅已经拉开了贫富之间的差距，而且还加深了意识形态和社会现实之间的鸿沟。

1　这些调查中最著名的例子包括，文部省，《职工情况》(1903)，再版，大河内一男编（光生馆，1971）；内务省地方局、社会局，《细民调查统计表》(1912，1914，1922)，再版，1973。地方政府计划的样式（称为“是”)之简要概述，见:《地方产业的思想与运动》(密涅瓦书房，1891)，159—173。

2　“逃避兵役”见：菊池邦作，《逃避征兵的研究》(立风书房，1977)，2、3；当铺与老鼠见:《国民杂志》卷2，1号（1911年2月1日)，89—91。

3　关于“社会问题”的代表性论述，见：横山源之助，“社会问题之勃兴”(《每日新闻》，1889年1月14日、2月24日)，隅谷三喜男编，《横山源之助全集》，卷1（明治文献，1972)，518—526。大众使用的针对毕业生的就业指南：例如，斋藤留吉《小学毕业苦学成功就职手续立身指南》(成功社，1910)；高柳淳之助，《小学毕业立身指南》(学友社，1910)。

35 开始于1880年代的国家意识和公民教育，很快就自然成了意识形态内容，但是社会经济变化带来的问题似乎更难进行内化。为国家结构和踏上国际舞台提供意识形态基础的工作确实显得很慎重，相比之下，随后把社会从经济和社会变革日积月累造成的影响中恢复过来的工作则显得慌乱不堪。正如他们对国家进行的诠释一样，意识形态学者必须得逐渐总结出疗救社会的药方。然而，与国家事务相比，各种意识形态来源之间的一致性和连贯性较少。也许这是因为，相比国家的号召、政治的骚动而言，社会变革不太容易控制，经济关系更加导致分裂。或者是因为，日本在一方面准备得比另一方面更好。暂且不论这些推测，1905年到1915年之间的十年里用来设置宣传天皇制思想机构的制度，可以说从一开始，在其内部对这些机构要服务的社会目的有时候都不太确定。19世纪国家模式的憧憬好像要比适应20世纪需要的社会观念来得更容易。

意识形态及其时代

一

拥护国家意识形态的“大合唱”从19世纪80年代就开始高涨起来，而一旦唱响，就持续了几十年，尽管反应各有差异。对国家意识的呼吁渐渐地从国家主义和议会体制前的背景中脱离出来，而进入公共领域，在那里可以得到更大的适用范围。1900年，一直持反对态度的政治家大隈重信［1838—

1922，明治时期政治家，财政改革家。日本第 8 任和第 17 任内阁总理大臣（首相）。译者注］认为日本国民需要有一种“国家意识”，这样他们就能够领导并保护更加不幸的中国兄弟免遭西方国家的进一步侵略。1906 年，大隈重信更愿意坚信，政府关于需要一个“统一的国家”的说法毫无意义，因为“日本人民全都忠君爱国”。他们最大的困难不是意识形态不成熟，而是官僚政治过于发达，在这种政治下，官僚人数日益增多，而做事却日益腐败，甚至“在制定大量的法律、法规的时候”亦是如此[1]。大隈重信每一次都能够援引国家意识来达到他的目的——批判政府的政策——因为那些词现在已经广为使用，足可以立即让人明白而无可反对。这是既成意识形态的一个特点，另外一个特点就是促使意识形态在一种语境中得以确立的那些因素在另一种语境中可以转化，而且会有不同的用法。早期一个青年组织的拥护者在 1896 年对农村青年进行过于理想而不切实际的号召中，曾经把“国家意识”当作一个基点，而在 1906 年，一个倡导地方自治的主要官员却主张日俄战争在人民中唤起的“国家意识”和公民责任现在应该变为乡村管理的优势[2]。伴随这种意识形态用法扩大的另一个特征表现在不断的主张中，那些主张认为，国家意识永远处于危险之中，永

36

1　大隈重信，“去来两世纪间世界各国与日本的位置”，《太阳》卷 6，8 号（1900 年 6 月 15 日）：2；在进步党大会的讲话，《每日新闻》，1906 年 1 月 22 日。

2　山本泷之助，“乡村青年”（1896），熊谷辰治郎编，《山本泷之助全集》(日本青年馆，1931）4—11。井上友一，“西欧自治大观”（1906），井上会编，《井上博士与地方自治》(全国町村长会，1940)，19。

远不会完成，或者是急剧衰退。那就是说，意识形态任务是永远完不成的，其过程还将继续下去。但重要的是要认识到，意识形态大合唱首次发出强大声音期间，在其后任何一词的意识形态作用的内涵上都留下了不可磨灭的烙印。无论是用来服务于后来的帝国主义事业，还是社会秩序，还是地方政府，19世纪80年代末、90年代初的社会氛围已经把国家意识在意识形态的形成过程中牢固地确立下来了。

以社会问题为中心的意识形态生产亦是如此。其关注之声后来就开始了，而且在其意识形态内容上留下了1890年代末、20世纪初那些岁月的痕迹。那时，日本正开始向工业帝国主义过渡，向一个近代中产阶级、人民大众的社会过渡。这些社会问题，就像那些民族问题一样，在纳入意识形态内容之后还继续存在，而且最终显现出类似的特征，即其意义为人们接纳采用，用法得到扩展，其是否完成永远难以捉摸。然而，正如1880年代意识形态活动开始时的高涨一样，也可以说，明治天皇死后的那几年里，意识形态活动出现了低潮。当然，意识形态并没有消失，实际上在20世纪30年代反而强化了。这在早些年代里，是无法想象的。但是，新的问题基本上纳入了明治晚期时的意识形态整合之中，全新的构成元素并不多见。

19世纪80年代后期，新的政治体制即将来临，它给人们带来一种初始感，其中已经有意识形态问题为人们高度关注，但是答案无几。现代意识形态话语还未曾确定，更不用说它的内涵了。皇帝，比如说，是立宪制君主，而且每个国家都有一个国体。到了 1912 年，随着明治天皇的死去，天皇之死被广泛地认为是哈里·哈鲁图尼恩所说的“一种终结感”，那话语出现了[1]。皇帝既是立宪制君主又是神化了的家长，而且那种独特的国体很明显只属于日本。到了 1915 年，几乎所有传播公民信条和社会禁令的机构也都层层到位。此时，日本的现代神话已经产生了，其构成元素都已出现，甚至都已完全得到解释说明。

37

二

尽管 1890 年到 1915 年之间很多事情都已改变，但是毫无疑问在那之前已经有了很多变化。1865 年的日本到了 1890 年时，已大不一样了，而 1890 年的日本哪怕只是刚刚开始，也已步入了某种时期，这一时期在某种意义上结束于 1945 年，而在另一方面又属于当代。英国的历史学家杰弗里·巴勒克拉夫认为，1890 年世界已经进入了当代时期，体现当代特征的结构诸多方面到了 1900 年已触手可及，但是在那之前的几十年几乎没有。杰弗里·巴勒克拉夫的“世界”一词是指西方国家，与其用意相反，他的论断同样适于日本。尽管他希望给那些从不同角度切入过去的欧洲以外的历史分支留出空间，但就日本而言，可以说其角度与同一时期的诸多西方国家是一样的[2]。不仅诸如工业化、社会变革以及政治历程这样的现象如

1　哈里·D. 哈鲁图尼恩，“导论：终结感与大正的问题”，见西尔伯曼、哈鲁图尼恩编，《危机中的日本》，3—10。

2　杰弗里·巴勒克拉夫，《现代史导论》，(巴尔的摩：企鹅图书，1976)，9—42。

此，其意识形态亦是如此。

在法国，从1870年到1914年之间的44年——这与日本的明治时期几乎是同一时期——欧根·韦伯把那个时期描述为农民转变为法国人的过程，把人民纳入民族大业的过程。他把这个过程比作殖民化，描写巴黎教化了难以驯服的各个省郡，把“国家观念灌输进了地区的狭隘思维”[1]。尽管日本国内事实上就没有什么独立的区域文化，但是，我们经常听到的同质性在情感的国家化方面却没有创造出什么奇迹。甚至在制度层面上，也有可能认为，日本自从19世纪70年代就已经显示出较强的中央集权化，而事实上并没有那么强大。也就是说，中央已经让地方承担了一系列的国家义务，从议会选举和征纳税务到供给警察、教师以及修建学校等等。因为很多国家所需是政府作出的规定，但政府却很少支付，所以地方预算中的百分之七十到八十都被用来执行国家任务。[2] 地方这样做，也许是日本19世纪变革中最为重要的要素之一，也许比中央政府的措施更为重要，如果没有地方的顺从，那些措施实际上什么也不是。但是地方也不是没有付出代价，不是没有冲突而一下子就顺从的。当地方精英们认识到了政治教训、要求财政平衡，否则就代表地方利益在国家政治上有所举动时，韦伯在法国所描述的“语言、姿态以及国家政治观念渗透乡间的那个过程”在

38

1 欧根·韦伯，《从农夫到法国人：法国乡村的现代化，1870—1914》(斯坦福：斯坦福大学出版社，1976)，485—496。

2 大岛，《明治的农村》，170—179。

日本明治时期出现了。[1] 另外，政府内部本身，各省之间不仅在制度方面，而且还在思想方面，竞相获取对地方各县的控制和影响。[2] 尽管国家统一这种辞令不断地被用作解决地方利益冲突的法宝，但事实上，制度整合远非政府惯常承认地那样顺利。

中央和地方各县之间的政治关系是这样，国家一体化过程中的其他关系也是如此。日本的意识形态学者，与同一时期的德国同行一样，不仅寻求国家统一，同时还寻求一种“内在的精神复兴”，来帮助国家免受现代性所带来的社会问题的潜在威胁。[3] 尽管明治时期的新老精英们致力于社会的进步，但是他们也珍惜自己的主流地位，渴望社会的稳定，认为这是有必要保留的。因而，他们强烈要求用爱国主义和社会和谐来减弱潜在的不稳定因素。通过新近制定的公民教义，所有的日本人都将成为国民，同化到主流社会中去。正如同一时期的美国本土主义一样，明治晚期的意识形态坚持把社会一致当作建设国家忠诚的原则。[4] 把日本这样一个同一种族的国家与一个移民国家相比，也许比较奇怪。但事实上，日本的本土主义常常是

1　欧根・韦伯，“政策如何到达农民：对农民政治化的再观察”，《美国历史评论》87卷，2号（1982年4月）：358。

2　对1880年代围绕地方政府制度化控制而引发的政府内部斗争的细致研究，见：御厨贵，《明治国家形成与地方经营》（东京大学出版会，1980）。

3　乔治・L. 莫斯，《德国意识形态的危机：第三帝国的理智起源》（纽约：格罗塞特和邓拉普，1964），1—9。

4　约翰・海厄姆，《国土上的陌生人：美国排外主义的模式，1860—1925》（纽约：文艺协会出版社，1973）。

出于几乎同样的目的而被援用，只不过其对象是日本国内那些有着西方生活方式和思想的人。其中，有些是自觉提倡诸如个人主义或社会主义那样不可接受的外国观念，有些是在不知不觉地追求那些不健康的具有西方思想特征的物质主义和个人成功。美国面对的是很多外国移民，日本则很少，但是那些外国人的出现通常会引起人们对其对策的关注，而不是人数上的担心，但是，如果说美国有真正意义上的外国人，那么日本则只有比喻意义上的外国人，不管哪一种情况，意识形态都是让这些人成为国民的主要方法。要重申早些时候的一种主张，这种比喻性的排外主义与反西方主义并不一样，而是为了实现本国目的，尤其是社会稳定的一种策略。在这一方面，如同国家整合一样，日本远非天皇制让我们相信那样的井然有序、前后一致。

39

做这些比较并非要主张明治历史进程跟同一时期的西方国家完全一致，然而，就现代意识形态而言，相比频繁地跟第三世界进行比较来说，这种比较似乎更为有用。这里要提出两点。一是要再一次地强调，那时日本处在多种意识形态形成之中，而不只是一种，所以应该放在更大的语境之中来看，即巴勒克拉夫所描述的 19 世纪末 20 世纪初的世界发展进程之中。二是要强调，日本人转变为国民的过程，如法国农民成为法国公民、德国人成为德国公民、移民成为纯粹的美国公民的过程一样复杂、持久。简而言之，日本人既不是一下子成为爱国者的，其过程也不是它有时候看上去的那样彻底地不可改变。如果意识形态要提议或设想人与所处世界的一种关系的话，那么可以说，帝国日本的主流意识形态所设想的是，国家更加团结，社会比身处其中的人们所感到的那样更加稳定。但是，既然主流意识形态并非一种，有很多意识形态构想出现并得以存留，在某些方面会与官方意识形态设想相佐，在另一些方面却与之冲突。

人类创造自己的意识形态，但正如马克思提醒我们的那样，并非所愿。意识形态学家们，无论是官方的，还是民间的，都受所处的时代影响，既为其提供的可能性所驱使，又为其局限性所制约。现代日本意识形态是明治时期的产物，因而决定意识形态所要呈现的形式及其发展方向。甚至是来自最近时期或者永恒过去的那些要素，也被纳入明治期间新近形成的意识形态框架之中，以适应那个时代的需要。所以，日本的意识形态，像其他现代民族国家的意识形态一样，反映了其产生的时代。至少从这一点来说，人们在明治天皇死后的那些年里所经受到的“终结感”并非不准确，因为明治晚期形成的现代性在 1945 年以前是很权威的。这也具有意识形态霸权的特征：由于它依然存在，所以现在就成了为变革所超越的过时的思想——其过于根深蒂固而无法为变革轻易废除掉。其他时期也许能给后代留下一种不同的意识形态，但是，日本将会保留明治晚期的意识形态，哪怕是它已经失去曾经拥有的意义。

至此，已经从四个方面探讨了明治晚期意识形态。首先探讨的是战后日本所形成的天皇制意识形态。其次是理论说明，40

认为现代意识形态在不同的国家环境中，其形成过程大抵相似。第三是意识形态学家对其主体的看法，即 19 世纪八九十年代具有国家意识的人们以及 1890 年代、20 世纪初的社会评论家，对于其为唤起国人所作的努力的所思和所言。为了像他们那样理解明治晚期意识形态的重任，可以说，我们已经对他们进行了首要的探讨。第四就是探讨了简要的对比参照，把日本意识形态放在它的时间框架之中，即意识形态学家敏锐地意识到并极为清楚地将它放在更为宽广的国际语境之中。现在，这些表述一定得综合在一起进行分析，这种分析不仅要极力描述意识形态生产者的主张，还要描述他们的意图。为了确立他们对于共同问题的不同声音，允许这些人一起述说，不管他们是社会主义者还是资产阶级，是官僚主义者还是地主阶级，是进步者还是保守者。但是现在，他们的呼声必须分开，而且要做进一步努力，来说明他们相佐而又矛盾的主张是如何在其大量言辞之外、更为宽阔的社会空间之中产生出来的。

这样组织本课题，既反映了产生于明治晚期的意识形态的演变，又对它进行了剖析。整个时间顺序始于典礼仪式、终于典礼仪式：1889 年 2 月宪法颁布典礼，这是“史无前例的大事”；1912 年 9 月，明治天皇的隆重葬礼举行［同一天，乃木希典将军（1849. 12. 25—1912. 9. 13），明治天皇时代由日本官方人为制造出来的一个所谓军神。译者注）自杀］。对于那个时期的日本人来说，这两个重要国家典礼预示了一段日本现代史大有前途的开端和宏大辉煌的结局。在这个年代表的范围内，意识形态范围的主要方面都依次得到采纳，首先是与“国家意识”有关的方面，而后是关于一个“复杂社会”的方面。尽管现代国家观点在明治维新之前都已经是个问题了，但是直到 1889 年之后，那些观点才变得成熟。政治观念、国家和帝国的象征、忠君爱国的公民道德等——这些国家要素构成了 19 世纪天皇制意识形态的基础。始于 1890 年代的社会问题的思想成果，在日俄战争之后的几年完全成型。为了应对战后缠绕在那些思想家心头的社会危机感，日本的农业神话被翻新成为现代用途，乡村和家庭被重新认为是国家的社会基础。

41

结尾部分力图把这几个部分汇集起来，却形成不了一个大的整体。因为本课题否认明治时期完整的天皇制意识形态有这样一个整体特征，而是致力于审视意识形态语言，来理解它的要素是如何相互作用，从而来说明霸权是通过意识形态措辞表现出来的。明治末期国家和社会是如何呈现的？这些观点是如何与其教义和体制通道大部分都已形成的正统意识形态联系在一起的？还有，20 世纪前 10 年的那些说法是如何在随后的几年里进展的？那时哪些观点有相当一部分已经超过其产生的语境而存留下来？尽管这些问题不能得到满意的解答，但这种努力有助于提供天皇制意识形态形成的过程意识。

但是，在明治晚期，严格说来，并不存在诸如“天皇制”这样的说法。那一时期的日本人压根就不知道什么“天皇制”，因为新的政治结构一再被称作“立宪制”[1]。因而，要向明治时期的日本人承认他们所处的世界的重要性，意识形态出现的时间必须以宪法为起点。

1 明治时代的用词是“立宪制”或“立宪君主制”；“天皇制”一词从1930年代开始出现，它的常被引用的章节——共产国际的“1932命题”——确定绝对君主制是共产主义必须打倒的目标。石堂清伦、山边健太郎编，《共产国际关于日本的命题集》(青木书店，1961)，76—101。“天皇制”一词起源于并且很大程度上保留了这一反对日本君主制的感觉，无论战前还是战后都是如此。

第三章

国家政体

空前的典礼

一

1889年2月11日上午十点，显贵要人都聚集在皇宫里新装修的谒见大厅里。他们身着正规西装，或军装，或燕尾服，光彩照人，面对御座而立。欧洲设计风格的皇帝宝座，按照东方的传统规定，位于大厅的最北面。高高的讲台上铺着红色地毯，两边站着的是文武高官、贵族成员、都道府县知事以及其他特邀来宾。左边的旁听席上是外国外交使团以及外籍人员，右边的旁听席上站着选出来的新闻界代表和县议会主席，人民选他们做代表来出席这样重要的场合。十点半时，明治皇帝身着当时外国媒体所称做的总司令制服，在国歌声中走了进来。随行的有宫廷官员、皇宫警卫，还有身穿西式拖地长裙的皇后。全体人员鞠躬致敬。接着，内大臣三条实美（1837—1891，日本政治家，公卿出身，幕末、明治时期的公卿、政治家。译者注）呈上一幅书卷。天皇朗声宣读诏书，它是以“我们天皇先祖”的名义、“为了我们现在的国民以及后代”而颁布的，是“现在不可变更的基本大法”。天皇从枢密院议长伊藤博文手里接过另外一幅写有宪法内容的书卷，这样说非常贴切，因为他是主要负责内容编写的寡头政治家。然后，天皇又递给已经走上讲台第一个台阶的首相黑田清隆（1840—1900，日本第二任首相，积极投身倒幕运动。译者注），他不能再往前走了，因为任何人都是不允许俯视天皇的。首相深鞠一躬，

43 接过那部“国家基本大法”。据报道，所有在场人员都为这部宪法的重大意义深深感动，尽管事实上，除了参与起草的人员之外，没有人了解这部法律的内容。在外面的礼炮、隆隆钟声和里面的国歌伴奏声中，天皇及其随从人员离开了大厅。来宾们再次鞠躬致敬。不到十分钟，“大日本帝国宪法”就已经宣布完毕。正如人人所描述的那样，这是一个“空前的典礼”。[1]

这个上午的早些时候，天皇已经在皇宫里举行另外一个仪式了，那一次是在内宫，穿的是古代宫廷礼服，因为国家新法律的颁布被安排在帝国建立第 2549 周年纪念日，即人们熟知的纪元节这一天。除了奉上传统的神道贡品，天皇还带来了宪法的消息。他在誓言中说道，颁布这样的一部法律有利于人类发展和文明进步，同时还向祖先保证，这是为了保留先祖们留下来的古老政府形式。天皇告慰祖先之灵之后，神道教祭司向皇宫神社里的“诸位神灵”传递了同样的信息。剩下的就是，先前已经派出的敕使要去伊势神宫（日本神社的主要代表，自明治天皇以后的历代天皇即位时均要去参拜。译者注）以及两个特殊先祖的墓地进行参拜汇报，那两个先祖就是开国皇帝神

---

1 关于典礼的描述来自当时的目击者在以下文献中的叙述:《时事新报》《东京日日新闻》(1889 年 2 月 11—12 日)；《风俗画报》，2 号（1889 年 3 月）；三宅雪岭，《同时代史》，卷 2（岩波，1950），358—365；德之助・贝尔兹《觉醒中的日本：一位德国医生埃尔温・贝尔兹的日记》(伯明顿：印第安纳大学出版社，1974)，81—83；《明治天皇诏敕谨解》，821—840；以及当时的木版画，如“明治二十年二月十一日日本宪法发布日之图”，见丹波恒夫，《锦绘中所见的明治天皇与明治时代》(朝日新闻社，1966)，56。“空前的”一词被大多数叙述者使用，常出现在“空前的盛典”这一短语中。

武天皇和明治的父亲孝明天皇。就这样，整个国家的贵族阶级，还有诸多神灵，都正式得知新宪法的颁布。[1]

仪式形式发人深省。天皇在皇宫正殿里公布宪法，这种姿态表示宪法是上天赐予这个国家的高贵礼物。统治权掌握在天皇手中，他的特权在新宪法中规定得清清楚楚。然而，事实是，天皇只不过在仪式上把这个文件从一个寡头政治者手中转到另一个寡头政治者手中，在政治上，政府将会以类似的方式来操作。政府决策将会通过天皇之手获得合法批准，如同一幅画卷，而没有任何改变。政党的缺失和官僚的大量存在，正符合寡头政治者对国会所起作用的看法，这种观点在那一周之内即将发布。当日下午，黑田清隆明确地宣布了内阁是至高无上的原则，三天后，伊藤博文又重申，政府必须与所有的政党分开。[2] 从这一点上来看，这个典礼的出席名单，合情合理地体现了 1889 年政府所构想的这种政治体制。 *44*

外国人的出席非常重要，欧洲风格的装饰以及西式服装也是如此。这部宪法在某种意义上是要表明，日本是一个文明国家，尤其是一个否认不平等条约的主权国家，而那些不平等条

1　对“圣典”或“纪元节典礼”的描述来自:《明治天皇诏敕谨解》，817—820；三宅，《同时代史》，卷 2，358—365。纪元节，或者说建国纪念日，是一个 1873 年设立的现代节日。对神明的誓言及对人民的敕语的结合在上文描述的国家庆典中，翻译见：伊藤博文附录，《日本帝国宪法义解》，伊东巳代治译（英吉利法律学校，1889），151—154。

2　两次演讲都广泛刊行出版。关于政府中“超然主义”的政治背景，见：坂野，《明治宪法体制的确立》，1—6；御厨贵，《明治国家形成与地方经营》，204—220；乔治・秋田，《现代日本立宪政府的基础，1868—1900》(剑桥：哈佛大学出版社，1967)，68—75。

约必须得进行重新修订。在典礼结束宪法副本分发给来宾时，准备好的英文版也送达了外国人手中。然而，他们的反应却比很多人希望的那样复杂。《纽约世界报》上有一篇令人称赞的关于“亚洲的美国人”的文章，上面说日本人被认为是“一个非常进步的种族。他们不断地接受了我们的服装、报纸、音乐风格，接受了我们的字母表、教育方法以及教育、思想自由等”。日本虽然取得了这样令人满意的进步，但实行的宪法是德国式的，这提出了“关于人们对这一切的稳定性究竟有多少信心”的问题。欧洲媒体，尽管对日本选择普鲁士宪法模式不如美国那么不安，但也表达了同样的怀疑态度。[1] 这些反应令当时的日本知识分子感到沮丧，而当大约 25 年之后国际氛围已经发生变化的时候，一位作者自豪地赞扬了他的国家成功地实行了立宪制度，这个制度“一开始被外国人认为只不过是对西方制度的模仿”。[2]

但是，为了避免宪法颁布大典被误解为就是把明治天皇变成欧洲式的君主，早些时候向神灵和祖先的祷告声明就重申了德国人所称作的“睦仁天皇”统治者和日本最为古老的传统，即天照大神的后裔统治家族之间的关系。宪法对天皇“神圣而不可侵犯”的宗教和精神至上的规定，体现在明治天皇对其祖

---

1 《纽约世界报》，1889 年 2 月 13 日；相似的有，《华盛顿邮报》，《泰晤士报》(伦敦)，《时报》，等等。

2 “对西方制度的模仿”，见：竹越与三郎，《人民读本》(富山房，1913)，10；贝尔兹，《觉醒中的日本》，85—89，及多处。

先所做的要保持他们古老传统的誓言之中。礼节上赶欧洲时髦，治国上坚持最古老的日本神话传统，这不只囿于皇宫之中，被评论界称为“宪法伯爵”的伊藤博文，在其著名的“宪法解说”中解释宪法条文的时候，有时援用诸如“开国皇帝”这些传说中神的名字的例子，有时援用17世纪德国最高法院以及英国威廉三世的外交事务方面的专题研究。[1] 而那天早上，在森有礼（1847—1889，日本明治初期的政治家、教育家。是日本现代教育的先驱和首任文部大臣，被称为日本“明治时期六大教育家”之一、“日本现代教育之父”。译者注）准备前往有他署名的宪法的颁布庆典时，遇刺身亡。 45

森有礼，是以其西化政策而闻名的文部大臣。他的遇刺据说是因为一年多之前，他在伊势神社对皇室做出了大不敬的姿态。政府人员、舆论人士以及外籍人士，对他们所认为的这种帝王狂热的刺杀行为大为震惊。但是，随着媒体对每个耸人听闻的细节的报道，一部分人的情感很快就倾向那个青年刺杀者。二三月份有一段时间，“文明”先驱森有礼在公众眼中的光辉被其行刺者西野文太郎所遮掩。西野文太郎是长州藩武士，极其尊崇皇帝，为媒体大肆报道，结果政府暂停、取缔了那些好像在鼓励他那种分裂行为的报纸和刊物。在一些人看来，同一天进行的现代君主制和崇古这两个仪式似乎反映了森有礼和尊皇分子刺客所尊奉的两个截然不同的

1 “宪法伯”，《信浓每日新闻》，1890年4月3日；伊藤，《义解》，3、23、27。

帝国仪式。[1]

二

然而，对于大多数日本人来说，这两种宫廷典礼远非他们所能理解，即便是在东京，庆祝活动也大有不同。在神灵和官员们所处的皇宫里面，一切都是那么的庄严肃穆；皇宫外面一片喧嚣，首都的大街上张灯结彩，旗帜飘扬，人头攒动，“就像神田和山王节、新年等所有节日都变成了一个节日似的”。[2] 学童们在皇宫前面集结排队，里面夹杂着外地各县及东京其他各区来的人们。国旗早早就已卖光，胆子大的小贩以平常价格的六倍在叫卖水果，清酒批发商因需求猛增而迅速把价格提高了一倍。“宪法糖果”为“世纪庆典”而制造。[3] 当那天下午天皇从二重桥的皇宫里出来，在青山阅兵场检阅军队的时候，“天皇陛下万岁”的喊声第一次在他的面前响起，正如已经提倡的那样，是效仿欧洲的“万岁”喝彩。[4] 当晚皇宫里大宴宾

---

1 典型的媒体报道见:《东京日日新闻》，1889 年 2 月 13 日—3 月 10 日；《时事新报》，1889 年 2 月 14 日—2 月 27 日。代表性的回应见：大久保利谦编，《森有礼全集》，卷 2（宣文堂书店，1972），277—367；豪尔，《森有礼》，1—16。被封禁的刊物见：内务省警保局，《禁止单行本目录》，卷 1（湖北社，1976），80。

2 “宪法发布当天市中的热闹景象”，《东京日日新闻》，1889 年 2 月 13 日；“宪法发布前一天的景象”，《东京日日新闻》，1889 年 2 月 11 日。

3 《读卖新闻》，1913 年 2 月 8 日；川崎房五郎，《明治东京史话》(桃源社，1968)，243—246。著名的甜食品牌风月堂，用街边手推车贩卖“宪法糖果”[朝仓治彦、稻村徹元编，《明治世相编年辞典》(东京出版，1965)，289]。

4 “青年之‘万岁’呼声的评议”，《中外商业新报》，1889 年 2 月 8 日。帝国大学教授外山正一对欢呼之正确发音的判定，见：和田信二郎，《皇室要典》(1913)，503—505。

客的时候，大多数东京人在以不同的方式庆祝这个活动。人们不是像欧洲庆典那样，脚穿新皮鞋，街上挂着闪闪发光的吊灯，而是以传统节日的方式来庆祝的，他们穿的是传统的高底木屐，街上挂着灯笼。但是，宫外人们的激动情绪一点都不亚于宫里。这种狂欢使得一个不苟言笑的外国人评论说，“这真是一个大笑话，人们对于宪法的内容一无所知，竟然这样狂欢”[1]。中江兆民（1847—1901，日本自由民权运动理论家，政治家，唯物主义者，无神论者。译者注）悲哀地评论说“人们对一部宪法的名字飘飘然了”，尽管他们还不知道那究竟是“黄金还是糟粕”。[2] 宪法就像一个神道节日上可移动的神坛的圣物，尽管人们在庆祝它，它却隐于无形之中。这种信息的普遍缺乏证明，寡头政治家们对宪法内容一直保密到它颁布的时候。

46

一篇名为《一部宪法为何物》的社论指出，“尽管区长阁下声称宪法是多么的美好、祥和，但是市井小民不清楚美好而祥和的是什么以及为什么美好而祥和”。作者接着解释说，宪法就是“国家的规定”，犹如公司要有规章制度、家庭要有家法一样。所以，在这一点上，他准备找出两个祥和的方面：宪

1　常被引用的是贝尔兹的评论。《觉醒中的日本》，81。宴会见：三宅，《同时代史》，360。

2　“黄金还是糟粕”，字面意思为“宝玉或是瓦片”，来自谚语“宁为玉碎不为瓦全”，幸德秋水编，《兆民先生：兆民先生行状记》(岩波文库，1960)，17—18。以及，“人民对宪法发布之盛典的喜悦”(《自由新闻》，1889 年 2 月 10 日)，松永昌三遍，《中江兆民集》(筑摩书房，1974)，288—289。

法颁布后，官员们不能再想怎么做就怎么做；日本人民不需要流血就能从一个不情愿的统治者手中获得这样的一部法律，而西方往往不是这样。作者在结尾注明，用一二篇社论就能完全解释那部宪法是不可能的，并指出，他只是尽力地为日本小民提供了一个粗略的轮廓，要想了解进一步的细节，读者应去查阅二月十一日之后的《东京朝日新闻》报纸。[1] 流行艺人不久就排出了这一方面的固定剧目，常见的一种剧目就是围绕一个双关语，即皇帝授予的不是一部宪法，而是一件丝质的工作服。"妹妹，你认为他们什么时候分发丝质外套？""噢，也许明年国会商店开张时，会作为纪念品发给大家的。"[2]

在当地名士都相当了解"国会商店"的郡县，学校、寺庙、神社等在东京颁布国家宪法的同时，都在举办庆祝活动。人们用仿制书卷来暗指那时无法得到的真实宪法文献。那些庆祝活动就是举办各种体育比赛、燃放烟花爆竹、演奏音乐、鸣放礼炮以及举办饮酒聚会，但是，乡村狂欢普遍较少，精英们的宴会颇多。地方官员们召集同僚进行聚会，因为一则公告要求，"最好在一个群体内举行宪法庆祝活动，从而来和别人进行愉快而活泼的商谈。"[3] 爱国精神将以这种方式得以弘扬，演

---

1 "宪法是什么？"，《东京朝日新闻》，1889 年 2 月 7 日。相似的，在地方报刊中：《岐阜日日新闻》，1889 年 2 月 9 日。

2 "宪法的解释"，《东京朝日新闻》，1889 年 3 月 5 日。

3 《平稳村纪元节宪法发布祝宴会记事》，（长野，下高井郡：1889），2。地方庆典的代表性记录见：《山阴新闻》，1889 年 2 月 13—17 日；《秋田魁新报》，2 月 19—22 日；《岐阜日日新闻》，2 月 13—20 日；《信浓每日新闻》，2 月 16 日、3 月 5 日；"发布当日全国各地的景象及其报道"，《时事新报》，2 月 12 日。

讲者经常辩论说，既然“宪法已经明确了公民协赞的权利以及君民共治”，那么这一点现在更加重要。[1] 讲演中用到的协赞这个词就是赞成或协助的意思，这意味着一种对于议会政治的看法比那些民权运动活跃成员以及那些渴望他们倡导已久的政治参与权的人们的看法更为官僚化。因此，这些郡县集会以他们自己独有的方式像东京集会一样具有政治代表性。 47

这些集会通常被描述为“官民一起”的集会。官是指那些工作在府、县以及地方办公室的人员，“民”是指那些士绅、地主、商人、记者以及其他地方组织的领导人。他们在新的立宪制度中将既是政府的支持者，又是政府的敌对者。因而他们在演讲中强调公民的政治作用，而寡头政治者则主张帝国崛起中政府的作用。追随德富苏峰的知识青年，在认为自己是明治青年的时候，梦想着天平时期的人们所无法拥有的议会之梦。[2] 一个忠实记录地方名士生活的日记作家相泽菊太郎，是神奈川县一个地主的次子，为二月十一日的这个重大事件所驱使，用不寻常的篇幅记录了宪法的颁布情况，他甚至一字不差地记录了从报纸上抄下来的详细报道，那报纸是他家在宪法颁布的前一年就已经开始订阅了。[3] 不管在国会内，还是在国会外，一

1 《岐阜日日新闻》，1889 年 2 月 24 日。

2 德富苏峰《新日本的青年》(1887) 是最有影响力的作品(《明治文学全集》34：112—158)。此类青年的典型文学范例可见于德富芦花:《雪上的脚印》(《回忆之记》，1901)，肯尼斯・史壮译。

3 相泽菊太郎，《相泽日记》(相模原：相泽荣久，1965)，131—135。相泽的日记包含了约 80 年的内容，从 1885 到 1962。生方，《明治大正见闻史》，23—24。

生中的大部分时间都在与政府作斗争的田中昭三，最早抗议说，县议会议长们只是受邀去“满怀敬意地观看”，而不是像官老爷和老外那样“出席”东京的宪法颁布庆典。那些社会反传统者以及政治活动家发现这是对人民的一种侮辱的时候，他们就为自己搞到了一件礼服，并书写了三首发自内心的诗歌来庆祝宪法:《这个赠礼》《从君主到臣民》《无价之宝》。[1] 其他地方名士对于这件事情并不那么激动，也不太了解。比如说，岩手县的“某个名人”在当地火车站婉言谢绝了出席宪法庆典的邀请，礼貌地保证说，他将非常高兴出席“明年的宪法颁布庆祝宴会”。[2] 不过，总的来说，全国的地方精英名士都热切地期盼新的政体，因为无论他们是坚定的保守派还是自由的反对派，都在期盼能够参与其中。

48 但是，即便宪法庆祝活动还在继续的时候，就已经有一些人在说，这个史无前例的大事带来更多的是庆祝活动，而不是人们的沉思。一篇社论说，喧嚣热闹已经足够了，该开始准备立宪政体了。[3] 媒体提醒读者《五条御誓文》已经承诺要召开

---

1 肯尼斯・史壮，《对抗风暴的公牛：日本环保主义先驱田中正造传》(温哥华：不列颠哥伦比亚大学出版社，1977)，59—62。

2 《东京朝日新闻》，1889 年 11 月 10 日。

3 《山阴新闻》，1889 年 2 月 13 日。知识分子间有着相似的记录，例如，陆羯南，“宪法发布后日本国民的觉悟”(《日本》，1889 年 2 月 15 日)，《陆羯南全集》2：8—9；政治异议在杂志上发声，如《政论》，1889 年 3 月 4—18 日，以及在政治会议上，如“关于宪法的感情”，《朝野新闻》，1889 年 3 月 6 日。中江兆民在经过一个月不同寻常的沉默后，发表了他对喧嚣的不满，其他媒体则以热情的态度对宪法进行详细解释。审查将负面评论判定为“大不敬罪”，包括了宫武外骨的讽刺性杂志《顿智协会杂志》的宪法特刊（28 号，1889），其编辑、画家和印刷者被起诉及下狱。

大会，进行公众讨论，公布1881年敕语，还要制定一部宪法，建立议会。现在日本正是要进行这些的时候，“那股台风已经过去了，热情也已经完全冷却下来了”[1]。为了竭力补救这一点，新闻报纸在头版上刊登标题为“阅读宪法”的系列文章，并用增刊和号外来刊登每一条款的全文及其解释。[2] 虽然语言很术语化，而且内容还难得足以让那些非常刻苦的读者也望而却步，但是评论者们却在不停地批评国民，对于“一部能使人民进步、幸福和繁荣所必须的法律”不予理会。为了回应帝国赐予宪法这种慷慨之事，民众不断地受到督促要尽自己的力量。同样的系列社论文章却建议说，调整好君民之间的关系是需要时间的。英国在政治参与方面已有千年的经验，这对于日本来说却很新鲜。[3] 在种论调下，民间报刊经常不知不觉地在随声附和政府的立场观点，即人民还没有准备好参与到国家大事中来。还有一些报刊在坚持不懈地号召人民履行公民职责，敦促人民关心宪法，这样才“不会玷污国家的荣誉”[4]。

即便如此，宪法这样劝教下的听众在社会上、经济上、政治上依然很狭隘。这个时候还没有成为报刊新闻读者的广大民众，对宪法的了解是通过道听途说以及宪法庆祝活动，而且在

1 《岐阜日日新闻》，1889年3月20日。

2 例如，“读帝国宪法”，《秋田魁新报》，2月20日—3月12日，1889；“大日本帝国宪法要论”，《信浓每日新闻》，2月22日—3月5日；“大日本帝国宪法评论”，《朝野新闻》，2—3月。典型的增刊和号外组合是《高知日报》，2月12—15日。

3 《秋田魁新报》，1889年2月19—21日。

4 同样的警告从宪法发布到首次大选期间一直重复。例如，《福陵新报》，1890年7月1日。

一定程度上，是通过画在木版画上的颁布仪式了解的。[1] 但是帝国宪法本身离人们就很遥远，与熟悉的政治和情感现实的联系非常微小，难以在名字上维持更广的人气。二月底、三月

49 份，在地方知名人士聚在一起召开宪法阅读会议的时候，参加过一次这种场合的一千多人，据说，都是“身穿西装、头戴高高的礼帽的乡绅，其中没有一个是马车夫或人力车夫或身穿工作服的”[2]。明治晚期的日本，“马车夫和人力车夫”是下层工人的标准社会称号，他们通常都生活在城市里。尽管这些群体也都加入了二月十一日的狂欢活动，但是他们对于已经成为“亚洲第一个制定宪法国家的国民”的兴趣自然非常微小。因为在 1889 年，“国民”这个词不管被援用过多少次，它的实际意义都离那些经常提到的“要人”——也就是有影响的人，以及那些能够也将要成为国民的人，以及那些已经全面了解宪法新闻的人的兴趣则更为近些。

1889 年 2 月，有明确的意见认为，拥有一部宪法，证明日本现在已经在全力向“文明”迈进。因为“有国就必须有一部

---

1 “广大民众”见：山本武利，《新闻与民众》(纪伊国屋书店，1973)，130—134，及多处；西田长寿，《明治时代的新闻与杂志》(至文堂，1961)，149—205。木版画，它们都有一些差别，因为画家们并非亲自参加了典礼，见：小西四郎，《锦绘幕末明治历史，卷 10，宪法发布》(讲谈社，1977)，28—33；丹波，《锦绘中所见的明治》，55—56。绘画同样被用在战前的基本伦理教材中，用来描述宪法的章节内容，见：海后宗臣编，《日本教科书大系，卷 3，近代篇》(讲谈社，1962)，57（1903 年教科书)、110—111（1910)、204—205（1918)。1941 年的教科书用国会议事堂的照片取代了这些绘画。

2 岐阜县，《岐阜县史，通史篇，近代》，卷 2（岐阜：岐阜县，1972)，186。

宪法，没有宪法，国家不值一名”[1]。致力于国家建设的政府和渴望获得政治权力的反对派，都相信这部宪法的前提设想。随着宪法的颁布仪式活动，明治精英们暂时也有了一种“开始感”，一种经历所谓“一个国家的春天”的感觉。更广泛的公众，与其说在庆祝宪法，不如说在庆祝这个季节，也加入堪称皇帝加冕的一种氛围，或许更恰当地说，是类似于1851年维多利亚女王出席水晶宫世博会开幕式的那种氛围，在这种氛围中，有些人已经看到了“第二次也是更为光辉的皇帝就职仪式”[2]。1889年，日本舆论人士认为，天皇赐予宪法开创了众所周知的立宪制度这种现代政体，不仅加强了国家，也巩固了君主。但是，他们还不能预知这种宪政体制将会如何运作，所以只把这种制度的建立看作庆祝的原因。

政治的变质

一

这部宪法无论如何庆祝，只是确立了政体的法律形式。是第一次大选和1890年国会的开始才标志了一种政治变化，一种政治实践上的变化。那么伴随日本成为一个新的议会制国家的政治概念又是什么呢？从意识形态上来讲，争论的焦点不是

1 《信浓每日新闻》，1889年2月8日。

2 《泰晤士报》，1851年5月2日，引用于大卫·汤姆森，《19世纪的英格兰》(伦敦：企鹅图书，1950)，99。山县从柏林来信称这一场合应被认为是“第三次维新（第二次为废藩置县）。在二十年出头的时间里我们的政治与文化生活已经有了长足的进步……在全世界中是无与伦比的进步。”

宪法制的“国家统治”，而是在随后的时间中体现这种制度实
50 际运作特征的政治内容。向明治晚期民众阐发一种政治观点的意识形态代理人，首先是政府；其次是名为“民间舆论”的集体智慧组织，用明治时期的说法，它不是指平民，而是指不在政府供职的精英人士，无论他们是反对党成员，知识分子，新闻记者还是地方名士；第三是有可能成为的职业政治家，一个伴随各种选举和国家议会的到来而呈现一种新特质的雏形。在对于颁布宪法的高度期望中，这三个群体占据了关于政治问题的公开论坛。

> 舆论！舆论！他们高喊道，其回声是政治的；政府！政府！他们呐喊道，其呼声也是政治的。难道日本人民是仅仅靠政治而生活的吗？[1]

不是，当然不是，如果政府的观点得以盛行的话。因为在宪法颁布前的1880年代和颁布后的1890年代，寡头政治者们做了相当大的努力，让那些自认为是爱国的人们拒绝政治。

拒绝政治的背景起初不是思想上，而是政治上的。也就是说，政府对民权运动和它代表的政治反对派的镇压已经导致了一系列的法律和制度措施的出台，来解决这些活动盛行的地方与政治有关的问题。1880年代制定的一系列遏制性法律加强了

1 社论，《东京新报》，1889年9月4日，引用于冈，“近代日本的社会政策思想”，69。

开始于1870年代的一种格局。政府试图控制政治团体的形成，控制在会议上、出版物以及新闻界里的政治谈论自由。总而言之，政府的立法目标针对的就是构成“民间舆论”的诸团体。某些人员被特别加以限制：1880制定的《公众集会管理条例》禁止无论是现役军人还是预备军人，警务人员，私立和公立学校的师生以及工农业学徒参加任何政治团体，或“出席任何有关政治谈论主题的会议”[1]。1890年7月，就在国会开幕前的第一次选举之后，新修订的一部名为《公众集会和政治结社法》的法律，把妇女和未成年人也列进对其来说公共政治就是禁果这样的一个清单里。[2]

1880年代的这种立法的政治结果就是在削弱反对活动，同时也激发了反对活动，因为各种团体和出版单位成立了，解散了，又一次成立了。对于一个趋近议会时代的国家来说，思想上的冲击不是不重要，而是更加微妙了。政治的名称首先就被取代了。既然政治表达这么容易就被判为非法言论，人们不谈政治而聚在一起，表面上是为了追求学识、学问，寻求志同道合的人或者谈论教育的这种现象就变得很常见了。1880年代后

51

1　公共集会的规章(《集会条例》，1880，1882年修订)。《法令全书》(内阁官房局，1880)，57—61；英文翻译见W. W. 麦克莱伦编，《日本政府档案，日本亚洲文化社会记录》，42，系列1，第1部分（1917）：495—501。这次立法包括和平保护法(《保安条例》，1887)，公共集会和政治结社法(《集会及政社法》，1890)，以及和平保护警察法(《治安警察法》，1990)，见：中村吉三郎，《明治法制史》，卷1（清水弘文堂书房，1971），209—220，以及2：51—84。此外，在以下作品中也有简短提及：石井良助，《明治时期的日本立法》，威廉·J. 钱伯利斯（东京：泛太平洋出版社，1958），262—263、465—470、556—557。

2　《法令全书》，7号（1890），165—170。

期，随着重修条约问题的出现、新的统治制度的确立以及对国会开幕的期待，政治活动在乡村再一次活跃起来了。比如说，在山梨县，1887 年一度流行的演说集会只举行 15 次，谈论 157 个话题，其中有 11 次都遭到了警方的阻止。而在 1889 年，令人激动的宪法颁布的那一年，召开了 115 次集会，议题有 734 个，而只有 89 次遭到了取缔。到了 1890 年，“取缔的协会死体堆积如山，如蜉蝣昆虫一样，朝生夕死”。这些死体虽然终其短暂的一生都鼓翼奋飞在政治领域里，但留下的却是 1880 年代与政治无关的委婉的名称。山梨同志会，又称友协会，致力于法律上无懈可击的目标，那就是“以国家的原则为基础，为皇室的荣誉和荣耀而工作，增进人民的福祉”。第一次选举之后，友协会解散了，其中的有些人加入了新成立的山梨政社。沐浴在新议会政体的光辉之下，该社大胆地提出“根据进步学说，要以立宪制议会政体的原则为基础，为政治改革而工作，扩大人民的自由和权力”。然而，地方政治团体大多都保留他们以前的名称，使得人们在诸如山梨政社这样的“鲜活的政治组织”和名称与初始目标强调志同道合而非原则宣言的“令人可怜的社会组织”之间进行比较。[1]

如果这样目的明确的政治团体都避免“政治”这个词语，那么其他组织就更为谨慎了。明治中后期如雨后春笋般涌现出

---

1 山梨县议会事务局，《山梨县议会史》，卷 2（山梨县议会，1973）：集会数，36；尸体，44；同志会，46；政社，65；组织间的比较，73。有泉贞夫，《明治政治史的基础过程》(吉川弘文馆，1980)，201—207。

来的无数志愿团体所出版的期刊，也面临导致启蒙运动的先驱杂志——明六社杂志于1875年停刊那样的困境。那时，森有礼已经敦促明六社在面临政府新的《新闻条例》与《诽谤法》的时候，承认“与政治有关的谈论不是它的初衷”以保存自身。然而该社成员拒绝了他的提议，启蒙杂志遭到了停刊。[1] 52 到了1880年代后期和1890年代，法律更为严格，其施用范围更加宽广。所以，1894年，一个名为吾妻共爱会的地方青年团体更其名“合作尊重社”为“吾妻学友会”，前者很像1880年代的委婉语，后者甚至更为委婉。随后，该协会出版的期刊反复重申标准的社论用语，就是“该协会的杂志汇编的是各种有关学术和教育的文章与成果，绝对与政治无关”[2]。

被法令禁止“涉足政治”的学校教师，往往是这样的组织中最为活跃的成员，鉴于这种现实，这种规避尤为有用。此外，即便是那些专业协会，其成立的目的很明确，就是要在公共领域里积极地促进教育利益，最终也采取了同样的规避路线。1893年，国立教育规制同盟会成功地求得国会给予教育资金帮助，文部大臣井上毅（1839—1895，日本明治时期政治家，教育家。译者注）当天就回应以“强制训令”。这又一次

1　森有礼，“关于明六社第一年次役员改选的演说”，《明六杂志》，30号（1875年2月），布雷斯特，367—368；还可见，xii—xliv。森使用了“政治”一词，这在1880年代早期仍然能与“政治统治”等同，这种多样的含义最终成了主流。见铃木修次，《文明的话语》(文化评论出版社，1981)，107—114。

2　小池善吉，“明治后期地方青年的思想与运动Ⅰ：关于群马县吾妻郡东部地方的青年”，《群马大学教养部纪要10》(1976)：83—86。

把“教育置于政论之外”并把政论置于教育协会容许的范围之外。大日本教育会，是成立于地方上许许多多协会的核心组织，立刻就进行清理，把政治扫地出门，从而专心致志于“纯粹的教育事务”。其一万多次的请愿已经引发这个问题的同盟会放弃以前所做的政治努力，即支持将会维护教育利益的国会竞选人的活动，来响应强制训令。[1] 文部省紧接着又颁发了一道指令，这一次是禁止教师在大选中“支持或激励任何政治上的竞争”，不许教师“直接或间接地与任何党派有关联”。[2] 因为这道指令还规定，选举政治的斗争会使一个小学教师失去工作，所以，毫不奇怪，各教育协会和期刊像许多其他协会组织一样，都小心谨慎地躲避在文学与艺术的术语里以求庇护。

政治名称的取代并没有治愈 1880 年代的青年精英和反对派的“政治狂热”症。[3] 但是，不断地把政治与非法行为联系在一起，往往会把政治问题淡化出话语中心。出生于 1860 年代的明治一代人，在青少年时期就已经像呼吸氧气一样自然地接触政治了。他们的高度政治意识成为了历史，这不仅是因为《宪法》确立了在他们那个时代就已经是重大问题的政治体

53

1 “请愿”见：安部编，《帝国议会》1：81—96。言论控制法（11 号训令，1893 年 10 月 11 日）的文本见：教育史编纂会，《明治以后日本教育制度发达史》，卷 3（教育资料调查会，1964），978；以及海后宗臣，《井上毅的教育政策》（东京大学出版会，1968），782—788。辩论见：《教育时论》，308 号（1893 年 11 月 15 日）。

2 教育史编纂会，《发达史》3：978。以及，海原徹，《明治教员史的研究》（密涅瓦书房，1973），192—199。

3 见关于修订公共集会和政治结社法的国会辩论（1890 年 12 月），安部编，《帝国议会》1：33。

制，而且还因为他们的年轻接班人是在不同的氛围中长大的。正如某些含氢化合物中的氧元素依旧是氧，却被理解为也转变为水一样，政治依然是政治，却为“国家”这个通称中的一个思想分子所代表。爱国，或者爱国主义，在民权运动的十年里表明了政治的在场，也为政治在场表明，越来越被认为在消失。1913 年，在更早时期的明治一代人来看，好像宪法颁布以后，“热情已经远离政治”[1] “人们似乎根本不关心议会召开与否，而且觉得没必要参与到国家论争的斗争中来。”这种政治冷漠原因的其中之一就是，这种论争已经一再地被宣称是属于范围之外的事情。

二

把某些团体蓄意地从政治活动中驱除出去的结果，更进一步暗示着政治本身及本质都是不受欢迎的，甚至是有害的。19 世纪 80 年代初期以来，思想禁令一直都伴随着法令的制定。优秀军人和官员，优秀地方官员和学生都要远离政治以保持自身的清白。1882 年颁布的《军人敕语》中写道，天皇命令军队“既不能为现行舆论误入歧途，也不能涉足政治，而是全心全意履行自己最忠诚的职责”。[2] 山县有朋构想出后来被认为是“对军人的一种强制训令”，以便在“国家危急时刻”——山县有

1 “热情已经远离政治”，字面意义为政治世界失去了政治讨论的骨骼或精髓。三宅雪岭，《明治思想小史》(连载于《大阪朝日新闻》，1913，之后由丙午出版社出版)，见鹿野政直编，《日本的名著》，卷 37（中央公论社，1971)，418。

2 “赐陆海军军人之敕谕”，《明治天皇诏敕谨解》，657—661；部分翻译于角田等，《日本传统之源》，705—707。

朋对 1880—1881 年的民权运动的看法——来指引军队的伦理道德。[1] 但是，如许许多多明治时期的国家文件一样，经过多人多次草拟才制定出来的《军人敕语》，仅仅在军队与政治的关系这一点上，就显露出各种观点与利益相互混杂在一起。

54 在启蒙思想家西周（1829—1897，明治时代的启蒙思想家。1870 年进入明治政府兵部省，曾先后在文部省、宫内省担任官职。译者注）的最初草案中，军人五条命令中的第一条是秩序，它没有专门禁止政治。但是，从其他情况来看，很明显西周尊奉的是西方军事思想，他主张为了秩序和纪律，士兵应该与政治活动分离开来，政治活动属于公民，而不属于军队、社会。已经插手过明治政府制定的每个重大文件的井上毅同意西周的说法。但是，他对这一点的担心与其说是政治对军人的破坏性影响，不如说是让整个军队如天皇一样远离政治体制的重要性。山县有朋亦有同感，尽管他的理由稍微有所不同。他对西周和井上的宪法精确性不太感兴趣，这两人都参与了禁止现役军人参加议会的宪法草案的编写。相反，山县有朋下令说，《军人敕语》应该被看作天皇对他的而不是国家的士兵进行直接管理。对于山县来说，要预防导致 1878 年皇家卫队发动政变的那种不服从的危险，唯一的方法就是，向新应征士兵反复灌输绝对、无条件地忠诚于天皇的思想观念；要预防他认

1 三浦圭吾对法规与言论控制令的对比并没有反对的含义，见：梅溪升，《明治前期政治史的研究》(未来社，1963)，214；山县的“国家危急时刻”见：“致伊藤博文的信”，1881 年 10 月 6 日，《伊藤博文相关文书》8：104。

为与民权运动联系在一起的政治颠覆，唯一的办法亦是如此。因而，记者福地源一郎（1841—1906，政治家、文学家、记者。1875年他为翻译英文society一词而在日语里首先创用“社会”一词。译者注）编写的《军人敕语》的最终版本规定，是忠诚，而不是秩序，才是士兵的首要责任，并把不要参与政治的警告作为这种忠诚定义的一部分添加进来。[1]

直到二战结束，《军人敕语》一直就是对应征士兵进行思想灌输的一个最重要的资料，也是后备军人终生不忘的“军队精神”的一个重要来源。[2] 在议会制政府确立之后的30年里，政党执政、民主是20世纪20年代的政治口号，天皇陛下的陆军和海军通过死记硬背不参与政治活动的誓言，以示他们对天皇的效忠。1930年代，年轻军官援用同样的法则发动叛乱，但不是因为政治的腐败，而是出于帝国忠诚这种更崇高的事业。1882年，福地源一郎已经写道，“政治上最可怕的事情就是军队参政”[3]。他这话的意思是，平民政府应该与军队分离。但是，因为军队那时是置于政府之外的，直接受命于

1　梅溪，《明治前期政治史》，178—240；托马斯·R. H. 哈文思，《西周与现代日本思想》（普林斯顿：普林斯顿大学出版社，1970），200—216；哈克特，《山县有朋》，83—86；詹姆斯·L. 哈夫曼，《明治出版中的政治：福地源一郎的一生》（火奴鲁鲁：夏威夷大学出版社，1980），139—154。福泽谕吉对军队与天皇采取了相似的观点，见“帝室论”（1882年5月），庆应义塾编，《福泽谕吉全集》，卷5（岩波书店，1959），259—292。

2　理查德·J. 梅瑟斯特，《战前日本军国主义的社会基础：军队与农村社区》（伯克利：加利福尼亚大学出版社，1974），154—165。

3　“陆海军人不应干涉政治”（《东京日日新闻》，1882年2月27日），梅溪，《明治前期政治史》，236。

天皇，最为可怕的事情终于发生了。如果《宪法》在制度上把这种情况变为了可能，那么这种思想传承就能够让军队把其战前的行为说成是别的事情，而不仅仅是政治，甚至是远比政治高尚得多的事情。

55 通过普遍征兵和后备军人协会的增长，传达给大多数日本人的信息就是军队排斥并贬损政治。1880 年代和 1890 年代里其他被禁止参与政治的团体协会进一步加深了这种看法。官员们像军队——一种官方国家机器——一样，在 1870 年代也禁止参与政治讨论和演讲。这个禁令在 1889 年宪法颁布的前两星期才被取消，以免议会上政府官员在反对派大声抗议的时候，被迫保持沉默。[1] 但是，与此同时，1887 年的《行政事务条例》说得很清楚，政府官员也像军队一样，是天皇陛下的官员，而不是政党政治的工具。另外，录用惯例已经把帝国大学的法学系确立为享有特权的一个系，是通过公务员考试这个"龙门"录取的。[2] 1889 年夏天颁布的补充条例在新闻界引起一片评论，那就是，胸怀大志的年轻官员已在被指引去学法律，而不是政治。当时，随着把帝国大学的分数准确地定为参加工作的初始工资，一些人抱怨说，"帝国大学已名

---

1 1889 年训令见："不必特加限制的乃对公众就政治上及学术上的意见进行演说或叙述之事"（1889 年 1 月 24 日），麦克莱伦，《日本政府档案》，505。

2 政府办公人员的服务规定见："官吏服务纪律"（敕令，1887 年 7 月 29 日）；山中永之佑，《日本近代国家的形成与官僚制》（弘文堂，1974），8—9、277—285。帝国大学见：罗伯特·M. 斯伯丁，《天皇制日本的高等公务员考核》（普林斯顿：普林斯顿大学出版社，1967），78—99。

不副实，应该称为官员培训学校。”[1] 尽管帝国大学拒绝听从这种建议，但是，法学毕业生进入行政事务部门工作的人数在随后的20年里稳步增长，到明治时期末占据了全部上层官员机构。[2]

为了确保官员更加不受政治的影响，1899年，山县有朋通过《帝国条例法令》想方设法地把最高级别行政人员的任命有效地限制在职业官员里。这种举措被解释为“专业知识”的需要，以应对宪政体制里“现在极其详细的法律”问题。然而，宪法的关键段落却坚决主张更换每个内阁的政策制定官员将会导致：

> 行政机关会失去其应有的公平和独立，从而成为一个偏袒偏爱、利己主义的工具。因而，如果行政官员不远离政治——不偏不党，人们是无法希望拥有一个公平公正的政府的。[3]

在那些一直反复强调的词里——山县有朋认为，他们描述的政治伦理是那样的清楚，根本不需要强调——存在着他对政党的持久看法。1880年代后期，军人、上层官员，或者是就此而言，山县有朋设想的地方政府体制下的官员，不都能有任何 56

1 “帝国大学的官房学”，《朝野新闻》，1889年8月6日。

2 升味准之助，《日本政党史论》，卷2（东京大学出版会，1966），47—54。

3 德富，《山县有朋传》3：371—372（有强调记号）。关于1899年修订的条例（《文官任用令》），见：斯伯丁，111—120。

思想上的机会，把纯粹的政治与公平或公正这样的道德词语联系在一起。[1]

在担任军队建设策划者期间以及从1883到1890年之间担任内务大臣很长的任期里，山县有朋就已经负责加强立宪前禁止政治方面的活动了。此刻，1899年担任首相的他，又一次以其惯常的坚持到底的作风，抢先行动来避免国家官员的政治化。因为山县有朋的控制是有限的，所以经过了很多年，政治与官员的分离，变得越来越不如他曾希望的那样彻底。但是总的来说，帝国日本的职业官员，无论是军职还是文职，与沿着议会选举之路前进的政治家之间的分界线非常清晰明显，足以使1880年代官员与政党分离的传承得以存留下来。[2] 象征1880—1890年代意识形态语言的政治，不是发生在天皇陛下的政府这个中立的庇护所里，而是产生于外面充满自我利益的大街小巷之中。

由于一些新当选的民众代表看法不一，所以第一届国会期间就开始对政治作为公民合适的话题进行辩护。末广代表在下议院辩论说，年轻人应该接触政治讨论，因为那可以让他们接受到英国首相罗伯特·皮尔所受到的影响，“罗伯特·皮尔年轻时，随父亲一起参加政治聚会，后来成为一个著名的政治家”。这个代表还对妇女不应该拥有政治知识的前提是她们

1 山县对地方政府官员的告诫，见：内务省训令（1889年12月），麦克莱伦，《日本政府档案》，419—422。

2 关于两种职业道路，见：高根正昭，《日本的政治精英》(中央公论社，1976)，英文版为《日本的政治精英》(伯克利：加利福尼亚大学东亚研究所，1981)，123—144。

“不适合政治”这一观念提出了挑战。他辩论说，如果给予她们机会，那么她们就可以是“丈夫的帮手”，就像她们在过去的日本和现在的西方一样。他跟认为允许妇女出席国会会扰乱男人并歪曲他们的观点的那些人进行了论争。他说，他们是根据西方的女人崇拜来断定的，然而，“在日本，政治讨论会上几个妇女的出现很少会使男人改变观点的”[1]。当时是警察局局长的山形县人清浦奎吾为政府做了回答。“纵观日本的历史和风俗习惯”，他辩论说，“女人一直是治理家庭和负责家庭教育的”。政治会妨碍这一点的；另外，从道德的观点来看，她们的参与是不受欢迎的。像教师和学生一样，“她们的思想还不成熟”。而且，其他国家的经验无论如何与之都是不相干的。[2]在这一点上，政府和贵族院立场非常坚定。而且的确是直到1922年，妇女才允许合法地走出家门，参与到政治事务中来。

57

19世纪90年代早期，每一届国会召开期间都反复地进行这些争论，众议院赞成放松这种限制，贵族院每一次都否决修改。在1893年第四届国会上，两院最终通过了修订的《公众集会和政治结社法》，该法像以前一样把那些群体排除在外。1897年，解除教师和学生限制的修正案在下议院通过，但被贵族院再次否决。副文部大臣牧野伸显主张政府的立场，坚持认

1　末广铁肠：“教员学生都可会合于清谈集会中”（众议院，1890年12月20日），安部编，《帝国议会》1：32—34。作为政治及文学活动家，末广撰写了1880年代最有名的政治小说中的几篇，见《明治文学全集》6：111—321。

2　“不可对教师学生进行政社劝诱”（众议院，1891年3月1日），《帝国议会》1：37。

为“学校要与宗教和政治断开任何联系”[1]。在1897年那种环境里，把宗教放进反对政治的论争中，既不幼稚也不模糊。随着1892—1893年“宗教与教育的冲突”，学校里的宗教问题已成为重大争议问题。最早的反基督教论争导致了1899年的山县内阁在学校里加强爱国教育，并最终禁止了宗教教育。[2] 支持这种做法的依据在《宪法》第二十八条款里很常见，该条款保障日本国民“在无损于和平与秩序、不违背其国民职责的范围里”享有宗教自由。但在那十年的过程中，基督教被认为与尽忠不相容，因此，学校里的宗教教育就被宣布为有违宪法。1897年，牧野援用国家规定的“家长职责”来保护他们的孩子不受宗教和政治的影响，因而他是在暗示政治属于同样的范畴。简而言之，政治在爱国主义的范围之外。

法律语言也很相似，因为《宪法》允许“法律限制内的”政治活动。然而，所谈到的那些法律，包括1897年讨论中的《公众集会和政治结社法》在内，明确规定已经施用于宗教的同样限令——政治“在无损于和平与秩序”的范围内是自由的。在这种怀疑的背景下，很容易使一种观点得以长存，那就是这样的恶劣影响不适用于校园。当1898年提议有关议会选举的内容应该包含在小学教材里的时候，政府和保守派支持者

1 “望置学校于政治宗教之外”（众议院，1897年3月2日），《帝国议会》1：309。辩论的全过程见：《帝国议会》1：32—38、45、58—59、62—66、308—310。

2 关于“宗教与教育的冲突”见：“一般教育应独立于宗教界之事”（1899年8月），《学制百年史》2：35。

就很轻易地辩论说，既然学校禁止一切政治谈论，那么很显然议会选举在教材里就没有任何位置。[1] 即使在议会发言中，政治还得作为一种正面的价值来抵御政府的影响，即为了保护人民不受本质上有害于国家的事情的侵害，必须在法律上和思想上进行限制。 58

三

19 世纪 80 年代，为了对抗反对派，寡头政治执政者通过制定法律来作为反对政治的堡垒，已经做好了应付立宪体制的准备。使天皇和军队凌驾于政治之上的压制性法律以及宪法条款都可以从这个角度来考虑。但是 1890 年代的政治史清楚地表明，在国会召开之前，寡头政治执政者就已经在新的立宪制度之内做好了运作的准备。甚至在宪法制定以前，井上馨（1836—1915，政治家、实业家。幕末以及明治时代时期的活跃人物。译者注）就已经组建了政党，而且 1889 年，寡头执政者们试图通过邀请反对派领导人进入议会来拉拢他们。整个 1890 年代期间，国会的工作安排开始出现，而且在山县有朋于 1889—1890 年期间关闭反对党派的行政事务大门时，伊藤正在组建自己的政党——政友会（日本政党。1900 年由伊藤博文创立。代表日本封建地主和财阀及具有这种背景的政客利益，并

1 “将大选须知编入小学教科书之建议”（众议院，1898 年 5 月 28 日—6 月 1 日），安部编，《帝国议会》1：353—358。

受三井财阀直接支持。译者注)。[1] 山县永远不会与政党这个观念和解，尽管甚至是他也期盼政治参与的范围更广，而且把新的地方政府体制设想为培养有责任心的官员的训练场。[2] 思想上总是游离于立宪制政体和皇制政体之间的井上毅，在 1890 年果敢地把政社和政党区分开来，前者应该像在西方那样受到控制，而后者是任何议会制度都不能有意排除在外的。[3] 在政治理论方面，1889 年由伊藤和黑田宣读的先驱内阁成员应遵循的原则，是 1880 年代政治的最终产物。但是，在政治实践中，该原则将会在今后几十年里，逐渐被官僚政治和政党政治之间不断地相互顺应所侵蚀掉，无论这种相互顺应有多么坎坷。

对于意识形态而言，传承有所不同。政治的负面意义在意识形态语言里很普遍。比如说，先验主义已经把政府确立为"天皇陛下的政府"，而且还不断地重复使用把政党与私人利益联系在一起的词。"政府不得为某一个党派谋利益（利）或者伤害（害）另一个党派的利益，而一定要不偏不党"，伊藤在回应三天前黑田的发言时这样说道。[4] 这样的词的道德价值很明显。在后来几年里，合在一起就是"利害"的"利"和

---

1 关于 1880 年代见：御厨，《明治国家形成与地方经营》。关于 1890 年代见：坂野，《明治宪法体系的确立》；秋田，《立宪政府的基础》。

2 地方官员会议上的讲话（1890 年 2 月 13 日）：《明治文化全集，卷 10，正史篇》2：149—52。

3 "政党意见"（致伊藤博文，1890 年 11 月 14 日），《井上毅传》2：288。

4 黑田致地方官员（2 月 12 日）：《明治文化全集，卷 10，正史篇》2：36—42。尽管此时伊藤等人同样考虑了国家利益而非地方利益，在接下来的几年内这一词语较少地联系到国家利益而更多地联系到了地方和派系的利益。

“害”，在私人、党派以及价值更少的意义上，就成为贬低“利益”的标准政府用语。地方政治家被指责是出于“利益关系”行事，而国家公正的更高价值声称是属于天皇的国民。“不偏不党”这个词暗含的意思就是无党无派、不偏不倚。这个词是报刊从党政机关向营利企业转变时使用的词，以寻求最广泛的读者。[1] 反复重申公平既不能使政府也不能使报刊摆脱政治结盟，但也确实强化了一种观点，即任何公开追求党派利益的行为，其道德价值皆为可疑。 59

政治活动与分裂、冲突联系在一起，更加把政治贬低为追求党派利益。就山县而言，这种语言尤其强烈。在1899年至1890年之间，山县以确保“和谐”、剔除那些“自称为政治家、倡导不切实际理论、随意发表政治不满、试图置社会秩序与混乱之中”的人方面，表达了他对地方政府的看法。那些传播如此“十足愚蠢的事物”的人，对不仅威胁社会还威胁到国家的竞争、冲突、无序要负完全责任。[2] 在山县看来，政治否认因此起因于政治的偏袒和分裂这种双重看法，这两个特征在后来几年里将会一直存在于政治的意识形态表述中。

1880年代，政府破坏政治名声的首要动力是防御性的：出于政治动机，试图贬损反对派的行为。法律压制从而成为达到这个目的的主要手段。取代政治名称、排斥政治行为的意识形

1　山本，《新闻与民众》，69—86。

2　在元老院的讲话（1888年11月20日）：亀卦川浩，《自治五十年史：制度篇》（文生书院，1977），321。

态结果是次要的。但是，在山县及类似于他的那些人看来，对反对派政治的厌恶并不是他们唯一的动机，因为他们也同样受一直关注的国际环境下国家团结的需要所驱使。面对山县经常称作的“外部”世界，现代日本需要统一所带来的力量，而政治分裂却与之对立。因而，日本不仅需要法律压制，而且还需要训练和影响。为了塑造国民，意识形态将会是首要的。在政治领域的意识形态建设中，当政治逐渐存在于 1890 年之后的政府报告之中时，政治只留下了其私人利益以及冲突分裂这种负面意义，而其可能含有的任何正面的公民价值意义则为“国家”这个词所篡夺、所吞并。

60

1880 年代，政府确定整个帝国时期将使用法律压制和思想劝告两种方法来控制公民的价值观。1890 年，政治方面取得的思想成果综合起来既不能简单地称之为非政治，也不能简单地称之为反政治。相反，政府取得的成果事实上毒害了国家。给政治附加上某种内容使其在爱国意义上令人无法认同，这样，甚至在立宪制度刚刚开始运行的时候，政治的本质就被改变了。

官与民

一

尽管寡头政治执政者在 1880 年代末至 1890 年代初控制了政治进程和意识形态进程，但是他们绝对不是政治变质的唯一根源。在政府之外，民间舆论之中，出现了另一种政治事务看法。它的来源不同、本质迥异，对新生议会形象的影响也往往是——而且出人意料地——负面的。反对派、知识分子和新闻界人士是自命的人民（民）发言人。然而，他们也促成了对政治的中伤，但是却是无意的，而诽谤政治正是他们的敌对者（官）正在做的事情。

正如舆论的权威人士表达出来的那样，这种官与民之间的对立构成了日本政治的基本结构。如果寡头政治执政者固定的出发点是政党冲突和党派利益，那么政府之外的评论者一般是从强大而独断的官阀与授权不足的人民之间的斗争开始进行评论。官民之间的区分是东亚一种古老的政治思想，它让人想起了 1882 年福泽谕吉暗指的分裂，那时他写道，“一个巨大的差距把统治者与被统治者分开了”[1]。在传统的统治里，这种分隔已经确立得很久了，而且清清楚楚。由于这个原因，大多数明治日本人，原本就不能期望他们对西方议会中的政党有一个清晰的概念，他们是需要官员的一点指导的。在明治维新后的几年里，不管头衔变化得多么大，人数增加得多么多，官方依然是官方。这些官员中包括常见的镇、村公所里的“官员大人”，国都里有名的“大官”以及既不常见也不有名的中央、府县官吏，后者出入于地方乡镇进行视察、募捐、指导，或者以别的方式进入到人民的生活之中。[2] 也许是因为他们在地方上不常 *61*

1　福泽谕吉，《文明论之概略》(1875)，143。尽管“民官”与“民间”在字母拼写上相同，但前者包含“民众”与“官员”，后者则意为“民众间”，指称政府之外的范围。

2　这种感觉的朴素表现见：德富芦花，《寄生树》，它实际上是篠原良平（1881—1908）的回忆录，良平的父亲在 1889 年担任东北一农村的村长。《芦花全集》，卷 8（芦花全集刊行会，1929），29—55。

见，在国家里不有名，所以经常被认为是明治官场里的精髓、国家里无处不在的官员。

正是从这些官员的身上才散发出政府的气息，尽管他们没有什么名望，而且经验表明，政府是人民极少能影响的某种事物。所以立宪制提出了一个意识形态方面的挑战。进入政府和人民生活中的传统意义上的政治二分法，在能够顺应选举大会新的政治观点中不得不进行调整。因为，如果官员是“官”，人民是“民”的话，那么一个议会政治家是什么呢？还有，人民会怎么来想象他们在新政体中的作用呢？

1880 年代末、1890 年代初的反政府活跃分子着重强调了“民党”与寡头执政者之间的政治对抗以及他们对“吏党”的支持。[1] 民众党派试图纠正“官尊民卑”这种根深蒂固的习气，但他们选用的方式却不是官民之间的调和，正像福泽谕吉所提倡和政府的花言巧语中经常重复的那样。[2] 相反，他们期望在国会的议员席位上有一个适当的议会竞争。同时，荒谬可笑的官员们的旧有消遣活动，又一次成为反对派记者和演说者攻击的内容，而那些娱乐在 1882 年的刑罚中已经暂时被列为要处罚的犯罪行为。[3]

1 “民党”包括自由党和改进党及其派系。“吏党”（又称官宪党）包括井上馨的温和保守主义的自治党，鸟尾小弥太的激进保守主义的保守中正派，以及大选后亲政府派系的联合——大成会。

2 “时事新报的官民调和论”（1893），《福泽谕吉全集》13：650—676。

3 根据于 1882 年 1 月正式生效的刑法，犯“官吏侮辱罪”将被处以 1 个月至 1 年的监禁以及 5 至 50 元的罚金。朝仓和稻村，《明治世相编年辞典》，202。

先生们！你们看到的大部分人或趾高气扬地走在东京的大街小巷里，或坐着马车神气地奔驰在东京市里，他们就是官吏；他们中的大多数昂首阔步在乡村里，他们也是官吏。这足以让人怀疑这个国家是否只有官吏。

他们大摇大摆、趾高气扬，他们也太多了。演说人继续说道，“有十多万个官，却只有六万个兵。没有任何国家拥有的官比兵还多，而只有在日本你才能看到这种现象。”[1] 官员就是那么多的“小华族”。他们“爱好新奇和赌博，购买西方的奢侈品；爱好泡温泉、下馆子，吃西餐、打台球；爱好去戏院、坐马车；喜好任何酒类”，他们的这些爱好给人民留下极为不好的“影响”。[2] 这样的讽刺描述常常被民众党派用作削减官僚数量的论据。削减官员既会减少他们的不良影响，也会减轻人民的负担。这是整个 1890 年代预算战中反对派的一个主要目标口号。[3]

62

用土话提到的鲶鱼和泥鳅再次出现在那时的流行歌曲和政治剧中。长着须的鱼很新颖地让人想起了明治早期官员们爱炫耀的八字胡。“那些留着泥鳅须一样胡子到处闲逛的人，呦，就是鲶鱼的伙伴”，1877 年关于警察和官僚的一首歌如是说，而官吏歌的歌词也说“如果留胡子就能成为官员，那么猫、鼠

1 *Shin enzetsu*，no. 5（1 Dec. 1889）：36.
2 《活世界》，5 号（1891 年 2 月 17 日）：2—5。
3 见坂野，《明治宪法体系》，47—100。

皆是官员”[1]。因为猫儿通俗上指的就是艺伎，非常喜欢鲶鱼，所以，直到1880年后期的政治歌曲里一个官僚（鲶鱼）不带着猫科小妾就极少出现时，这种隐喻才被取消。[2] 伴随这两者的还有，对贿赂的指控以及撩拨那个时期的政治观众和报纸读者作风败坏的暗示。对官员的这些讽刺漫画也是政治文明戏（政治激进分子戏剧）的重要内容，文明戏是一种使人奋起的维护民权的表演和演讲结合体。这个剧种在1890年至1891年之间达到顶峰，那时该剧最著名的演员川上音次郎把一首反政府歌曲Oppekepe唱得非常出名，“为唤醒大臣和贵族们而奉上了一个闹钟，也为那些鲶鱼和泥鳅们带来了一剂自由之水”[3]。

民众党派就这样把政治置于在日本人长久以来已经熟悉的官民二分法的框架之中，但是，甚至他们这样做的时候，这些传统的范畴也在发生变化。比如说，1870年代和1880年代的学生梦想成为政治家，这种儿时的志向是他们大多数父母在世袭封建等级制度下所无法拥有的。甚至在1880年代后期，这些梦想日渐渺茫的时候，广为流行的新年双六游戏依然以官员

---

1 “风铃之音”（1875）与“官犬田”，古茂田信男等，《日本流行歌史》（社会思想社，1970），201；以及18、198。其他提及见，《江湖新报》（1880年11月18日）小野秀雄，《明治话题辞典》（东京堂出版，1968），129；仓田喜弘，《明治大正的民众娱乐》（岩波新书，1980），51—52。

2 最著名的讽刺性表达之一为“八蹴节”（1890），见：添田知道，《演歌的明治大正史》，16—19；古茂田，《日本流行歌史》，211。

3 仓田，《明治大正的民众娱乐》，104—109。当时对“文明戏”的记录见：《东京朝日新闻》，1890年9月9日；《东云新闻》，1889年6月23日。“Oppekepe”节见：添田，《演歌的明治大正史》，23—24。“自由之水”是利用了反对者自由党之名称的双关语。

成名之路为特征。1887 年一种“明治官员比赛”游戏是从政府精英们的马车开始的。根据骰子掷出的情况，这辆马车要穿越 63 画着诸如伊藤、黑田、山县画像的框架前进，直到到达顶峰皇室贵族、军队官员的有栖川亲王的画像，就成为胜者。[1] 对于那些为贫困所致梦想更加渺茫的家庭来说，女儿成为猫（艺妓）并逮到一条鲶鱼（官员）的可能性使得漫画讽刺的明治官员似乎很有吸引力，哪怕是短暂的。[2] 另外，官和民的区分在一般话语中没有在政治言论中那么明显，即便是 1880 年代受过教育的青年也模糊不清，把拿破仑跟亚伯拉罕·林肯混在一起，把官员与情绪高涨的议员搞混。[3] 政府无论多么希望与党派斗争脱离关系，也无法避免与政治混为一谈。在 1885 年报纸举办的公众投票中，伊藤博文在“政治家”范畴内获胜，在 14 年后 1899 年投票中，伊藤又一次胜出，而山县却被放在所谓的非政治“兵”的范畴之中。但是，没有一种情况是政治家或兵达到“记者”福地源一郎和“商人”涩泽荣一在 1885 年所得的票数，或“教育家”福泽谕吉在 1899 年所得的票数。[4] 投票的读者，比方说文部大臣，似乎更喜欢文化或创业英雄，而不是政治上的英雄，无论是政府里的还是政府外的。

1 《明治官员卿双六》(横山圆象，1887)。唐泽富太郎，《版画双六》(每日教育中心，1972)。

2 仓田，《明治大正的民众娱乐》，52。

3 金蒙斯，《白手起家之人》，86、115—116。

4 《今日新闻》，1885 年 5 月 5 日，“明治十二杰”，《太阳（临时增刊）》卷 5，13 号(1899 年 6 月)：1—560。

“民”的大众形象在1890年前后也同样刚刚开始，尤其是自从党派与更为广泛的民众之间的关系得到确定以来。事实上，这个问题极少被谈论，尽管自由主义思想一向严谨的中江兆民警告说，除非党派与人民之间建立一种积极回应、负责的关系，否则人民就可能以归顺国会而告终。“而且，无论是奴役于官员，还是国会，终归是奴隶”[1]。然而，对于大多数反对派人员来说，当时的显著问题就是与政府的冲突，大多数“民”暂时还没有进行政治界定。政府，就其本身而言，在“民”的定义上变化无常。意识形态语言很清楚地表明，人民是天皇的国民，是国家同胞。但是，在1888—1889年间，关于建立地方政府制度的辩论却表明，“官”与“民”在体制上的区别体现在县、郡级别上。[2] 作为中央政府最低的行政级别，受任命的县郡知事领导，是“官”在农村的最高岗位。他们的下面是村镇级别的地方自制机构，村长、镇长是选举出来的“民”之代表。因此，地方官员就是人民的“官”（虽然是地方“官”），是中央政府下的“民”，1890年，这确实是一种模糊不清的政治状态。在以后的20年里，这些地方官中很多人将成为政党政治家，所以，政治家在官民分裂中的归属这种国家问题，将会在地方级别上反复出现。同时，其余人与政治的关系

64

---

1 中江兆民，“唤醒选举人”（1890年4月），《明治文学全书》13：156。

2 关于郡县制的辩论是山县一场失败的斗争，见：龟卦川，《自治五十年史》，295—356。理查德·斯塔比兹，“明治日本地方自治体系的建立（1888—1890）：山县有朋和‘自治’的含义”（博士学位论文，耶鲁大学，1973），172—223。1899年山县内阁下郡长之官僚权威的增强见：龟卦川，434—441。

问题，与以前一样，没有界定。

二

在这种背景下，民间舆论力量做好了首届选举准备，同时也提出了一种既理想化又有偏见的政治观点。有关下议院候选人资格的讨论占满了新闻报刊，在1890年1月竞选前的一个月之内，出现了大量的"国会议员竞选指南"。首先，有人主张，那些人必须是"民"之代表，与"已经喝了宦海之水"这样的污名没有一点干系。[1] 离任官员、争当官员的人、受政府资助的人——任何沾连官场的人都有嫌疑，因为"政府与人民有着不同的利益"，"任何与'官'的结盟都是'民'之敌人"[2]。其次，"像铁路工程师一样"，他们必须已经获得了专门知识以适合他们专业职责，即"带动一个文明国家前进的政治火车头的工程师"[3]。有声望和好出身还不够，他们还要知晓法律、政治以及日本当时的国情。因为，"正如英国有爱尔兰和穷人这样的特殊问题，日本有修约和降低地税问题"。对付这些问题所需要的知识，应该从报纸和翻译书籍上一点一点地获得。然而，学者们却成不了合适的竞选人，因为他们不习惯于解决"利益"问题，而且还只顾追赶外国新理论以进入社会为政治当差。第三，在最为重要的财富方面，理想的国会议员应是独立生活的人，他不需要仅仅是因为害怕丢掉饭碗而顺从官

1　石川藤次，《国会议员选举须知》(1889)，60。

2　《信浓每日新闻》，1890年4月1日。

3　石川，《国会议员选举须知》，6—8。

吏。然而，单是金钱是保证不了“政治思想”的，也保证不了国会不会成为一个“富人俱乐部”。因而，大多数人主张国会议员应该是中产阶层的人，来响应诸如德富苏峰一类作者的号召，即号召中产阶级实业家来贯彻施行新的国家政治。第四，候选人必须有自己坚定的主张，不仅仅只言不由衷地发发税收太重、自由不够之类的一般牢骚。最后，未来的议会代表禁止通过贿赂进行拉票，无论是用金钱、啤酒、糖果，还是通过暴力或者勾结地方官员。否则——这在当时也普遍提到——国会将成为县议会的国家翻版。[1]

65

尽管人们经常呼吁采用欧洲模式，但是事实很清楚，完美的国会议员大部分是1880年代选举出来的政治家的负面榜样。“看看现在的地方议会，全都是普通人”，他们除了“懂得流氓政治，一无所知”，连“边沁（1748—1832，英国的法理学家、功利主义哲学家、经济学家和社会改革者。译者注）和布莱克·斯通（1723—1780，英国法学家。译者注）都搞不清楚”[2]。议员们常常被形容为自私自利、溜须拍马，是官员的腐败同事，而人们想象中的有远见卓识的国会议员应该具有那些地方议员所缺乏的所有美德。持反对意见者（不仅仅是政府官员）在1880年代学得了自己的政治经验，并以此来构建未来

1 大野清太郎，《国会议员撰定镜》(1890年4月)；珂北仙史，《国会议员品定》(1889年12月)；石川，《国会议员选举须知》(1889)；“告选举人诸君议员选举之须知”，《日本人》，48号（1890年6月3日)；《山阴新闻》，《秋田魁新报》，《东京日日新闻》，1890年3—6月。

2 石川，《国会议员选举须知》，31—43。

的议会制度。反对派思想家不是像寡头政治执政者那样否定政治，而是把政治进行理想化。但是，在这个过程中，他们勾画出来的政治家形象再也丑陋不过了。到 1890 年春末，候选人真正出现并开始竞选的时候，好像掌握政治情况的公众就已经大失所望了。果不其然，完美的议员几乎没有，而人们所熟悉的地方贵族尽管正在竞选新的国家职位，却似乎像往常一样在处理着政治事务。

也许是基于这个原因，新闻报刊对竞选人回以辛辣的批评，竞选的卑劣手段也成为竞选活动最主要宣传的问题。尽管候选人被指责未能完成理想议员所应做的每一件事情，但是最普遍的不满是他们缺乏主张，竞选手段卑鄙。“你的主张是什么?”竞选演讲大会上一名听众这样问道。“没什么特别的”，竞选人回答道。“对政务做过什么调查吗?”“还没有。”“你未来的社会和政治政策是什么?”“截至目前，还没有明确的展望。”评论者说，截至目前，太多的竞选人只对未来的名声和利益感兴趣，为此，他们讨好“官”，顺从“民”。[1] 竞选人的动机和能力遭到人们的怀疑，因而他们被嘲笑为是一些“突然要想起当竞选人的官员”，是“在政界不为人们所知，但是如果出了名，所有人都认为极不合适的一些人”[2]。尽管这样的描述一般是指那些“自己提名”的候选人，有时候得票还不到十 66

1 《山阴新闻》，1890 年 4 月 24 日。尽管批评出现在石川县，但正如惯例一样，消息刊登在该县和日本其他地方的报纸上。

2 《山阳新报》，1890 年 7 月 1 日。《福陵新报》，1890 年 6 月 21 日。

票，但是这些丰富多彩的人物却为新闻报刊大肆报道，因而给“选举骚动”增添了一种无原则投机主义的狂欢氛围。[1]

然而，更为常见的是那些为新闻记者和愤怒的竞选对手极为关注的贿赂、暴力以及阴谋勾结方面的传言。三者之中的暴力手段，为受雇的政治流氓所用，反而没有政府或新闻界害怕的那样广为流传。[2] 另一方面，据说贿赂手段的精致程度已经达到了最高，因为竞选人争相赠送礼品——但这只不过是必须的——来获取他们有影响力的同僚们的投票。人们用歌曲和打油诗对竞选政治中的高额花费进行讽刺吟唱。“八百钱浪费在社交费用上，一分都没剩下——身无分文。”[3] “滋生选举丑闻的温床”的例子包括“宴会上提供价值三十元的茶点，而入场费只收三元”，“许诺把政府林地当作免费礼物赠送的竞选人”，“任何分赠超过五十元的人”，还有其他的过错，这些过错处在可以接受的殷勤待客行为与选举法处罚条例补充规定下应受处罚的贿赂行为之间。[4] 相互勾结也处在社会习俗和不正当选举之间的分界线上，因为举行预选大会的做法对有些人来说，好像是地方贵族逃避不必要冲突的一个合理的方式，而对另一些

67

1 较为综合的记述见：R. H. P. 梅森，《日本的第一次大选：1890》(剑桥：剑桥大学出版社，1969)；末松谦澄，“二十三年的总选举”，《明治文化全书，卷 10，正史篇》2：200—221。

2 梅森，174—185。

3 《东京日日新闻》，再刊行于《山阳新报》，1890 年 6 月 29 日。

4 《山阴新闻》，1890 年 5 月 16 日；《秋田魁新报》，6 月 12—28 日；以及，梅森，167—173。刑法补充条例，它禁止贿赂、恐吓、诱骗投票人，含沙射影或是成群结队地用钟、号甚至篝火来煽动民众，“众议院议员选举处罚规定补充”（1890 年 5 月 30 日），《法令全书》，7 号（1890 年），106—107；梅森，53、219。

人来说，这些私下达成的协议证明了“最近的选举骚乱不是人们及主张之间的公开竞争，而根本是发生在幕后的竞争”[1]。

总而言之，1890 年，舆论机关对政治家的看法要稍微好于政府对认为是自私自利的党派主义的严厉看法。的确，新闻记者们攻击的目标不是政党政治，而是在他们看来好像是“玷污了国家的宪法尊严”的投机主义和腐败行为。[2] 但是，他们在批评选举竞争混乱这种不体面的现象时，往往使用寡头政治执政者使用的批评用语。遭竞争对手中伤诽谤的竞选者要求对方在报上以“恢复名誉”的方式进行公开道歉的时候，评论者责备说，议会政治给社会带来了可悲的不和谐现象。人们建议在大选之后举办谈笑会，来防止竞选人之间的冲突“玷污、败坏立宪政体的确立”。否则，“这些公开的斗争就有可能使人们对立宪政治留下一种特殊的看法”[3]。但是，有可能是新闻界像竞选人一样，对传达这种看法也负有责任，有很大一部分竞选人对于其不太正直的同僚所指控的过错，是无辜的。

事实上，现在的学者们认为 1890 年竞选进行得相当顺利，政府的管理也比较公平，竞选人在竞选活动中很负责任，选民也热情响应。[4] 但是，现代观点有相当一部分是根据不同的标

1 “众议院议员选举的结果”，《山阴新闻》，1890 年 6 月 12 日、7 月 5 日；《信浓每日新闻》，6 月 12 日，《东京日日新闻》，6 月 27 日。

2 《福陵新报》，1890 年 7 月 1 日。

3 《山阴新闻》，1890 年 4 月 20 日、5 月 22 日、7 月 1 日；《福陵新报》，7 月 3 日；《东京日日新闻》，6 月 15—30 日。

4 梅森，185—205。典型的当时的报道见:《东京日日新闻》，1890 年 7 月 2 日。

准来判断的。经过十年的议会期盼而孕育出来的高度的政治理想，与令人失望的人类政治行为的平庸现实之间有很大出入，这是人们一直失望的根源。甚至当时的政治小说也在用浪漫理想主义来揭露那些贿赂和暴力行为，正是那些行为使官与民都应对议会事务的悲哀现状负有责任。[1] 当政府粗暴无礼地介入1892年竞选丑闻时，公众反对的目标是官僚，而不是竞选人。[2] 但是，对于那些没有直接参与，却接触到舆论的人来说，一直都有一种印象，那就是政治与腐败是分不开的。总的来说，无论对于官，还是民，在日本实行议会体制的初级阶段，政治受到舆论界的批评显得颇为合理。

国会议员

一

1890年的政治，无论是被政府直接排斥，还是为舆论贬低，都是为数极少的话题。45万选民只占全部人口的1.1%。由于获得选举权要求每年交纳15元的直接税，所以农村交纳地税的资产者所占选举比例非常大，而城市里每一个经济阶层的居民所占比例非常小。某一农村地区的几百个选民由当地知

1 柳田泉，“政治小说之一般（2）”，《明治文学全集》6：454—456。特别受欢迎的是福地源一郎所写的虚构揭露小说，他丰富的政治经验为早先的意见和之后的现实之间的矛盾增添了可信性和尖锐性。(《明治文学全书》，11卷)

2 新闻报道见:《东京日日新闻》，1892年2月14—28日；《日本》，2月12日；《东京朝日新闻》，2月16日—3月4日；高桥雄豺，《明治警察史研究》，卷3（令文社，1963），207—340。

名人士组成，这些知名人士中有的是乡村官员，有的是专业人士、实业家，或者是当地人的后代，他们在东京取得一些成功，专门回来参加竞选。当候选人相互争论、相互诽谤，而选民们聚在一起预选出来一个候选人的时候，他们往往认识所讨论的人，甚至是本人，至少知道其声望——他们代表的社会阶层是如此的狭小。报道选举活动的新闻记者由于家庭或者成就的原因，与这同一群体联系在一起，而且事实上，有 16 个记者竞选成功。 68

通过阅读报纸及时了解政治活动的读者群比较庞大，尽管报纸不是很多。《大阪朝日新闻》在当时的发行量最大，每天发行万份；东京最大的三家报纸(《大和新闻》《邮便报知新闻》和《东京朝日新闻》）每家印刷约为 2 万份；地方报纸发行的要少得多。[1] 尽管有很多份报纸在几个读者手中传阅，但是其社会发行在那个期间还只是限于高级精英人士以及更多最近才增加的低级官员、小学教师、商人和其他的“中产社会阶层。”[2] 由于这些原因，选举就像宪法一样，只不过是日益增多的中产阶级的兴趣问题，他们一心想成为拥有大量社会、经济或思想影响的人。他们中 95％有选举权的人在大选中为自己的

1　明治时期的发行量数据是臭名昭著地不准确，但人们对此仍有大体上的认同。基本来源包括《内务省统计报告》《警视厅统计书》以及各家报纸的宣称，除有着系统记录的《大阪朝日》之外，其余数据往往是夸大的。此处引用的数据见:《陆羯南全集》2：805；朝仓与稻村，《明治世相编年辞典》，644—645；山本，《新闻与民众》，130—133。

2　“新闻读者的变迁”，《中央公论》(1900 年 5 月)：85—86。

同伴投票。[1]

他们所支持的人成为日本第一次全国选举出来的政治家。既然政治家们以完全合法的地位而存在，那么，他们的品性和行为也将会造就新兴的现代形式的政治概念。政府和精英舆论在1880年代期间已经先于事实而提出了立法政体的观点，一旦国会议员们开始运作议会工作，那么二者都将不会单独甚至也不会共同掌控事情。新兴政治家给人留下的第一印象来自他们本身。民众党派拥有170个议席，在300席位的众议院占多数，无党派占40个席位，备受争议却少票当选的官员只占80个席位。[2] 因而，用1880年代狭隘的政治用语来说，国会选举是民的胜利。三分之二的议员是普通人，三分之一的议员是原来的武士阶层。尽管这意味着以前的特权阶层在国会中所占比例要高于其在一般民众中所占的比例，但是这种不均衡却很好地表现出明治新精英的组成成分。大多数议员的确就是那一代人，将近三分之二的人在选举时年龄在43岁之下。

69

新国会议员像选民一样，主要是来自中产阶层而且大半来自农村。德富苏峰笔下的“中等收入的乡绅”似乎是应召而来。他们不是地方上最富有的人，因为上议院中只有15个最高纳税人的代表席位，当然他们也不贫穷，不是无产阶级，

---

1 选举的统计数字见：梅森，30—31、185；末松，“二十三年的总选举”，《明治文化全集》10：201—221。

2 剩下的五个席位被保守的国民自由党获得，它于1891年解体。这是11月国会召开时的阵营情况。选举后的结果（尽管不完整）为：民党，144；吏党，35；独立党，87（梅森，190—195）。

也不是没有财产。[1] 他们很多人本质上只不过是地方名人，即该时期的地方知名人士，他们的个人传记为家庭和村人津津乐道，读起来就像是在读地方名人录中的内容。[2] 无论他们是由较早时期的豪农还是富农、阶层转变而来的，还是新近成为农村实业精英，他们都是牢靠的地方人物。很多人耕作在自己的土地上，或者在其家乡或乡村从事经商活动，从生产传统的酱油和清酒到经营新出现的半产业性的纺织品，这些经营是其致富的重大来源，也是日本日益增长的国民生产。他们不是缺席者，但他们同样属于长期占据地方社会高层的社会经济阶层。只是他们没有成为乡村官员，而是成了国家议员。

也许这就是1890年入选下议院的最高级别的国务大臣陆奥宗光（1844—1897，日本明治时代的政治家和外交官，在伊藤博文内阁任外务大臣。译者注）把他的同事称为“三百个农民”的原因吧。[3] 其实，300个议员中有60位是像他一样的“小贵族”，这正如政党曾经讽刺官员们一样。入选第一届国会的官僚代表的是继农业之后的第二大职业团体，从大臣级的陆

---

1 例如，德富苏峰，“隐秘的政治变迁”，第2部分，《国民之友》，16号（1888年2月17日）：1—6；第3部分，17号（1888年3月2日）：1—7。税收数据见：梅森，195—198；末松，“二十三年的总选举”，《明治文化全集》10：204—205。

2 例如，高久岭之介，“明治地方名望家层的政治行动：河原林义雄小传”，《社会学》，22号（1977年12月）：168—217。

3 致井上馨的信（1893年12月20日），井上馨文书，宪政资料室，国立国会图书馆（手稿）。

奥宗光到拥有雄心壮志的郡长级别不等，郡长在早些时候被认为是国家官僚机构中级别最低的地方官员。[1] 然而，更能说明问题的事实是，多达三分之二的下议院入选者都是以前的郡议会议员。[2] 这些与人们心目中理想的国会议员所唤起的政治光彩相去甚远的入选议员，结果竟成了“县议会的翻版”，他们“多次前往东京”，或者用别的方式，无论他们从地方上获得什么利益或地位，都将其名望至少扩大到郡级而且常常是扩大到县级。[3] 在普通人看来，身穿工装的农民即便穿上传统的和服裤裙也的确不是寻常的农民。

70 许多国会议员给人留下的第一印象就这样突出了他们是人们所熟悉的精英人士，着装新式，而且常去国都东京，而不是郡府。第二印象是他们属于地方乡绅，是“突然穿上了西装，像小个头国外外交官的乡村议员”，或者如“Oppekepe 歌曲”中的歌词所讽刺的那样，是“坐着黄包车，身穿西服西裤”但“缺少政治思想”令人厌恶的人。[4] 两位议员入选了却还留着武士头结，引起了一场小小的争论，争论内容是他们要不要在 11

1 “众议院议员选举的评论”，《明治文化全集，卷 10，正史篇》2：221；《国民新闻》（1890 年 7 月 6 日）列出四十位获胜官僚的姓名和职位。

2 升味准之助，《日本政党史论》2：88。梅森采用了《日本》(1890 年 7 月 15 日）上“158”这个数字，这很可能不包括之前是议员，但 1890 年不是议员的人物。

3 《山阴新闻》，1890 年 7 月 5 日。

4 《东京朝日新闻》，1890 年 10 月 30 日；添田，《演歌的明治大正史》，22。具有讽刺意味的评论非常普遍，如：描述一位将自己的照片散发给媒体的新当选的县议员时，评论暗示道“他时髦的礼服肯定需要八百元的年薪，但是他好像把他的硬板领搞反了，从正面看上去简直像领子里包着一只小狗”，《东京日日新闻》，1890 年 8 月 21 日。

月份国会开幕时，采用更为合适的西方发型。[1] 那个时候，据说众议院议员们要乘坐黄包车前往出席开幕仪式，上议院议员们要乘坐马车前往，但是人们描述说，很多众议院议员甚至在家里的乡村小路上坐的都是马车。木版画和新年双六游戏比赛通过对议员们的着装以及花费最高、很赶时尚的交通车辆的描绘，让人们加深了他们都很富足的印象。[2] 对于一个在1890年经历第一次“现代”经济萧条和7月份大米价格是去年两倍的民族来说，“议会绅士们”的富人和贵族的奢侈形象并没有提高其作为人民代表的声望。[3] 追赶西方时尚也没有提高其声望，而是把政治家们带入反对肤浅的西化范围之内，肤浅的西化思想是当时的文化国家主义的一部分，实际上更是社会精英与其他民众在生活方式上的鲜明差异。甚至是早些时候因为在鹿鸣馆举办化装舞会和下午茶舞会而被挖苦讽刺的政府在1890年出售颇具争议的大楼时，新的国会议员还在帝国饭店以及麒麟牌啤酒中寻找乐趣，1890年，化装舞会和下午茶舞会在日本刚开始出现，而且如燕尾服一样，是大多数日本人民遥不可及的。正如这些形象表明，人民的代表们常常显示出与他们很久以来就严厉指责其习惯的官员们有很

1 《东京日日新闻》，1890年7月7日、13日。

2 《东京日日新闻》，1890年11月30日。“木版画”见：丹波，《锦绘中所见的明治天皇》，56—59；小西，《锦绘幕末明治》10：70—77。“双六”见：《男子教育出人头地双六》以及《大日本国会议事堂双六》，都出现于1890年并以国会议事堂为游戏的目标。

3 关于萧条见：长冈新吉，《明治恐慌史序说》，26。

多共同之处。

新的政治家们给人的第三个印象也许就是官派气息。甚至是德富苏峰——有时是平民知识分子但绝不是一般平民——写过《中产阶级的堕落行为》，他曾对那些人中的“乡绅们”期望太多：

> 有些成了乡村官员，与郡县官员往来不断，而且，作为其环境产物的人类突然被官化了。有些成了县议会议员，或者常务委员会成员，在一个地方小城市生活一段或半年时间而立刻被城市化了，这意味着他们已经软弱了。有些成了国会议员，加入了请愿委员会，或者成为代表。由他人推荐或自己主动前往东京，而迅即被都市化了，或者极其相反，他们因为已都市化了，而搬进东京。

71

就是那里，奢侈和许可证盛行，摧毁了农村社会的中流砥柱，而这些砥柱们则成了工作在郡所里的办事员，成了收税员、警察、高利贷者、政治寄生虫、讼棍、记者以及打手。[1] 简而言之，官僚“官”的残渣和政治“民”（另外，有意思的是，还有记者）的糟粕混在一起，就成了新政治体制的地方产物。在德富苏峰看来，农村精英已经“官化”了；对于人

1 德富苏峰，“中等阶级的堕落”，《国民之友》，172 号（1892 年 11 月 13 日）：3—4。

民来说，郡公所里的办事员和新国会议员之间的区别从来就没有很清晰过，他们在任一个地区都有可能是同一个人。1890 年时的大多数日本人对国会如对《宪法》一样都知之甚少，然而，虽然街上的一个人可能不知道《宪法》也制定了“国家管理规定”，但是他却一眼就能看出一个富裕、享有特权的人。自国会第一届选举及开幕的那时候起，相当多的新国家政治人物就很酷似过去的地方精英人士，而且与村政厅里尊贵的官员极其相像也并非偶然。

二

现代日本立宪制初期，几种政治观点之中出现的意识形态协作是毫无计划的。政府做出很大努力来否定政治，或者至少是限制政治。民间舆论试图根除政治的卑劣性，从而使其变得高尚。国会议员尽他们最大的政治努力来代表、实践政治。诸如山县有朋、井上毅之类的寡头政治执政者，在一定程度上为否定个人利益而赞成大众公平的儒家治国思想所激励，他们也受到来自对国家分裂的深刻恐惧的影响，国家分裂对于明治维新一代人来说很常见，西方的威胁还依然影响着他们对国家政策的考虑。另外，反对派的合法化当然会直接挑战他们的权力。公众舆论机构从长期的活动中汲取力量，使一个合适的议会反对派得以制度化，这常常导致民间评论者年轻时在挫折中把政治的实践完美化，在官与民的冲突中界定政治的本质。新国会议员在地方上学得政治经验，而后进入国会，时刻准备代

72 表他们所属的那个阶层以及那个地区的利益，就像他们在当地的村、县议会中那样，在那里边沁和布莱克·斯通的理论都没有任何意义。然而，这些意识形态的代理人传达出的每一种强化信息综合起来就是，政治是分裂的、不爱国、腐败的，并与官僚结盟，属于特权阶层所有。国民就是以这样的方式了解到他们参与新的国家政体的权力的——也许不是踏着最吉利的音符走上议会制度的。

尽管政治变质的思想影响将会很大，但是政治本身却很少是意识形态活动的直接目标。政府因为把政治从其公民信仰中剥离出去，所以闭口不谈，这进一步加大了对政治功效的排除。评论者们为这种沉默感到遗憾，哀叹说选举过后仅仅一年，政治就为人们所遗忘。“选举狂热”的所有迹象都已消退，正如松尾芭蕉（1644—1694，日本江户时代俳谐诗人。译者注）诗中所写，“后果就是，武士的梦想”无影无踪。[1] 现在成了新的武士的政治家，才刚刚开始他们的议会斗争，并忙于精通而不是界定政治艺术。但不管怎么说，他们的形象是受公众舆论监控的，公众舆论从没有放弃对政治人物作为总的一个类别的怀疑。从意识形态上对政治进行否定，这依然是负面的行为，而塑造国民的积极努力则集中在国家意识上。所以，在日本新建立的君主立宪制中，是君主而不是宪法——是天皇而不是契约——成为新兴国家神话的核心。

---

1 “选举狂热”和对芭蕉的引用，见：社论，《日本》，1891 年 7 月 1 日。

第四章

现代君主

天皇形象的捍卫者

一

万世一系，神圣不可侵犯，一个现代君主，一个现实中的神——具有这些特征的天皇将会成为帝国的意识形态核心。然而，1889 年，他还没有穿上新角色的服装。因为天皇职位的传统法衣虚空而模糊不清，那是为皇帝长期居住在"云端之上"而设计的，将满足不了皇帝作为立宪国家的统治者出现在公众面前的形象。[1] 就意识形态的形成过程来说，它需要整个明治时期来为天皇编织新衣，并有力地在展现在民众面前。虽然这个过程开始于明治维新年间，但是很多都是在宪法颁布之后完成的，而且到 1912 年天皇驾崩的时候，他都是包裹在一种持续到第二次世界大战结束的象征意义的氛围之中。同时，天皇个人及天皇形象也变得越来越清晰，直至大多数日本人民对其新的皇帝服装的裁剪及样式都已熟悉。[2]

意识形态是分阶段进行转变的，时代阶段，对皇帝进行各

---

1 关于德川的皇室制度和维新意识形态，见：赫谢尔·F. 韦伯，《德川时代的日本皇室制度》(纽约：哥伦比亚大学出版社，1968)；H. D. 哈鲁图尼恩，《朝向维新：德川日本时期政治观念的成长》(伯克利：加利福尼亚大学出版社，1970)；赫谢尔·F. 韦伯，"19 世纪对皇室所持正统态度的发展"，见马吕斯·B. 詹森编《改变日本人对现代化的态度》(普林斯顿：普林斯大学出版社，1965)，167—191。

2 明治天皇的基本材料为：宫内厅编，《明治天皇纪》，全 12 卷，以及索引（吉川弘文馆，1968—1977)；明治神宫编，《明治天皇诏敕谨解》(讲谈社，1973)。另见约翰·惠特尼·豪尔，"现代日本的君王"，见罗伯特·E. 沃德，《现代日本的政治发展》(普林斯顿：普林斯顿大学出版社，1968)，11—64；大卫·安森·提图斯，《战前日本的皇宫与政治》(纽约：哥伦比亚大学出版社，1974)。

种诠释的阶段，对天皇职位进行复杂的法律和道德、帝王和宗教构建的布局阶段，都与之有关。明治维新初期，从1868年到1881年期间，新政府用皇室制度作为民族统一的象征中心而且把最近形成的政治上的统一作为年轻的明治皇帝的个人成就来进行展示。虽然皇帝统治的制度体系还处在不断的变化之中，但是19世纪70年代的意识形态表现却突出了天皇和人民之间的直接关系。[1] 这些人民首先就是封建贵族及其武士，没有他们“代表民族所发挥的作用”，还政于天皇的变革将毫无意义。[2] 但也包括一些平民，他们对“明治维新”的憧憬与其说是在国家意义上的，不如说是群体意义上的，期盼的不是皇帝恢复统治，而是社会进步，是改造社会，有时候还比较具体的就是纳税减半。[3] 对于这些群体以及其他有可能对新政府的合法性进行质疑的群体来说，法令向天皇提出变革要求，而且天皇亲自证明“我们的国家正在发生一种史无前例的变革”——用《五条御誓文》中的语言来说。[4]

74

皇帝的捍卫者在最初就公开表现为新政府成员，他们在19世

---

1 1867—1868年的天皇宣言，特别是“王政复古之大号令”（1867年12月9日）以及“明治维新之宸翰”（1868年5月14日），见：《明治天皇诏敕谨解》，63—65以后、116—118以后。这一时期对天皇的观点见：坂田吉雄，“明治时期的天皇观”，《产大法学》卷9，2号（1975年9月）：20—44。

2 “明治维新之宸翰”（1868年3月14日），《明治天皇诏敕谨解》，118。

3 关于“憧憬”，见：市井三郎，《“明治维新”的哲学》（讲谈社，1967），119—144，田中彰，《未完的明治维新》（三省堂，1968），3—19；芳贺登，“御一新与维新”，《明治国家与民众》（雄山阁，1974），3—26。“纳税减半”见：高木俊辅，《维新史的再发掘：相乐总三与被埋没的草莽们》（日本放送出版协会，1970）。

4 “五条御誓文”，《明治天皇诏敕谨解》，115。这句话位于五条御誓文之后，并且在角田等的《日本传统之源》中遗漏了。

纪70年代仍旧是还政于朝廷和国家的支持者。诸如大久保利通和木户孝允这样的武士，以及岩仓具视、三条实美这样的宫廷贵族，他们从一开始就敏感于“德川时代，王国只知幕府，人民不知道皇室的存在……即便现在王国终于稳固，天皇的意志在偏远的地方却还不为人们所知”这样的观念。[1] 因而，天皇就被送达到那些偏远的地方。新天皇在1868年16岁的时候，最远只到过大阪，大久保利通希望天皇出现在那里，也许会把统治“从云端之上”降到人间，消除掉“龙颜难见、天皇不踏足地面”这样的印象。[2] 把国都迁至大阪，一开始被认为是把天皇从古老的京都宫廷脱离出来的方法，这次早期出行最终被认为是“天皇御驾亲征叛军”。[3] 这是明治天皇在位45年期间，离开首都出行102次中的第一次，而他的前任们在德川时期260多年里只出行过3次。[4]

强调皇帝的到场没有使这些早期出行要达到的意识形态目的落空。作为1868年秋天把首都从京都迁至东京的一部分，一支有3300随从的浩大队伍凯旋东进，夸大了（甚至在完成这次东进的最终军事胜利之前）“所有国事都由天皇裁

1 “全国要地巡行之建议”（1872年5月），《明治天皇纪》2：674。

2 大久保利通，“关于定都大阪的建议书”（1868年1月23日），见坂田，“明治时期的天皇观”（1975年9月），26。

3 《明治天皇纪》1：602—603、611、655—694。

4 明治天皇出行的准确次数仍在争论中，最完整的记录是日本史籍协会编，《明治天皇行幸年表》（东京大学出版会，1982）。此处引用的数字来自芳贺登，“明治国家与地方”，《明治国家与民众》，101。缩略的列表见：“明治行幸年表”，《明治文化全集，卷17，皇室篇》，632—641。

决”的目标。[1] 由评定东部叛军的皇家指挥官有栖川亲王率75领、高唱着“皇族！皇族!”的这支军队，不仅为英国剧作家吉尔伯特和作曲家沙利文创作历史剧《日本天皇》提供了合唱曲，[2] 而且还为沿途地区和村庄提供了新天皇到来的明显而令人印象深刻的证明。这次出行成为天皇于 1872、1876、1878、1880、1881 和 1885 年进行的六大出巡的典范。明治天皇或乘船，或骑马，或坐辇，从北海道到九州，走过崎岖的山路，不远千里，前往“偏远地区”，体察他的臣民，也为臣民所拜见。六次出巡用了 273 天。[3] 虽然朝廷官员也把这些出巡设想为一种年轻天皇君德培养的方法，但是，政府也同样注意维护自己在集权制中的统治地位，这种政体现在是一君万民。[4]

支持 1878 年那次皇帝出巡的井上馨认为，“天皇遍访全国，不仅让人民了解到了天皇伟大的德行，而且还是天皇亲征之直接展示，从而打消了对于君主政治的疑虑”[5]。但在这些出

1 “东进”见:《明治天皇纪》1：831—866；《明治天皇行幸年表》，4—13 以及“海内”2—3。“所有国事都由天皇裁决”（万机必亲裁）见：“东京改称之书”，《明治天皇诏敕谨解》，133。

2 “皇族！皇族!”是“tonyare”节的开头歌词，据说品川弥二郎和大村益次郎谱写了此歌，见：古茂田，《日本流行歌史》，16、197。

3 关于出巡见:《明治天皇行幸年表》；芳贺，《明治国家与民众》；田中彰，“天皇巡行”，载于林英夫编，《地方文化的日本史，卷 8，青云之志与挫折》(文一综合出版，1977)，43—70。

4 “君德培养”，如：元田永孚，“致岩仓右大臣之上书：君德辅导之要”，“明治时期的天皇观”（1976 年 3 月），35—40。“一君万民”见：市井三郎，《“明治维新”的哲学》，198—215。

5 “天皇亲征之直接展示”见：草间俊郎，“明治天皇行幸与随行之内讧：基于新资料的内讧解决之秘史”，《日本历史》，334 号（1976 年 3 月）：38。1878 年的天皇出巡包括了本州的北陆和东海地区。

巡中同时展现的还有政府和宫廷中的显要人物，他们是西乡隆盛、木户孝允、大久保利通、大隈重信、井上馨、黑田、松方、德大寺、岩仓以及三条实美，他们都在出巡中伴随过天皇一段时间。在1870年代的这些出行中，政府和宫廷关于谁随从天皇合适的争吵，不仅反映了这十年里这两大权力机关的摩擦，而且还反映出几种不同皇室制度观点之间也有摩擦。宫廷顾问官元田永孚（1818—1891，日本江户末期、明治前期教育家。译者注）和佐佐木高行采用担任他们自己曾担任职务的那些人的建议，来支持天皇直接参与政治，这两人反对井上馨参与1878年那次的皇帝出巡。他们指责井上馨的“行为令人反感”，这也许是指他的财政观点，他的西化思想，他最近去巴黎的出访，也许是指他的长州出身。虽然如此，但已经是工业部大臣的井上馨还是得到陪同天皇的允许，正如岩仓所说的那样，以免让他觉得“自己在这个重要的职位上得不到信任”，这会极大地影响到“政府的未来”。[1]

而这种未来正是保守的宫廷顾问官们所担心的事情，他们不仅反对井上，总体上还反对寡头统治。甚至在政治寡头们奋力解决宪政问题的时候，元田永孚及其他人还在设法把天皇树立成仁义的以德治国的儒家国君形象。在政治权利上，宫廷的儒家主义者们是斗不过像1879年废除宫廷顾问部门的伊藤博文那样的寡头政治家们的。但是，他们维护皇家道德观念的不懈努力虽然为 76

1 《日本历史》，334号（1976年3月）：39。

早期的政府所遮蔽，最终还是在 1890 年颁布的《教育敕语》中以不同的形式得以彰显。[1] 其祭政一致的观点曾在明治维新后三年里盛行一时的神道主义者，比儒家主义者还要黯然失色。因为，即便是政府里的渐进主义者，他们反对民权运动早期建立选举议会的要求，也完全信服西方形式的宪政而拒绝接受把神道教作为国教。[2] 尽管天皇在巡游中参拜过伊势神宫，但在界定日本君主立宪制性质的政治斗争中，神道应作为一个国家部门重要地位的多次申明，却无人理睬。

19 世纪 70 年代，天皇直接统治的形成和无处不在的天皇形象促进了反对封建残余侵入的国家统一。[3] 1880 年代，对天皇形象进行意识形态上的改造反而集中在皇室制度的法律界定方面，为宪政的未来做好准备。从 1881 年允诺制定宪法的敕令一直到 1889 年颁布宪法的典礼这期间，统治权问题占据主导地位，因为宪法将使皇权在日本历史上首次在法律上得以明确下来。在这个过程中，政府里最有影响力的两个人物是伊藤博文和井上毅。虽然两人在某些方面意见不同，比如说，伊藤博文喜爱的是井上毅对西方律法主义的卓越见解，而不是他对前德川本土主义的继承，但他们都共同关注重构皇室制度，这使得天皇及其政府将会在法

---

1 元田见：唐纳德·谢夫利，“元田永孚：明治天皇的儒学讲师”，大卫·S. 尼维森、亚瑟·F. 怀特编，《儒家进行时》(斯坦福：斯坦福大学出版社，1959)，302—333。佐佐木见：津田茂麿，《明治圣上与臣高行》(自笑会，1928)。

2 “把神道教作为国教”见：村上，《国家神道》，85—119 以及 138 以后。

3 “形象无处不在”为哈鲁图尼恩之语：《朝向维新》，299。

律上和政治上显得合理稳妥。[1] 这就意味着维护君主权力，而反对政党的权力，伊藤曾在 1888 年他那次著名的演说中提到过这些政党，那次演讲中他宣称皇室乃是国家的“轴心”，在没有这样一个轴心的情况下，“把政治交付给民众进行草率的议讨，国家最终将会坍塌”[2]。不仅仅只遭到民间的空泛议论，政府官员也在喋喋不休地进行反对，因为有些政府成员批评伊藤偏爱的普鲁士宪法模式，而像元田永孚这样的宫廷官僚以及诸如谷干城一样政府外的保守派则继续致力于建立一个更重德政而较少西化的宫廷轴心。[3]

19 世纪 80 年代，这些政治权力中心都提出各自的天皇形象，因为他们在政治上都自称是可以登上日本皇室这个“虚空之舰”的合适人选。这些观点有一个共同点，那就是集德性和法性为一体，有位学者曾把这一点看作“中古宪政”所具有的特征，无论它采取的是朝廷上的儒家道德主义形式，还是民权关于忠君和王道的说法。[4] 最终，天皇的这个法衣大得足以涵括对其统治权

77

1　见稻田正次，《明治宪法成立史》，全 2 卷（有斐阁，1962）；约瑟夫・匹陶，《明治早期日本的政治思想》(剑桥：哈佛大学出版社，1967)，159—195。

2　伊藤对枢密院的演讲包含了“国家之轴心”的发言，见金子坚太郎，《伊藤博文传》，卷 2（春亩公追颂会，1940)，614—617；摘录于提图斯，《皇宫与政治》，36，以及匹陶，《政治思想》，177—178。

3　见松本三之介，“明治前期的保守主义思想”，《近代日本的政治与人》(创文社，1966)，93—127；秋田，《立宪政府的基础》，64—66。伊藤博文关于这一主题的回忆见：“对新宪法之批准的一些回忆”，见《新日本五十年》，合集，大隈重信，卷 1（伦敦：史密斯和埃尔德出版公司，1909)，122—132。

4　坂井雄吉，“关于明治宪法与传统国家观”，见石井紫郎编，《日本近代法史讲义》(青林讲义系列，1972)，80—85。尽管坂井没有提及千叶卓三郎的《王道论》，它仍是一个类似观点的很好的例子：理查德・戴文，“帝王之路：一篇明治时代早期关于政府的论文”，《日本纪念碑》卷 34，1 号（1979 年春），49—72。

的德性和法性的诠释。第一点是体现在穗积八束（1960—1912，日本近代法学家）提出的家国这个道德语境下的皇权上，第二点最终表现在美浓部达吉（1873—1948，日本宪法学家）的关于把天皇作为一个法律机关的理论中。

把皇帝“万世一系”写进宪法第一条的时候出现了一个类似的理论之争。在 1880 年代那个背景下，皇室不仅代表着躲避政治的一个超然轴心，还是国家统一的象征——1873 年大久保所谓的“我国的土地、风俗、人情和时势”；1888 年伊藤博文视之为西方的基督教；1889 年井上毅在皇帝的宣誓里所写的，向皇室先祖宣称，宪法就是现在对皇祖皇宗遗赐后代之统治宏范的解释说明。[1] 1880 年代，天皇一系的统治被广为认同，甚至那些坚持议会和政体世俗观点的人士也大为认可。[2] 1890 年，信奉本土文化主义的同时又信奉立宪主义的井上毅也接受了这两个观点。

> 仪式，作为国家的礼仪，是社会事务，并非国家事务。君主不仅是国家事务的首脑，还是社会的典范。他把国家事务交托给政府，而社会事务——礼仪、慈善等此类的事情则由皇家自己来施行。仪式因而属于皇室的内部事务，

---

1 大久保利通论土地、风俗、人情和时势见：“关于立宪政体的意见书”（1873），松本编，《近代日本思想大系》，30：5—7。[乔治・M. 贝克曼有不同翻译，见《明治宪法的创制：寡头与日本宪政发展，1868—1891》（西港，格林伍德出版社，1957），112]。对皇室先祖的宣誓见：《明治天皇诏敕谨解》，817—818；有微小差异的译文见伊藤，《义解》，152。

2 宪法之私拟草案中天皇一系的内容，见：色川，《明治的文化》，264—278。

> 不应该与国家事务混为一谈。[1]

通过这样的评论，井上毅允许把皇统文化本土主义的观点纳入天皇的个人形象之中，同时他又再一次地拒绝了神道主义者提出的，要在新的宪制政府里设立一个宗教部门的要求。

因为1880年代期间，那么多的要素才成就了皇室制度的宪制概念——那些要素并不总是一致的，所以经过十年制度上的准备，天皇以宪制君主这个新角色出现了。1880年代末对皇室大部分财产以及皇室典范的加强，同时又作为宪法颁布，使得天皇的财政地位和个人地位得到了巩固。伊藤博文在这两方面都发挥了作用，首先是1884年到1887年间他当皇室大臣的时候，然后是从1888年当枢密院议长的时候。[2] 至于天皇自己，虽然他继续进行巡游，但是他的最后一次出巡结束于1885年，即内阁制确立的那一年。对1880年代的伊藤、井上毅和其他政客来说，也许皇室制度的界定好像要比皇帝形象的显现还要重要，到1889年为止，天皇统治取代幕府统治就不再需要皇帝本人现身于大众面前，也的确如此。可以说，开始于1846年孝明天皇在对外问题上涉入政治时的“维新天皇”这个阶段，在1889年明治天皇为宪法再一次超越于政治的时候结束了，那时宪法规定了天皇的最高权威而不是统治权。然而，虽然皇帝本人 78

---

1 “关于建议设立神祇院的意见”，《井上毅传》2：281—282。

2 见提图斯，《皇宫与政治》，65—69、41—46。

就这样归于“云端之上”，像他年轻时那样，但是，在意识形态方面，他新形象的形成在很多方面才刚刚开始，因为正是在明治时期后期，日本天皇的现代君主形象才公开形成。

二

君主的形成明显有三个特点。首先，他的形象在公众面前取代了他本人。其次，民众本身也扩大了范围，包括两方面，一是思想捍卫者的圈子扩大了，二是捍卫者宣讲的听众对象包括了所有的民众，即全体国民。第三，明治后期的国家和社会问题决定了日本现代君主以象征性的形象呈现在民众面前。总之，1880 年代末以及 1890 年代，天皇体现了明治精英们所定义的国家进步的要素，还成了国家统一的象征，不是政治和立法意义上的，而是爱国、公民意义上的国家统一的象征。接着，在日俄战争（1904—1905）以后，天皇也向社会转变。作为家天下的家长，他象征着和谐统一；作为天照大神的后裔，他代表了神圣的日本祖先之种族。

79 这种意识形态上的转变开始于授予宪法之后天皇本人的相对隐退。当然，正是他早些时候的显现才使得他后来的隐遁格外引人注意，但的确如此，天皇统治时进行的 100 多次出巡中，有 70 多次是发生在 1889 年以前的。[1] 明治后期，他的出访在时间和宣传方面被严格地限制起来。一开始时的巡游是为

1 这些数字仍依来源而各有细微的差别，见:《明治天皇行幸年表》；芳贺，《明治国家与民众》，101；提图斯，《皇宫与政治》，48。

了让民众看见他，但现在是出于诸如军队演习、舰队检阅或者特殊典礼等那样明确的宣传目的。[1] 在更早时期，人们夹道而立，为的是一睹天子尊荣。他们从田地而来，呈上稻谷，而且虔诚地叩头作揖，这表示着天皇既是保护神，又是封建君主。[2] 而现在，天皇陛下面前的道路常常被清理得干干净净，空无一人。详细的指示早已下达，禁止叩头或者下跪，禁止诸如工人头围毛巾那样的家常装束。[3] 早些时候，天皇是下榻在当地贵族的府邸中的，那些贵族常常要用相当大的花费，来准备诸如修建一个崭新大门或者御厕那样的特别设施。这些豪农的庄园——其中，熊本县的德富苏峰庄园以及长野山区的小说作家岛崎藤村庄园——后来被保存下来，达到全国各地都知道"明治天皇曾在这里下榻"的效果。[4] 但在他统治的后 20 年里，出

1　一个在长野县显现这种差异的例子，见：上条宏之，《地域民众史笔记》(银河书房，1977)，288—316。

2　宫田登，"民间信仰与天皇信仰"，《传统与现代》，29 号（1974 年 9 月），113—132；和歌，《天皇制的历史心理》。皇家记录见:《明治天皇纪》1：847—848，等等；以及，《明治天皇圣绩》(文部省，1935—1936)，多处。

3　作为官方编年史的补充，有许多关于明治行幸的更具体的记录，其中最完整的是天皇行经之地出版的记录，例如：宫城县厅，《明治天皇圣绩志》(仙台：1925)；茨城县厅，《明治四十年特别大演习：御临幸纪念贴》(水户：1908)；星野武男，《明治天皇行幸史录》(潮书房，1931)，大部分的细节记录都关于早期的巡行。明治晚期储君的出行，见：角金次郎编，《山阴道行启录：纪念》(松江，1907)；鹿儿岛市役所，《行启日记》(鹿儿岛：1908)。

4　下榻住所或"安在所"在明治晚期开始商业化，并在 1930 年代早期在全国范围获得文部省的承认，见《明治天皇圣绩》。1872 年到九州的巡行中，天皇访问了德富家（其家为乡士）的住宅；此住宅现于熊本作为德富纪念园的一部分。大宅，长野县妻笼的豪农岛崎家的房屋，天皇于 1880 年巡行中造访，现作为博物馆，包括在桂离宫中的一个优雅皇室设计。1948 年，占领当局解密了 379 个纪念明治天皇的地点，见：威廉・伍达德，《盟军对日本的占领与日本宗教》(莱顿：E.J. 布里尔，1972)，171。

巡时他都是在县衙、军营以及其他公共场所度过夜晚的；他很少去造船厂访问，也很少出席铁路线或者桥梁的开通典礼，也很少像以前那样去访问当地学校。更不用想，正如媒体传言和皇宫断然宣布的那样，天皇会去出席 1893 年在芝加哥举办的哥伦比亚展览会。[1] 甚至是他在国内的出巡，观众也要被仔细地审查，而且主要是县府官员和挑选出来的当地精英。1910 年媒体抱怨说，这些出巡中，只有贵族和有地位的人士才允许面见天皇，而那时“在宪政体制下，人民应该是王位的保障”[2]。

事实上，在明治后期，臣民们很少有接近天皇的，这把他的官方面貌和特征从现实的约束中解放了出来。一个意大利艺术家经过两次的尝试之后，第一次还惹得陛下不高兴，终于在 1888 年捕捉到了天皇的完美形象。他更早时期的画像就是如此。皇宫不仅把这张雕刻画像发给领事馆、各省部、县府以及高等教育机构，而且在 1890 年代早期，还分发给全国的地方事务所和中小学校。[3] 自此，在民众眼里，天皇几乎是永不衰老。为身穿制服，佩戴勋章，手握剑柄，身边桌子上放着带有白色羽毛的帽子这样的帝王画像所取代的天皇形象，从而更是无处不在，比天皇早期出巡要达到的效果还要明显。

80

天皇是由宫内省直接负责的，它对档案的严密保管使得皇

---

1 《东京日日新闻》，1892 年 4 月 12 日。

2 《大阪朝日新闻》，1910 年 2 月 2 日。

3 《明治天皇纪》：奇欧索尔 1888 年肖像，7：7—8；早期的分发见 2：789—790，及 3：134；“学校”见，7：424、644。

宫管理在明治时期为民众密不所知，甚至今天也是如此。[1] 皇宫官僚机构的“外部”，正如《宫廷和政治》的作者大卫·泰特斯所描述的那样，负责天皇的官方形象和相应的皇室尊严。[2] 1887年，忠于宫廷的元田永孚帮助把伊藤博文从宫内省大臣的位置上一拉下来，宫廷高官又一次从民选政府中分离出来，基本上跟古老的过去一样。然而，宫内大臣一职在明治后期大部分时间里是由土方久元（1887—1889年）和田中光昭（1898—1909年）两个人来担任的，他们都是来自土佐藩的维新志士，在进入宫廷之前，都在政府部门做事，因而他们与政府的关系是很特别的。当说到1885年到1912年期间宫廷权力受到寡头政治的控制时，实际上指的是一小群维新同僚相互影响的局面，它包括其中与土方久元更为亲密的伊藤博文和对田中光昭更有影响力、在某种意义上是对天皇本人更有影响力的山县有朋。[3] 这些人并不总是合作或者说相互同意，而且导致1889年以后天皇被回缩进皇宫内的专横决策是不是他们共同做出的，还是值得怀疑的。更为准确地说，在意识形态问题上，他们的授权和利益虽然互相补充，却是针对他们各自的职位的。

1　书陵部，现宫内厅档案室的材料非常丰富，但有些零散。二手文献由那些与宫内较为接近的人书写，但他们倾向于赞美而非实事求是地记录。这里的核心写作者是渡边几治郎。见其《明治天皇与辅弼的人们》(千仓书房，1938)；《明治天皇的圣德：教育》(千仓书房，1941)；《日清日俄战争史话》(千仓书房，1937)；以及《明治天皇》，全2卷（明治天皇颂德会，1958)。《明治天皇》被认为是他在日本战败后想要完成的一部关于伟大天皇的准确编年记录的简短版本。

2　提图斯，《皇宫与政治》，63—74。

3　见提图斯，24—26、118—132；渡边，《明治天皇》2：302—335。

81 宫内省竭力守护皇宫的自治权，维护天皇的最高荣誉。第一方面是在与政府进行司法权争吵的过程中履行的，宫内省反复维护它的皇宫管理权限，反对其他省部的侵入。与文部省发生的争论是哪个部门来分发和控制天皇的肖像以及教育敕语；与内务省争论的是其在地方上准备皇帝出行所发挥作用的大小上；甚至还跟首相发生争执，宫内大臣田中光昭拒绝听从首相的召唤前去他的府邸，因为除了天皇的命令之外他不听从任何人的命令。[1] 第二方面，宫内省通过慎重控制哪些帝国部门会冠以皇家的名义，来履行保护天皇形象的授权。帝王赏赐的对象，无论是幼稚园还是医院，抑或是对寡头政治家的个人“奉献”，都是由宫廷官僚机构部门来决定的。[2] 参拜伊势神宫，允许会见那些要求觐见天皇的人，或者是在1903年军事演习上的会见，首次准许地方产业家进入天皇的陪从队伍中，以显示“皇家带头鼓励企业、敦促减缓进口和增加出口”等决策——皇帝赞同的这些安排都保留在宫内省的职责范围内，而且有助于形成明治后期向公众塑造的君主形象。[3]

那些年与天皇最为亲近的寡头政治家中，伊藤和山县最为突出。天皇本人觉得与伊藤更为亲密，他经常就诸如议会政治

1 与文部省的争论见:《明治天皇纪》7：644；亘理章三郎，《教育敕语与学校教育》(茗溪会，1930)，1—61。与内务省的争论见：大霞会，《内务省史》，卷3（地方财务协会，1971)，757—792。田中拒绝拜访首相以及因管辖范围引起的摩擦，见：提图斯，《皇宫与政治》，124—125。

2 提图斯，《皇宫与政治》，128。

3 宫内大臣田中与实业家们，见:《明治天皇纪》10：397—398。

的细节等事情咨询伊藤：如果新成立的国会不赞同政府的行政提议，政府将怎么办？1890 年 2 月，天皇这样问道。“尽一切努力来说服国会配合”，伊藤回答说。[1] 无论是在伊藤的人力车翻倒时还是在他的葬礼上，天皇对他通常都保持高度的赞扬和特别的关切。[2] 但是，天皇对其很少显示个人热情的山县有朋，在塑造帝王形象的意识形态部署方面，远比伊藤更有影响力。这一定程度上是因为山县在皇宫内培植起来的关系，不仅是在明治后期，而且从 1909 年到 1920 年就在培植，那时他要确保宫内大臣一职由他的同盟来担任。

不过，山县之所以有那么大的影响力，更重要的原因是他长期对意识形态问题感兴趣。1880 年代伊藤还在处理皇宫的政治和法律地位的时候，山县就开始为宪制政体做准备了，这个政体中的天皇以及他掌控的忠皇派在民众里已经非常引人注目了。山县在与皇家对其臣民指示密切的两个相关法令中发挥了重要作用：1882 年的《军人敕语》和 1890 年的《教育敕语》。据传记作家们说，山县还由衷地崇敬皇室——伊藤则很少受到这样的一种评论，而且还在他的花园里建造一座圣祠来纪念天皇，每天进行敬拜，无论下雨还是飘雪，以表示他的忠心，甚至在年老的时候，也是如此。[3] 山县对天皇公共形象重要性的　*82*

1 《明治天皇纪》，7：471。

2 这些以及其他明治晚期关于伊藤与天皇关系的例子，见：《明治天皇纪》，7：648、652；8：160、469；12：299；渡边，《明治天皇》2：302—325。

3 冈义武，《山县有朋：明治日本的象征》（岩波新书，1958），120—121；哈克特，《山县有朋》，247。

意识，还体现在他对诸如田中光昭提议的小事细节进行关注上面。田中曾提议取消天皇原定要出席一个地方宴会的安排，因为该地区在流行一种传染病——痢疾。山县反对说，这样做会让当地人民失望，是不合适的。[1] 但总的来说，他喜欢敕令、喜欢高高在上的皇帝威严，而不是天皇的个人亮相。据说，1896年，参加完沙皇尼古拉斯二世加冕典礼之后，山县曾表示，希望日本的宫廷仪式也要充满类似的神秘和威严。[2] 事实上，对于山县、伊藤以及其他的维新一代人来说，把天皇与他们读到过或者在出游欧洲过程中拜访过的西方君主联系起来，也许是他们对于什么才是天皇在民众中适当形象的最清楚的指南。

对于许多民间意识形态学家来说也是如此，1880年代后期他们已经发出自己的声音，来努力唤起基于日本无与伦比的皇室一系统治之上的一种民族意识。尽管像陆羯南（1857—1907，日本政论家）这样的作者们强调了皇室的无与伦比性，但是大多数人还是热衷于比较每一种类的皇室。[3] 德富苏峰年轻时很少提及天皇，而在1890年代初期开始援用天皇，像西方国家那样做的一样，来指望他们的君主提供国家统一和社会和谐的源泉。[4] 1901年，他提到“1900年5月皇太子的婚姻，在一夫一妻的新制度下，1901年皇家继承人得体的出身”，来

1 指1902年天皇原定出席在熊本的宴会，见：德富，《山县有朋传》3：1215—1218。
2 木村毅，《明治天皇》(至文堂，1956)，260。
3 陆关于“中世纪宪政主义”的观点见：坂井，“明治宪法与传统国家观”，66—69。
4 德富苏峰，“理想的立宪君主制”，《国民之友》，200号（1893年8月23日）：8—10。

号召人们要避开上层社会不道德的方式，相反要仿效家族道德规范和人类关系的皇家典范。作为说服他的报纸读者信奉他信仰的最强一点，德富苏峰援用了一句英国谚语“皇室乃荣誉之源”，来说明“日本皇室乃社会道德之源”。[1]

83

涉及西方君主最为普通的事情则更加具体。报界不断地提及欧洲的皇室，来补充对于日本宫廷的日常生活以及皇室成员的日常活动的报道。得意于自己的报道来自“云端之外”的东京《朝日新闻》报，1890 年详细地报道了意大利皇家悼念其国王的弟弟的过程；1911 年报道了“我们的天皇和帝国同盟国的君王以及英国、德国、俄国和奥地利等其他国家的君主，互相致电祝福新年”。[2] 报纸、杂志还刊登了欧洲王室的飞短流长，当时的英语识字课本上出现的“国王”和“女王”，在同一页上用“皇帝”和“皇后”来解释。以分析家和思想家的身份衷心服务于政府而著称的学者井上哲次郎，把明治天皇与他的外国同行进行了比较，发现明治天皇比拿破仑或者亚历山大大帝更加品德高尚，后两人不仅没有人情味，而且还没有雅致，因为他们不像天皇那样有诗词才情。虽然就维新以来日本的进步发展来说，德皇威廉一世好像也不是明治天皇的对手，[3] 但是

1　原文为“我国之帝室为社会风教之源泉”：“帝室与社会风教”，《周日讲坛》，卷 2（民友社，1902），7—11。

2　《东京朝日新闻》，例如，“云上的元旦”，1911 年 6 月 1 日；“意大利”，1890 年 1 月 23 日；“新年电报”，1911 年 1 月 9 日。

3　井上哲次郎，“明治天皇陛下之御人格”，见《人格与修养》（广文堂，1915），275—328。

井上说，最恰当的比较对象还是德皇。天皇驾崩时，无论是过去的君主，还是现在的君主，没有跟天皇做过比较的几乎没有，而且众人发现他与他们不仅相似，而且更优秀。[1]

天皇的帝王形象如此广泛地显现在明治后期，这得归功于满足民众好奇心的大量令人信服的细节上：关于天皇善骑和美食兴趣的描述——能品出一条香鱼是京都桂川河的还是东京多摩川河的，以及其他广泛流传于当时流行文化中的帝王的轶事。报刊、版画商、折扇制造商、画卷以及印有帝王肖像的纪念品，还有皇家供应方面赢利的产业，都随时准备着用全面报道和王族承袭下来的不太成熟的烦琐程序来激起和平息民众的那种好奇心。尽管宫内省徒劳地想控制非官方的帝王形象，但事实上，明治天皇虽然又一次高坐于云端之上，却已经比以往任何时候都为民众所熟知。[2]

天皇的帝王角色

一

宫内省、寡头政治家、军队、民政机关、报社、扇子制造商以及明信片印刷商都参与了把明治天皇转变为君主的活动。在这个过程中，他们一起协作，经常是不知不觉地，把明治精

1 例如，圣武天皇见:《信浓每日新闻》，1912 年 7 月 31 日。拿破仑和维多利亚见：“明治天皇一代圣德记”，《太阳》卷 18，13 号（1912 年 9 月）：7—12，等等。

2 例如，用于标记天皇诞辰的相片的大卖见:《岐阜日日新闻》，1912 年 5 月 2 日。准许制作有天皇标签的产品见:《山阴新闻》，1890 年 4 月 20 日。宫内省对控制的努力见:《明治天皇纪》3：229；4：606；5：276。

英们所界定的文明化和国家进步的特性赋予到天皇的身上。这就意味着，不仅宫廷需要忠诚和统一的象征，而且天皇也很明显地与民族奋进的一些特性联系在一起，正如与其他特性脱离的那么清楚一样。 84

天皇在授予了标志着他新角色首次亮相的《宪法》之后，他与政治的关系就公开地维持在一个严格的礼仪层面上。他宣布议会开会，会见众臣听证政治事务，还一如往常地在少有的诏书上批示，那些诏书以尊贵的帝王用语表达了政府的意愿。[1] 据报道，他从早上九点到下午四点勤勉地细阅内阁文件，每天早上阅读官方公报和报纸来表示对国家事务深切的关心。据地方记载，他还阅读地方报纸。[2] 人们说他信仰“进步主义，因为只有这样的主义才能使日本人民成为世界上最伟大的民族之一”。不过，“他不单独决策任何事情，尽管他明白全部事情，相反他还是等他的大臣们来协助”[3]。因而，是大臣们来管理诸如税收、议会斗争、和约谈判的失败之类的世俗政务。人们认为天皇“已经认识到，对于我国的进步和其他超越政治、强大民族的成就来说，《宪法》是必不可少的”，似乎这二者之间很少有什么联系。[4] 政治是太过于模糊不清的

1 马吕斯·詹森描述了1880年代的一种“文书减速”，当时天皇训令如同天皇的出行一般，有着显著的减少：“日本的君主制与现代化”，《亚洲研究杂志》卷36，4号（1977年8月）：616。

2 关于他的阅读兴趣见:《国民新闻》，1892年11月18日。“地方报纸”见:《吾妻教育会杂志》(群马县)，117号（1898年9月）：12。

3 “明治天皇陛下之行程”，《世界的日本》(1896年10月)：3。

4 《秋田魁新报》，1889年2月19日。

努力，不能与象征天皇的“宝石”混为一谈，而且在对人民进行的意识形态宣讲中，天皇的帝王之情被置于别处，而非政治上。

比如说，天皇的形象在教育中进行了强化，而教育正是明治时期以来对进行文明化设计中的一个重要方面。

> 明治天皇在位时期，极为重视学识，1899 年以来帝国大学每一年的毕业典礼他都参加。日俄战争时期，为了振作教育大臣，他颁发了一道御旨，敦促“哪怕是在军事危机时期，教育也不应忽视，也应该勉励教育者们要勤奋工作”[1]。

把教育挑选出来作为唯一的帝国成就而在 1912 年的颂词中值得一书的时候，作家夏目漱石表现出偏爱用人文措辞来表达民族自豪感，而非战争用语。但是，他也描绘了 1889 年以来日益为大家所熟悉的天皇的一面。无论是在就诸如镭和飞机这样的技术事件而提出睿智的问题方面，还是他勤奋听讲有关中文、日语以及西语文本课程方面，天皇对知识的渴望都反复地为人们评说。他每年 7 月份在东京帝国大学的出现，尤其是优秀毕业生“从他的双手中”

85

1 夏目漱石，“明治天皇奉悼之辞”，《夏目漱石全集》，卷 10（筑摩书房，1972），165。漱石逐字引用的训令是“与俄国交战时赐文部大臣之敕语”（1904 年 7 月 11 日），见:《明治天皇诏敕谨解》，1270。

接受象征他们取得成就的题字银怀表的那一时刻，被广泛地进行宣传报道。[1] 不仅他个人的资助而且财政赞助都以政府拨款的形式从宫内省划拨到教育机构及学术和教育协会，不管是公立的还是私立的。这些资助多少不等：大到 1900 年拨 50 000 元给福泽谕吉来发展私立庆应义塾大学；1908 年拨 30 000 元给大限重信创建的早稻田大学；1909 年拨 20 000 元给佐佐木高行当校长时的国学院大学；1901 年给日本帝国学院每年 2 000 元，连续 10 年；1891 年拨给日本教育协会 500 元；小到颁发大量的诸如刻有皇室徽章的银酒杯这样的小纪念品给各个领域的教育者以示敬意。[2]

明治晚期，皇室在教育精英们中的出现及所施善行的这些迹象延续了早些年宫内省确立的模式。然而，天皇在教育界的突出显现却是新近才有的，这得归功于天皇肖像及《教育敕语》的广为散发，二者被结合起来用来培养人民的忠君爱国思想，这不是由宫内省，而是由文部省来进行的。19 世纪 80 年代，森有礼就已宣称，在把人民的忠君爱国思想培养成如“国家”那样无形的东西这项事业上，“天皇是无可匹敌的资本，

1　关于天皇学习兴趣的逸事见：例如，渡边，《明治天皇》，492—495。“课程”见：《东京朝日新闻》，1911 年 1 月 4、11 日。毕业典礼见：《山阴新闻》，1899 年 7 月 15 日，《东京朝日新闻》，1912 年 7 月 11 日，等等。

2　庆应与早稻田见：《明治天皇诏敕谨解》，1273—1274。“国学院大学”见：渡边，《明治天皇》2：500。“日本教育协会”见：《东京日日新闻》，1891 年 4 月 26 日。银酒杯和其他纪念品见：“皇室与教育”，《教育时论》，764 号（1906 年 7 月 5 日）：44。这些及其他事情也记录在《明治天皇纪》中。

是最大的潜在宝藏”。[1] 为此，森有礼强烈要求在学校里要严格地举办两个重要的皇室庆典，一个是二月十一日纪念神武天皇建国的纪元节，另一个是十一月三日明治天皇诞辰的天长节。虽然森有礼没有活着看到这一点——因他对自己所赞美的君主不敬而被杀死于1889年的纪元节上，但是文部省还是在1891年颁布的《关于小学庆祝节假日的规定》中采用了他的建议。[2] 师生在天皇及皇后的肖像前鞠躬，高唱国歌，朗读教育敕语，紧接着是校长和其他当地名流进行爱国主义演讲，而且随后还常常举办校运会，展览学生的创作，分发点心和糖果。[3]

86 国歌、糖果和爱国主义混合在一起，成为皇室的存在最终进入到每一个学校庆典里的模式，从新大楼的投入使用仪式到毕业典礼都体现着皇室的存在。然而，它却不是起源于文部省关于庆典的指令，而是19世纪80年代在学校里逐渐形成的，那时，县厅自己颁发规定，学校竞相要求第一个获得分发本地区的帝王肖像。学校的孩子们把这些庆典当作“点心日”来期待，而一些父母则把这些庆典当作让孩子待在家里和去地里干活的借口。在庆祝这些国家节日时，校长、地方教育者以及乡村官员热切地发挥着他们的权威作用，就像他们在乡村进行祭

---

1 “阁议案”（1887—1889年间，具体日期不明），《森有礼全集》1：345。“无形的”见：海门山人，《森有礼》（民友社，1897），81—82。

2 山本信良、今野敏彦，《明治时期学校活动的考察：近代教育的天皇制意识形态》（新泉社，1973），67—74、81—82。

3 这些活动的纲要，包括典型的讲话，见：横山德次郎，《小学课外教材及教法》（宝文馆，1907），47—65及多处。

祖庆典时做的那样。但是现在，他们的地位因与天皇和国家联系在　起而得到了加强。[1]

虽然在19世纪80年代末、90年代初，有很多地方在当地庆祝这些皇家节日，但绝不是普遍庆祝的，这不是文部省的指示能立即改变的事实。校志揭示出学校并不总是按指示他们的那样去举办庆典。而他们举办的时候，有时对于那些庆典的性质充满困惑。一所学校在1897年的记录里说，该校在二月十一日关闭来纪念孝明天皇，因而把传说中的公元前660年建国日调换成了明治天皇父亲的生日。[2] 也是在1897年，一个地主的儿子相泽，31岁做了所在乡村的副村长，却没有在日记里提到过纪元节，他在1886年20多岁时就开始记日记了。也许是做了副村长的原因，他记载说村公所在二月十一日那天关闭了，但是他误把建国节当成明治天皇生日的天长节了。从那时起，相泽的一篇篇日记说明了皇室典礼渗透的模式，那些皇家典礼在乡下的其他地方也可见到。[3] 他在1900年第一次附带地提到纪元节，与太子结婚的宣布有关，太子的婚礼是那一年的重要皇室庆典，在学校里广泛地进行庆祝。[4] 1903年，他第一

1　山本、今野，《明治时期学校活动》，86—109；佐藤秀夫，“我国小学节庆日大祭日仪式的形成过程”，《教育学研究》，30号（1963年3月）：48—54。

2　新藤东洋男，《教育敕语渗透过程中的政治与教育》（福冈：福冈县历史教育者协议会，1970），10—12。

3　相泽菊太郎，《相泽日记》，《续相泽日记》，《相泽日记·续续》，《相泽日记·增补》，2月11日，各条目。关于此次争论见：有泉贞夫，“明治国家与祝祭日”，《历史学研究》，341号（1968年10月）：63—66。

4　文学性的例子有：田山花袋，《乡村教师》（岩波书店，1972），50—51；《田山花袋全集》，卷2（文泉堂，1974），366。

次在村学校里出席了纪元节庆典。从1905年起，该庆典就成了他每年的大事，随后的宴会及其他有关活动亦是如此。日俄战争后的时期里，诸如预备役军人聚会来为新学校建设进行资金募集之类的地方活动，越来越多地开始与国家节日一起举办。1908年相泽成为村长时，他不仅参加学校典礼，而且还讲话发言，从而以一种内务省所鼓励的方式扮演了地方精英的角色。

87 在社会上确立国家庆典是一个很常见的工作模式。有远见的地方教育家和官员在19世纪80年代就已经在迎接这皇室象征的活动了，因为这给他们的村所、学校及他们自己带来了更大的声望。然而，除了学校之外，很少有村民意识到天皇庆典的存在。因此，文部省在90年代把这些程序编成法典并强行规定，但是直到20世纪最初10年，文部省所倡导的做法才完全渗透到社会上，最显著的时候是从日俄战争时期。那时，以皇家的繁文缛节为特征的庆典在不断增加，学校和地方组织共同举办活动来庆祝胜利，纪念《教育敕语》及类似的激励国民的1908年《戊申诏书》的颁布，举办学校成立周年活动以及其他赋有国家使命在内的乡村大事活动。[1] 其他的意识形态机构，比如内务省和兵部省，在传播皇家庆典方面也做出了贡献。到大约1910年为止，皇家庆典已经成为乡村的习俗了。在新年、两个皇家庆典三大节日停止工作来庆祝的乡村，在1880年代末为数很少，到日俄战争后的一段时期就逐渐变成了多数。[2]

---

1 例如，山本、今野，《明治时期学校活动》，122—127。
2 大致的对比见：有泉，“明治国家与祝祭日”，63、68。

尽管有明显的变化，但是地方庆典从没有完全达到政府的期望。20世纪初的10年里，省部官员在上呈给国会的指令和意见中还在继续抱怨说，那些程序还需要进一步进行标准化，因为那些庆祝活动在实现他们“统一民心”的目标方面没有效果。[1] 1911年，地方政府因还在遵守旧历举行农业庆典和地方节日而受到严厉谴责，因为这不仅意味着节日数量的增多，而且还意味着乡村依然在遵照1873年就已经废除的阴历。1911年的一个村计划中写道，人们认为“阴历的不便之处在于它与学校和村公所列的节日不一致，不言而喻，这妨碍了乡村的管理和教育”[2]。这里的关键是，过多的节假日将会危害到生产活动——新历有60个节日，旧历有70个，而最新的农耕理论认为，80个以上的节日对农业有严重的影响。但是，自更早时期的中央政府指令以来，重点已经发生了改变，19世纪80年代政府所颁布的学校假日和政府节假日，常常屈从于旧历节日和田野里的工作。而现在，国家庆典优先于已有的惯例，地方问题集中在限制非工作日的数目上。作为国家庆典而进入农村奉行的日历的部分进程，明治天皇——他的肖像按照文部省的严格指示被锁在柜子里珍藏——已经紧密地融入基础教育普遍的做法中，融入学校在乡村生活中发挥的作用之中。 88

1 “关于三大节仪式的请愿”（1910年3月），安部编，《帝国议会》3：30。

2 《福岛县河沼郡笈川村村是》(1911)，见有泉，“明治国家与祝祭日”，68。其他例子见:《宫城县名取郡生出村村是调查书》(仙台：1902)；《爱知县海东郡伊福村是》(爱知：1904)。

如果教育对于明治晚期的进步设想来说很重要的话，那么帝国也很重要，而且加大对帝国宣传的最高峰不是出现在学校里，而是发生在两次明治战争的背景下。首先是1894—1895年的中日战争，使司令官陛下的形象从军队教育和思想灌输的范围中走出来，全面进入公众的视野。1894年9月，当帝国总部移到广岛登陆点时，天皇及时抵达随之跟来“监管重要的战争事务”，宣布日本对朝鲜的胜利。[1] 天皇被刊登在全国的报纸头版上达8个多月之久，被描述为像战争中的一个士兵那样备尝艰辛。天皇的朴素被细致地记录下来，每个句子的开头都是“他是那么‘高雅地’居住在一个狭小的房间，军服穿到很破旧，坐的不是扶手椅，而是三条腿的凳子，有时还自己准备洗澡水。”“天皇丝毫不顾及那些不便之处，夜以继日地处理军务”，“六点起床，子夜才休息，甚至休息时还在听从辅佐官详述军队事务”，虽然有家报纸确实报道说，他有时在走廊里踢会儿足球。[2] 除了给予军事建议和审阅文件之外，1894年，天皇还赠予军队4000多加仑清酒和80万盒香烟，而且战争胜利后，把刻有“皇室礼物”字样的香烟发给被形容为“感激涕零”的士兵[3]。报纸、大受欢迎的杂志——尤其是博文馆发行

1 《东京朝日新闻》，1894年9月13—19日。

2 例子来自《东京朝日新闻》《奥羽日日新闻》《山阴新闻》以及《国民新闻》，1894年9—11月。引文来自《东京朝日新闻》1894年10月5、24日，1895年1月6日。还可见渡边几治郎，《日清日俄战争史话》，151—154；中塚明，《日清战争的研究》(青木书店，1968)，252—254；以及小说化的版本，木村毅，《广岛大本营的明治天皇》(雪华社，1966)。

3 《东京朝日新闻》，1895年2月26日；《都新闻》，1895年4月26日。

的非常成功的《日清战争的真实记录》、木版画以及无数的伴随幻灯演示的叙述小册子都在描述战争的胜利，明治天皇成了公众中心人物。[1]

在获得鼓舞人心的胜利之后，日本宣布自己为“东方强国”。地方社论欢欣鼓舞地说“2500 年来取得国内文化和制度成就之后的现在，即 1895 年，这一年将会因得到国际承认而被历史记住”[2]。因此，西方将“像我们自称的那样称我们为‘日本’，意思是升起的太阳，外国报道中再也不会有‘Japan’或‘Japs’这类的称呼了”[3]。天皇与这些重大的成就紧密地联系在一起了，当孩子们高呼天皇万岁的时候，他们也在高呼帝国万岁。[4] 1895 年 4 月《马关条约》签订之后，天皇因取得“亚洲的和平”和在广岛的领导及接受的考验而受到赞扬。[5] 然而，三个星期之后，天皇却从报纸的头版迅速消失了，正如他红遍报纸一样，迅速地归隐到和平时期的皇室生活之中。

89

几乎是 10 年后，天皇作为战时最高司令官而重新出现时，

1 《日清战争实记录》出版于 1894 年 8 月到 1896 年 1 月。第 1 卷重印了 23 次并卖出了 30 万本；到第 13 卷时该杂志达到了 300 万这一空前的发行量。见坪谷善四郎，《博文馆五十年史》(博文馆，1937)。“木版画”见：丹波，《锦绘中所见的明治》，145—154；小西，《锦绘幕末明治》11：1—104。“伴随幻灯演示的叙述小册子”见：《名所第一回目录》(1895)；《日清战争幻灯会》(1895)，《日清战争高等电影说明书》(1895 年 4 月)。这样的幻灯结束时往往伴随着来自讲述者和观众的欢呼，“大元帅陛下万岁!”

2 “东方强国”见：《都新闻》，1895 年 4 月 27 日。“1895 年”见：《福陵新报》，1897 年 5 月 15 日。

3 “世界中的日本国民”，《世界的日本》(1896 年 10 月 25 日)。

4 例如，“日清战争双六”，《少年世界》(1894 年 2 月)；“观日清幻灯机”，《颖才新志》，906 号（1895 年 1 月 5 日）：3。

5 《都新闻》，1895 年 4 月 23 日、5 月 5 日。

他的形象与以前截然不同了。在1904—1905年间的日俄战争中，帝国总部是在东京。以前的中日战争时，天皇与军队同甘共苦。而现在，他与政府一样劳心劳力，召开帝国会议而不是军队演习。从通过战争与和平的决策与俄国进行徒劳的谈判来看，天皇被描述为主动而积极地出现，他对自己臣民安危的极大担心使得他无暇休息。一部分是因为他统治的成熟，一部分是因为他健康不佳，这一点在战争期间民众并不知晓，因而这个可怜的最高司令官变成了一个政治家。他对战争的参与，充斥在各种宣布胜利、激励坚持下去的敕谕里，并体现在诗歌里。天皇创作的9万首诗作中，有7526首是天皇（也许是皇家诗局）在一年半的战争中写出来的。[1] 有关天皇深切关心士兵的创作主题的巨大明证还包括那首著名的诗歌："为国家杀敌，但勿忘仁慈"，小说家德富芦花还为此诗与批评此诗自相矛盾的托尔斯泰发生争吵。[2] 但是这首诗的主旨更为常见地体现在这些诗行里："每当想起战斗中的那些人，我便无心赏花"[3]。这种怜悯之情对天皇起了很大作用，他从日俄战争中脱

90 颖而出，成为御国、忧民的典范。1906年的一篇地方报道记载到，"自从日俄战争，人们对皇室和先祖们的信仰变得更为强大，对天神的崇敬也更为深切"[4]。

---

1 明治神宫编，《明治天皇御集》(角川书店，1967)，237。

2 芦花与托尔斯泰见:《明治天皇诏敕谨解》，1461。

3 《明治天皇御集》，83。

4 爱知教育会，《关于战后社会教育的调查》(名古屋：1906)，280。

无论“天皇的意志是否如此屋里的钟声那样传遍全国上下”，[1] 对于明治天皇来说，日俄战争标志着他统治国家的最高峰，也许就是如此。在天皇两年来深切地关注国家危机之后，最终离开东京时，去了伊势神宫。他的——也是整个民族的——祖先陵前，汇报了所取得的胜利，而先前击败中国后，他没有这样前来。[2] 对俄国的胜利扩大了天皇的光环，这使得天皇的形象与获得国际声望的成就紧密地联系在一起，同时不仅使他成为进步的象征，而且还成为帝国的象征。如英国女王一样，天皇如今不只是代表着国内事务的安排，还象征着日本“进入世界强国之列”[3]。日本已成为一个大国，“一个伟大的国家”，对此，学生们高唱：“从北部的库页岛、千岛群岛到南部的澎湖列岛、朝鲜及整个日本，都归我们这个大国统治，不落的太阳旗高高飘扬在五千万同胞的头上。”[4] 现在，日本已经实现了“明治维新以来所追求的理想，实现了与西方进步想媲美的理想”。作为大国国民，日本人将会受到国际各国的尊敬，“这些国家心向日本，就如向日葵面朝太阳”[5]。而帝国之光的中心，站着的是天皇，天皇是胜利及世界强国的象征。

1　内务省次官床次竹二郎做的讲座发表于其《地方自治及振兴策》(实业之日本社，1912)，13。

2　《东京朝日新闻》，1905 年 11 月 15 日。同一天学校举办典礼，行政部门停止办公。《相泽日记・续续》，120。

3　“进入世界强国之列”“与列强并行”，等等，是常见的表述。代表性的概述见：芳贺矢一、下田次郎编，《日本家庭百科事汇》(富山房，1906)，1031—1033。

4　“五千万同胞”，见金田一春彦、安西爱子编，《日本的唱歌》(讲谈社，1977)，284。

5　竹越与三郎，《人民读本》(1913)，212—213。

胜利属于天皇，而随后的“屈辱的和平”与天皇没有干系。1905年9月，民间活动家在东京的日比谷暴乱中及其他地方大声疾呼，抗议这“屈辱的和平”。其实，公共舆论抗议一个被指责因接受低于“天皇及其臣民所期盼”[1] 的条款而背叛了帝国大业的政府时，是需要天皇的意志的。如往常一样，失败与天皇无关，而国家取得的成就则归功于天皇。而如今，一场由空前的官方宣传和商业报道所呈现的艰难战争结束时，不仅是天皇，还有帝国，都成为国家生活中一个激动人心、引人注目的事实。

二

宣传得不那么充分，而且也许是不那么引起轰动的，是日俄战争后添加在天皇身上的有关处理国内事务方面的形象，那时，认为社会混乱的看法会引起意识形态方面的问题。尽管天皇长久以来让人联想到慈爱和关怀，但是他那记录完好的从

91

“云端”对“眼下”的关心，现在则呈现出一种更为具体的社会特征。[2] 宫内省继续拨专款用来救济洪灾、震灾及其他自然灾难，就像慈善捐款那样经常以皇后的名义来进行，捐给诸如医院、孤儿院、红十字会及妇女爱国会这些社会认可的机构。[3]

---

1 “天皇及其臣民所期盼”见:《大阪朝日新闻》，1905年9月1日。地方活动家也讨论申请以天皇之名的纪念活动。例如，《山阴新闻》，1905年9月10日。其他对天皇的引述见：冈本俊平，《日本寡头政治与日俄战争》(纽约：哥伦比亚大学出版社，1970)，203—212。

2 《万朝报》，1904年8月18日。

3 渡边几治郎，《皇室与社会问题》(文泉社，1925)，205—215。赈灾及准确的总捐助额见:《东京朝日新闻》，1894年11月2日，1899年9月28日、10月16、30日。

1906 年，东北部 60 年来饥荒最为严重的一年，皇室捐款多达 4 万元，几乎相当于当时英文报纸所称的“大亨们”岩崎、三井和安田共同捐出的数目。[1] 虽然数目巨大，但是需要也大，而且宫内省只遵从政府喜欢的私人救灾，而非公家救灾，哪怕是在非常艰难的时候。但是 1911 年，引起天皇施予前所未有的捐款的，既不是自然灾难，也不是经济困难。大叛逆事件中的 24 个左翼分子，有 12 人被判死刑，执行死刑后的两星期内，宫内省拨款 150 万元，用于最为贫穷的人们的医疗。宣称捐款的御旨是在最体现皇室的皇家节日纪元节的 2 月 11 日公布的，它开头明确地说“经济状况发生改变的时候，人心容易迷失方向”[2]。因而，新闻媒体建议皇室设法用慈善行为作为灵丹妙药，来应对社会主义。[3] 用皇室拨款及 15 倍于宫内省总数的私募基金建立的救灾会，成为天皇新的社会良知的公开明证。尤其是山县，认为天皇是压制社会主义的合适的思想武器，因而，与救灾会有关的政府官员有诸如首相桂一郎、内务大臣平田东助及其副臣一木喜德郎这些与山县看法一样的人，一点也不令人惊讶。[4]

内务省出于自身的原因，也在利用天皇来面对社会问题。不过，内务省不是用表面的社会救济来对付一种意识形态威

1 《日本编年史》，1906 年 2 月 7 日。

2 “施疗再生之敕语”（1911 年 2 月 11 日），《明治天皇诏敕谨解》，1427。

3 “时事日新”，《太阳》卷 17，5 号（1911 年 4 月）。

4 《济生会五十年史》（济生会，1964），1—9、15—78、1147—1148。吉田久一，《日本社会事业的历史》（劲草书房，1960）。228—229。

92 胁，而是竭力用强化的天皇思想来面对社会威胁。面对战后乡村严重的经济困难，内务大臣平田东助协助准备了一道谕旨，这道谕旨是以儒家统治者的风格写出来的。1908年的《戊申诏书》迅速地被新闻媒体贴上“勤勉而节俭”的标签，它对努力工作、彬彬有礼、生活简朴和极其努力作了明文规定。天皇命令他“忠诚的臣民”要遵守这些“我们崇敬的祖先们的教导”，“以跟上世界快速的进步，共享文明的福祉”。当平田东助向县长会议进行解释的时候，这种让人日益熟悉的过去和未来混合在一起的天皇教导是用来促进“经济和道德的和谐”，加强地方机构的，这些机构是国家的基础，顺便说一下，不是内务省在乡村工作计划的基础。[1]

除了援用天皇的道德感化之外，内务省还经常提醒农村民众，要对天皇的慈爱心存感激，以及如何最好地报答天皇的恩情。“再过7年，明治时期就有50年了”，1911年一个内务官员庄重地发言说，“虽然在日俄战争、日中战争中，我们为了天皇，为了国家而牺牲自己，但是和平时期我们也必须做点什么”。然后，他向听众中的地方官员建议说，神奈川地方促进会应该“克服一切困难，共同合作，促进国家的伟大进步和发展，在明治统治的第五十周年纪念时，把取得的成果献给天

---

1 “戊申诏书”（1908年10月13日），《明治天皇诏敕谨解》，1377以后。媒体对“诏书”的回应见：《东京日日新闻》，《东京每日新闻》，《东京朝日新闻》，《国民新闻》（有诏敕的英译），1908年10月15—17日。平田东助对政府官员的讲话见：《日本新闻》，10月15日。平田论诏敕见：《自强琐谈》（昭文堂，1911），135—190。

皇”[1]。明治政权没有统治到50年，因为1912年天皇驾崩，神奈川也没有克服一切困难，但是在全国各地县镇的类似讲演中天皇和进步已经联系在一起了。对皇室作为家族国家的大本家这种祖传关系进行越来越多的强调，与援用天皇的做法结合一起，使得天皇慈爱家长的形象能够得到地方的社会、经济自助是最好的回应，人们这样建议。[2]

也是在1905—1910年这一期间，文部省为了教育也进一步声称有权援用天皇的名义。除努力宣传从而分享1908年《戊申诏书》的意识形态潜能之外，文部省还负责重新修改了学校教材。1910年版的小学伦理课本增加了对天皇的宣传，他在课本上出现的次数超过任何历史人物（不过，皇后没有超过南丁格尔出现的次数）[3]；修订过的教师指导强调了老师在课堂上使用以天皇为中心的例子的重要性。在1911年的南北朝正统论之争中，教育家们坚持认为，历史教科书上应该有一个王廷是正式的。这个学术问题被政治化的事实，只是部分解释了政府——山县、桂一郎以及文部大臣小松原——为什么反应得那么强烈，抑或是为什么在野党政治家犬养毅能够在国会起身宣称，皇统不明晰是一个比社会主义者的大逆不道更为糟糕

93

1 《教育敕语戊申诏书捧读式及第二次地方事业有功者表彰式记事》（横滨：神奈川县厅，1911），65。

2 例如，泽柳政太郎，“我国的教育”（1910），《泽柳全集》，卷1（泽柳全集刊行会，1925），425—433。

3 唐泽，《教科书的历史》，672—676。天皇在1910年教科书中的角色仍然是一个世俗的现代君主；四堂完全歌颂他的课讨论了《五条御誓文》、迁都东京、教育体系、军队、两次战争、宪法、吞并朝鲜和他广大的仁慈。《日本教科书大系》3：110—111。

的叛逆的原因。[1] 在大叛逆事件之后围绕在天皇身上的意识形态氛围中，14 世纪遗留的历史问题显得那么重要，是因为皇室不仅越来越被看作国家的中心，而且也是社会结构自身的中心。

就这样，到明治天皇统治后期，他那象征性的帝王形象已经扩大和增强了。1912 年天皇逝世的时候，他已经是一个现代君主的形象了。他高高在上于宪政，与教育密切联系在一起，与战争的胜利和国际声望密不可分。他以小额拨款、深切关怀而慷慨、仁慈，以诗情和资助而具个人文化魅力，并总是与文明化的成果联系在一起。天皇体现了明治时期的进步主义，不仅是日本的象征，而且还象征着日本有巨大的能力向文明世界的前沿迈进。天皇从永恒、万事一系的祖先们脱颖而出，成为进步的先锋，使得日本最传统的制度习俗只象征着过去。

在这种国家形象下，天皇本人及其宫廷已经变得越来越具体了，因为从魔术幻灯片到寡头政治家的声明等每一种描述的意识形态来源都加强了天皇象征的内涵意义。在另一方面，他作为社会施恩者和家族族长的角色却很少被谈论到，这一部分是因为参与这种意识形态建造的意识形态代言人较少，因而这种思想的强化比较微弱。再说，保护天皇文明化不太有利的一

---

1 日本政党相关书简，山县有朋文书，20 号（1911），宪政资料室，国立国会图书馆（手稿）；德富，《山县有朋传》3：767—776。完整的记述，包括犬养的讲话见：《南北朝正闰论》（修文阁，1911）；以及，H. 保罗・瓦利，《中世纪日本的天皇复辟》（纽约：哥伦比亚大学出版社，1971），176—185。

面，不仅意味着他被高置于政治之上，而且还意味着他很少与 94 经济问题有关。尽管他举办了工业展会，开始接受产业家的觐见，但事实上，天皇所勉励的产业基本上都是较为传统、没有风险的普通产业。养蚕业、制茶业、酿酒业被经常提及，而制铜老板、工厂女工却往往被屏蔽于公众视野。[1] 因而，工业化较为黑暗的一面，无论是资本家还是工人，都属于政府事务，而非皇家事务。

的确，天皇陛下与任何领域里严酷的现实生活和生计问题都很少有什么关系。因此，当内务省官员及其他官员呼吁天皇发出发展农村社会经济的号召时，地方与天皇的联系是浅显的。虽然日本村民对国家进步、严酷战争和帝国荣耀中的天皇很熟悉，但是天皇的出现很少对严酷的日常生活产生什么影响。因为这个原因，把现代君主作为国家的象征比作为稻田地里的族长来进行彰显，也许要容易些。明治后期，天皇的形象至少先是在国家进步方面发挥最大的作用，而非在社会凝聚力方面。

天皇在地方上的形象

由宫内省与寡头政治家、民政部门和民间报刊所勾画出来的天皇形象有清晰的君主轮廓，也许不太清晰的是，这种轮廓

1　例如，明治晚期天皇对某些国内劝业博览会的造访——第 3 次，上野，东京（1890 年 4 月）；第 4 次，京都（1895 年 5 月）；第 5 次，大阪（1903 年 4 月），见:《明治天皇纪》7：594、606；8：821；10：406—417。天皇鼓励的工业企业的例子见:《明治四十年特别大演习御临幸纪念贴》，7—8。

在人民生活中的重要程度，而人民的看法应该是统一的。地方文献表明，当和平与战争的庆典结束、国家与彩旗降下的时候，天皇在农村就消失了，正如国家无论是以官员的名义，还是以税收、征兵、稻米检验、蚕茧标准或新建铁路线的形式而永远存在那样。地方讲演、地方联合会的记载、农村计划，甚至是官员奉政府令而准备的工作计划都很少提到天皇，反而是从立宪制、战后经济复苏、第一强国的角度，也许是更为广泛地从国家进步的行程方面普遍地提及国家民族。[1] 国策经常被用来作为依据，而天皇则很少如此。在非常隆重地介绍 1914 年的一个乡村计划时，编者们以世界历史作为开头，建议说“英国的富裕和德国的军事强大和军事知识”，不是一夜获得的，日本也是如此：

95

> 明治天皇陛下擅长民务，也擅长军务，很早就在考虑世界潮流并颁布了《五条御誓文》。人民为了实现目标而齐心协力，因而在当前的国家状态下，《五条御誓文》的承诺才渐渐地实现了。

他们继续说道，“在乡村也是一样”，因而它必须制定一个高效如《五条御誓文》那样的计划，来确保自己的未来。[2] 但

---

1 例如，《自强》(茨城县筑波郡斯民会)，1 号（1910 年 1 月)，《兵库县揖保郡是及町村是》(姬路：兵库县揖保郡役所，1908)；《高知县吾川郡田村是调查书》(高知：1914)。

2 《茨城县北相马郡小文间村是》(1914)。

是，天皇死后，才出现了这种对天皇的暗指，而且也反映了这个时代结束后对明治时期取得的进步成就的赞扬。总的说来，地方原始资料中充满了“我国”和“进步”这样的用词，而天皇用语则很明显只是用于某些特殊场合。

虽然这些反面证据不会使地方对天皇的看法有一种积极的性质，但是，很多文献记载了地方精英们对天皇形象的具体看法。因为这些有影响的人也是官员，肩负着传播意识形态信息的责任，这些信息来自一些组织，如预备军人组织、青年联合会以及地方政府系统本身等，因而他们对天皇的诠释往往既是地方的，也是国家层面上的。在意识形态上传播天皇形象方面，他们在地方上发挥作用的方式，与各大臣们和民间知识分子在中央发挥作用的方式是相似的。

96 自19世纪70年代以来，地方精英就已经站在关注国家事务和皇室事宜的大众前列，而且有些情况是自从明治维新之前就是如此。在政府决定把天皇肖像在全国普遍分发之前，这些人就已经请求将之发到他们所在的乡村学校和事务所里。这些人就是明治晚期天皇作地方短暂之行时，自豪地受邀去觐见天皇的官僚官员、产业家以及乡村的农业精英们。他们身着崭新的燕尾服，有时候就像1890年在名古屋拜见天皇的那些农村土豪士绅一样，行的不是适合燕尾服的西方鞠躬礼，而是跪地叩头的老式礼仪，他们的衣尾极不协调地拖在地上，成了宫廷

聚会上极为有趣的事情。[1]

还是这些农村土豪士绅们，构成了接受天皇自1881年以来授予蓝色功绩勋章的主要群体，就在那一年，天皇授勋制度建立了。总共有三种颜色的勋章：绿色代表忠、孝、德，接受绿色勋章的人往往是那些贫贱不能移的贫苦农民；红色代表挽救生命，是比较简单的一类；蓝色，最初被定义为对“公众利益”做出的贡献。对于绿色和红色勋章的定义一直没有什么改变，但是1890年4月，获得蓝色勋章的标准得以放宽，把勤勉工作和为民服务的模范包括在内了。同年9月份，这些标准进一步放宽，特别是把地方政府及地方议会成员、市长和公益事业的名誉职位都包含在内。1894年，鉴于近来大事进程中的繁荣昌盛以及文学、科技、农业、商业、工业所取得的进步情况，这些标准再一次被认为是“太过于狭隘”，因而，在公路、水坝、学校、过去的慈善机构之外，又添加了文艺、科技上的成就，还有公共设施工程的建设和修缮，田地、森林和渔场的改善，农业、商业和工业的发展，甚至还包括在这些领域里外国人所取得的成就。[2] 不过，外国人获取的勋章极少，正如世纪之交两次发布的获勋者摘要所揭示的那样，蓝色勋章获得者几乎都是地主、产业家以及农村官员，他们因在地方取得的成

1 《每日新闻》，1890年4月8日。

2 “褒章条例”及其修订，见:《明治天皇纪》5：584；7：541、599；8：366。这些改动同样在媒体中报道出来。

就而被奖励以最高的皇室徽章。[1]

从敏锐地认识到这些认可的重要性的农村官员中，产生出一些地方官员，他们有时候修订受到天皇青睐的那些人的传记，来使这些人更加符合官员们所设想的合适形象。比如，在被选为接受天皇赐给老年人礼物的一个贫穷农民的个人简介中，他最初被描写为吃七成粗粮、三成细粮来生存。但是，为了适应宫内省的消耗量，一个地方官员擅自把比例提高到一半对一半。或者，一个农民全部时间都工作在农业上的时候，在文章中，制茶和养蚕就会无端地进入到他的日常工作中，以证明地方官员在农业的副业方面的勤勉。[2] 由编辑大笔一挥所进行的这种社会净化中，是地方脸面的官僚意识在作祟，是崇拜天皇给予的荣耀在作祟。

不过，农村精英们也借助天皇为地方谋利益。他们把皇室成员的巡访当作完成地方项目的时机，因为那些项目的预算太大，在平常是无法进行的。在 19 世纪 80 年代和 90 年代，这些项目通常是建设工程和公共设施工程。日俄战争后，地方精英们鼓励诸如提高农村积蓄、修建公路、改良陋习等方面的发展，来迎合天皇的来访，常常是置内务省发出的类似禁令而不 *97*

1　杉本胜二郎，《明治忠孝节义传：东洋立志篇》，全 5 卷（国之础社，1898）；内务省官房局，《明治国民龟鉴》(国光社，1902)。1882 到 1897 年间有 617 名获得者，其中 159 人为蓝色勋章获得者（例如，27—28 页）。还可见武田清子，《天皇制思想与教育》(明治图书，1964)，50—57。

2　铃木正幸，“帝国宪法发布纪念养老金借贷者来历：被篡改的村民来历”，《地方史研究》，129 号（1974 年 6 月）：68—75。

顾。[1] 1991年，石桥湛山（1884—1973，日本第55任内阁总理大臣）写信，指责宫廷和地方官员坚持用不必要的铺张浪费来迎接皇太子到北海道的来访——从东京订购学校女生鞋子，安排人力车专用地方。石桥湛山所批评的“地方官员缺少常识”，到1991年为止，已经成为一种官僚常识，也就是把觐见皇室成员本人或代理人当作官员们的职能或他们那个地方应尽的重大责任。[2]

其实在其他情况下，皇家礼仪很明显是地方事业的一个借口。1889年，长野县的第一大报纸报道说：

> 今天，如我们所承诺的那样，在庆祝神武天皇周年纪念之日，我们庆祝千古川大河上的上田大桥的竣工。今天将举办开通典礼，正如长久以来我们所希望的那样，该桥将连通长野南北。[3]

在长野，后来据说公共设施工程建设是该县最为重要的政治工作，这座大桥是庆典的焦点，而且报纸宣布“今天要庆祝大桥开通典礼，商店关门停业”[4]。唯一提到皇家的地方就是草率地提到神武天皇。神武天皇纪念日时，在长野别的地方，举

1 例如，宫城县厅，《明治天皇圣绩志》，483—510、610—623；《行启纪念事业》(福井：1909)；《山阴道行启录：纪念》(松江：1907)。

2 石桥湛山，“宫内官与地方管理”（《东洋时论》，1911年9月）。石桥湛山全集编纂委员会，《石桥湛山全集》，卷1（东洋经济新报社，1971），182—185。

3 《信浓每日新闻》，1890年4月3日；以及《山阴新闻》，4月1—3日。

4 长野及公共设施见：《国民杂志》卷1，2号（1911年1月）：99—100。

办一个乡村宴会来纪念地方上那些对创办夜校做出贡献的人。宴会结束时，人们欢呼天皇陛下万岁，皇后陛下万岁，还高呼夜校万岁。[1] 虽然人们关注的焦点是夜校，但对地方精英们来说，皇家庆典和地方成就之间的联系越来越成为自然的一体了。

在某些情况下，地方精英对天皇的态度和更为普通的村民对天皇的态度之间的差别还是能看出来的。1881 年到 1905 年 25 年间，长野县木曾谷的农民们一直在抗议把他们的土地及村里的土地进行没收，变成皇家林地来巩固皇室财产。他们从一开始就进行抵制，拒绝 1880 年代早期的边界测量，随后 20 多年里，不停地上书请愿。他们从地里拔掉边界标识，偷挖树木，所有人或村庄往往是在压力之下，才屈服于把他们的土地进行“皇家化”的。1905 年，宫内省终于以一小笔拨款的形式达成妥协，但是一个名叫上田的农民想方设法，把他的财产保留到 1928 年。在这整个期间，村民们坚定不移地一直在打官司，以经济和法律为理由，反对没收他们的土地。 *98*

然而，地方精英却表现出不同的观点。[2] 岛崎博资，一个古典学者家庭的儿子，小说家岛崎藤村的哥哥，1898 年从中国游历归来，就开始着手工作，缓和木曾御料林问题所引起的

1 《信浓每日新闻》，1890 年 4 月 8 日。

2 这个记录基于 1967 年发现的，岛崎在 1901 到 1905 年间写的日记，青木惠一郎编，《木曾御料林事件交涉录：史料》(新生社，11968)。

“官民之间的摩擦”，修复他们之间的“和睦关系”。[1] 村民们的顽固抵制让他很恼火，他所谓的村民的无知和固执让他很绝望，因而他警告村民不要对皇室不敬。他还表达出对牵连到天皇在内的不正当诉讼的担忧，担心县长是否会因此让宫内省丢面子。[2] 村民们在这一点上表达得很清楚：

> 我们不是在起诉反对帝室财产，而是负责监管帝室财产的官员们在边界问题上出现了错误，把民众的土地和帝室林地混在一起了。因而，我们要求官员纠正边界错误，交还跟帝室林地混在一起的个人土地。既然这不是对帝室财产的起诉，而是一个要求把私有土地归还给所有者的起诉，那么就与不敬没什么关系了。在《宪法》第二十七条款保证转移所有权的规定下，我们是基于同部法律的第二十四条款提起这个诉讼的（它保证每个日本人有权接受法律任命的律师进行的审判）。[3]

因而，请愿者们通过引用《宪法》条文驳斥了对他们犯上罪的指控。尽管岛崎是为了维护对帝室的忠诚而辩论的，但抗议者们还是坚持自己的立场不变，那就是官员们在威胁他们的

---

1 在岛崎的记录中，摩擦与和睦反反复复，见：3、4、14、194、256，等等。

2 《木曾御料林事件交涉录：史料》；村民的顽固保守和粗野的乡村特征见：53、222、259、364，等等。“不敬”，字面意义上仅是不尊敬但用于大不敬罪，见：68、334—335，等等。地方政府官员见：238、244。

3 青木惠一郎编，《木曾御料林事件交涉录：史料》，335。

土地，正如那些官员们计划修建铁路而不补偿火车浓烟将毁坏他们的田地一样。[1] 村民们不是因为不忠于皇室而抵制帝室林地，也将不会因为忠于皇室而屈从。 *99*

岛崎强调对帝室忠诚的部分原因也许是他属于 1861 年他所出生的那个地方精英阶层。他父亲是个村长，还是平田东助倡导的本土主义的忠实跟随者。他信仰恢复天皇统治，还在向明治政权过度的过程中失去了职位，失掉了财富和希望。[2] 岛崎像他那个阶层的其他人一样接受教育，而且青年时，活跃在当时的民权运动当中。跟他的哥哥或德富苏峰不一样，他们都是离开家乡，去东京谋取更新的城市职业，岛崎从国外回来之后，就一直活跃在地方社区。他没有否定年轻时对民权的信仰，事实上，他在为适当地补偿那些有争议的财产而战斗。但是，他也认为尊敬皇室很重要。

无论是早期“国学”的影响，还是作为关心国家的地方领导人的豪农的自我意识，岛崎都表现出对天皇的崇敬，这种崇敬在农村精英们的身上并非不常见，地方报刊广泛报道了他们的观点。因此，1905 年，岛崎很赞许地援引一家地方报纸上的一篇文章，文章认为，尤其是在战争的时候，“日本帝国最忠诚的臣民们的真正责任”在于“为了帝国的繁荣，

1　青木惠一郎编，《木曾御料林事件交涉录：史料》，28—29、88。

2　岛崎藤村的父亲是其关于明治维新的小说的主人公青山半藏的原型，《夜明之前》（1929—1935），全 4 卷（新潮文库，1955）。

为了对皇室的尊敬”，要做到“官民一起协力”。[1] 这时，像在新兴意识形态话语的其他元素方面一样，比起那些高在县厅的官员们和处在下面村庄的农民们，地方精英们经常更为坚持自己的信条。

村民们能够把忠于皇室与地方利益的问题分开对待，这一点在其他县郡也显示出来了。的确，在整个明治时期，归还没收土地的木曾运动之类的事情在全国都有发生。各个地方的反对在本质上几乎是一样的。比如，1911 年在山梨县，宫内省归还了早期没收的村共有地。1912 年，县厅颁发了一道命令，应该在学校里举行庆典，来表示对皇室这种恩惠的感激。1917 年又颁发了一道命令，确立 3 月 11 日为“恩赐纪念日”，以表达感激和“改良自治”。学校关门停课，国旗高挂，学生高唱描述这一事件的歌曲，教师给孩子们分发庆典点心。但是，对发生在皇室恩惠之前的没收村共有地的抗议却没有停止，因为土地是还给了县厅，而不是还给了地方。像以前一样，这个问题一直是官府没收了私有土地，要么是皇室，要么是县厅。[2]

100

这样的事件表明，不是日本村民不忠于天皇，也不是对天皇不领情，而是他们对天皇的尊敬应该在某些层面上。有关天皇形象更为明显的意识形态表现出现在官员和地方精英之间，

---

1 《信浓每日新闻》(1905 年 8 月 9 日)；青木，《史料》，522；町田正三，《木曾御料林事件》(长野：银河书房，1982)，607—614。

2 北条浩，《村与入会的百年史》(御茶水书房，1978)，3—6、100—157。

而对于大多数村民来说，天皇高高在上，不是他们所直接关注的事情。不过，从1912年天皇患病、驾崩时涌现出来的民众表现来看，人民对天皇看法的大概轮廓还是能看出来的。首先，到明治时期结束时，几乎所有的日本国民都意识到了天皇的存在，这在日本的历史上还是第一次。人们至少知道了他的面容、他的逝世：知道了他长什么样子，知道了他什么时候去世。也许是因为他被描述得那么具体、那么清晰可见——颁布《宪法》、写诗作赋、检阅军队，甚至是自己打洗澡水——天皇的大众形象常常很人性、很个性。另外，他在宪法上的出现，在军队、学校、乡村庆典上的形象，以及战争中政治家般的形象，所有这些融为一体，使他成为象征明治时期文明成就的帝王人物。但是，宫内府在道德和宗教上的构建曾经作为发展公民道德建设的一部分而日益受到重视，明治后期在民众社会交流中却显得不那么突出。这也许是因为，儒家的圣君形象和神道教的神像与留着八字胡的人像相比就逊色了。但不管什么原因，在大众眼里，皇室制度似乎更体现了日本的现代性，而不是日本的传统宝库；更是国家的威严象征，而不是先祖的神性彰显。最后，人民对于天皇驾崩所表现出来的情感，更是传达了他们对于一个具有现代气质的君主的感情。这个形象超越了明治天皇的逝世，而且经过二战前他儿子及孙子的统治，他一直是典型的帝国象征。20世纪60年代后期，一个参与国家与私有土地之间的现代冲突（三里塚反对成田机场建设的抗争）的农民曾解释说，他把明治天皇的肖像挂在毛泽东的旁 *101*

边，因为他俩都是“伟人”。[1] 明治时代结束时确立的正是这种情感本身。

在明治时期的大众偶像里，两个无处不在的形象，作为“文明化”的象征渐渐地出现了：君主和火车。[2] 两者都与进步联系在一起，甚至是在那种进步付出应有的代价的时候，而且两者促成了以国家与社会的一体化为特征的现代国家的形成。明治时期开端，天皇是坐在轿子里巡游乡村的一个青年，火车是刻在木版画上充满异国情调的“火轮车”。到明治时代结束时，火车已经突突地开进到偏远地区而成为日常生活的一个现实，而天皇已经脱离报道宣传，其形象已经渲染得比真人更为高大。对于现代性而言，在以后的很长时间里，都不会有比这两种象征更为强大的事物了。

---

1 松浦玲，《对日本人来说天皇是什么》(边境社，1974)，253—254。

2 关于火车见：原田胜正、青木荣一，《日本的铁道：一百年来的脚步》(三省堂，1973)；铃木重三，《明治铁道锦绘》(交通协力会，1971)；永田博，《明治的汽车》(交通日本社，1978)；反町昭治，《铁道的日本史》(文献出版，1982)。

第五章

102

公民的道德

本书第五章之后的内容由北京科技大学2013级翻译硕士翻译团队合作译就，全体译者包括（按照翻译页码的先后次序）：白雪莲、蔡璧岭、高荧、郭佳琪、贺秋香、金得利、刘亚婷、刘媛媛、孟晨、申一宁、司旭、汤雪萍、吴东欣、杨小丽、周颖。此部分所有译文均由范一亭校对修改。在此，本翻译团队谨向支持此翻译项目的北京科技大学外国语学院致以衷心的感谢。同时，在翻译过程中就日本语言和文化问题请教了北京科技大学日语系同学以及在日本城西国际大学留学的张念慈博士，在此一并表示感谢。——译者注

道德与国家

一

宪法和天皇构成了日本的法律基础和独特标志。但是对于明治维新时期的精英来说，无论它们单独或一起都不足以使一个民族成为一个国家。要想使民众的情感统一，民族感和公民意识似乎变得愈加必要。1880年代，当时日本国内政治体制即将发生改变，条约的修正也受到了越来越多的关注，两者将民众对国家凝聚力这一问题的关心推向了新高度。进步党和保守党两者都认为君主立宪制度的实行取决于一个民族对自己公民角色和主体地位的认识。然而想要在“弱肉强食”的国际斗争中生存下来，需要民族自信心和民族尊严。因此公民权成了当时很重要的一个话题。其中“忠诚”和“爱国”成为新兴的口号标语，并成为衡量社会道德的一部分。因为拥有共同的道德价值被视为实现民族凝聚力的最有力手段。思想家们从历史与现实之中汲取精华，将道德意识与爱国情怀相结合来定义民族精神，基于此，宪法体系的法律结构会得到巩固和加强。1890年所出台的《教育敕语》正是民族精神的思想缩影，而国家教育体系成了传播这种民族精神的主要途径。在定义和传播民族精神的过程中，日本的国体——坚不可摧的帝国传统，逐渐被视为民族的象征和化身。天皇从未担当过如此具体的角色——作为道德价值中儒家思想的源泉以及日本神教神圣传承的体现等等。道德价值、民族价值以及历史价值渐渐地以各种各样的形式呈现出来，这些价值观交织在一起的思想性产物便是对公民权问题的问答，从而将法则和国家在新近普及化了的公民道德中联系在一起。

如同宪法一样，《教育敕语》成了公民道德的焦点，代表着开始和结束。

随着教育改革在19世纪70年代的推进，进入80年代，103 日本见证了纷繁复杂的机构整编和思潮更迭，其集大成者即是法令《教育敕语》。此后在1890年，日本建立了全新的政治体制。虽然《敕语》常被认为是传统道德卫士们成功游说的结果——他们高歌传统价值观，以对抗所谓的激进叛乱分子；但事实是，经过各家对先前法令进行重新解读（虽然讨论过程历经曲折，且讨论成果常常有待完善），并考量了诸多因素，《教育敕语》方应运而生。皇权护卫者、亲西方教育者、垂垂老矣的保守派、年轻有为的改革派、民间民族主义者、内阁大臣、各县知事，当然还少不了山县有朋——就国家统一和道德教育问题，以这些群体为代表的空想家们或就单一问题分别进行讨论，或同时就民族凝聚力和道德教育两个问题展开激烈论争，最终导致了1890年《教育敕语》的颁布。纵观19世纪80年代，有关学校教育和国家发展话题的思潮异彩纷呈，而《教育敕语》则将众多思潮融会其中。部分源于此，该法令成为一部涵盖各家思想的纲要，其中的众多观点在当时可谓家喻户晓。不过总体而言，敕语在内容上乏善可陈，内涵上平淡无奇。正由于法令缺乏明确指向，因而法令颁布虽然平息了一个时期以来的思想论战，亦开启了新一轮的论战。整个1890年代，理论家们接连就法令文本进行了形形色色的阐释，令普通民众眼中的敕语愈显神圣光彩，犹如文本镶嵌上珠宝玉器。起初，文件只是阐述民族精神中广为认可的信条，随着时间的推移，它逐渐转为限定公民忠诚感和爱国主义的条令。明治后期，《教育敕语》始终被奉为神明，占据着国民教育的核心地位，直至1946年10月政府下令此法令不再适用于课程设置。[1]

订立《教育敕语》的背景，或更确切地说，《教育敕语》象征的公民道德是基于国民教育应服务于国家发展的设想。此原则阐明于明治早期，此后20年得以贯彻始终，纵使其间教育系统经历了令人眼花缭乱的机构和课程改革。明治时期的教育政策在1870年代较为“激进”，1880年代早期转向“保守”，到1880年代后期森有礼担任教育大臣后，政策充满“中央集权”的色彩。虽然这些年中教育法令几经修改，但区别仅在于实施国民教育的方式不同，而教育目标不曾动摇[2]。新政权上

1　在占领当局的命令之下，日本议会最终在1948年6月宣布废除《敕令》。驻日盟军总司令、民间情报教育局，《新日本的教育》，卷2（美国政府出版办公室，1948），172；驻日盟军总司令，《日本政治的重新定向》2：585；西锐夫，《无条件的民主：盟军占领时期日本的教育与政治，1945—1952》（斯坦福：胡佛研究所出版，1982），146—157。

2　武田清子、中内敏夫，“天皇制教育的体制化”，《岩波讲座：现代教育学，卷5，日本近代教育史》（岩波书店，1965），64—117；仲新，《明治的教育》（至文堂，1967），172—176、212—215、239—245。森的“中央集权”见：霍尔，《森有礼》，397—408。

（转下页）

104 台数月即公布了这一目标：教化平民百姓或普通大众。朝廷里的本土派学者当时谈论着皇权之道，而改革派的官僚们则高谈文明。然而，不管在具体的学习内容方面有何差异，他们都一致认为新通识教育从一开始的目的就是服务于国家。

1869年2月，日本明治政府发布了一项省级指令，其中首先提到建立小学。指令用最直白的文字阐述的基础教育内容体现了当朝（德川幕府）中本土主义者的影响：除了写作、阅读和算术等传统学科之外，要求以讲故事的方式来“解释历史和国体，教育人们怎样忠诚和孝顺，以及丰富道德习俗”。[1] 但是，由于本土主义者的影响短暂，不到一年时间国体就从教育指令中废除了。直到1890年颁布了《教育敕语》，国体才再次出现。1870年2月颁布的相关规定描述了一个国家的基础教育体系，将教育理念的重心从重视灌输本国神道或者孔子信条的思想观念转变成求“知识于世界”，这样我们的学问才能“为国家所用”。[2] 大久保利通所说的“文明开化的教导”就是伊藤博

（接上页）论述教育的基本资料包括：教育史编纂会，《明治以后日本教育制度发达史》(以下简称《发达史》)，全14卷，所影印的资料基本上很全面。全面的论述参见：国立教育研究所，《日本近代教育百年史》(以下简称《百年史》)，全10卷。简要的摘要参见：文部省，《学制百年史》，全2卷；赫伯特・帕辛，《日本教育：英语文献提要》(纽约：教师学院出版社，1970)，14—32。

1 “小学的建设”是“府县设施顺序”13点中的第10点，发送到新政府各省属地而不是政府的领域内。《发达史》1：228—231。对早期政权产生影响的本土主义者包括玉松操，平田铁胤，以及矢野玄道。《百年史》3：263—274。

2 “大学规则及中小学规则”，《发达史》1：139—142；仓泽刚，《小学的历史》，卷1（日本图书馆社，1963），33—38；《百年史》3：279—287。这些以及其他教育法律法令在内阁记录局《法规分类大全》卷58（原书房，1981）中按照年代顺序进行了再版。

文所定义为“向世界各国学习”。木户孝允也认为这“对于应对世界上富强国家的挑战也相当重要”。这些官僚主义改革者向外国学习的观点所催生的教育政策致力于实现“文明开化”，其目的在于增强国力。[1]

1871年，文部省在建立后的几个月，提出建立教育，所有人，不管是贵族还是平民都可以从中受益。并且文部省将基础教育目的全部定义为有用的知识。

> 为了思想的启迪，为了文明的进步，为了民众安全生活和保护家人，必须发挥每个人的聪明和才智。为了这个目标，我们将建立学校，以供人们读书。[2]

此观点在1872年的《学制令》中随处可见，它建立了全民义务教育，并阐述了此教育的目的。《学制令》著名的序言，开宗明义，督促民众在品格、思想和才能的全面发展，促进国家的崛起和繁荣。从“政府、农业，贸易和艺术日常使用的语言、写作和算法，到法律、政治、天文学和医学”——序言列举出了国民教育的内容，然而不管是孔子还是本土主义者[3]的

1 大久保利通，“关于政府体裁的建言书”（1869年2月）；伊藤博文，“国是纲要”（1869年2月）；木户孝允，“应以振兴普通教育为当务之急的建言书案”，《百年史》3：258—262。

2 “文部省二则”（1872年2月），《发达史》1：250—251。

3 《学制》和它的序文《被仰出书》（1872年9月），《发达史》，275—299；仓泽，《小学的历史》1：256—271。序文的翻译（略有出入）参见赫伯特·帕辛，《日本的社会与教育》（纽约：教师学院出版社，1965），209—211。

105 道德影响力，序言都没有涉及。虽然相比于朝廷学者，文职官员也同样强调教育和国家之间的关系，但是改革派强调学习实用知识和西方模式。此举导致1870年代颁布的《学制令》中的本土国民价值显著削弱。

1880年代，日本进入了一个思想争鸣的时期：人们对于国民教育的内容和方法争论颇多。改革中部分举措的实施激起了反响，多种西方理论的传播在日本进行了种种实践，人们对宪法的未来满腔热情地期待却又小心谨慎、诚惶诚恐。所有这一切融会产生出日本民族精神的社会道德基础。政体的宪法形态和君主制度上的角色亦如出一辙。1880年代，教育法进行了几次修订。当时，关于德育的话题常常成为辩论中的媒介，在某些场合大放光彩；但在另一些场合，思想家们隐藏了自己的真实意图：他们正在忙着口头宣扬，试图改变基础教育的影响趋势。

1879年，元田永孚在宫内省任职，兼作明治天皇的侍读，辅导儒学。当时，他发布文章公开呼吁重建"祖先戒律和国民教育"，即"仁义忠孝"乃"教育的精髓"。[1] 其实，早在1872年日本开始接受许多西方的教育模式的时候元田就私下里提出了这一想法。他认为当时的政策似乎"致力于使日本人被称为

1 "教学大旨"，《明治天皇诏敕谨解》，592—595。翻译版本见帕辛，《社会与教育》，226—228，略有出入。

欧美人的复制品而已”。[1] 1878年，天皇从本州中部巡幸归来，对他所参观学校的教育性质表示担忧。这时，元田发表正式声明的机会来了。他以天皇的名义起草了一份文书，题为《教育的重大原则》。文中，他感叹新的教育体系不如人意：

> 近日，人们一直在走入极端。在文明和启蒙的引导下，他们只追逐知识和技能，破坏了品行，伤害了风化……去秋时日，我去几个学校参观，仔细观察了一些学生的学习情况，结果发现农商之子都崇尚冠冕堂皇的想法和空洞无物的理论。他们使用的许多西方词语都不能翻译成本国语言。即使这些人结束学习后回家，也会很难选择自己的职业。因为他们只会满纸空言、高谈阔论，只说不做，像官员那样。更过分的是，有些人吹嘘知识，蔑视长辈并干扰地方官员。[2]

在诏书中，元田明确地表示，“孔子是最好的道德指南”，并规定，“道德和技能”是教育的双重目标。该文结论部分提出了两条具体建议：第一，课堂上新近列举的实例应描绘忠臣、孝子及贤妇；第二，农民同商人应当学习农业科目和商业科目：“这样毕业后，他们会重返工作岗位并在本职工作上日臻成熟。”因此，元田不满于西方的模式、方法及教育农商阶 106

1 《元田先生进讲录》(1910)，94；海后宗臣，《元田永孚》(文教书院，1942)，133；夏夫利，“元田永孚”，327。

2 《明治天皇诏敕谨解》，592—593，《明治天皇记》4：757—759；帕辛，《社会与教育》，227—228。

层所产生的社会效应，因为后者接受这样的教育实际上超出了本职工作的需要。

1870年代的日本学生在塞缪尔·斯迈尔斯的《自己拯救自己》和伊索的《寓言》等伦理教程的指引下长大，而这两本书的作者据称“比孔子还要年老，比佛陀还要年长一百多岁”。元田所倡导的社会道德观念的得体度比大多数人僵化得多，但他并不是唯一观察到而且恼怒于上述思想的人。[1] 朝臣之中元田的支持者大有人在，比如文部官员兼太师西村茂树以及身为儒生的官员江木千之。江木千之当时开始任职于文部省，职业生涯长久而意义深远，最终于1924年就任文部大臣。[2] 1877年，西村在参观了五个省的多所学校之后，写报告称“小学教育迂回且不切实际”。他批评学校形式僵化地应用“问答”模式与“实物教学法”。这样的教学模式取自美国式的裴斯塔洛齐教学法，并模仿“威尔逊学校与家庭图表”进行教学。这些例证在元田写的一篇评论文章中也同样提到过[3]。江木认为70年代翻译的读本着重强调“上帝”，而且“只要文章标题中出现‘西方的’这一字眼就一定会受到读者的好评”。[4] 小学生要

1 唐泽，《教科书的历史》，60—64.

2 海后，《元田永孚》，1—69；夏夫利，“元田永孚”，302—33。海后宗臣，《西村茂树·杉浦重刚》(北海出版社，1937)，8—92；以及夏夫利，“西村茂树：关于现代化的儒家观点”，载《改变日本对现代化的态度》，马吕斯·B. 詹森编（普林斯顿：普林斯顿大学出版社，1965），193—241；江木千之翁经历谈刊行会，《江木千之翁经历谈》(1935)，卷1。

3 《百年史》3：589—591。

4 江木千之，“教育敕语的推行”，《教育五十年史》(1923)，152—153。

背诵一些以“天堂里的上帝”为题材的文章，而他们根本不了解什么是“天堂里的上帝”。即使将单数意义的“上帝”翻译过来也需要加上许多注释（列出日本神话中的众神），以便向孩子们解释在天堂里的上帝具体是哪一位。[1] 后来，有一位教育家称这是一段西方观念占主导地位的时期。其间，“忠诚、孝道、帝国的敬畏感和爱国主义的声音被弃置一旁，如节日后的彩旗、炉火旁叫卖烤土豆的小贩和隆冬季节的冰摊一般无人问津。”[2]

然而，元田认为当时的问题不仅是教育中存在明显的西方极端思想，而且还有人会质疑君主就是道德权威的源泉。作为一位儒家学者兼宫廷官员，元田提出民族教义应包括儒家道德和帝国传统。进而，他主张君主在新的政治体系中应占有重要 107 地位。[3] 元田永孚的《教育的重大原则》作于1879年，正值寡头势力盛行。在将皇室从政府剥离的斗争中，他们处于优势地位，并且废除了侍补制度（即“帝国顾问”）。在朝廷和内阁之争中，元田永孚是伊藤博文的劲敌，而正是伊藤博文对《教育的重大原则》进行了强力驳斥，这显示了他自己对教育和政治的诉求。

伊藤博文的《教育论》一文由寡头势力的司法官僚兼主力

---

1 译自马库斯·威尔逊《第一读者》，第五课（1873），唐泽，《教科书的历史》，70。

2 西彼杵郡教育会，《小学校长讲习会讲演录》（长崎，1918），19。

3 例如，“国教论”（1884）：《教育敕语推行相关资料集》，卷2（国民精神文化研究所，1940），297—298。

写手井上毅起草，该文引入了西方“世俗国家”的概念，并夹杂着他对朝廷儒家观念的憎恶。伊藤博文这样表述道：

> 如果我们想要融合新旧事物，重估经典著作，并建立一种国家观念，那么我们就进入了一个不适合由政府管制的领域，因此我们必须等待一位“圣人”的出现。[1]

对于这种说法，元田永孚以书面方式反驳道：“天皇陛下既是统治者也是老师，这是他的使命，内阁也应该服从。既然我们有这样的‘老师’，还需要等什么呢?”[2] 姑且不论朝廷和内阁之间这样的争吵，其实伊藤博文另有其意。事实上，他和元田永孚的看法一样，都认为过去的优良风俗和习惯正日趋衰退，只不过伊藤博文把这种现象归咎于“时代的变化”，而非教育。然而，伊藤博文最为关心的“滥用习俗”问题，并非源于缺乏对长辈的孝敬或尊重，而是因为“过多的人都参与到政治讨论中了”。在对元田永孚推崇的汉式教育进行一番诋毁后，伊藤博文继续阐述问题的核心：

> 在眼下这个时代，即便稍微有点才华的人，都会在政

1 伊藤博文，“教育议”（1879）：稻田正次，《教育敕语制定过程的研究》(讲谈社，1971)，46—47。海后宗臣，《教育敕语制定史的研究》(讲谈社，1965)，95—97；翻译见帕辛，《社会与教育》，229—233。

2 元田永孚，“教育议附议”（1879）：稻田，《教育敕语》，50—51；海后，《教育敕语》，98—101。

> 治党派斗争中决一雌雄。不仅如此，如今的学生通常都接受汉式教育，开口闭口都是政治理论和讨论公共事务。如此一来，他们在阅读西方书籍时就不能平静地进入状态，培养思维，反倒陷入欧洲政治思想的激进学派中。空洞的理论像一阵旋风席卷而来，他们让城市和乡村充斥着政治讨论。[1]

伊藤博文，或者更有可能是其副手井上毅，就此得出结论，元田永孚倡导更为实用的教育方式。但元田永孚是想教育农民和商人要坚持他们自己的本职工作；而针对民权运动所代表的政治反对势力，伊藤博文和井上毅则希望通过教育阻止其继续蔓延。 108

1880 至 1881 年间，日本政府修改了小学教育方针，部分原因在于：小学教育过于西化，保守派德育家对此强烈谴责，而且此时国内政治动乱激化，威胁到中央政权。1879 年日本政府颁布《教育令》以代替原有的《学制令》，并于 1880 年重新修正该法令。在原有的《教育令》中，德育课程位列基础教育学科之末（排在读、写、算术、地理、历史之后）。因元田永孚、佐佐木高行等官员暗中推波助澜，明治天皇颁布诏令，在 1880 年修正的《改正教育令》中将德育课程移至首位。[2] 与此同时，日本政府整理出一张清单，列举不适用于教学的文章，

1　稻田，《教育敕语》，47；海后，《教育敕语》，96；帕辛，233，略有出入。

2　仓泽，《小学的历史》2：200—202。

其中包括由外文翻译而来的伦理学作品，如弗朗西斯·维兰德的《智慧》，福泽谕吉撰写的启蒙性文章，以及加藤弘之在国体论和立宪方面的政治性专著。[1] 1881 年，日本政府颁布了由江木千之起草的《小学校教则纲领》，其中同样强调要推广忠君思想以及日本传统道德观念，摒弃政治学。同年文部省制定了《改正小学校教员资格证授予方条例》，为了起到德化训导作用，其中规定硕学老儒可受到特别任命。[2]

尽管这些做法明显趋于保守，但在 19 世纪 80 年代早期，中央政府对教育管理不足，地方政府并未统一执行中央颁布的德化教育方针。由于政府实行通货紧缩政策，经济十分不景气，地方政府没有及时响应中央政府频频修正的法令。除此之外，许多维权人士坚持自由主义政治理论，年轻教师热衷学习欧洲哲学，诸如裴斯塔洛齐等西方教育学家的思想也对日本产生深远影响，这些都贯穿在日本早期教育之中，将知识放在首位。[3] 举个例子来说，江木先生在 1884 年参观了一所县级中学，他在一节伦理学课堂上看到极具怀疑精神的学生质疑儒家有关孝道的一则寓言，讲的是晋人王祥为其继母卧冰求鲤的故

---

1 《发达史》2：493—497。日本部门也编写了自己的教科书，其中第一册收录了 1881 年西村茂树一篇论述道德的文章，名为《诸学修身训》。《日本教科书体系》2：6—37。

2 “小学教员心得”（1881）。其中 16 篇文章中的第 1 篇论述忠诚与道德，第 14 篇论政治学；“小学教员资格证授予方法心得”（1881），《百年史》3：946—50。

3 例如，仲新，《明治初期的教育政策和在地方的落实》（讲谈社，1962），816—849；《长野县教育史》，卷 1（长野县教育史刊行会，1978），372—437，《百年史》3：953—977。

事。学生从科学的角度反驳，因早在冰化之前人就会死亡；老师则规避这一点，将其称之为天意。学生又表示不懂"天意"为何意，使老师更加难堪。[1] 同年，一些地方教育家在当地教育机构期刊上读到裴斯塔洛齐的个人传记，并聚集去听有关乔诃纳特品德修养理论的讲座。一位演讲者解释道："'修身养性'乃生活幸福之泉源"，这一阐释与儒家文化在道德教育上所强调的要点多少有些不同，后者以忠和孝为基础。[2] 109

1885 年，在日本公共教育体系刚刚起步之时，森有礼被任命为文部大臣，随之带来了国民教育和道德教育的另一种理念。意识形态的重心再次被转移。1885 年，《教育敕令》进行了第二次修订，翌年被一系列的《学校令》所取代。尽管森的改革主要参照了西方教育模式中的爱国使命教育，而不是儒家思想中统治者与国民之间道德义务的模式，但他改革的目的还是要培养小学生们懂得"他们身为日本国民的义务"。同样的，在道德教育中，森强调纪律和性格塑造的重要性，并否定任何试图为英文意义上所谓"国民教育"[3] 所设立的特定教义或信仰。他否定宗教与国家的任何关联，并极力主张宗教信仰对象

---

1 《江木千之翁经历谈》1：124；仓泽，《教科书的历史》，150。

2 "裴斯塔洛齐氏传"，《东筑摩郡教育会杂志》，1—5 号（1884 年 10 月）；"讲习院太田鹤雄先生口授笔录"（1884 年 10 月），对于这些和其他参见：《长野县教育史》6：496—502。

3 例如："学政要领"（约 1885），《森有礼全集》1：351—356。在不同的草稿当中，"国民教育"成为国立教育、国体教育和国家教育的修饰之词。森在 1880 年代末的演讲与作品中反复表达了这些情感。亦参见霍尔，《森有礼》390—447。

的多样化——“树与石、日与星、人神、道或德行”。[1]

然而，元田非常厌恶这类西化的言论，他既主张由国家支撑的道德准则，同时鄙视并斥之为森的“美式”思维。[2] 因此，到1890年，元田仍然有理由再次感叹道：“啊！难道我们日本人民已经逆来顺受，期许自己成为异邦人吗？”[3] 19世纪80年代中期曾力促日本政府采纳一种国家理念的西村提议政府应将道德教育的管辖权一并从文部省转移到号称为儒家思想避风港的宫内省。他还进一步建议将此举写入天皇诏书，这将成为“建立国民道德教育基础”的一种恰当方式。[4]

由于元田和西村在十余年间一直坚持着几近相同的立场，仅仅用他们的呼声并不能解释1880年代人们对德育的关注被重新唤醒并使之流行开来的原因。当然，倘若当时人们没有接纳这一主题，儒家思想的呼声便不可能出现在1890年推广教育敕令之前的思想论争当中。几乎整个1880年代，教育工作者们——无论是教育领域的学者还是在校教师——都曾参与到有关道德教育的激烈讨论中，并大都向西方最新的道德教育理论靠拢。在1880年代前期，教育工作者们积极学习教育家斯

---

1 “在福岛县议事堂对县官郡区长及教员的演说”（1887），《森有礼全集》1：549；霍尔，《森有礼》，437。

2 尤其可见于“对森文相的教育意见书”（1887），海后，《元田永孚》，207—209；霍尔，《森有礼》，443—444。

3 元田永孚，“教育大旨”，稻田，《教育敕语》，188—192；海后，《教育敕语》，217—229。

4 西村茂树，“明伦院建议”及“修身书敕撰问题记录”，《教育敕语推行相关资料集》2：395—400；夏夫利，《西村茂树》，237—238。

宾塞的教育学理论，而后他们的注意力又渐渐转移到赫尔巴特 110 的锻造个性的理论上去。他们讨论了德语意义上的“学科教育”与“个性教育”之间的区别。最后，他们还讨论了赫尔巴特的五种道德观念的相关性。[1] 得国外教学理论日语译本相助，投稿者在东京和其他省份的教育刊物上对以下问题展开争论：在道德教育中，教师和教材比较重要，还是基于抽象美德或模范人物的课程更加有用？[2] 这一讨论贯穿整个1890年代，其中夹杂不少外文词语，天皇和元田抱怨它们“难以翻译成母语”。“Egoizumu，orijinaru eremento，kosumoporitanizumu，purofuesshonary”和其他与之类似的术语均来自大洋彼岸，它们证明了当地教育家具备真正的国际观。[3] 对于很多教师而言，道德教育是1880年代的中心议题，这些教师同文明和教化的倡导者一样追求西化、颠覆传统，但后者居然与日本民族特性格格不入，这一点使元田非常恼怒。然而，虽然双方的观点水火不容，但教育家和儒学家却各自强调道德教育的重要性。只不过儒派的道德家以回归过去的名义推行“伦理教育”，而教育界的先锋则宣扬“道德教育”应是通往未来的进步和文明的必经之道。

1880年代末，人们普遍认为有必要将社会学和伦理学联系起来，从而在新宪法之下实现国家团结。这种观点不仅仅覆盖

1　仓泽，《小学的历史》2：980—1028。
2　《长野县教育史》6：520—31。
3　“关于名为主义的事物”，《信浓教育》(1897年5月)：1—9。

教育界，其影响范围进一步拓展，就连精英阶层也深以为然。年轻的反对派政治家尾崎行雄曾在1888—1889年到西方旅游，见识了西方的“物质文明”。但他反过来认为本土的风俗习惯和道德至关重要，从而有望实现一种“更崇高、更优雅的文明”。[1] 尾崎行雄从西方的角度考虑道德，而同时期的年轻学者则提出了一种更为本土化的观点。1889年，出身地主家庭的相泽和他的哥哥为一个乡村联合会起草了一份规章，“主要目的是促进农业和养蚕业的发展，还包括集体讨论完善一项促进道德教育发展的计划”[2]。在同时期的另一篇文章中，社会道德这一话题在法律界受到热议。自1888年至1892年，保守派的法学家和政府官员对民法提案持反对态度，因为该法案对人权的诠释太过西化，威胁到了家庭中的传统道德。他们谴责政府过分热衷于建立宪政体系，并为修订条约而极力满足西方列强在法律上的条件。结果政府甚至不惜牺牲民众的“习俗与情感”，允许“妻子起诉丈夫，孩子起诉父母”；同时，借用穗积八束的警世之句来说，政府甚至乐见“忠诚孝义的终极毁灭”。[3]

111

的确，在1880年代末和1890年代初，仁义道德之说充斥

---

1 “文明与金钱的关系”及“英美的异同”，《尾崎行雄全集》(1926) 3：146—159、232—235。

2 相泽菊太郎，《相泽日记》，130。

3 法律文件参见：“法学士会关于法典编纂的意见”（1889年5月）；增岛六一郎，“论法学士会的意见”（1889年6月）；“明治20年的法律社会及法理成果”（1890年1月）；其他可见星野，《民法典论争资料集》，14—21、35—37。代表性的官方评论参见：石井省一郎（岩手县知事）的“妻子们拿来西装”（1888年10月），见利谷信义，“明治民法中的‘家’与继承”，《社会科学研究》23，1号（1971）：41。穗积的著名文章总结了1888—1890年之间的保守派观点，并且开启了对民用法典进行争论的主要阶段，参见：穗积，“民法出而忠孝亡”（1891年8月），见星野，82—85。

在各个阶层的公共话题之中。除了像元田这样的儒家伦理学家，在国外首都和外省的中产精英当中还存在着一种维多利亚式的伦理主义。这些行为举止和风俗习惯激发了一些相关言论，当德川时代的作家西鹤 1890 年再次回归文学热潮的时候，出版商丸善书店再版了他的作品，却用具有审查意义的圆圈替换掉了过于直接表达爱和性的措辞，以适应“文明时代”的诉求。[1] 其他人对改变的回应都与风尚对各自地位的影响紧密相关。1890 年，一个乡村会议的头人抱怨会议成员们都直呼他为“主席”而不使用敬语，这种用法自此成了一种惯常用语，但他认为这是世风日降的极端表现：

> 无论道德声望还是身家财产，在这个村子里没有人可以与我匹敌。而且我的年龄、资历也长于其他人。“议长，议长”的叫我，也不加上“先生”这一敬称，可以算得上无比野蛮了，这些便是这个时代傲慢无礼的极端体现。[2]

“文明”和没有道德根基的宪法会导致普遍的社会尊严没落和更高程度上的伦理感缺失。这种看法在当权派的成员中间广为流传。就像志趣相投的人聚集在一起一样，他们也要求建立一个通行的道德标准——国体论，孝义，良好习惯和美好风俗——以帮助他们度过政治变革和社会变革。这些变

1　笹川临风，《明治还魂纸》(亚细亚社，1946)，18—19。
2　《信浓每日新闻》，1890 年 4 月 8 日。

革似乎正威胁到社会秩序以及他们在变革中的安全感。[1]

二

无论是皇室伦理学家和内阁大臣，东京教师和乡村校长，还是青年精英和受人尊敬的长者，都在讨论道德教育的众多问题。与此同时，一些其他的民间阶层也创造了一个关于如何定义国家的思想论辩的中心。在1887年到1890年间，知识分子、记者和当地上流社会有公德心的人都呼吁大家建立“国家意识”。与此同时，他们还强调建立本土习俗，国家文化以及国体。他们主要关注的是国家而不是学校，是民族主义而不是道德影响力，是外交政策而不是教育条例。然而他们坚信民族感和公民权，这一想法加剧了关心德育教育的人们之间的争论，并增强了激化思想论争活动的氛围，最终引发了《教育敕语》的出台。此外，在1880年代末期民众重新定义本国价值的进程中，虽然民间民族主义者与道德主义者通常提倡相同的本国价值，彼此之间却相当轻视对方，但因各种原因最终建立了思想上的同盟关系。评论家如志贺重昂、三宅雪岭、山路爱山和陆羯南便是如此。他们竭力定义所谓

112

1 保守机构的代表性话语，参见《明治会丛志》早年各期如1—6号（1888年10月到1889年5月）该明治会的期刊，明治会由佐佐木高行等人创立，自第6号以后刊载的内容涉及其关于敬奉诸神、忠诚于皇权以及爱国主义的各项原则。还可参见西村创立的日本弘道会的期刊《弘道会杂志》(1887年11月—1889年7月)，弘道会在这个时期兴旺发展起来，其纲领与目标参见:《日本弘道会四十年志》(1918)，67—94、161—166。以及《日本国教大道丛志》卷1，1—10号（1888年7月到1889年4月），各期开篇印有其宣扬神道教、儒教以及佛教混合信仰的宣言。

日本的“国粹”，并且认为这种对国家的定义随后可能会成为国民性的核心。该国民主义既承认西方的影响力，又能保留日本独特的国民性。[1] 同样，拥有地方影响力的人士不仅成立了地方协会，并且在1890年（即日本建国以及皇权沿袭第2550周年）发表了题如“日本主义”的期刊。这些期刊致力于培养“国民观念”，目的是“保留国民观念中的精华，改变国民观念中的弊端”。[2]

当代人常常会给民族主义的支持者贴上保守的标签。但是民族主义的支持者并不认为自己保守，反过来批评道德主义者（如元田）的观点“保守”“故老”。[3] 陆羯南或许是最善于表达的民间民族主义者。他谴责国家教义中的观点，因为无论是神道还是儒家都不适用宪法体系。[4] 陆羯南强调习俗道德的重要性，因为建立习俗道德比仅依靠法律更能增强民族凝聚力。1880年代末和1890年代初，上流社会中兴起了德育会和矫风会。陆羯南对此嗤之以鼻。他认为“道德和习俗隶属于人类情感的范畴”，“道德和习俗的培养不是通过成立协会和制定规章

1 参见派尔，《新时代》，特别是53—98页。关于这种对“国家的”词语的应用，参见:《东京电报》(1888—1889）上陆的社论，《陆羯南全集》1：397—400、533—534、564—566、638—539，等等。

2 《日本主义》(群马县，前桥)，1号（1890年2月11日)：1—6。

3 尽管民族主义者被贴上了“保守”的标签，但是他们把“保守主义者”这个术语分配给了反西方的道德主义者。“故老”一词通常用来形容保守或反动。如德富苏峰《新日本之青年》(1887)，《明治文学全集》34：134—137；陆羯南“近时政论考”(1890)，《陆羯南全集》1：62—63；山路爱山，“现代日本教会史论”(1906)，《基督教评论・日本人民史》(岩波书店，1966)，99—103；派尔，《新时代》，94页及各处。

4 “误谬忠爱论的燃出”，《日本》(1890年8月6日)，《陆羯南全集》2：644—645。

制度完成的”。[1] 值得强调的是，尽管陆羯南认为皇室是日本道德准则的唯一恰当来源，但是他仍谴责那些为反对欧洲影响力，而“不断空谈儒家和佛教”的人。[2] 民间民族主义者和这种传统主义者不同，他们既不想摒弃明治西化早期取得的文明成果，也不愿恢复过去德川幕府提倡的道德观念，反而提倡内外融合，乐于向当代西方借鉴富国和凝聚力的模式。所以，10年后有位持赞同态度的作家将他们描述为1880年代晚期真正的改革先锋。因为“自诩进步的人士却青睐百年前西方思想的糟粕；而被人称之为保守派的人士却追随最新的国际思潮”[3]。抛弃了古旧的“糟粕”——诸如英国的功利主义思想、法国启蒙运动的种种理念等，弘扬国粹的人从此大受赞扬，不仅是因为他们抵制盲目西化，当西方强势独断的民族主义成为最新热潮奔涌而来，他们还经受住了挑战。

113

关于这个话题，陆写了许多社论，举例说明了这种独特思想上的交融。比如在1889年他就提出发展“民族意识”是有必要的。

如果缺少民族意识，一个国家就不可能呈现其应有的

---

1 “社会礼修论”，《日本》(1892年1月3—4日)，《陆羯南全集》3：365—368；“普及无限”，《日本》(1892年9月23日)，同上，3：615—616。

2 关于帝国的机构可参见例如：“伊势的太庙，皇室与行政府的关系”（1888年9月21日)，《陆羯南全集》1：532—534。关于儒家与佛教参见：“近时政论考”（1890)，同上，64；派尔，《新时代》，94—96、124—126。

3 建部豚吾，“明治思想的变迁”，《日本》1898年4月22日。

> 民族活力。就国家凝聚力而言，民族意识可以增强君主政体的活力。就文明与进步而言，民族意识能与这种历史精神相得益彰。就与西方列强之间的交往而言，民族意识与独立精神密不可分。因此，如果我们想遏制贵族权势的滥用，就必须呈现民族意识。如果我们想抵御变幻莫测的个人主义，就必须呈现民族意识。如果我们想减少依赖性，就必须呈现民族意识。
>
> 外在的刺激总会加强自我意识。如今，国际关系正促进各国民族意识的发展……（在日本）我们不仅民族自治受损，外国势力也时刻要一拥而上，打击我们这个岛国，直到摧毁我们的风俗习惯、制度文明、历史精神，甚至民族精神，方才罢休。什么才能力挽狂澜、拯救日本？啊，除了民族意识别无他选！[1]

陆这样写，虽夸大其词，但也有一定代表意义。他简要探讨了 1880 年代后期民间民族主义者的每一个关注点：新的宪政制度要求民族团结；民族团结则需要民众观点一致；民众一致的观点必须建立在本土价值观之上，通常情况下，这种价值观不仅指本土的文化和风俗，还涉及皇室和国体。固有的本土价值观乃是国家尊严的源泉，国家尊严则是国家力量的源泉，而国际交往的独立自主也源于国家力量。从这个角度看，最迫切的需要仍是通过修正不平等条约来弥补日本的受损主权。 114

1 “国民性的观念”，《日本》(1889 年 2 月 12 日)，《陆羯南全集》2：7—8。

1854到1868年间，西方列强强迫日本签署了不平等条约，因此，日本政府试图通过国内改革和改变外交政策等方法来说服西方国家，使其承认日本在国际法中应享有的平等地位。然而这些条约，只要在没有被修改的条件下，就如同自然界中的磁铁一般影响着反对党、民间知识分子和政党积极分子等。1887年，在反对井上馨的条约过程中，“民意”要求修改条约的热潮达到了高峰。而后，在1889年，民众的愤怒更达到了巅峰，这主要是由于大隈重信尝试修改条约而引起了敌意，因为这两项外交部条约都在治外法权问题上对原先的不平等条款有所保留。民间批评人士迅速发现国家荣誉感使他们不能接受这些[1]。从政治的角度看，1880年代末期的这场骚动是日本外交政策中“强硬路线”的缩影，而反对党则将这场骚动视为反对政府的武器。正当忠诚于天皇的人们谴责幕府未能“击退野蛮人”时，明治期间的反对派成员就1880年代条约修改的问题、1890年代的外国人混居与严格履行条约等问题均与政府持不同态度。民间的政客、积极分子和知识分子在1894年主张对中国发动战争，在20世纪早期对俄罗斯发动战争，并在整个明治晚期要求日本更多地参与亚洲事务和进行扩张。在这些事件中，政府在外交政策上的软弱都受到了民众的批评，这也为国内反对党提供了便利。因此，在1887年和1889条约修改

1 稻生典太郎，《条约改正论的历史性展开》(小峰书店，1976)；井上清，《条约改正》(岩波书店，1955)。“修改条约的热潮”参见：山本茂，《条约改正史》(高山书院，1943)，436。

问题上的争论，除了涉及外交问题以外，还在复兴政党活动等政治问题上起到了重要作用，而这些活动推动了日本国会的建立[1]。

从思想的角度看，条约修正问题的争议还有助于将国家尊严的福音传播到更广阔的精英阶层的公共舆论当中去，使其超越政治活动的局限。1889 年，政府要求和外国人进行的所有交易均须以日语进行，其目的是避免误解。各家省报均对这种虚张声势的做法嗤之以鼻[2]。同年，陆羯南将 32 篇关于条约修改的社论发表在了自己的报纸《日本》上，该报得到了此类反政府保守派人士的支持，如蟹谷的资金支持，并且成了当时民间反对大隈重信草案力量的中心枢纽。[3] 10 月份一名民族主义狂热者向大隈重信投掷了一枚炸弹，炸掉了大隈重信的一条腿。这使得外交问题倍受瞩目。有关条约修订的不利传言也被写到了小说和歌曲中。《条约修订之歌》从退隐 300 年的德川家族写起，表达了对关税权丧失的惋惜，唤起了日本长达 30 多年的国耻——“愤恨之泪重重地滴落在日本热血爱国人士的脸颊上”[4]。歌曲中把西方人戏称为“红胡须的蠢人”，这种爱国言

115

1　酒田正敏，《近代日本发生的对外强硬运动的研究》(东京大学出版会，1978)，1—11 及各处。

2　《山阴新闻》，1889 年 7 月 29 日。

3　酒田，《近代日本》13—30；《陆羯南全集》2：多处。

4　“条约改正”，添田，《演歌的明治大正史》，28—30。在小说的标题中畅销小说的作者会利用条约改正的宣传价值，但这与他们所讲的故事几乎毫不相关。例如涩柿园主人，《政治小说　条约改正》(1889)；末广铁肠《政治小说　治外法宪　情话篇》(1889)。参见稻生，《条约改正论》，604。

谈带着一些排外主义。在这种氛围下，日本本土价值观重新确立为国家意识适用的标准，但有时这种价值观带有一定的攻击性。

一方面是道德，而另一方面是国家意识——这两者便是19世纪80年代意识形态重心选择的难题。在1890年，其他地区的人们促使政府当下就做出决定，颁布了教育法。而在同年2月东京召开的地方官员大会上，教育成了热议的话题。当时小松原荣太郎是埼玉县的领导，不久之后他又成为山县有朋在道德教育领域最活跃的门客之一。小松原荣太郎向各位官员提出了关于初等教育的提议，建议简化教育课程，减少地方自治的财政压力，并且同时降低初等教育的难度。但是，这一讨论迅速升级到道德教育层面。“道德教育培养纪念碑”草案的确立将政府官员高涨的热情推向了高潮。[1]

在关于道德教育问题的会议上，官员们表达了一些不同的立场。道德教育要以合理国家模型为基调，就此问题的重要性几位官员争论不休。正如元田所说的那样，他们抱怨教育过分强调知识而忽视了德育。宫城县的松平说：“道德教育的目的是为国体奠定基础，并培养爱国主义与伦理道德，从而塑造不以生为日本人为耻的日本民族。”为此，应该利用最近国内发

1 官员们辩论的完整记录参见：“明治二十三年二月地方长官会议笔记”（1890），“地方官会议议决书及笔记”（手稿）。除非另有说明，以下所有引用都出自此抄本。关于纪念碑的讨论及文书参见：稻田，《教育敕语》，163—169，；海后，《教育敕语》，137—140。

生的一些典型事例，并且“如有不足，国外的事例也可以借用”。东京都知事高崎五六也这么认为，他描述了在参观辖区内的学校询问一个高年级小学生“伦理教育”的经历：116

> 他除了能回答应该有“良好的仪态”外，对于五项美德的细节一无所知。这是我们单纯追求“进步，进步”的必然结果，对此我们必须进行改革。我本人已多次向当局强调道德教育的重要性，但就连公立学校对我的请求也充耳不闻，把我的建议当作“耳旁风”……我已经警告过文部大臣，如果这种现状持续下去，那么最终的结果就是政府培养了一代虚无主义者。

东京都知事表达了自己的沮丧之情，这触及了官僚主义的神经，而其他人也纷纷表示，需要找到一种能维护自身权威的策略。“我已跟文部大臣说过这些”，香川县知事柴源和如是说：

> 但是没有任何改变。我们应该直接把我们的观点告诉首相和文部大臣，向他们描述各省的情况，敦促完成此事。如果任由当今教育如此发展下去，那么法律世界就会变得有名无实、苍白无力；只有通过教育，才能弥补当前这种状况。

香川县知事最后惋惜道：自德川家族没落后，道德教育便倒退衰落；他还悲伤地指出这一衰落绝非一次请愿所能遏止。于是有人提议：既然“正常手段在这时已远远不够，我们必须期待天皇做出一个直接的决策”。福冈都知事安场保和也这么认为，他是元田的同事兼姻亲。他说：“就像陆军和海军依赖天皇，以天皇的意志为行动的导航，教育也应如此。”香川县知事表示赞成，并再次缅怀逝去的德川时代：“在德川家族治理国家的时代，一个武士从小就拥有愿为主人而死的精神，如今我们自然别抱这样的希望了。但是我们应该和首相讨论这一点，请求天皇做出决断”。在此情况下，岛根县知事龙手田安定则提出了另一种观点：

> 自1872年起，教育的原则就主要集中在技能和技术上，因此就不知不觉地忽视了道德品行。如果这种情况继续下去，民族主义就会衰亡。我听说有些人甚至向元老院交了一份请愿书，希望把我们国家的国体改为共和政体，这不是疯子的做法吗？之所以有这种人存在，是由于我们对本国文明的沉迷以及对国家这个概念忽略的恶果。

117

民众讨论问题的方向仓促之间已远远偏离了原来的主题，即简化基础课程以及削减教育开支。一名官员要求将其加入新的请愿书上，但最终他的提议被拒绝了。因为民众认为“道德教育是如此的重要，应用独立的提案表达这种关注并对其他的问题另立相应提案”。从这些讨论中衍生出来的草案确实明确有力地表达了官员们的关注点。这比他们辩论中的华丽辞藻清晰明了多了。像以往许多记载了思想主旨的文件一样，请愿书内容的主要部分——总共为 4 页的手稿，前 3 页——都在列举当今教育的种种恶行，人们认为应通过对道德教育的不断关注来纠正这些恶行。文件开头部分的句子实际上是小松原原来的表述所留下的残篇：“基础教育应该培养民众的道德品格”。自 1872 年教育体制创立以来，由于过度重视知识和技能以及“完全缺乏对道德教育的关注”，

> ……小学生们在理论或算术上无论学到多么微不足道的技巧，都会引以为豪。他们纡尊降贵于他们的父母，倾向于无礼、轻浮。受过更高等基础教育的学生会放弃他们的家业而希望成为政府官员或政治家。如果他们继续在中学读书，甚至还没等他们毕业，就开始讨论政事了。他们自己违反学校的规章制度，反而会抱怨老师不合适从而引发争端和骚乱。最糟糕的情况莫过于他们离开学校去从事政治活动。尽管从某种程度上来讲，教师对学生的不当管理理应受责备，但教育体系也不能免责。随着这种情况继续下去，年轻人会由于不重实干而尚空谈。伴随着不够成熟的学识，他们追名逐利，苛责长辈，结果引发社会混乱，国家岌岌可危。[1]

---

1 “关于德育涵养之义的建议”，稻田，《教育敕语》，168—169；海后，《教育敕语》，137—138。

简而言之，关键是政治问题。县知事们在陈词中使用了道德关怀和民族团结的语言——即东方伦理以及“我们国家政体”这样的字眼——在1880年代晚期，民间思想家在讨论民族感的必要性和属性时常用到这样的字眼。但是在他们的请愿书上，县政官员大多数是寡头执政者的家族与党羽的某种同盟者，并使用伊藤、井上、山形和黑田用过的同样的字眼，用来阻挡推进“日本国会”的政治活动。[1] 因为地方政府官员在2月份已经会晤而距离第一次选举也已不到五个月的时间了。他们仍旧清晰记得在过去三年，政党激进主义泛起，各地方政府反对修订条约的运动此起彼伏。因此，孔子、赫尔巴特或涉及国体的讨论不会出现在他们倡导的德育中。相反，他们意欲在新一届民选政府即将上台前，借助德育稳固自身权威。正是在这样的背景下，他们提出了对明治后期的思想家反复提及的两种恐惧心理：政治将“扰乱社会秩序”和“危害国家”。

118

1890年，山县有朋出任日本首相兼内务大臣。在接到各县知事提交的建议后，他立即采纳了。因为，山县有朋长期关注国民教育，且十分担忧当时选举政治导致的国家四分五裂的状况。而请愿书内容与其想法不谋而合。正是在此次会议上，山

1 县政官员的列表参见［1890年，县政官员的大多数由一些专业的宪政官员组成，他们不断从一个县换到另一个县（如安场），是中央政府里人脉很广、大有前途的官僚（如小松原），是忠诚的萨摩或是长州人（如高崎），是老的精英阶层的成员（大名之家的松平），以及职业生涯晚期的官员］：栗林贞一：《地方官界的变迁》。(1930)；大霞会，《内务省史》4：552—646。

县有朋就1888—1889年正式建立的全新地方政府制度的本质向各知事作了阐释，期间还反复提到他的那些担忧。他言辞激昂，劝诫各党派不要因其分歧而威胁国家发展。他说“作为一名忠诚的子民”，其“责任”是全力维护“国家团结和合作”的大局。为此，山县有朋要求各省官员应“高度重视教育民众、引导民众，以便更好适应现在和未来的发展”。[1] 一个月后，也就是1890年3月，在向国会就外交政策发表的著名演说中，山县有朋进一步详述并宣称国家现有的领土乃日本“主权之生命线”，而朝鲜则乃日本“利益之生命线”。在一份由井上毅起草的意见书中，山县有朋主张“对维护日本核心利益的政策而言，军备及教育乃两大支柱”。在一份重要外交声明中，他甚至对国民精神的重要意义高歌道：

> 国民之忠诚乃国力之灵魂。爱国家如爱父母，愿舍生忘死护其周全，若非此，纵公法私法法令铿铿，国亦无未来……
>
> 非教育不能涵养与培育国民之爱国精神。放眼欧洲各国，无一不在国民教育早期即对民众实施通识教育，涵括本国语言、历史及其他科目，经年累月，使爱国主义内化于心，遂成其第二天性。青年走上战场，成为勇敢的斗士；青年踏入政坛，成为称职的公仆……虽然他们之间有派系

1 《东京每日新闻》，1890年2月16日；以及德富，《山县有朋传》2：1097—1103。

119 利益的存在，但是他们的共同目的在于要光耀国家的国旗和独立，民众于是按照这一伟大的原则团结起来。这就是一个民族的精髓。[1]

为了实现这种爱国的精髓，山县有朋一直认为道德是最行之有效的方法。正如他害怕政治分歧一样，他总是表现一种不安的情绪，好像他自己过分依赖刚出现的明治政府的法律一样。他在1879年要求国民大会成立的请愿书中写道：

> 自明治维新起，我们效仿外国法律建立了自己的法制体系，现在民众知道我们必须通过法律保护社会，然而却没有意识到社会也需要道德标准和风俗习惯的维护。[2]

山县有朋列出了一些伤风败俗的恶习，其中包括在1870年代元田永孚和1890年地县知事们所列举的例子，也包括关心明治政府期间社会发生巨大变化的评论家们列举的例子，实际上他们一直在关注社会恶俗。年轻人指责他们的长辈，下级无视上级，矫揉造作和自私自利随处可见。但是山县有朋既没有将这种背离社会的行为归咎于过分西化，也没有归因于对知

---

1 “外交政略论”，《山县有朋意见书》，199—200。

2 “关于国会开设的建议”，《山县有朋意见书》，85。译文见哈克特，《山县有朋》，93，略有出入。

识的过分重视，而认为“这是单纯地依靠法律治理社会的趋势”。[1] 即使在军队中，山县有朋主张“法律和法规主要是对外的”，并且在军队中由优秀军官教授教育和激励他们的战士。[2] 一方面，正如后期德富苏峰描述山县有朋一样，“他正直的像堡垒一样坚不可摧”，他总是把法律当作反对政治的保障。[3] 然而，另外一方面，他一直平等看待道德，希冀后者可以提供给社会“团结民众思想”的社会思潮和民族精神。

因此，山县有朋首相积极响应了知事们的倡议：他们主张应对道德教育发表一份官方声明，然而教育大臣榎本武扬对这个提议好像很不关心，但是他回答了官员的疑问，并维护了文部省。他指出文部省已经就德育颁布了足够多的法令和指示，因而不该遭受不“完全忽视伦理教导”的指责。他同样重申了《宪法》第28条里的宗教信仰自由的原则。至于道德教育的一个合适基础，他仅仅阐述了自己的观点：

> 我认为，建国以来我们所依赖的学说让我们更容易接近民众的内心。所谓的五项道德原则，也就是孔孟的教诲，十分适合我国的道德教育。[4]

120

1 “关于国会开设的建议”，《山县有朋意见书》，85。译文见哈克特，《山县有朋》，93，略有出入。

2 “军人训诫”（1878），德富，《山县有朋传》2：769。就像1882年“对士兵及水手之敕令”一样，这份较早的文件也是西周为山县起草的。

3 德富苏峰，《我之交游录》（中央公论社，1938），9。

4 《东京每日新闻》，1890年2月28日、3月4—7日；稻田，《教育敕语》，170—171；《教育敕语推行相关资料集》2：449。

同时，山县有朋直接把此事摆在了内阁面前。根据他后来的回忆，他设想了一份教育类文书，类似于1882年颁布的《军人与海员敕谕》。他同井上毅[1]探讨过这一想法。1890年3月，山县让榎本编写这样一份文书。可是榎本当时忙于重新修订《小学条例》，无暇分身。就在此时，大概是爱管闲事的元田发现榎本“对于道德学说缺乏热情”，[2] 但是山县有朋的热情依旧，他随即把榎本替换成了他的自己人——吉川秋正，吉川随即奉命起草一份关于德育的帝王诏书。

三

因此，《教育敕语》的推行表达了诸多关注。这些关注已经在1890年成为共同的思想：从皇权复辟时起，国家与学校的联系已经成为一个确定的前提；1880年代的儒家的、教学方法上以及一般性的社会评论均日益强调德育；1880年代末期，议会建立之前，日本在文化上相当自信，对国际事务态度敏感，在此背景下，民族意识充斥着民间的舆论。最终，因为有些人不相信法律并害怕政治，宪法和议会对于他们和国家都成了威胁。这份文书起草过程十分复杂，由于多方的关注和忧虑，在1890年6月到10月之间进行了几次修订。但是，该文书混合了所有支持者的意见并加以中和均化，因此想法迥异的支持者们都可以声称这是自己的想法。《教育敕语》的起草过

1 “与教育敕语发布相关的山县有朋谈话笔记”（1916），《教育敕语推行相关资料集》2：453—455。

2 《教育敕语推行相关资料集》，464。关于元田参见：稻田，《教育敕语》，172。

程有一个显著特征，即辩论双方在起草中坚持己见，互不相让，并进行了大量的修改，通过这种“拔河式”修改编辑，迫使比较极端的表达消失在文章中。他们一直通过这种方式努力，直到参与者们多多少少地同意了最终版本的措辞形式——虽在修辞文体上过于考究，但是在思想上十分温和。

在下面给出的官方翻译中，《教育敕语》包含如下内容：开创水户（日文）学校，主张“国体”之精华乃忠孝；以儒学为中心，列举种种美德，叙述了私人和公共的人际关系；颁布了新的禁令，使日本国民更加遵从天皇的旨意并鼓励民众为国家牺牲；确定了皇权在终极意义上的至高地位，天皇成为道德的源泉，并且这种道德必须同时本土化和国际化。《教育敕语》这份道德公告行文简单且具权威性，其主要起草人是井上毅和元田永孚。两人的情况截然不同，井上毅起初并未答应帮助起草该声明，而元田永孚未雨绸缪，早已开始撰写。井上毅拒绝该任务后，中村正直为文部省撰写了该宣言的第一个版本。文中融合了各家思想——儒家道德、基督教的神意论，以及英国人强调的人格及自助思想，十分散乱无章。其中的英国式思想是中村在翻译了塞缪尔·斯迈尔斯[1]的作品后加以吸收的。井上看了中村的草案后，深感内容过于具体且宗教意味过于浓重。因此，他改变主意接受了山形的邀请，并且开始撰写自己的版本。

121

当时井上上交的起草文件的七项指导方针，反映出他习惯

1　中村的手稿参见：稻田，《教育敕语》，177—187。

上乐于同时支持帝国的道德和法律观念的发展。因为“宪法条例规定君主不得干涉臣民的信仰自由”，所以井上首先提出“《教育敕语》应该同政治条例区分开来，因而是君王面向社会的书面声明”。[1] 井上采纳了本土主义者关于皇家传统的观念，认定皇帝遵守祖先礼仪是皇室内部的私事，所以他认为《教育敕语》应只是君主个人的道德话语，而非一国之法。的确如此，不久他就提议天皇发表这样一个讲话，以避免在管辖意义上与文部省产生关联。[2] 井上毅在其他条令中再三规避使用宗教、哲学和政治语言，因为一旦使用这些语言，就会和那些持反对意见的人之间产生争议，而且无论如何这样也有损君主的话语形象。类似地，汉式的说话风格和西方的表达方式也需要避免。[3] 井上毅生怕自己会出现不合宪法的失误，于是在其中一份草稿里，他删除了有关遵守法律和尊重宪法的表述。这并不是因为他像元田永孚那样，认为这些内容没有必要，而是因为他觉得在道德公告中，哪怕提到一丁点儿政治概念，都有可能削弱道德意识和政治的分割。[4] 正是凭借这些精打细磨的文字，井上毅做出了区分，使他能够将天皇既视作立宪君主，也视作本国传统的道德资源。虽然如此，井上毅也不是不清楚自己复杂的立场，他在总结七项警示时这样写道：

122

---

1 《关于教育敕语致总理大臣山县伯的意见》(1890 年 6 月)，《井上毅传》2：231；稻田，《教育敕语》，196。

2 稻田，《教育敕语》，197，268—274；海后，《教育敕语》，328—330，359—360。

3 《井上毅传》2：231—232；稻田，《教育敕语》，196。

4 稻田，《教育敕语》，217—220；海后，《教育敕语》，259—262。

> 要避免这些难题，实现统治者的真实本意，着实比建造圣贤山十二级浮屠还要困难。[1]

另一方面，元田永孚已经立即着手“建造”这样一座“浮屠”了。还没有进行讨论，他就起草了一份文件，再次以《教育的重大原则》命名。在这份文件中，他明确地将儒家教义和国体论的构想结合到一起，这些构想再现了19世纪初水户学校会沢正志斋的思想。[2] 井上毅和元田永孚二人都反复地修改草稿，这儿改个字，那儿改个词。比如，提到“民众”一词时，井上毅的表述是“全体民众”，元田永孚把它改成了“臣民”，并且向井上毅解释道：他的同僚和政府官员之前就反对将他们和平民称呼归结到一起。[3] 而井上毅这边，则无情地指出元田永孚使用的汉语典故和儒家词条，并用批注质疑其文风和字句的重复，甚至还质疑其引用古典文献的权威性。[4]

二人都接受了彼此提出的指导性修改意见，一部分原因可能是因为他们之间相互尊敬，并且拥有来自熊本的共同宗源，但更有可能是因为儒家与法家在一些基本问题上看法一致，尽管双方认同的原因或许大相径庭。元田永孚将儒学奉为“国教”，因儒学即圣人之道，日本在过去也一直遵循儒家思想。 123

1 《井上毅传》2：232；稻田，《教育敕语》，196。

2 “教育大旨”（1890年6月）：稻田，《教育敕语》，188—192；海后，《教育敕语》，229—236。

3 稻田，《教育敕语》，243—244；海后，《教育敕语》，281。

4 稻田，《教育敕语》，227—242；海后，《教育敕语》，280—327。

而井上毅之所以提倡儒家伦理恰恰是希望可以摆脱“国教”的影子以及西方政教的关联所产生的宗教纷争。自1870年代中期周游欧洲以来，他一直坚持这种主张。在1880年代早期，井上不仅将儒学赞为“施教而不依于神道”，也认为儒学是日本最接近“西方称之为‘哲学’的科学”[1]。元田和井上皆对水户学和国粹主义传统颇为关注，元田认为水户学实为“日本的立国之本”；井上则感慨“民族经典对于国家治理和民众教育至关重要，且不以任何宗教或政党为目的”[2]。因此，作为宪法起草者、立法专家以及普鲁士政治理论的倡导者，井上主张“以民族经典为父，以儒教为师”[3]。考虑到井上也强调传统文化中天皇的祖制传承，上述观念就意味着即使他最具有批判性的批改，也没有从根本上抨击元田所撰写的文章。

井上和元田主要负责教育箴言的起草工作，此外文相吉川也做出些许修订。据说，井上曾删去有关尊宪守法的言辞，而吉川又将其重新写入教育箴言之中。天皇及山县有朋对草案有不同的见解，其余的文部卿和内阁官员也对草案各处进行润色。当草案最终修订完成，讨论如何推行时，元田主张通过敕语——即天皇口头下达的公告——来推行，在争论中占了上

---

1 “反对模仿欧洲的一说”（1874或1875）；“儒教之思考”（1881或1882）：《井上毅传》1：47—54、3：497—500。

2 井上在皇典研究所的讲话（1888），援引自中岛三千男，“明治国家与宗教——井上毅的宗教观、宗教政策分析”，《历史学研究》，413号（1974年10月）：37。

3 “儒教之思考”，《井上毅传》3：500。井上对于道德教育兼容并蓄的理念，参见：海后宗臣编，《井上毅的教育政策》(东京大学出版会，1968)，934—945。

风。敕语不同于井上所称的敕令，二者区别仅在于前者不需要大臣们的副署。[1]

井上出于法制的角度对此做法有顾虑，外务卿也担心此举可能对日本外交造成不良影响。然而除此之外，对于天皇颁布此有关道德的公告，世人似乎认为既非违宪又未给法律造成任何不良后果。[2] 而新版《小学校令》在《教育敕语》推行三周前颁布，二者情况截然不同。《教育敕语》对教育立法做了最新修订，以代替1886年颁布的森有礼法，将小学教育的目的确立为道德教育、国民教育以及智力教育，在接下来的半个世纪里日本也照此不断做出努力。遵枢密院之令，教育箴言以敕令颁布，而非以法律的形式颁布，这意味着《教育敕语》不受国会的限制。[3] 政府官员及新闻媒体都批评这一决议，因为日本政府将在一个月内转变为议会制政府，而这一决议显然与之不符。[4]　*124*

1　稻田，《教育敕语》，227—256、268—297；海后，《教育敕语》，355—380。有关此原稿的其他文献记载不完善，但是能够对于最终的意识形态混合提供些许不同的解读：梅溪升，"教育敕语制定的历史背景"，坂田吉雄编《明治前半期的国家主义》(未来社，1958)，85—128；家永三郎，《日本近代宪法思想史研究》(岩波书店，1967)；约瑟夫·匹陶，"井上毅，1843—1895，与现代日本的形成"，《日本纪念碑》卷20，3—4号(1965)：270—76。

2　据说外务卿青木周藏对此提出反对，其原因是信基督教的国家可能会对此作出反应。"与教育敕语发布相关的山县有朋谈话笔记"(1916)，《教育敕语推行相关资料集》2：455；稻田，《教育敕语》，252。

3　《小学校令》文本参见:《发达史》3：56—73。条文1从道德教育、国民教育以及知识和技能教育等方面陈述了初等教育的主要目的。

关于枢密院在教育政策制定过程中的作用(山县在1900年担任总理时将其增强)，参见：久保义三，《天皇制国家的教育政策》(劲草书房，1979)，2—61及各处。

4　海老原治善，《现代日本教育政策史》(三一书房，1965)，111—118；稻田，《教育敕语》，257—267。

尽管他们认为国民教育是纳入法律范畴内的，隶属于宪法，但他们并不反对由日本天皇颁布的《教育敕语》。可以肯定的是，将日本天皇确认为社会道德的来源符合日本的历史传统，而且从媒体的反应可以看出这一点广受民众好评。

即使对消息灵通的精英人士而言，《教育敕语》的影响力在不断扩大，其重要性几乎可以与宪法的颁布、最新修订的条约以及第一次议会选举相提并论。但是《教育敕语》也受到记者和教育家的支持。那些参与起草的人士在看到自己成果颁布后，都立即表达了他们的喜悦之情。在宫廷中，元田对佐佐木说道，尽管此《教育敕令》“与我原先的设想有所不同，但其体现的精神与我的设想是不谋而合的”。同时，吉川在写给井上的信里提到《教育敕令》受到媒体大众和政府学校的校长们一致好评，他对此感到“十分满意”。[1] 各家媒体的社论也大大赞扬《教育敕令》，并几乎每次都把它与君主复辟后几十年间国内教育鱼龙混杂的局面相比较，在复辟时期，出现了“社会无准则，国家无政策”的现象。[2] 评论员也用明显放松的口吻评价道：“教育政策，三年一修订，五年一大变，极其不稳定，有时在一年的时间里竟发生翻天覆地的变化。”国家的教育政策由向西方道德教育靠拢到向儒家思想回归，再到重新采纳西

1 稻田，《教育敕语》，290—292。

2 《东京朝日新闻》，1890 年 11 月 1 日；《东京日日新闻》，11 月 2 日；《邮政报知新闻》，11 月 17 日；《东京朝日新闻》，11 月 5 日；等等。还可见《教育敕语推行相关资料集》3：471—555。

方的道德观，后又转向西方民族主义思想。[1] 现在不再继续这种剧烈的波动了，终于稳定了下来。另一个评论员写道："总而言之，植根于我国历史的国体论稳定了我们的教育政策，并将成为国民教育的核心。"[2]

民众常常评价《教育敕令》，它不仅能塑造"善良的国民"，并且能培养学生乃至整个社会的忠君爱国思想。陆羯南评价它为爱国主义思想奠定了道德基础：

> 由忠君和爱国的人民组成的政体称为宪政。在这个体制下，无论富贵贫贱，民众互相尊重并且以礼治国，这便是国家的治国王道。[3]

他同时希望敕令会激发"那些教师出身的教育技术专家"在教学中应用斯宾塞最新教育学理论，而并非去培养日本人民独特的道德观。[4] 至于教育家，他们以布伦奇里和亚里士多德为学术参考，很快将《教育敕语》和陆羯南强烈反对的理论阐述混为一谈。[5] 对于教学课程的内容，民众普遍认为《教育敕语》解决了失衡的问题，用一位作家的话说，"王权复辟之前

125

1 《时事新报》，1890 年 11 月 5 日。
2 《东京日日新闻》，1890 年 11 月 2 日。
3 "谨读敕语"，《日本》(1890 年 11 月 1 日)，《陆羯南全集》2：748。
4 《士道论》，《日本》(1890 年 11 月 3 日)，《陆羯南全集》2，749—750。
5 例如，《教育报知》，241—242 号（1890 年 11 月 8—15 日）；《教育时论》(1890 年 12 月—1891 年 5 月)，多处可见。

道德教育占十分之九，知识教育占十分之一”，而后转变为“知识教育占十之八九，道德教育仅占十分之一”。但民众对此并不买账，因为日本不同于西方，伦理教导不能依靠宗教，只能依赖学校进行道德训导。然而这位作家发出警告，必须始终重视知识和技能，以免日本“在富国强民的竞争中败下阵来，终遭强国的羞辱”。[1]

对于《教育敕语》中特别提到并奉为金科玉律的道德，民众的反应非常平静。“《教育敕语》毫无新意”，《东京朝日新闻》一篇充满激情的社论在结尾作出了这样的评论。“这些只是帝国祖先的训诫和日本风俗习惯的实际体现。”[2] 其他像德富这样的人则解释说：“天皇的公告令人敬畏，通过这种方式，民众已经将现行准则牢记于心，《教育敕语》并没有颁布新的教育政策。”[3] 尽管《教育敕语》列举的美德饱含儒家思想特色，元田对此颇为满意，但广大时事评论者却反对将美德与儒家思想结合起来。因为虽然民众欣然接受美德本身，但福泽等人曾在1870年代和1880年代将儒家思想定义为古代封建陈规，“儒家思想”一词此后便一直背负着这个骂名。[4] 西村茂树曾经大力倡导以“儒家思想”作为道德教育的基础。1889年，

1 《邮政报知新闻》，1890年11月17日。

2 《东京朝日新闻》，1890年11月1日。

3 “教育方针的敕语”，《国民之友》，100号（1890年11月13日）：42。

4 文部大臣芳川回忆了在这些方面民众对于《教育敕语》的反感，参见：“以教育敕语为借口的情况”，《教育敕语推行相关资料集》2：460—461。1868—1918年儒家思想在体制上的衰退，参见：沃伦·W. 史密斯，《儒家在现代日本：关于日本思想史中保守主义的研究》（北星堂出版，1959），41—102。

就连他都建议文部大臣摒弃“儒家思想”一词。因为“近期以来民众对儒家思想一词嗤之以鼻，会有很多人因为这个词而怀疑道德教育的实质”。[1]

虽然该词确实没有出现在《教育敕语》中，但是曾经批斗儒家思想陈腐过时的德富仍急着宣称《教育敕语》中提到的“方式”并不单指儒家思想，而是“从远古因袭下来的普通日本道德，甚至早于儒家思想和佛教的诞生”[2]。另外一名记者解释说，“尽管儒家思想也传授这五种美德，但是《教育敕语》中将国体论的原则解释为国民的忠和孝，这里的忠孝属于国体论，与儒家思想无关”。此外，他还提出，儒家学者轻视知识重视道德，而《教育敕语》却明确鼓励发展知识和技能。[3] 就连井上毅也试图与儒家思想撇清关联。在《教育敕语》刚刚颁布不久之后，他就匿名在一份名为《日本报》的报纸上发表文章，指出事实上伦理“起源于人体生理的组织和架构”，民众却“倾向于认为伦理是儒家思想特有的产物”，井上毅对此深感惋惜。他认为血缘关系“无论在东方或在西方，在过去或在现在”都是一样的。而君臣关系则取决于一个公认的事实，即“希腊哲学家所言的‘人都是政治动物’”。[4]

126

1 引自夏夫利，“西村茂树”，238。

2 “重野安绎氏之误”，《国民之友》，100 号（1890 年 11 月 13 日）：42—43。德富的早期批判参见：《新日本的青年》(1885)，《明治文学全集》34：125—37。

3 《东京日日新闻》，1890 年 11 月 13 日。

4 “伦理与生理学的关系”，《日本》，1890 年 11 月 7 日；部分引自稻田，《教育敕语》，202—203。

然而 1890 年代存在不少具有自觉前瞻性的知识分子，他们对《教育敕语》所倡导的明显的儒家道德及儒家思想加以否定。时评员从 1897—1898 年的视角回顾明治 30 年的历史，把 1880 年代看作一个对西方文明的反应周期，“旧式儒学”曾在这段时期尝试复兴，结果以失败告终。1897 年，基督徒横井时雄面对不忠于《教育敕语》意见的指控仍坚持拥护自己的信仰。他这样描述了 1880 年代“日本的道德危机”，并总结到：

> 正是在 1890 年这个当口，天皇颁布了道德诏书。公文文体庄严，感情博雅，语气诚恳。社会各界都将它誉为当时轰轰烈烈道德狂潮中的第一波。反动分子确曾做过垂死挣扎，试图去歪曲解读诏书，使其偏离正确道德的方向。但直到今天，在忠诚子民热切期盼良好道德的环境下，本公文仍是天皇作出的最重要的抚民决策。与众不同的是，公文在收尾时写了这样一句话：“这些原则在任何时代都站得住脚，在任何地方都确凿无误。”这对所有反动分子来说都可谓是块永久的绊脚石。[1]

无独有偶，同年一篇发表在省级教育期刊上的文章也把明治时

1 横井时雄，“日本的道德危机”，《远东》卷 2，4 号（1897 年 4 月 20 日）：154（原本为英文，这里对引用自《教育敕语》的内容作了修正以配合官方翻译，后文可见）。类似见解在 1890 年之后被广为接纳，参见如:《东京日日新闻》，1890 年 11 月 13 日。

代分为了道德教育的三个时期。第一个时期是1870年代，作者把这个时期定义为“混沌无序”时期，当民众用物质来衡量文明的时候，学习便与世俗的成功相联系，而很少有人提及教育。第二个时期是1880年代，他将这个时期定义为“犹豫不决”的十年，这个时期的所有摇摆不定都是围绕着一个问题，即“什么应该是道德教育的标准：基督教教义，佛教教义，神道教教义还是儒教教义?”作者继而指出，1890年的《教育敕语》给出了问题的答案，而这也就引出了赫尔巴特影响盛行的第三个道德教育时期。[1] 确实，1890年代，赫尔巴特教育思想的影响力达到了顶峰。他的支持者认为这位德国思想家所提倡的五种道德观念与《教育敕语》中列举的儒家“五常”相呼应。[2] 教育家认为《教育敕语》(元田将其看作对孔子的推崇)为赫尔巴特的成功奠定了基础。 127

学者和知识分子从儒家美德的科学普适性或历史相似性角度对儒家道德进行了广博的讨论。事实上学者和知识分子更愿意用其他的名字来称呼这些道德。然而，民众普遍理所当然地接受《教育敕语》，这一现象恰恰印证了德富的观点，即在1890年的背景之下，天皇公告阐明的道德准则已经是民众生活中“很平常”的一部分。《教育敕语》规定民众必须孝顺、慈

1　“论今后之德育及教育者的立足点”，《信浓教育》(1897年5—6月)：5—13。

2　谷本富，《实用教育学及教授法》。此书开端为：“啊，赫尔巴特，无论沉睡还是苏醒，我们都不能将这个名字忘记。啊，赫尔巴特，多少个日日夜夜，我们都秉承着他的理论”。见堀松武一，《日本近代教育史：明治国家与教育》(理想社，1972)，219—222。

爱、和谐、谦虚和仁义。无论这些道德行为是否隶属于儒家的范畴，他们都已成为民众社会道德生活中习以为常的一部分。尽管鼓励忠诚和情系帝国祖先和国体并非惠及“全体国民”的民族精神，但是他们成了精英阶层中很常见的道德观念，并为此激起巨大的非议。简而言之，《教育敕语》的行文简练且具有无可指责的普遍性，合乎井上的标准，这使得天皇的训谕内容上显得含糊其词。或用井上的话说“天皇训谕的涵盖范围就如同海洋中的水域一样宽泛”[1]。《教育敕语》文体简短、文辞绚丽，毋庸多言便可知：它必定会成为文部省的无数文件当中浓墨重彩的一笔。

然而，《教育敕语》获得了一种解释性的机制：截止到1940年已出现相当于595本书长度的评论，数百本文部省的指导文件与教师的指导纲要以及无数书面和口头形式的评论[2]。民众对《教育敕语》的理解变得越来越详尽和教条，竭力抹去模糊性，使其含义清晰化，而且《教育敕语》本身已经上升到了国民教义的地位。颁布《教育敕语》的初衷是提升民族的价值观，完善社会道德规范。然而它最终成了公民道德准则，成为忠君爱国的标志——既包括学校的教育，又包括一切思想上对国家的忠诚。

1　井上毅，“关于教育敕语致总理大臣山县伯的意见”（1890），《井上毅传》2：232。

2　“595本书长度的评论”的目录参见：后藤政一，《教育敕语相关文献目录》（教育敕语奉践会，1940）。

爱国主义和外国人的作用

一

事实上，《教育敕语》的内容说明它是个国家文本。各派思想家都能吸收它的观点，因此《教育敕语》很快成为各种形式的公民道德教育的基础。1890年代，文部省立即下令将《教育敕语》纳入制度性管理当中，以便在官僚政治、课程设置方面维护自己对学校的掌控权，而政府外的许多评论家仍继续保持思想上的主动。在当时的背景下，民众越来越关注日本在国际舞台上的前景，同时也忧虑不断，学者、政论家和民间保守派组成一个混杂的团体，推动公民身份定义的进步理念发生改变，从德育、民族感转向忠诚问题、爱国主义。当然，1880年代的早期规定并没有销声匿迹。无论是明文规定还是约定俗成，德育都是初级教育的三大课程（德育、知育、体育）之一。经过类似的重复强调，“民族感”已成为公共语言中空泛的论调。但此时的关注焦点更加尖锐，民众更多争论的是对爱国主义的具体界定，而较少关注公民身份的普遍需求。在划分界限的过程中，民间思想家组成了统一阵线，以防御的姿态拥护民族主义，攻击国外思想，以此划分出日本本土性的基本立场。19世纪晚期，日本在世界秩序中地位未定，一些日本人对此极为关注。而民间思想家这样做，则促使那些更忧心国内所处困境的人也加入进来。国外思想占据中心舞台已20年之久，而佛教和神道教一直受到排挤。它们迅速抓住机遇，支持本土

128

信条、诋毁国外思想，从而东山再起。因此，他们导致了爱国主义狂潮的爆发。而正是这一狂潮最终导致敕语及其代表的公民道德在阐释的过程中迈向神化的第一步。

参与这场 1890 年代思想论争的还有一批学者，有时候被戏称为“御用学者”，其首席代表可能就是井上哲次郎。在明治晚期，他是公民道德领域最多产的思想家之一，他在学术界的地位就如山形之于政府高层、德富之于新闻业[1]。和山形、德富一样，井上之所以参加思想活动，是因为他相信这既有必要也很重要。即便从事政府工作时，就像 1891 年一样（当时文部省委托他为《教育敕语》撰写第一份官方评论），井上也始终把自己看作一名独立学者，愿为哲学和民族效劳，而不愿为国家卖命。确实，诸如井上哲次郎、加藤弘之和穗积八束这些学者不受官僚们谨言慎行的限制，经常主导着思想导向，而文部省则紧随其后，作为后备支援，大量印制备用指令和手册，以官方的形式时时传达着爱国信息却不做这方面的先导。

129

文部省挑选井上哲次郎来为《教育敕语》做注释，即《敕语衍义》，而后将此书作为“伦理道德课必修课程的教材”来学习。据后来江木回忆，选择他是因为井上哲次郎“不迷恋西方，当然，也因为他不是保守派[2]”。1890 年，井上哲次郎刚

1 例如，井上哲次郎，《国民道德概论》(1912)；《教育与修养》(弘道馆，1910)；《伦理与教育》(1908)；《巽轩讲话集》(1903)，等等。其著作的简述参见：山崎正和、宫川徹，“井上哲次郎：其人及其著作”，《日本哲学研究》7（1966）：111—125。

2 芳川显正，“关于德育的敕语之议”，《教育敕语推行相关资料集》2：452；江木千之，“教育敕语的推行”，《教育敕语推行相关资料集》2：467。

刚从德国求学6年归来，就到东京帝国大学就职，作为深受最近的西方模式影响的哲学学者，他充满了使命感。据说当时他曾夸口说道："苏伊士之东的哲学家中，无人能与我匹敌。"[1]尽管在学术史上，他后期编辑的作品《德川儒家思想》相较前期的《认识与实在的关系》或《现象即实在论》可能为更多人所熟知，"通过研究对比东西方哲学思想来建立超越二者的哲学体系"却是他长久以来的野心[2]。

井上哲次郎，满载着他所谓的哲学和科学的理论武器，开始了解《教育敕语》，并自信满满地声称："在过去，中国和日本的学者都曾毫无疑义地叙述过人类必须要去实践的某些品质。而现在，我对这些品质成为人类道德核心的原因进行了阐释[3]。"无论他的实用性解释是否印证了他的断言，井上哲次郎的《敕语衍义》最终都被印刷了近四百万份，他的评述也为未来打下了良好的基础[4]。在《敕语衍义》中，井上哲次郎从儒家类比法中的"忠君爱国、忠孝一本"和西方国家的有机理论

1　三枝博音、清水几太郎编，《日本哲学思想全书，卷3，思想・意识形态篇》(平凡社，1956)，768。

2　井上哲次郎，"明治哲学界的回顾"（1932），见下村寅太郎、古田光编，《现代日本思想大系，卷24，哲学思想》(筑摩书房，1965)，70—71。井上关于儒家方面的编纂内容包括《日本阳明学派之哲学》(1900)，《日本古学派之哲学》(1902)，《日本朱子学派之哲学》(1905)，以及井上哲次郎、蟹江义丸，《日本伦理汇编》(1902)。井上最著名的哲学论文是《现象即实在论》(1894）和《认识与实在的关系》(1901)。

3　井上哲次郎，《敕语衍义》(敬业社，1891)，序言，重印于《教育敕语推行相关资料集》3：232。

4　据说井上在作评注时咨询了80多人，如加藤弘之、中村正直、西村茂树、井上毅。《教育敕语推行相关资料集》3：2。关于其多次印刷见3：4；山崎、宫川，"井上哲次郎"，121。关于起草情况见：稻田，《教育敕语》，337—376。

中演绎出了国民道德论的基本原理[1]。为了符合将中西方伦理学合二为一的意图，他强调了《教育敕语》中所列举品质的普遍适用性[2]。但他同时也强调了公民对国家责任感的重要性，而且他在《敕语衍义》的序言中一再表示他的哲学论证的基础不仅仅是对道德普遍性原理的阐释，更是他在 1880 年代晚期和 1890 年代早期和大家分享的民族危机感。

当今，欧洲和美国无疑是世界两大列强，而欧洲人定居的国家也都发展迅速。目前，只有东方各国能够与这些国家在进步的程度上一较高下。但是，印度、埃及、缅甸和安南已经丧失了独立性；暹罗和朝鲜则实力极弱，对他们来说要实现独立自主也困难重重。因此，今天的东方社会里只有日本和中国尚能独立自主，并足以与世界其他强国一起竞争，捍卫自己的权利。但是中国陶醉于其过去的古老文明而不思进取。然而在日本，进取思想得到了蓬勃发展，日本民族期待着借助进步的发展令自己的未来拥有光辉灿烂的文明。

130

可是，日本毕竟是个面积较小的国家。由于现在有些国家发动侵略战争却逍遥法外，因此我们日本国民必须把全世界都当作我们的敌人。尽管我们应该一如既往地努力

1 见石田雄，“家族国家观的构造与机能”，《明治政治思想史研究》，39—96。井上的评注，不同于《教育敕语》本身，引起了诸多进步和保守学者的批评，如：源了圆，“教育敕语的国家主义的解释”，坂田编《明治前半期的国家主义》，191—198。

2 井上哲次郎，“明治哲学界的回顾”，66。

> 与世界强国保持友好关系，但是我们的外敌一直在虎视眈眈地盯着我们，找我们的疏漏与过失，我们能依靠的只有四千万日本同胞。所以，真正的日本人士必须有社会责任感，视个人的生命轻如尘埃，奋勇向前，做好准备为国家牺牲自己。
>
> 但是，我们必须在危机产生之前推行这一思想。倘若“贼来了才想起准备绳索抓贼”，显然十分愚蠢。《教育敕令》旨在通过推行孝悌忠信与手足相爱的美德来巩固国家的根基，并通过培养集体主义爱国精神来为突发的紧急事件做好准备。如果所有日本人把这些准则当作立身之本，我们就一定能万众一心。[1]

这种语言既可以塑造日本国民，同时又可以使国民畏惧国际危险。井上毅接着说：“如果我们整个民族无法团结一心，防御工事以及军舰就会显得不堪一击。倘若能令人民团结起来，纵使可怕的敌人千千万，也不能将我们打倒。”在井上毅的评说中，他反复将孔子的美德观点与“集体主义的爱国精神”联系起来，这就使得“爱国精神”（《教育敕令》中并未提及此词）成了这个道德文本的全部意义。

当时的舆论所及，关于防御工事及军舰、可怖的敌人及爱国情怀的讨论随处可见。1891 年春，有谣言称俄罗斯王储即将对日本进行的访问并非一次简单的国事访问，俄方想借此机会

1　井上哲次郎，《敕语衍义》(1891)，序言，见《教育敕语推行相关资料集》3：232。

来“窥探我国军事实力，锁定战略防御位置，为未来侵吞东亚做好准备”[1]。媒体对这一持续扩散的谣言进行了谴责。为跨越西伯利亚的铁路工程所举行的奠基仪式使得俄国王储出访日本，该铁路在军事上的影响引发了民众的评论和恐慌。当俄国皇太子于5月份抵达日本时，一名日本极端分子刺伤了他。表面上看，这是王储对天皇表现出的“敌意及轻蔑”所致，因为在访问伊始，王储并没有向日本天皇致敬。此事令朝野震惊，131 日本政府及媒体对这件事的外事后果担忧不已。虽然报纸的报道似乎有点夸大其词：“日本举国上下无不对此灾难胆战心惊”，然而此事所引发的恐惧毕竟不可低估。[2] 天皇亲自前往京都拜访了这位受伤的俄国皇太子，以表达日本官方对其的关切之情。新闻媒体纷纷哀悼此次袭击，称这次袭击是“疯子”的做法。据报道，皇太子在恢复期间收到了上万封慰问信。[3]

1891年7月，中国北洋舰队赴日激起了日本民众的不安与骚动，他们既担心中方举办军事演习居心叵测，又被迫亲眼见到了清朝的水军优势，因而更加忧心忡忡。[4] 本月，东方学会成立，其董事会成员包括陆记者和三宅记者，杉原重钢学者和井上哲次郎学者，党内政客星亨，以及泛亚洲的激进者大井宪太郎。东方学会是1890年代成立的众多民间社团之一，旨在

1 《东京日日新闻》，1891年3月15日；《日本》，5月2日；等等。
2 《东京日日新闻》，1891年5月14日；尾佐竹猛，《湖南事件》(1963)。
3 《日本》，1891年5月14日；《朝野新闻》，5月20日。
4 《日本》，1891年7月16日；《东京每日新闻》，7月12日。

促进条约修改、扩张在亚洲的势力，并宣扬在总的外交政策上推行强硬路线。此社团提议考虑“亚洲邻国”的情况，以便“在东方世界中保持东西方国家的力量平衡”[1]。此类组织纷纷在杂志或学术讨论中表达其担忧之情，与此同时，当时流行的日本歌谣中也出现了类似的情绪：

英国在西，

俄国在北。

同胞们，

千万不要掉以轻心！

签订的条约只是表面，

不要探究人心的深度。

国际法或已存在，

但那一天真正降临之时，

我们必须做好准备——

因为暴力的到来，

尽是强食弱肉。[2]

一首名为《亚细亚的未来》的歌曲叙述了其他东方国家的命运：

---

1 《东邦协会报告》，1 号（1891 年 5 月）。见酒田《近代日本发生的对外强硬运动》，65—68。

2 大滨徹也，《明治的墓标》(秀英出版，1970)，12。

国内动荡无宁日，
阿富汗，俾路支，
安南，缅甸和印度，
还有那不计其数的弱小国家。

132 所有这些地区都是英国或法国的殖民地。
如果这种情况一直持续，那么东方诸国
将被西方势力所践踏。
国家之间平等的实现
将遥遥无期。

这首歌虽然不是很押韵，但是说服力很强。这首歌不断重复着井上对《教育敕语》所作注释的序文的主题，以一种令人感动的爱国主义情怀结束：

英法德俄——
所有的敌人都应该被消灭
让光荣的太阳旗
飘扬在喜马拉雅山巅
何其开心！何其欢乐！[1]

二

在1890年代早期，以感知到的外国列强所带来的危险以

1 “亚细亚的前途”，添田，《演歌的明治大正史》，48；大滨，《明治的墓标》，10—13。

及坚定的民族自尊为背景，民间思想家促成了一次又一次爱国主义论战。1891 年，基督徒内村鉴三在为东京第一高等学校的学生和教职工演讲时，拒绝向《教育敕语》鞠躬，这一冒犯君主的行为受到了记者和学者们的指责。基督教经过几个世纪的放逐，在 1870 年代和 1880 年代受到了精英们的喜爱。他们将其视为一种个人信仰又或是“文明”的宗教。而到了 1890 年代，基督教再一次受到攻击。由于此次的“大不敬事件”，内村辞去了他的教师职位。[1]“内村的个人事件……转变成基督教与民族和王室关系的一般性问题”，内村对此困惑不已，因此他写道，“佛教徒、神道信徒、儒家学者以及异教徒共同联合抵制基督徒”[2]。

1892 年，日本本土学者和神道信徒们不断侵扰历史学家久米邦武，迫其离开“帝国大学”，原因是其学术论文将日本神道教视为“崇拜上天的古老习俗”的宗教。[3] 同年，久米因“对天皇的名字以及国体大不敬”而受到指责。基督教长老会的会长田村直臣在其《日本的新娘》一书中，表现出对当地家庭制度的批评，便被认定为不爱国，因此受到媒体和其他基督

1 见小泽三郎，《内村鉴三不敬事件》(新教出版社，1961)。

2 “致 D. C. 贝尔的信”，1891 年 3 月 6、9 日，《内村鉴三全集》，卷 20（岩波书店，1933），207—212。

3 久米的文章《神道乃祭天之古俗》发表于学术期刊《史学会杂志》(1891 年 10 月至 12 月)，田口卯吉在其大众杂志《史海》(1892 年 6 月）上对这篇文章进行转载时引发了广泛争议。媒体反响的例子有:《东京日日新闻》，1892 年 3 月 4 日；《日本》，4 月 8 日。从神道教的角度来看的有：神道文化会，《明治维新神道百年史》，卷 3（神道文化会，1967）。83—94。从学术自由的角度来看的有：大久保利谦，“被歪曲的历史”，向坂逸郎编，《风暴中的百年》(劲草书房，1952)，42—51。

明治天皇（1888 年）

宪法颁布（1889 年 2 月 11 日）

《教育敕令》(1891) 的细节，教师上课时解释说明了词组“培养艺术”的含义：“如果你从小学时就勤奋学习，你就会成为好学生，参与公益事业而且会致力奉献于世俗事务。”

徒的谴责。[1] 1892 年，在论战中，井上哲次郎正面攻击日本基督徒的忠诚性。而这场论战也以“宗教和教育之间的冲突”为人们所广泛熟知。在此次论战中，井上将《教育敕语》视为其攻击时所依据的原典。[2]

133 一名慈悲的佛教作家称其为“学术界向基督教的代表思想发起的猛烈攻击”，[3] 伊藤以其惯常的自信展开了思想上的

1 《日本》，1892 年 9 月 18 日；武田清子，《人类观的相克：近代日本的思想与基督教》(弘文堂，1959)，281—297。

2 论战中的主要文章收录于关皋作编，《井上博士与基督教徒：“教育与宗教的冲突”之始末及评论》，全 3 卷（哲学书院，1893）。关于论战参见：宫川透，《近代日本思想论争》(青木书店，1971)，234—261；以及武田，《人类观的相克》，136—190。

3 藤岛了稳，“耶稣教的末路”，见关，《井上博士与基督教徒》3：18。

炮轰。

总而言之，《敕令》的主旨就是民族主义。但基督教缺乏民族主义精神。基督教不仅对民族主义精神的意识不强，而且还反对这种民族主义精神。因此得出这样的结论在所难免：基督教与《敕令》中所提到的民族主义水火不容。[1]

因此1890年时《敕令》的主旨“总而言之”为道德，更广义上来讲是道德教育。而现在《敕令》的主旨意指民族主义。“基督徒珍视上帝所创造的王国，而《敕令》是关乎于存在地球上的民族”，基督徒并不是因为他们身处异教而受指责，而是因为他们的“非民族主义”。[2] 此外，“日本本土的道德”源于孝道和家庭，随后以忠诚和爱国的形式延伸到整个民族。但是伊藤极力声明，基督很少提到忠诚和孝道，而是强调无差别的博爱。[3] 至于同时代的欧洲人表现出的爱国主义精神，伊藤则将其归因于残存下来的希腊、罗马的前基督教遗产。他还认为西方科学之所以取得最近的进步源于教会力量的衰败。[4]

总的来说，基督教是非民族主义的，而又不注重忠诚和爱国主义。基督教的信奉者认为他们的统治者以及其他国家的统治者之间是毫无差别的，所持的信仰近似于宇宙的博爱。基于

1　井上哲次郎，“教育与宗教的冲突”（1892），《井上博士与基督教徒》：70—71。
2　见关，《井上博士与基督教徒》1：71。
3　“关于宗教与教育的关系：井上哲次郎氏的谈话”，《教育时论》（1892）：2—3。
4　“教育与宗教的冲突”，《井上博士与基督教徒》1：94、101—102。

这些原因，基督教教义本质上有别于《敕令》所提倡的精神。[1]

随之而来的争论此起彼伏，而在众佛教徒中，常常伴有责骂之声。从1891年内村拒向《教育敕令》鞠躬至1894年中日战争爆发，这期间曾出现76册493篇文章来争论是支持基督徒的忠诚还是持反对意见。[2] 著名的基督教人士如檀上蛯名、本田阳一以及东京横井都捍卫了他们的爱国情怀，甚至在内村事件中，这一点也毋庸置疑。1888年一位爱国主义者宣称基督教和爱国主义是他的行事准则，随后他写下了"两个J"［即"基督教"（Jesus）和"日本"（Japan）］——作为他信仰的两个中心点。[3] 正如内村评论的那样，当时对他的攻击绝非"你在美国常常见到的宗教纷争"，而是"来自'哲学家'的无情攻击"。[4] 确实，少有例外，信仰和宗教自由的问题被埋藏在雪崩般的指责当中，人们纷纷指责基督教同时带来了共和主义、个人主义、社会主义和殖民主义。[5]

134 控告中的很大一部分都源于佛教徒，他们都曾使自己陷于哲学家的攻击之中。自1870年代中期，政治体制以及教育体系确立的导向世俗到了无情的程度，业已表明了对于有组织的

---

1 《井上博士与基督教徒》1：115。

2 吉田久一，《日本近代佛教史研究》(吉川弘文馆，1959)，153、222。

3 小泽，《内村鉴三不敬事件》，28；"两个J"的翻译见：角田柳作等，《日本传统之源》，856—857。

4 "致D.C.贝尔的信"，1893年3月25日，《内村鉴三全集》20：243。

5 这些例外包括一些合乎逻辑的反驳，由基督徒柏木义圆、大西祝和植村正久提出。见武田，《人类观的相克》，174—187。

佛教和神道教态度冷漠，完全相似的情况是：任何宗教协会企图与政府联合必将遭到这种世俗倾向的激烈反对。[1] 一方面，像井上毅一样的政治理论家站在法律的立场上试图将宗教和国家分割开来；另一方面，明治维新时期的知识分子倾向于始终以完全现代的“科学观”与宗教保持距离。[2] 甚至当佛教徒支持井上哲次郎对基督教的攻击时，他也小心翼翼地否认着他对自己所信仰的宗教或是任何其他宗教的偏袒。[3] 因为后来哲次郎强调正是由于日本不存在任何宗教之间的联盟，因此日本能够“滋生出纯粹形式的道德教育”，而且在这一方面，同亚洲和西方国家相比，日本拥有文化优势。[4] 因此，虽然他判断到与基督教的上帝或男女平等的主张相比，佛教的多神论和男尊女卑的教义与日本的传统更加意气相投，但是他还批评到佛教所主张的“悲观倾向”不适合走向进步和“文明”。[5]

此看法迫使一些明治维新晚期的信仰守卫者去相信某种折中主义。佛教徒哲学家井上圆了在纪念四大圣人——佛陀、孔

---

1 关于佛教，它也遭受了痛苦的政教分离以及迫害，见：樱井匡，《明治宗教史研究》(春秋社，1971)，21—54。关于神道教，其苦难始于 1870 年代早期的西化，见：苇津珍彦，“帝国宪法时代的神社与宗教”，神道文化会编，《明治维新神道百年史》2：183—214；樱井，21—54；岸本英夫，《明治时代的日本宗教》(欧文社，1956)。

2 持这种态度的典型是元良勇次郎，他对神道教、基督教、儒教以及禅宗事务上的个人和学术上的参与影响了当时许多首屈一指的宗教和知识分子。关于其“科学观”的例子和描述，参见：故元良博士追悼学术讲演会，《元良博士与现代心理学》(弘道馆，1913)，149—164、406、444—448。

3 井上哲次郎，《教育与宗教的冲突》(敬业社，1893)，序言。

4 井上哲次郎，“日本强大起来的原因”，《日本人》卷 3，400 号（1904 年 12 月 5 日）：13。

5 在东邦学会的演讲，1892 年 6 月，《井上博士讲论集》(敬业社，1895)，37—40。

子、苏格拉底和康德的仪式上提出了这种折中主义。[1] 然而，许多人试图通过民族主义宣传而非教义辩论来扭转佛教的衰败命运。因此在攻击基督教时，他们强调说佛教国家没有开拓殖民地而基督教诽谤国体论。[2] 汉学家内藤湖南将与基督教为伍比作日本与妓女有染从而背叛正室妻子，而佛教活动家大内青峦将此比作小孩子试图与他人“交换妈妈”。[3] 这不符合自然规律，毫无道德可言，而且就当时的外部威胁而言，这是一种民族神经的挫败。

不管他们的动机有多么的不同，佛教徒的情感代表与哲学家和民族主义者的主张产生了共鸣。在每个事件中，人们借助非爱国行为来建立爱国行为，结果基督教既是工具又是众矢之的。一位学者坦诚地承认，“我说基督教与民族教育的目的相对，不是因为它不是民族主义的宗教，而完全源于它是外来的宗教”[4]。实际上，1890 年代早期的日本基督徒充当着思想家们眼中所谓的外国人，而在他们异于他人的沉思之中，爱国主

---

1 见常光浩然，《明治的佛教家》1：174—181。井上是活跃的哲学式的佛教拥护者。1903 年井上创立哲学学院（哲学堂），在其中为四圣举办仪式，以向普通大众宣传哲学（及佛教）。今天这个学院仍留存于东京。

2 山本哲生，“关于‘教育与宗教的冲突’之论争的佛教方面对应”，《教育学杂志》(1977)：12—24；以及吉田久一，《日本近代佛教史研究》，153—166，及《日本近代佛教社会史研究》(吉川弘文馆，1964)，195—200。殖民化是佛教徒最常讨论的话题。

3 内藤湖南，“明治二十一年将临”（1888），神田喜一郎、内藤干吉编，《内藤湖南全集》，卷 1（1970），429—431；大内青峦，“母亲会变成陌生人吗”，《佛教》，71 号 (1893 年 6 月 20 日)。在内藤作此评价时，他正在为大内的佛教期刊《明教新志》撰写文章。

4 谷本富，“耶稣教驳议”，《哲学杂志》卷 8，79 号，146。

义的轮廓暴露得更加清晰明了了。

在思想上，对于外国人这一概念的使用有两方面的用途。一方面，不仅可以用外来的这一概念去定义本土的概念，另一方面，一旦被定义，本土的就会被用来同化外国的。因此基督教充当着一种手段，用来对比《教育敕语》中所表现的公民道德。而随后公民道德又成了对基督教是否忠于日本的检验。基督徒仍旧被允许继续信仰基督教，条件是他们同时也愿意履行作为日本人的誓言。的确，到 1912 年社会主义者成了当时含有比喻意义的外国人的主体，同时井上哲次郎称赞基督教“在近几年并没有否定国体论”，他将其归因于基督教“已被日化了”。随后他主张“民族伦理”由儒家的仁爱，佛教的慈悲以及基督教的利他主义组成。[1] 同年，内务省组织召开由基督徒、佛教徒以及神道信徒参加的“三大宗教会议”，此举是为了“让宗教和国家团结起来”，推动“民族道德”。[2] 与势力愈来愈大的外来威胁相比，现在日化的基督教似乎看起来亲切而和善。并且政府也准备将宗教纳入意识形态的范围为其所用，而之前政府一直对宗教持回避态度。这一次，宗教学家和媒体反对政府将信仰和国家事务混为一谈，而“三大宗教”运动也很快得以平息。[3] 然而，《教育敕语》仍旧承担着相同的作用，抵

135

1 井上哲次郎，“教育与宗教”，《太阳》卷 18，6 号（1912 年 5 月）：146。

2 床次竹二郎，“关于三教会同的个人意见”，见吉田熊次，《我们的国民道德与宗教》（1912），78—79；《斯民》卷 6，1 号（1912 年 3 月）：114—118；樱井，《明治宗教史》，444—455。

3 吉田，《日本近代佛教史研究》，385—388。

御个人主义者、社会主义者以及其他具有比喻意义的外国人，宣称这些人跨越了爱国主义的围栏，越过了公民道德的约束。

三

含有比喻意义的外国人呈现了一种思想镜面，而地地道道的外国人却展现了镜子的另一面。1894—1895年的中日战争给中国人提供了检验日本爱国主义勇气的机会，而此时对基督徒的攻击很快被人们所淡忘。媒体、大众杂志、学校教师和当地演说家表达出对来自“长辫子国度”懦弱中国人（他们“伪装成妇女逃离战场”）的轻视。[1] 四年之前清朝舰队给人留下了深刻印象，而如今这伟大的舰队被描述为遭遇了沉船和失火。日本人通过在木刻版画、战争歌曲、幻灯片以及新年游戏中对敌人进行诋毁从而提升他们本民族的声望。[2] 民间思想家将这场战争视为文明与野蛮之间的冲突，并高度赞扬了日本文明的先进程度。甚至日本的流行歌曲将中国描绘成“文明的敌人”，而日本却是为正义而战。[3]

136 受到媒体鼓舞人心以及偏激立场的煽动，这场战争激发了一种民族统一精神，而这正是思想家们一直寻求却最终未果

---

1 例如“流行的种种”，《东京朝日新闻》，1894年10月7日，及9月28日至10月30日；《山阴新闻》，8月12日，及8月3日至9月24日；《都新闻》，1895年4月28日至5月2日；《福冈日日新闻》，1894年8月29日。

2 例如《日清战争实记》(博文馆)，卷1—50（1894年8月25日至1896年1月7日）；角张荣三郎，《日清战争的故事》(上田屋本店，1895)；《通俗日清战争问答》(1894)；《日清战争双六》(1894、1895)；等等，以及唐纳德·基恩，“1894—1895年的中日战争与日本文化”，《景观与肖像：日本文化评析》(讲谈社，1971)，259—299。

3 添田，《演歌的明治大正史》，62—71；大滨，《明治的墓标》，46—63。

的。随着趾高气扬的民族自信大肆弥漫在民间的评论之中，这论调回响在校园以及举国上下的庆祝之中，民众将日本的胜利归因于武士道精神、大和精神以及自我牺牲的爱国意愿，而这种意愿正是《教育敕语》所提倡的。1897 年，作家高山樗牛同井上哲次郎一样都是当时日本精神的主要支持者。高山写道，战争改变了民众对《教育敕语》的理解，同时也改变了忠诚以及爱国精神，使人们不再空谈理论或半信半疑，而是落实到具体的“民族认知”当中。[1] 战争也加强了民族自信以及对天皇统治的骄傲，减少了对中国长期以来的文化尊重。

中国充当着磨石的角色，使日本在世界舞台上的想象变得愈加锋利，而与此同时，在日本国内另一群真正的外国人成了爱国主义概念的焦点。1894 年中日战争前夕，与西方列强之间的不平等条约最终得以修订，使得解决“杂居”这一老问题变得更加紧迫。因为修订后的条约在 1899 年 7 月生效，而那时对外国人的法律限制将会被取消，外国人可以在全国各地进行贸易和居住。思想上的挑战就是时刻准备着这一天的到来，到那时外国人（几乎总是指西方人）将会在乡下放任自由，因此会对日本人的道德以及风俗习惯产生威胁。[2]

自 1880 年代，政治家以及知识分子就这一问题进行着辩

---

1 高山樗牛，“明治思想的变迁”（1897），《樗牛全集》，卷 4（博文馆，1905），434—435。关于“民族认知”，参见：“‘日本主义’创刊之主旨”及“关于日本主义的创刊”，《日本主义》，1 号（1897 年 5 月），1—39，及后续各期。

2 评论和参考书目见：稻生典太郎，《条约改正论的历史性展开》，507—551，、627—639。

论，将政治和外交上的考虑同对日本人会见外国人时应该具备的思想准备的关切结合在一起。1889年，井上哲次郎就曾质疑过杂居这一举措，最新的科学文献显示日本人的颅容量小于欧洲人的颅容量，从而他证明了日本人位于劣势。[1] 1893年，尾崎行雄充满骄傲地首次解释道，日本人是一个头比较大的民族，尽管相较于白人，他们的身材比较矮小，但是欧洲人戴的帽子对他们来说实在是太小了。随后他说道，对于杂居最充分的准备并不是去学习西方的餐桌礼仪（的确有众多的论者写到过，陪同外国人就餐时，在餐桌上喝汤时禁止发出声音或使用牙签的重要性），而是要加强日本人的品德，抵御外来形式的入侵。[2]

137 在这场“战役”中，佛教徒的表现也是极为突出的，他们对忠诚、爱国主义以及佛教的重要性进行了详细说明，而这些正是“毒害民族的外来蛀虫”的国内解药。[3] 在“知己知彼”精神的引领下，正如这些思想家们不断重复伸张的那样，最好的防御就是对外国人细化的“客观”分析，而且日本人也应该包括在分析之内。为此，评论家们对“西方和东方道德”进行了比较，将这种不受欢迎的外来传统定义为唯物主义、男女平等、握手以及亲吻。有些人就一些问题提供了实际的建议，这

1 井上哲次郎，《内地杂居论》(1889)，见《明治文化全集，卷11，外交》，473—520。

2 尾崎行雄，《内地外交》(博文馆，1893)，13、57—60。代表性的礼仪指南见：《七月来！内地杂居心得》(1898)，49—65。

3 安田琢崇，《杂居准备忧国之泪》(1897)，3。关于佛教徒见：稻生典太郎，“关于佛教徒方面对内地杂居的反对运动及其资料”，《中央大学文学纪要》3（1957）：35—50。

些问题包括通过观察一个人戴的是普通指环还是黄宝石戒指来区分他是外国的绅士还是恶棍，以及如何保卫自己的土地和女人免受外来贪婪和欲望的影响。[1] 对于保护女人，大隈重信建议要培养民众的道德心；对于保护土地，一位有名的导游提议向外国人进行双倍收费。[2] 为保护国体，大多数演说家推荐教育敕语、教育和民族精神是最为有效的本土资源。[3] 因此除了颇容量和“美丽的风俗”之外，不管是在煽动性的宣传册中还是真诚的演讲中，“啊，七月一日！”这种呼喊则象征着在外来文化的衬托之下另一种衡量日本人的思想方式。[4]

具有比喻意义的和真正的外国人——这种说法是为了达成爱国主义目的的思想手段。而且一旦临时达到此目的，思想家们就会暂时对其失去兴趣。随着 1890 年代强烈的防御性民族主义衰退，愈加具有挑衅意味的帝国主义就会取代其位。例如，事实上早在 1899 年之前日本就出现了西方人，他们都在此平安无事地做着生意，而且像亲吻这样的杂居问题已不再是思想问题。[5] 西方人本身从来都不是问题的关键，问题的关键是日本人为自我定义的目的而创造的西方思想。真正的西方人

---

1 加藤咄堂，《佛教国民：杂居后的心得》(鸿盟社，1898)；《七月来!》33—39、129—131。

2 关于大隈参见：卯九会，《关于内地杂居的诸大家的意见》(广益图书，1899)，6—7；铃木纯一郎，《国民要意：内地杂居心得》(1894)，54。

3 安田，《杂居准备》，6—18；大隈，《内地杂居》，66—69；等等。

4 对待外国人态度的相关划分参见：“杂居派与非杂居派的区分”，《日本人》卷 2，1 号 (1893 年 10 月)：5—9。

5 外国人过去仪态的描述参见：今井正次，“关于明治二十年代的内地杂居倾向”，《国史学》，104 号 (1978 年 1 月)，1—22。

是与之不相干的；在人们所想象出来的西方世界里，人们是不能做到忠诚和孝顺的，这已足够将这些特点定义为日本人本质上所特有的特点。

同样地，1890 年代的宗教矛盾是为了达成一种思想目的，而此目的与宗教矛盾对于参与其内的宗教狂热者所带来的后果大相径庭。1899 年第 12 条文部省令禁止在学校进行宗教教育，对基督学校和佛教学校同样都是不利的。一些私立基督学校不得不接受《教育敕语》代替《圣经》作为道德教育的基础。[1] 对佛教徒来说，他们在排外运动中的角色并未催生出他们所预想的再生。

138 在 1900 年代早期，佛教和基督教双双开始缓慢恢复自身的名望、实力以及教义的活力，与此同时他们并没有引发太多的思想矛盾，他们将更多的注意力投入到了神学和组织当中。佛教徒们模仿并试图超越其竞争对手基督教的做法，在日本不断扩张兴办慈善机构，在台湾和朝鲜从事殖民地传教活动。[2] 佛教徒曾一心想要佛教成为日本本国的信仰，当他们放弃这种想法时，基督教徒也进一步弱化了基督教的外来根源。原因在于：正如《教育敕语》对公民道德所定义的那样，佛教和基督教都对公民道德进行了迁就。因为道德是世俗的，像其他制度

---

1 奥蒂斯·加里，《日本基督教史》，卷 2（纽约：弗莱明·H. 雷维尔，1909），266—267；岸本，《日本宗教》，277—279。

2 久山康编，《近代日本与基督教》（明治篇）（创文社，1956），226—264；吉田，《日本近代佛教社会史研究》，381—470。

性宗教一样，佛教被否定了官方地位，而且又因为道德是与生俱来的，基督教不得不变得愈加坚持不懈地倾向于日本化。然而对于思想，最为重要的结果并不是对宗教产生的影响，而是对公民道德的加强，这里所指的公民道德需要全体忠诚而爱国的日本人士——无论拥有何种宗教信仰——都有必要不得不去赞同。

“吾国国体之荣耀”

一

神道教曾被预计会在一种思想环境中繁荣兴旺，在这种环境中，本土价值以及爱国主义忠诚感都处于上升的趋势。原因在于：正如神道信徒不知疲倦地指出那样，神道教比佛教更加本土化，对于日本人任意可获得的教义来说，神道教更加威严而且人们对其有一种亲切感。但神道教最终演变为公民道德组织架构的一部分，这一思想过程很复杂，对于神道信徒来说，这一过程又很艰辛。说它复杂，是因为要在神道教曾自称其本身并不是一种宗教的前提下，使其被承认为世俗道德中的至高无上的礼治。说它艰辛，是因为神道信徒在因他们的优势地位受到种种优待时，同时他们也受到了一些显而易见的困难和威胁——在他们的传统宗教作用不受承认的情况下，如何维护神龛和担任神职。

神道教的制度性兴衰变迁由明治维新开始。国教确立之后的很短一段时期，神道教和“祭政一致”便成了早期明治维新领导人世俗化政策的受害者。政府为了部分地回应西方世界就宗教信仰自由的要求——也是条约修订的先决条件——1970年代早期，政府废除了神道教作为国家教义的地位。

139 随后，1882年，国家神社的神道信徒严禁进行丧葬服务或担任神职人员。在“政教分离”这一思想的引领下，政府提出保留神道教作为至高无上的帝国惯例的功用，但前提是不得违反宪法中对“政教分离”的规定。[1] 神道教信徒并未拒绝这一点，但使得他们的地位模糊不清，令他们备感焦虑。因此，确实从1880年代到1930年代——这几十年来，神道教祭司和学者不断努力想要恢复他们曾经拥有却又失去的地位。1880年代末期，他们开始组织起来，逐渐建立了当地祭司协会、民族联盟以及位于东京的公共关系办事处，并在1898年成立了国家神道教祭司协会。这些团体代表历史上首次在全国范围内组织起来的神职人员，进行了长期而又艰难的游说，目的是恢复神祇官（作为处理神道事务的官员，神祇官于1871年被废除）。他们游说的目的还包括希望政府恢复对当地神社以及祭司薪资的资金援助以及让人接受神社所展现的祈祷和宗教功用。为修复制度对于他们地位的伤害，神道信徒做出了很多的努力，包括他们发起了一场思想改革运动，目的是让公众认可神道教是

1 苇津，“帝国宪法时代的神社与宗教”，191—204。村上，《国家神道》，77—119。D. C. 霍尔顿，《日本的国家信仰：现代神道的研究》(1938，译者注：原文为“现代日本的研究”，疑有误)（纽约：帕拉冈重印，1965）。

国家的官方仪典。[1]

基于此目的，1890 年出台的《教育敕语》为神道信徒提供了自明治维新以来前所未有的机会。其最初的日文表达意指“从太阳女神和神武天皇时期的神圣祖先到从未间断过的历史上的天皇”，神道教和本土学者发现了一种对他们的民族重要性的官方确认。《教育敕语》传播了宪法和 1889 年的《帝国家庭法令》，而这两者又做了同样的参考。《教育敕语》使至高无上的天皇祖先完全暴露在了公众视野之下。井上毅的手触碰过所有的这三份文件。他称赞神道教的典仪是“民族基础”和“风俗源泉”，但他坚持强调神道信徒本身不该受国家的特别对待。[2] 然而，神道教思想家将 1889—1890 年帝国君主传统的文稿视为重建神道教在当今法庭惯例中重要性的基础，并强调了从建国之初其与日本历史的联系。如果祖先对于国家的建立是“我们国体的荣耀”，正如《教育敕语》所伸张的那样——神道信徒有理由相信政府对神道教的资助和支持的前景必然会更加光明。[3]

这些预期部分得以实现，部分惨遭挫败。1890 年代的神道信徒继续发表他们的诉求，希望神道教在制度上成为国家政权

---

1 苇津，“关于神祇官兴复运动的活动”，《明治维新神道百年史》5：354—398；西田广义，“明治以后神社法制史的一断面：‘国家的宗祀’的制度性充实与神祇官复兴运动”，《明治维新神道百年史》4：60—143。

2 “教导职废止意见案”（1884），《井上毅传》1：386—392；“神祇院设立意见”（1890），《明治维新神道百年史》2：280—281。

3 例如对国会的纪念，“关于神祇官复兴之议的建议”（1895）：苇津，“神祇官兴复运动”，371—373；“帝国宪法时代的神社”，205—213。

的一个公立部门，但政府并不乐于继续接纳它。

140 单单在 1890 年，神道信徒就向羽毛田丈史呈交了 600 份的请愿书与抗议书。神道信徒向国会的每个部门都进行了请愿，并对东京以及他们所在行政区的国会成员进行游说。然而 1896 年对于神祇宫的复兴解决方案在两院都得以通过之时，政府却拒绝将其付诸实践，宣称此事“正在调查之中”。1890 年代早期，内阁视条约修订为否认神道信徒请求的原因。到了 1890 年代末期，官方争论的焦点在于，对国会的解决方案做出回应之前是否有必要为神龛建立法律和行政基础。处于苦恼中的神道信徒，对其曾经“想让当局理解神圣神道教的重要性”这一想法一度绝望。1899 年，神道信徒求助于媒体，让媒体对其不满和委屈进行宣传。[1] 在这一点上，神道信徒所承受的压力与政府的关切相一致。政府想要把宗教从学校中分离出来，并且对宗教组织进行调整管理，为与外国人之间的杂居做好准备。因此 1900 年，政府在内务省建立了神社局，在接下来的几年里，政府发布了一些条例，从宗教事务中分离神龛和公共办公室，将其移交给分离出来的部门去解决。然而，神道信徒将此次胜利只是视为部分胜利，因为神龛所被授予的只是优先的行政处理，既不是思想的首选又未获得大量的财政支持。[2] 因此他们继续付出努力来复兴神祇宫并使神龛制度化，成为民

1 苇津，“神祇官兴复运动”，381、369—382，以及“告全国同志诸君”，《全国神职会会报》，2 号（1899 年 9 月）：1—6。这是神职人员协会的期刊。

2 “神社局将新设”，《全国神职会会报》，7 号（1900 年 2 月）：47—48。

族崇拜的一个体系。

因为职业的神道信徒一步步踏实地推进同样的事物，从而他们的效率在同等程度上取决于周边环境的变化与他们自身的坚持，或许更多地取决于周边环境的变化。“中日和日俄战争起到了推波助澜的作用”，神社协会的宣传机关在其1906年的回顾文章中这样写道，“因为这两次战争使得神社引起了公众的注意”[1]。政府对神社的推崇，尤其是对靖国神社的推崇（供奉战争中死亡的人的国家神圣场所），是战争时期调动人们积极性的原因，并同时加强了神道教的国家功用。但是日俄战争时期，祭司们抱怨“佛教徒垄断了葬礼服务”，并且就葬礼是否应该属于“宗教”进行了辩论，然而权威机构仍旧像之前一样不做任何回应。[2] 战争之后，政府变得更加急切，因为内务省的神社局想要通过对当地神龛重新组织来实现对区域的行政管制。

然而，祭司们评论并且认为这是对当地神道的麻木不仁，因为当地神道被立刻逐出了他们的根据地。祭司们也为神社局想要将神龛视为“纪念碑”对待而感到痛惜，就好似它们如农村的家具一样，不顾它们的宗教和情感意义而随意挪动。[3]

141

---

1 “送走明治三十九年”，《神社教会杂志》卷5，12号（1906年12月）：2。神社协会与内务省的神社局紧密相连。

2 《全国神职会会报》，61号（1904年8月）：49；62号（1904年9月）：47—48。

3 神社作为纪念场所与“非宗教”的事务相关，例如：《神社协会杂志》卷1，4号（1902年6月）；孝本贡，“‘思想国难’与神社”，下出积与博士还历纪念会编，《日本的国家与宗教》（大藏出版，1978），322—333。关于神社整理参考如：河野省三，“神社神道的根本问题”，《神社协会杂志》卷7，10号（1908年10月）：1—7，及1907年10月，多处；《全国神职会会报》（1908年10月），多处；威尔伯·弗里德尔，《日本神社合并，1909—1912》（东京，上智大学出版社，1973），81—93。

1904—1921年间，担任神社局负责人的内务省官僚有水野练太郎，井上友一和冢本胜一，他们都进一步推进了神龛的思想功用，即在“对神和祖先持崇敬和尊重的态度”这一精神中，统一了人们的情感。与此同时，他们坚持认为神道教并不是宗教，其祭司为公职人员，其行政权力由法律决定。[1] 然而1912年，副内务省长床次竹二郎力图使社会主义与民族道德相对抗，因此他便毫不犹豫地将神道教纳入“三大宗教会议”之中。4年后，一名内务省代表即席评论到，“佛教徒对神道教在大正的加冕礼上所起到的作用进行了批评，而这批评是毫无根据的”，因为民众可自由随自己的意愿去看待神道教。但对政府来说，它选择视神道教为“非宗教”[2]。基督徒和佛教徒抱怨政府的不一致性，政府一面力劝民众在神龛中为一战的胜利而祈祷，一面又宣称不得在神道教神龛中进行祈求和祷告，只能表达一些感谢以及偿还祖先所欠下债的心情。神道信徒发现政府“消极的”态度，其程度无法原谅，因此神道信徒加倍努力确保在一战后的几年他们能够受到优先对待。[3]

到那时，代表神道教的神社局逐渐演变为思想活动的中

---

1 例如，水野练太郎，“关于神社”，《神社协会杂志》卷7，4—5号（1908年4—5月）：1—6，1—7；水野练太郎，“神社应成为共同体的中心”，《斯民》卷3，1号（1908年4月）：3—10；井上友一，“神社中心说”，《全国神职会会报》，122号（1908年12月）：1—8。塚本清治，“关于神社的注意”，《全国神职会会报》，208—210号（1906）。弗里德尔，《日本神社合并》，45—79。

2 “内务省神社当局谈”，《全国神职会会报》，209号（1916年3月）：29—31；亦引自孝本，“‘思想国难’与神社”，325。

3 孝本，“‘思想国难’与神社”，320—325。

心。这些活动有时是类似的，有时是相互联系的，还有时与神道信徒的目标相冲突。从神道信徒的观点来看，官僚主义者仍旧是反复无常的盟友，他们不便又或是不能达成政府自身的目标时，就会不断引发民族和社会危机，无视神道教的诉求。尽管如此，综合的结果却是神道教在公民问答教育法中变得愈加重要。文部省令学校将拜访神社纳入学生的行程之中，因此神圣的祖先和当地的神明不仅在教科书中相关联，在现实中也联系在了一起。[1]

一些明治维新时期的思想家也同样强调了神道教的民族重要性。这些思想家所代表的是神道信徒所认为的“智慧世界的逻辑倾向”，最终导致对宗教整体上的轻视，特别是对于神道教。[2]

1893年，在井上哲次郎对基督教的言语攻击中，他插入了小心谨慎的措辞，例如“我们将太阳女神称之为最伟大的神明——皇室的祖先”，因此引发了这样一种可能性，就是事实上这个表述是错误的。[3] 1907年，井上试图恭维神道教，因此他写到，“作为本土的教派，神道教仅仅是一种迷信，但作为日本人的祖先崇拜，它具有巨大的能量”[4]。到1912年，井上 *142*

1 神社局活动参见：大霞会，《内务省史》2：1—60。文部省事务在1911年受小松原指示，参见：霍尔顿，《日本的国家信仰》，73。

2 “神道大学必要论”，《全国神职会会报》，55号（1904年2月）：25。

3 井上哲次郎，《教育与宗教的冲突》(1892)，8；或见，《井上博士与基督教徒》1：53。参见源，“教育敕语的国家主义的解释”，坂田编，《明治前半期的国家主义》，205。

4 “神道作为宗教的势力”，《全国神职会会报》，106号（1907年8月）：35。

在他简明扼要的描写民族道德的作品之中仍旧在争辩，“作为宗教，神道教是很原始的，但它不仅仅是宗教，神道教与日本作为一个国家的命运息息相关”。井上主张神道教是日本的“国教”。[1] 像井上和穗积八束这样的世俗知识分子视神道教与神圣的祖先传统具有平等的地位，将神的法则纳入忠诚和爱国主义法则之中，按照他们重新定义神道教角色的方式去推动神道教。

神道信徒，官僚主义者和民间思想家之间的相互作用和影响推动了神社神道作为国家惯例的逐渐建立。当然这并不意味着思想家们的建设会立即被在当地参拜神龛的人们所感知。明治维新晚期，朝廷上，天皇执行仪式的公众影响受到限制，神道教思想家不停抱怨，例如，“人们不了解新年或丰收庆典这样的节日作为国家惯例的重要性”。[2] 在地方，神道教面临的问题并不是缺乏知识或神社活动中缺乏公众参与度，而神社活动是惯常习俗的一部分。他们面临的问题在于如何向当地和家族传统灌输民族思想。这仍模糊不清，例如，不论是地方官员还是村长充当“神圣的使者”，在当地神社赠送仪式上的供品，村民将他们视为神社中心的使者或仅仅是地方官员或是村长——因此仅代表着官职而不是朝廷。[3]

1 井上哲次郎，《国民道德概论》(1912)，引自岸本芳雄，“神道与国民道德”，神道文化会编，《明治维新神道百年史》3：319—320。

2 节庆（新年祭，新尝祭）参见：《神社协会杂志》卷 7，2 号（1900 年 2 月）：63。从明治维新晚期国家神道教变得行之有效，参见：村上，《国家神道》。完整的全国管理机构只存在于 1930 年代，参见：西田，“明治以后神社法制史”，《明治维新神道百年史》4：63—64、119—136。

3 另一种观点参见：弗里德尔，《日本神社合并》，70。

神道教学者将明治维新时期的天皇描述为显化的神——神圣皇族的现存代表，明显的神学定义并未出现在他的国民之中。天皇因“神圣而不可侵犯”为人们所知，这是宪法中对其威严的描述。天皇为人所知的另一个原因是他是令人敬畏的角色，人们站在其画像之前充满敬意地鞠躬。但天皇在神道教神社中并未受到正式参拜，因为在法律上，天皇只有在去世后才能被参拜。

事实上直到1920年，明治天皇才被首次供奉于明治神社。113 但在其生前，他亦曾被民间尊崇为现世的神明，即神一般的人，或者以神的身份加以崇拜的人。多数情况下，这种膜拜仅出现在私人修建的神社中，修建者多为倾向皇权的地方精英人士，以纪念天皇早期参访所到之地[1]。在长野区一个偏远的村庄，有这样一座神社，在那里，虽然明治天皇生前始终受到人们热烈的膜拜，犹如现世的天神，不过，由于当时法律仅允许“为敬奉外来神灵而修建神社”[2]，因此人们亦不得不假借此法令向明治天皇膜拜。此外，天皇或元祖神灵亦有出现在一些广受追捧的“新兴教派”的教义当中，只是其描述方式同神道教的观点有所差异，甚至大相径庭[3]。

在传统民俗或大众宗教中，天皇化身为民众朝拜的对象，

1　宫田登，《活体神信仰：人祭祀神的习俗》(塙书房，1970)，52—75。

2　长野县神社厅，《长野县神社百年史》(长野县神社总代会，1964)，492—494。

3　例如天理教，它于1908年在神道教的13支教派中最后一个得到命名。次年，为保留其命名，天理教开始在其教义中宣称应视《敕语》中的天皇为神，然而其教徒却仍继续遭到迫害，参见：小栗纯子，《日本近代社会与天理教》(评论社，1969)，263—267。

这进一步增强了大众对统治者的敬畏。但是，民众膜拜天皇并非发端于神道神社，且天皇象征的宗教意味亦五花八门，并非千篇一律地遵循神道教当权派者的观点。神道教徒意识到这种不和谐因素，因此执着地宣扬他们认同的天皇崇拜和神道制度化的理念。1930 年，社会意识形态的大环境朝着有利于神道教的方向发展，因而更有利于神道教徒传播其理念。不过，神道教徒们还是一如既往地将成果归功于其他各方，尤其是军方、学者和民间思想家们——正是他们大肆渲染在国民道德日渐教条化的背景下赋予皇权重要地位的意义。又过了 70 年，也就是 1940 年 11 月，管辖神道教的独立部门终于恢复了其在政府中的地位，至此，国家神道拥有了其独立中心机构。5 年后，占领当局将此机构撤销[1]。

二

我们尚无法确定明治后期村民是否只是视当地神社为“举行国家仪式”的场所。但可以肯定的是，鉴于神道教同“国体迷思”间的联系（这里的国体，事实上便是绵延于历史长河的皇权体制），因此在国民道德层面，人们尊奉神道教为神明。在明治时期的后数十年，“国体”一词出现得愈加频繁——不仅出现于有关神道教的阐释中，而且在有关德育、爱国主义、

---

1 关于“1930 年”参见：藤谷俊雄，《神道信仰与民众 · 天皇制》(法律文化社，1980)，209—237；霍尔顿，《日本的国家信仰》，298—316。关于“撤销”参见：“神道指令”(1945 年 12 月)，威廉 · P. 伍达德，《盟军对日本的占领与日本宗教》(莱顿：E. J. 布里尔，1972)，322—341。

民族主义和帝国主义的文本中也被频频提及。随手翻开一篇当时民间思想的讲演，“国体”一词俯仰皆是。到明治末期，它已成为一种“图腾”，虽然含义模棱两可，但它必定毫无例外地代表着整个国家。

144

如何准确定义“国体”，这一问题的现实意义远大于理论意义[1]。这亦是历史的宿命。在德川幕府晚期，“国体”成为复辟皇权的理论基础，曾一度备受朝廷追捧。不过此后，同神道教的命运一般，水户教和本土主义者所阐释的“国体”概念逐渐湮没于国家文明开化的进程中，真正意义上的“国体”应运而生。它仍环绕着神秘的色彩，人们将它视为评价制度改革的一个参照。

1875 年，福泽谕吉坚称应借鉴吸收西方文明，以巩固国体。福泽以为“国体”——“西方人称之为‘国籍’”其内涵需囊括社会、历史和地理三方面的属性，方可诠释国之精髓。他曾写道：各国皆有国体，亦尽力维护国体，“国体存续与否最终取决于一国是否抛弃其政治主权”[2]。依据这种定义，日本国体从外部遭到了破坏，且若西方文明进入日本，将有助于进一步稳固国体。但在 1880 年的宪法大辩论中，包括元田在内的保守派人士宣称：国体已遭到破坏，其源头来自国内，必须

1　现代定义的列表参见：理查德·迈尼尔，《日本传统与西方法律：穗积八束思想中的君主，国家与法律》(剑桥：哈佛大学出版社，1970)，64—71

2　福泽谕吉，《文明论之概略》，《福泽谕吉全集》4：18—19；或见《文明论之概述》，23—26。

即刻确立天皇的直接统治方可保全国体——即政体或将改变，国体绝不可变。还有一些人也出于不同的目的表达了同样的观点，他们借探讨国体问题给那些保守人士吃了颗“定心丸”：若因宪法引发政治变革，变革也将“适应国体的需要”[1]。就地方政府体制和民法展开的论辩中，类似的观点亦不绝于耳；而无论是在探讨本土传统抑或皇权存续的语境中，“国体”一词皆成为人们衡量国内变革可否接受的标准。

1880年代人们如何使用“国体”一词从1884年的这一小事中可见一斑。当时皇室官员佐佐木高行致信时任伊藤私人秘书的金子坚太郎，请其就霎时间家喻户晓的“国体”一词阐明含义。佐佐木回复到，他一向将该词视为“未遭破坏、绵延至今的皇室传统，可人们现在总是在谈论土地、人民、语言和西方国家”，这使他及其忧虑。一次，佐佐木同伊藤讨论何为国体的本质。伊藤谈到国体应“与时俱进”，因此当下需重新订立宪法。作为皇室顾问，佐佐木本应就此类话题（如何为国体）拥有相当的权威[2]，但伊藤的话令他大为震惊。

金子坚的回答旁征博引，稍显激奋。他引述了水户学派和埃德蒙·伯克（保守主义的创始人）的观点，以向佐佐木保证：即使政体更变，国体仍将存续。

145 虽然佐佐木称此信关乎“个人颜面”，要求销毁信件，金子坚太郎却把信交给了伊藤。然而让金子坚太郎大感吃惊的

1 匹陶，《明治早期日本的政治思想》，93—171。
2 侯爵佐佐木高行君书简：国体问答，书陵部，宫内厅，东京（手稿）。

是，伊藤对此信颇为不悦。整整一个多小时，他都在驳斥佐佐木“国体不可变更”的错误言论，以此警醒金子坚。伊藤声称，国体在英文中的解释即为“全国性的组织”——“土地、人民、语言、服饰、住房和国家机构的统称，因此，国体顺时而变乃天经地义之事”。金子坚意欲反驳，伊藤便命令其深刻反省，直至对此问题有了更加透彻的认识，前者只好默不作声[1]。

1880年代后期，民间理论家开始将“国体”一词引入与国家相关的议题当中去。他们同金子坚一样都强调国体的独一无二性和不可变更性，但绝口不提本国语言和传统所发生的历史性巨变，或与拥有类似国体的美国或荷兰进行比较。彼时，国内法制体系乱象丛生，举国上下为图存救国与他国进行着艰苦卓绝的斗争。面对此种形势，地方的爱国组织成员们声称“需同心同力，彰显国体之威”，并“在国内和世界范围内传扬有关我国之神圣国体的知识”[2]，仿佛他们更有必要坚定不移地维护国体的稳定性，并以“不变的国体”为傲。民间论者亦撰写了大量阐释“国体”的手册和书籍。1892年，其中一位作者抱怨称有关国体的阐释层出不穷，正渐渐湮没国体的本质内涵[3]。1890年代末，日本成为新兴帝国主义国家，民族自信心油然而生。此时，日本国体被视为“一国独一无二的信条”；在其与

1　伊藤以“还需好好考虑”结束了对话。
2　《爱国》(岐阜)，1893年2月；《日本人》(群马)，1889年5月，等等。
3　远山角助，《日本之日本》(博文馆，1892)，3。

英国国体或中国国体进行比较时，鉴于其某种程度上的“不可变更性”，而“愈发”卓尔不群[1]。

自那时起的各类民间表达中，一国历史的长短被视为国体的重要特征，因此日本2500多年的历史被频频提及。据一名演讲者叙述：“只有追溯历史，我们才能更好地放眼当下，恰如周游各地的俳句诗人欲创作一首关于满月的诗作，则他必从描写新月开始。这亦代表了我的观点。”接着，他的论述从恒武天皇（737年—806年4月9日，是日本第五十代天皇，781年4月3日—806年4月9日在位）铺展开来，最后落脚于现实议题“本国国体的无上荣耀”。[2] 他说，“纵观同样拥有悠久历史的国家中，没有一个国家”不是在秉持国体不变的前提下延续至今（如印度或中国），“没有一个国家”的国体不是经过了历史长河的洗练锻造（如德国或意大利）。[3] 人们将在位天皇与那些永久载入史册的历代天皇等量齐观，使得国体一词似乎在抽象的理论层面上更显雄伟之势，类似于国体一词在法语、德语或其他西语中所具有的气度。在国体的庇佑下，历史绵延不绝，传统亘古常新。

146 “国体”一词已变身为富于魔力的护身符，纵使内涵模棱两可，但俨然已是国家的象征，是区分“他们”和“我们”的

1 例如加藤弘之，“日清两国国体之异同”，《太阳》卷5，16号（1899年7月20日）：1—5。典型表述见：芳贺、下田，《日本家庭百科事汇》(1906)，411—412。
2 加藤咄堂，“国体之精华”，《社会教育通俗讲话》(文盛堂，1918)，215—218。
3 加藤咄堂，“万邦无比的国体”，237—240。

一把标尺[1]。

1908年适逢宪法颁行20周年，伊藤就此发表演讲，他回忆起1880年代学者就宪法和国体两个话题争论不休，但是自己他的立场一直坚定不移："我坚信，立宪政府无权改变国体，只能改变政体"。伊藤阐释了自富有传奇色彩的恒武天皇延续至今的皇室传统，还引述当时家喻户晓的日本辉煌历史[2]。坐在台下的金子坚对这姗姗来迟的胜利甚是欣慰，于是记录下20年前的那场论争。20年前，他坚持国体不容改变，如今曾持反对态度的伊藤亦改口认同他的观点。且就国体一词应如何在思想意识层面应用，伊藤的态度亦发生明显逆转变。"圆滑的伊藤"——这是德富眼中的伊藤，毫不在乎定义规则等条条框框的束缚，而是顺时而动，应时而为[3]。1880年代早期有关宪法的辩论正值高潮，伊藤判断此时社会需要的是可应时而变的国体。可见，与其称伊藤是理论家，不如说他是个地道的政客。随着宪法初具雏形，也正是伊藤提倡各界应以皇室为中心，团结民众，维护议会政治体制下的官僚特权。1908年，伊藤大方地宣称称国体不可变更，皆因为当时此理念已深入人心。与此

1　参见鹤见俊辅1946年的著名文章，F. J. 丹尼尔斯译，"鹤见俊辅先生论语词的'护身符式'用法：一个附评注的翻译"，《伦敦大学亚非学院期刊》，18号（1956）：514—533。

2　侯爵佐佐木高行君书简：国体问答（手稿）。关于伊藤的演讲参见：金子，《伊藤博文传》3：739—743。依据日本算法，1908年是宪法颁布20周年，虽然庆祝仪式在次年也有举行（这符合西方学界的推算）。

3　德富，《我之交游录》，9。

同时，金子坚却乐此不疲地宣传："既然星条旗已取代了天皇，日本的德育或亦可借鉴美国的模式"[1]。两位政客的措辞均与时俱进，这是由于《教育敕语》阐发的国体已是不可变更；且宣扬国体之荣耀成了公民道德教育的一个重要方面，其象征意义可比肩美国星条旗的象征意义。

学校与公民教育

一

一方面，民间理论家带头积极阐释、宣传公民道德的内涵；另一方面，文部省致力于将公民道德教育融入学校教育制度，然而过程并非一帆风顺，虽然中央政府于 1890 年颁布了教育新政，但这并不能保证各地方政府会立即落实新政。这和之前数十年间的情况并无二致。

147 1890 年代至 1900 年代，为将国家公立教育置于行政监管下，文部省忙得不亦乐乎。与此同时，文部省试图以《教育敕语》为蓝本，规范道德教育，并借助《敕语》拥有的国家权威，提升其本部的行政影响力。

文部省率先行动，通过向各个学校分发《敕语》复本，并规范其保存、使用及庆典诵读等事宜，实现《敕语》制度化，有利于规范和监管公立教育[2]。1890 年代末，国会就推进教材标准化一事施加压力；1920 年爆出的教科书丑闻一石激起千层

---

1 《日本年代记》，1907 年 2 月 15 日。

2 山本、今野，《明治时期学校活动的考察》，74—80。

浪。在此双重影响下，文部省得到授权，从私人出版商手中接管基础教育课本编纂的任务。为此，国会保守派通过专门决议，呼吁国家应有效督导道德教育，“以培育忠心、孝心、爱国心，实现本国文明的进步发展”[1]。自 1903 年第一版政府指定的教科书问世以来，无论是德育，还是历史、语言和地理教学[2]，学校均采用全国统一的官方教材。直至二战结束，教科书共历经四次编修。形形色色地针对教师和师范教育的法令法例先后出台，以规范授课，统一教材[3]。此时，《敕语》俨然成为道德之基石，一大批国家指定教材编纂完成，众多接受公立教育的教师应聘入职，在此基础上，文部省继续推进公民教育事业。

显而易见，学校和军队构成了国家的保护机制，其影响力无处不在。明治晚期，在民众接触的众多意识思潮中，灌输给小学生的思想意识信条大约是内容最为同一、目的最为单一的。国家为统一意识形态不遗余力；但纵使推出如以上有着清晰导向的举措，政府实施监管亦步履维艰，且监管范围十分有限。在 1880 和 1890 年代，公民道德成为精英阶层论辩的议题。理论家们经过商讨，虽最终回答了公民道德由什么构成的

---

1 “小学修身书编纂之建议”，安部编，《帝国议会》2：81。

2 唐泽，《教科书的历史》，特别见 191—329。哈罗德・J. 瑞，“日本人对国体及在外部世界的角色之印象的变化与延续，对 1903—1945 年日本教科书的内容分析”（博士学位论文，夏威夷大学，1971）。文本先后于 1910 年，1918—1923 年，1933—1939 年和 1941—1945 年经历了数次修改。

3 《百年史》4：681—766；牧昌见，《日本教员资格制度史研究》(风间书房，1971)，196—225。

问题，但整个过程始终囿禁于狭小的圈子和相对闭塞的社会氛围中。但理论家们支持宣扬公民价值观；在多级县政府的努力下，公民价值观经由老师的阐释解读，为众多来自不同阶层的民众所接收。由此可见，相较于实现国家统一，事实证明将其写进法令法规更为简单。往后数十年，文部省一直致力于责成各学校保证思想教育的连贯性。

纵使缺乏法律支撑，文部省仍尽力将《敕语》塑造为德育之基石。

148 尽管1890年代后期，枢密院再三要求教育法令应补充一款明确提及《教育敕语》一词的条例，但是，政府坚持认定此做法与宪法违背而拒绝执行。最终，人们仅能于日本在其殖民地颁布的教育法令——1911年的朝鲜教育法令和1919年的台湾教育法令——中窥见《教育敕语》四个字。并且，为平息朝鲜国内日益高涨的民族主义思潮，"教育敕语"一词于1922年从教育法令中销声匿迹[1]。为使《教育敕语》成为法定规制，文部省并未通过法律途径，而是借助天皇权威实现此目的。部分源于此，校园礼节仪式作为意识形态教化的工具，其重要性不亚于课堂正统的道德教育。

明治晚期，教育政策时而受到官僚机构操纵，时而受到意识形态的主导。在这种背景下，校园礼节仪式开始逐步走向标准化。学校礼仪条例源于1891年文部省下发的一道中央指令。

---

1 久保，《天皇制国家的教育政策》，12—24。

此后，政府机构印发各类文件推进学校礼仪的标准化进程——1892 年和 1893 年，各县政府贯彻文部省指令的精神，先后出台指导性文件（文件的措辞同中央指令完全一致或略有不同）。此后，或是基于各县政府通过建立与学校领导的良好关系，或是出于某些地方教育官员的积极推动，县级教育条令在本行政层级得到进一步细化（人们不时对以修饰润色）；此后 10 年间，就如何诵读《敕语》和膜拜天皇挂像（挂像悬挂于保存有《敕语》复本的漆盒或木盒后），各学校均建立起特色鲜明且多为细致入微的礼仪指南。例如，在校小学生不仅应“心存敬畏”，还要求在行为规范方面“挺直腰背，双手垂于体侧。五指并拢，手掌略微朝前，小指位于大腿处”——活脱脱好似详解高尔夫击球的准备姿势[1]。各地教育部门在细化国民教育指令的基础上施行的教育法令颇具代表性，一个显著的事实是：各地采取的因地制宜的细化措施亦被文部省写进随后颁布的教育指导方案中。曾经为天皇肖像争得挤破脑袋的校长们如今争先恐后地为本辖区争得第一份《敕语》复本。事实上，《敕语》的例行诵读俨然成了神圣的仪式，究其原因，狂热和虚荣的地方主官们是始作俑者[2]。

1　“关于拜读敕语的礼仪”（1900），《长野县教育史》6：556。《敕语》变迁之实例见：久保，《天皇制国家的教育政策》，531—556。当时村镇为《敕语》举办的庆祝仪式之典型参见：信浓国佐久郡下海濑村土屋家文书，4182 号，文部省资料馆，东京（手稿）。

2　亘理，《教育敕语与学校教育》，55—78；山本、今野，《明治时期学校活动的考察》，86—129。

1890年代，全国逐步确立起统一的礼仪范式。不论是每年的国庆假期，每场校园庆典仪式，还是每月为此特定主题所做的集会活动，学生们总能听到校长吟诵《敕语》。一至三年级的孩子们在德育课上跟随老师反复诵读《敕语》；而四年级以上的学生则要求背诵《敕语》。

149 学生在庆典仪式上背诵《敕语》已俨然成为校园典礼中颇具象征意义的时刻；这种场景好似在美国，人们向星条旗宣誓，以表忠心。学生谈到《敕语》，自然会想到学校权威和国家权威的代表——校长和天皇，以及温顺的举止，肃穆和神圣的气象[1]。

但是事实证明，相较于在课表中设置《敕语》课程，将《敕语》融入学校礼仪则容易得多。为此，1891年，“基础教育的基本原则和规定”奠定了《敕语》在道德教育的基石地位；不久，各类有关《敕语》的文本和评论接踵而至[2]。鉴于人们习惯不假思索地机械背诵《敕语》，井上毅（1893年擢升为文部大臣）下发指令，痛斥仅仅死记硬背《敕语》文本的禁锢，疾呼“教师引导”的必要性[3]。事实上，1890年代，学生每周必须在老师的指导下接受三小时的道德学习；这个具有献祭意义的规定明显由各种内容混杂在一起。参照当时的课程计

---

1 《长野县教育史》6：555—56；唐泽富太郎，《明治百年儿童史》，卷1（讲谈社，1968），219—221、282—283。

2 “小学教则大纲”（1891），教育史编纂会，《发达史》3：95—103。新藤，《教育敕语浸透过程》，11—12。

3 海后，《井上毅的教育政策》，944—945；国立教育研究所，《百年史》4：211。

划和学生笔记，我们可知，礼仪和道德学习占据了相当大部分的课堂时间。依据《敕语》在孝道方面的训谕，一年级的学生应在离家和回家时告知父母；四年级的学生就孝道展开讨论，话题包括“关爱父母和照看马驹、小狗等动物有何不同”；三年级的学生需学习如何在站立和端坐时诵读《敕语》，以及如何像打扫自家一般认真打扫教室；年长的学生不允许在谈话时使用冗余无用的表达；否则，他们会遭到鄙视，以致无法达成其目标。德育课程通过讲授“公民道德之精髓”，能够很好帮助学生适应即将同外国人混居的社会变化；老师授课时援引的例子亦是丰富多彩——既有传统神话传说，也有塞缪尔·斯迈尔斯的经典著作《自己拯救自己》[1]。

教师课内通常是援引历史英雄传奇和民间神话、逐字逐句地教授《敕语》。而在课堂之外，《敕语》亦成为插画图书、投影秀和“双六”新年游戏颇受青睐的主题，从而普及了《敕语》：“若你在诵读《敕语》时犯了一个错误，你就白白错过了一个改变人生的机遇”[2]。《敕语》措辞虔敬，用于描述神话英雄茂太郎的传奇经历再恰当不过——即忠诚孝顺的“桃太郎”打跑了来自恶魔岛的妖怪[3]。无论是校内还是校外，《敕语》通过英雄故事和训诫诤言的形式在大众中普

1　道德学习时间表见：《百年史》4：170。“课程计划和学生笔记”见：《长野县教育史》6：546—554。一份对1890年代德育课程的简要回忆录（很少虚构）见：中勘助，《银之匙》(1913)，寺崎悦子英译（芝加哥评论出版社，1976），87—88。

2　《教育敕语双六》(1890)。

3　这以及其他基于《敕语》的课外读物见：唐泽，《明治百年儿童史》1：221—225。

及。这个普及形式恰好解释了1913年某地对应征入伍者所做的民意调查的结果。受访者共1 343人，年龄均为20岁，正常情况下应在1900年代左右入读小学。在完成了6年高级基础义务教育（国家规定的基础义务教育只有4年）的部分士兵中，只有30%的人了解《敕语》的内容，并能背诵其中的主要章节。

150 据调查显示，70%的中学毕业生（这群学生当中的精英数量在当地只有167人）能够背诵《敕语》的大部分内容，总体表现优于应征入伍者。[1]

《敕语》在中学教授过程中遇到的最大问题不是老师疏于指导，而是学生缺乏兴趣。一篇写于1894年的名为《学习的实用价值》的文章颇能代表当时年轻一代的观点。这名青年作者从论述瓦特发明蒸汽机为这个创新思路切入，洋洋洒洒地写道："如今，陆地上火车奔跑，大洋上蒸汽船航行，因此，交通运输更为便捷"。依照规定，他在文中也提及了《敕语》所推崇的美德，指出"忠于祖国，孝敬父母，善待兄弟姐妹，真诚交友"这些品质十分重要，并声称"天皇尤为重视这些品质"。此处，老师还用红字标示出其引述缺失的部分："因此，仁慈的天皇陛下广施恩泽，颁布《敕语》以引导我们一众子民"。[2] 然而在1890年代，相较于《敕语》环绕的神圣皇家光

---

1 各连队区管内民情风俗思想界的现状，Ⅱ，高田（手稿）。

2 作文，五年级（1894年5月），下总国相马郡藤代村饭田家文书，4173号，文部省资料馆，东京（手稿）。

环，詹姆斯·瓦特的故事（其成就作为成功者的案例收录在塞缪尔·斯迈尔斯的《自己拯救自己》一书中）在小学生中拥有更高的知名度，更强的号召力。作者颇为自信地总结道“锻造品德，扩充知识，方能在成年后成为国家的栋梁之材。”这反映了1870年代的社会潮流——将个人理想融入爱国主义——仍不失其感召力。

二

自甲午战争爆发，直至战争结束后，理论家所推崇的爱国主义风靡各个学校；不过，这种现象与其说是理论家们呕心沥血的结果，不如说是师生的战争狂热情绪所驱使的结果。1894年9月，文部省下达一道指令，鼓励学生吟唱战歌，以提升其活力和精气。随着模拟军事训练铺天盖地而来，仇敌情绪日益浓重，军事主义愈发令人窒息；此情此景，老师不禁慨叹：学校是何等疯狂地沉迷于尚武精神或军国主义！于是同年12月，文部省再次发布指令，告诫学校不应让学生过度吟唱战歌。[1] 然而，这道指令毫无作用，好战的爱国主义精神纵使在甲午战争结束后的两三年中依旧高涨，而德育在其并非一帆风顺的推行过程中，整体内容得以保存延续。

1903年，随着第一部国家德育教材问世，人们的部分疑虑 *151*

1　文部省指令见:《发达史》3：144—145。关于“尚武”见:《教育时论》，383号（1895年12月5日）。中，《银之匙》，124—128。参见海原徹，《明治教员史的研究》(密涅瓦书房，1973)，214—227；千叶寿夫，《明治的小学》(弘前：津轻书房，1969)，221—225；生方，《明治大正见闻史》，33—41。

随之消失，但是最令人困惑的问题依旧存在。因为无论国家和地方教育官员精心编制的方案中，最大的不确定性不是来自教材，而是教师。事实上，新教材一经出版，较为激进的教育者就抨击教材对赫尔巴特一再推崇的个性锻造方面关注不足；而保守派和道德护卫者则认为教材重视个性发展，而忽视了忠诚和爱国主义教育，这是万万不可接受的。[1] 与此同时，教师行业正处于转型的阵痛期：随着教师队伍吸纳更多新鲜的血液，国家实现意识形态统一更是困难重重。

1900 年，全职教师的薪资、补助大幅缩水，社会地位下降，其尴尬境况在整个明治早期都是令人匪夷所思的。1890 年代后期，日本经济曾一度萧条，老师的工资甚至低于技工和体力劳动者的工资。1899 年，横山源之助发布了其著名的关于东京下层人民的调查，结果显示：在他给出的定义中，属于中层劳动者平均月工资为 16.25 日元，负担三口之家实为捉襟见肘。然而，同样需要供养三口之家的小学老师的平均月工资仅为 13 日元。[2] 在经济低迷且前景黯淡的背景下，教师职业更鲜有人问津；可是当时小学入学人数却快速上升。鉴于全职教师数量不足，学校不得不聘请更多的临时/兼职教职人员（虽然其中多数人从未接受过教师专业培训）。有些是代课老师——

1 海后宗臣、吉田熊次，《教育敕语推行之后小学修身教育的变迁》(国民精神文化研究所，1935)，68—70。

2 1895 年，小学教师的平均月工资为 7.36 日元；排字工人为 8.79 日元，房顶工人为 8.9 日元，船厂木工为 10.05 日元，资历浅的基层公务员至少为 12 日元。海原，《明治教员史的研究》，229—239。

短期教书后即转向其他行业；也有些准老师——教书是他们能找到最好的工作。[1] 实际上，明治晚期的就业指导者都极力建议，中学毕业生先通过亲戚朋友的推荐找到一份教师的工作，以避开“生存的竞争”。[2] 人手不足时，一些能力不足、资质可疑的老师也到学校浑水摸鱼。1907年，在山形县的一次教师资格考试中，一位年轻人看着身边参差不齐的应试者不禁大为震惊：“这真是名副其实的次品展示区”。[3]

> 进一步探究教师短缺问题时，我们还发现各个学校的教师跳槽频繁的现象。老师们“上午还在甲学校教书，傍晚就跳到了乙学校；或是昨天工作地点还在甲县的学校，今天就已经跳到乙县上班了”。[4]

1897年，全国共有43 593名全职专业教师；其中超过14 000名教师在校任职不到五年；约6 000名老师不到一年即跳槽到别的地方。[5] 1908年，科班老师的数量开始增加；但即使在获得资质认证的教师中，也只有26%的老师曾接受过国家师范院校的严格培训和实践磨练。人们报考师范院校有两大基 *152*

1 上田庄三郎，《青年教师之书》(贤文馆，1936)，166—167；海原，《明治教员史》，173—182。

2 《就职入门：近期调查》，(盛文社，1911)，17。

3 关于培训见:《就职入门：近期调查》，157页。牧，《日本教员资格》，224—240。关于“次品”见：渡部政盛，《青年教师时代》(东洋图书，1937)，70。

4 “教员之频繁”，《教育时论》(1897年9月25日)；海原，239—240。

5 《日本教员资格》，241；以及《百年史》1：1158—1168。

本动因：其一是生活窘迫，而学生无须支付师范院校的学费；其二是逃避兵役，通常服兵役时间长达两年；而从事教师职业的毕业生只需服满六个月即可。因此在经济衰退时期，报考师范院校的人数上升；一旦经济回暖，不少专职老师亦纷纷离职，寻找薪资更为优渥的工作。[1]

由于教师薪酬偏低，素质参差不齐且跳槽频繁，其社会地位远低于教师行业理应享有的理想社会地位，甚至不及发放教师薪资的地方政府的预期。因此，1890 年代至 1900 年代间，教员们呼吁提高教师工资和相应政府补助，并制定更为严格的行业标准。曾经，教师职业被视为“天赋的使命”；[2] 如今，这一理念已湮没于历史中。直到 1907 年，一些教育者倡导“职业精神”；还有一些人试图将教师塑造为传道授业者，以重振教师行业。让政府大为头疼的是，当教师行业面临危机的同时，政府正千方百计招聘小学老师，期望他们能大力促进国家意识形态在当地的传播。日俄战争结束后，不仅文部省，甚至内务省和军队都将学校纳入各自思想体系建设的范畴。然而，现有的多数教师都未接受过正规的师范培训，且思想信念摇摆不定。小学校长（有时，老师认为他们“官腔十足”）才是最值得信赖的国家意识形态的拥护者。的确，无论是从职位还是从价值观的角度，他们都与那些拿着微薄工资的临时教职人员有着天壤之别（而后者并不认为自己是引领公民道德的旗手），

1 唐泽富太郎，《教师的历史》（创文社，1968），85—93、139—150、265—282。

2 海原，《明治教员史》，169—182、246—252。

而与当地官职人员有颇多相似之处。[1]

国家意识形态不统一一方面是由于教师的受训背景和职业素养参差不齐，另一方面是由于老师易受最新的时代流行思潮的影响，且青年教师尤其易于跟风。1900 年代，20 岁左右的青年教师并不热衷赫尔巴特或孔子的思想；他们更倾向于从托尔斯泰、易卜生和哈姆雷特中汲取灵感。而这些老师中多数是面临日俄战争后“就业困境”的中学毕业生。

由于无法像其前辈一样在毕业后直接担任公职或其他光鲜的职业，他们或出于权宜之计暂时选择了教师一职，或将其作为终生职业。不过，恰如小说家田山花袋笔下那位几乎以真实人物为原型的乡村教师所言，彼时周围的村民“成天谈论如何养蚕致富”；而这些受过教育的年青一代则将其对俄罗斯小说、自然主义者的文学作品以及社会理想主义的偏爱带进了课堂。[2] 每逢这些年轻人被要求参加当地由文部省主办的德育讲座时，他们往往有着自己独特的见解。

153

1912 年，一位老师在聆听了有关国体和国家道德的讲座后写道，他无法接受讲座中的三个观点：一是国体和国家思想意识不可变更的观点；二是易卜生笔下的娜拉在抛夫弃子后，也丧失了一切获得幸福的机会的观点；三是在德育中，学习不必

1　在这种校长管理之下进行授课的作家们对其巧妙的漫画式讽刺，参见：石川啄木，《云是天才》(1906)，《啄木全集》，卷 3（筑摩书房，1967)，3—34；田山花袋，《乡村教师》(1909，译者注：原文为 1904，疑有误)，《田山花袋全集》2：313—595。

2　田山花袋，《乡村教师》，52。关于此类教师的回忆，参见：稻毛诅风，《现代教育者的真生活》(大同馆书店，1913)，353—423；渡部，《青年教师时代》，48—80。

一定与实践结合的观点。他辩称，国体在过去的两千年并非一成不变；今后，它也必定会因时而异。王阳明曾指出“知行合一”的重要意义，并且这也在明治维新的历史变革当中得到了充分验证。相较于他在国体或王阳明学说方面的态度，在探讨娜拉时，他的情绪更加激越，言辞更富感染力：西方社会普遍接受个人主义，所以我们不应以日本文化的标尺判断娜拉的选择；况且，幸福是一个关乎个人情感体验的字眼。[1]

当时，人们普遍欣然接受这种折中主义，并对此不加掩饰。25 年后，这位老师回忆道，在明治末期，学校的使命是教育启迪学生，而不是灌输思想，“也不会有人成天念叨日本精神或此类教义”。[2] 一位地方师范院校 1907 届的毕业生亦有着类似的体会。1934 年，据他回忆，上述理念即便在那些坚定捍卫教育原则的机构也相当盛行：

> 如今，当局态度强硬，千方百计试图控制意识形态。可在过去那个时代，这种控制遇到了重重困难，且亦是徒劳无望的。这种局面类似于人们可以欣然接受“自治政府”；现实中，我们主导着思想意识的发展。[3]

在 1910 年代和 1920 年代，老师或将自由政治理念融入教

---

1 渡部，《青年教师时代》，225—233。
2 渡部，《青年教师时代》，216。
3 千叶县师范学校，《千叶县师范学校沿革史：创立六十周年纪念》(千叶：1934)，323。

学，或成立教师工会，或逐步接受社会主义，这都有碍于当局施加控制。[1] 此后，教师行业逐步趋向稳定。小学教师中，绝大部分是接受过统一培训的师范学院毕业生；同时，教师岗位流动性下降，老师再也不能随意跳槽。

批评家们经常批评一种所谓的“师范学校老师”，认为他们在知识上缺乏创新，在道德主义上过于僵化。这种老师在社会上的普遍存在导致培养了学校在意识形态的一致性。[2] 然而，正是由于20世纪30年代对意识形态进行严厉和僵化的控制，政府才有能力压制老师们多样化的知识和政治热情。 *154*

三

因此，公民教育难以捉摸的一致性成为教育官员、保守派政治家和民间社会批评家们长期讨论的话题。

截至明治政府末期，《教育敕语》的影响从学校扩大到公共仪式和协会，正如1900年议会决议所提议的，这项举措旨在检查群众中“道德教学恶化”的程度。[3] 1907年，《教育敕语》的官方英译版问世，外国的教育家纷纷称赞其为最高的伦理和道德原则。[4] 然而，就在同一年，批评家大隈重信提出反对意见，他

1　石户谷哲夫，《日本教员史研究》(讲谈社，1967)，371—462；唐泽，《教师的历史》，164—187。

2　水原克敏，“‘师范型’发生问题的分析与考察”，《日本教育史学》，20号（1977年10月）：20—35；唐泽，《教员的历史》，28—93。

3　“关于教育敕语的建议”（1900），安部编，《帝国议会》2：90。

4　不同于芝加哥教育委员会主席的赞扬，世界产业工人组织将该《敕令》评价为“资本主义道德真正的平庸之物”。《工业联盟期刊》，世界产业工人组织，1907年11月2日。

认为不断对忠和孝推陈出新只是一种“空虚的虔诚”。1912 年，记者浮田和民评论说：“虽然全国都知道并且熟记《教育敕语》，但是这些仅限于口头上。即使教育家能够像背佛经一样背得滚瓜烂熟，但是他们却不理解其中的意思。”[1] 一直崇尚爱国的海老名弹正也同样地指责教育过于形式主义，他引用了东京大学教授的一句警示语：过分强调《教育敕语》会产生跟我们意愿相反的效果。随着人们越来越适应《教育敕语》，他们可能再也不会感激天皇了，只是仅仅“将忠孝挂在嘴边”。[2] 1909 年，《朝日新闻》评价《教育敕语》“对日本民众是非原则方面的教育不够”，因为仅仅依靠忠孝道德运动反对当下政治和财务腐败是远远不够的。1911 年，新闻界出现了一个更为讽刺的评论，此评论质问“一切提倡教化和藐视道德风尚之言谈”的必要性。毕竟《教育敕语》已经指导了青年人 20 多年，而且“除非教育在社会中不起任何作用，教化便无需进一步的强化。[3]”

实际上，教育家一直怀疑修身教育的效果。一位优秀教育家在 1914 年写道：“每个人都认为在低年级开展伦理道德教育没有意义。”一位 1911 年毕业的初中生评论道：“只依靠中学学习的伦理道德很难在大阪维持生计。伦理道德教育都是一些

---

1 大隈见:《东京每日新闻》，1907 年 1 月 8 日。浮田见：“新时代的使命”，《国民杂志》卷 3，7 号（1912 年 9 月）：19。

2 海老名弹正，“宗教家眼中的现代社会”，《太阳》卷 17，3 号（1911 年 2 月）：29。

3 “日本人的道德”，《东京朝日新闻》18，1909 年 4 月；《都新闻》，1911 年 6 月 13 日。

琐碎的事情并且缺乏常识。”[1] 随着1910—1911年“大逆事件”的爆发，社会广泛要求对整个“道德教育”事业进行重新评估。山县有朋，文部省、国会官员及其他舆论人士又重提1880年代的论争，主张使用国民道德来统一民众思想和保护国体。这一次反对的对象变为国内新的敌人——社会主义者。[2] 为了应对挑战，他们建议更新道德教育的内容，评论家也重新审核了各种可能的革新方式。一位论者总结认为当时不管是儒家思想还是武士道精神都已过时：“为了我们能够和强国相匹敌，所有的武士阶级必须做的就是勤俭节约。”[3]

155

然而，民众对于依据意识形态建立的新道德基础观点没有达成一致，所以他们再次诉诸《教育敕语》。在接下来的几十年，同样的意识形态重复多次。1935年，一个半官方消息对教育这样评价：“明治和大正时期的教育界正如当代的普通知识界一样，缺乏建立意义非凡的《教育敕语》的动力”。因此，正如40年前的教育形式一样，这仍旧是1930年代中期“最紧迫的教育问题”。[4]

虽然学校没能一直满足上级机关对思想教育的期望，但是他们成功地向后来几代人传递了公民道德教育的概要。1934年

---

1 泽柳政太郎，“第二次修身教育应从普通四年后开始”，《泽柳全集》6：457；“二三青年论”，《伦理讲演集》，101号（1911年1月）：77。

2 梶山雅史，“明治末期的德育论议——大逆事件后的帝国议会”，《日本思想史》，7号（1978）：112—133。

3 秋元兴朝，“家庭眼中的现代社会”，《太阳》卷17，3号（1911年2月）：23。

4 海后、吉田，《教育敕语推行之后》，95—96。

开展了一项询问儿童关于《教育敕语》来源的民意调查，三分之五的孩子认为它产生于一般的帝国范畴，其中三分之一的孩子正确回答来自明治天皇，其他人认为来自当今天皇、皇室和宫内省。答错的学生当中，11%的学生将《教育敕语》的颁行归于文部省，倒也可以理解；有一个孩子的回答颇为早熟地显示出他对当地官僚权力机关的了解，他说："这要归功于市政厅里的人"。[1] 对《教育敕语》的梳理和阐释精致得几乎不可思议，仍是思想家们心中的一个谜，但是忠君爱国与天皇和国家政权的联系多少都完全达到了效果。[2]

经过民间思想家的精心锻造和文部省以及各类政府机构的大力推广，公民教育作为公民忠诚的最低要求已经渐渐地在更多民众当中建立起来。1930 年代，儒家社会伦理正式命名。它划分出世俗道德界限，日本人须要在"忠诚和爱国"中定位自己，或者至少不公开违犯这一点。尊重祖先乃是扎根在民众心中的社会习俗，与皇族永存的思想导向交相呼应，并通过反复的互动和强化，将皇族、国体与国家、天皇联系在一起。社会道德传统和国家冠冕堂皇的专横价值观的连接从新的社会道德观中产生出一个纽带，这个纽带既让民众觉得无比熟悉又觉得要求相当苛刻。

156

1 亘理，《教育敕语与学校教育》，78—95。
2 亘理，《教育敕语释义全书》，536—538。

第六章
社会基础

社会热潮

一

1905—1915 年的 10 年间，思想家加大了“影响”民众思想的力度，因为他们认为社会秩序出现危机，应该对此作出回应。18 世纪和 19 世纪晚期，内阁政治家的恐惧和国家统一的权衡需求共同激化了早期意识形态活动的爆发。怀着对新宪法体系的憧憬，思想家们承担培养日本人“国家感”的任务，不管他们是日本市民还是农民。现在不论是社会混乱感还是对于社会混乱的恐惧都驱使评论家们试着在过去的社会中寻求某种安定和谐、井然有序的面貌，而这好像越来越成为“复杂的社会”。与绝大多数意识形态工作相似，人们认为之前做出改造公民的工作从未完成。而且，像忠诚、爱国、国家道德和神道教之类的社会组成部分在这些新社会问题背景下又进行了重新解释。但是日俄战争之后，意识形态表达的重心从国家问题转移到社会问题。对于 1890 年代民众关注的社会问题，数量上似乎已经发生如此重大变化以至于对许多人来说好像已经成为国家的一个新威胁。

日本民众的确将此次战争视为一个分水岭。据说日俄战争之后日本面临的社会困境与 19 世纪面临的国家挑战同等复杂。这种充斥于东京政治辞令和知识分子观点的认知绝不仅限于日本首都。县知事们也经常在许多日常政府文件中谈到相同的话题：

> 德川时代结束的炮火硝烟蔓延在浦贺港，它打破了民众的长梦，预示着闭关锁国政策的结束。这一时期，我们确立了以进步作为国家的发展政策。现在随着抗俄战争的结束，明治政府已经完成了其伟大任务，一个新国家政策出现了……日俄战争已经在日本开花结果，但是要想在和平时期开花结果还需要工业的支持。国家的外交事务取得进展，帝国的未来清楚地摆在面前。现在我们必须将目光转向国内，壮大帝国实力……以及培养社会基础。
>
> 这位县知事将日本比喻成经历拿破仑战争之后的英国，他警告说由于日本国内事务已经开始优先于外交事务，因此必须特别关注城市和乡村。他强调说英国经历工业革命之后，意识到了农业的地位不可忽视，但为时已晚。因此，日本必须以战时同样的精神努力“团结社会各阶层的思想”，促进工业和农业的不断进步。[1]

158

这场战争成为衡量现在的一个基准。战争的光荣胜利显示了日本第一大国的地位以及其不断扩大的“大日本帝国”的势力范围，包括库页岛、朝鲜和中国东北。山县有朋提出兴建凯旋门庆祝这些累累硕果。1907 年，新年回顾展高度评价了国际上对日本帝国的认可。一位论者将明治 40 年的日本比喻成 40 岁的孔子，四十而不惑，现在日本很有自信。正如孔子五十而知天命，日本也将会很快知道自己作为大国的使

---

1 藤井雅太，《郡市町村发展策：郡市町村情况调查标准》(姬路：1910)，1—11。

命。[1] 但是，在日本深陷战后萧条一年之后，国内面临着不断增长的税务负担、经济困难和财政不足，国外面临着“反日的移民热”，[2] 看似“胜利的美梦”已经就此消失。日俄冲突曾经是一场大规模难以对付的对外战争，它似乎给战后国内管理留下了同样大的难题。[3] 日本社会呼吁“第二次明治维新”，但是现在维新的内容既没有涉及国内问题也没有谈及国际问题，而是社会和经济问题——既有普遍的生活问题，又有特殊的农业问题。[4]

井上友一[5]强调：只有理解了这些问题，才能进行正确的处理。就像“医生医治病人一样，只有对病人进行初检之后，才能对症下药”。井上是内务省的农村问题的优秀思想家，为了论证以上观点，他提倡对乡村条件应进行仔细调查，并将这一调查同 19 世纪早期二宫尊德所倡导的革新农业运动联系在

1　山县，“致寺内的信”（1906 年 7 月 27 日），寺内正毅关联文书，宪政资料室，国立国会图书馆（手稿）。献给帝国的颂歌之典型，参见：“面向明治四十年”，《东京每日新闻》，1907 年 1 月 1 日。关于孔子见：川合清丸，“面向明治四十年”，《日本国教大道丛志》，223 号（1907 年 1 月 25 日）：2—5。

2　“明治四十年史”，《太阳》卷 14，3 号（1908 年 2 月）：201。

3　一种代表性的讨论见：“战后经营”，《太阳（增刊）》卷 12，9 号（1906 年 6 月 15 日），特别见久保田让，“战后的社会”，50—51，以及建部豚吾，“社会问题之根底”，132—148。

4　比如，第二次王朝复辟和“二十世纪社会生活问题”以及“农民问题”，参见：江渡幸三郎，“今后的日本”，《日本人》，454 号（1907 年 3 月 1 日）：22—25。典型的回顾性描述见：田中穗积，《生活问题与农村问题》。

5　井上友一，森的序言，《町村是调查指针》(1909)，1—2。井上是中央报德会及其杂志《斯民》的创立者，同时亦是内务省地方局尽职尽责的官员，他这些方面活动的编年记录见：井上友一，《井上明府遗稿》，近江匡男编（三秀舍，1920），6—54。简短的概述见：大霞会，《内务省史》2：101—105。

159 一起。然而，其他人士进行了更多较为普遍的调查，这导致人们频繁地对各种社会“热潮”加以分析讨论。

农村青年患上了“都市热”。他们为了能在县区或者东京等城市接受教育和谋求职业，放弃了他们祖祖辈辈的职业。“现在是城市的时代。不管是具有学识、寻求荣誉的人，还是为了挣钱或者出卖劳力——每个人及其同辈都在向城市进军，好像他们被某种热潮所攫住”。[1] 1898—1907年的10年间，每年有4万到6万人迁移到东京，2万到4万人迁移到大阪。[2] 到1908年，在全国5 000万的总人口中，东京大都市的人口已经增加到200万。居住在城市市区的160万人口中，大约60%被称作“乡下人”，他们从县区来到了东京，其中大多数人来自千叶县、琦玉县、新潟县、茨县和神奈川县。[3] 1908年标志着城市人口迁移激增10年的开端，这种移民潮一直持续到第一次世界大战结束。[4]

随着越来越多的日本农村人屈从于这一热潮，人们越来越

---

1 横井时敬，“都市热的结果”，《教育界》卷6，5号（1907年3月）：27—30。关于“都市热”见：中曾根三郎，“都市热与教育”，《教育界》卷6，12号（1907年10月）：20—22；横井时敬，“都市与乡村”（1913），《横井博士全集》4：531—652；“社会的紊乱，学生的腐败”，《太阳》卷3，24号（1897年12月5日）：253—272；山崎延吉，“农村自治的研究”（1908），《山崎延吉全集》1：406—407；各连队区管内民情风俗思想界的现状，V，福山（手稿）。

2 岸本实，“明治大正时期离村地域的形成与都市人口的集聚过程”，历史地理学会编，《明治后期的历史地理，历史地理学纪要》，8号（1966）：155。

3 东京1908年的城市调查参见：“东京住民的研究”，《国民杂志》卷3，13号（1912年7月）：63；小林一郎，“都市的膨胀”，《伦理讲演集》，58号（1907）：3。相似的横滨情况见：山田，《京滨都市问题》，24—26。

4 山口惠一郎，“明治后期的都市形成”，历史地理学会编，《明治后期的历史地理》，199。

多地担心城市的意识形态。一名自治信徒在一篇标题为《地方自治》的叙事诗中哀叹："哎，金钱和人口都涌向了城市！"[1]虽然事实上1880年代到1920年代，日本农村人口的绝对数量仍然保持不变，但是出生率的稳定增长意味着农村青年人口不断外流。思想家们认为这些青年"鲁莽地挤入城市，寻求'某个渠道'以及'赚些钱'"。[2] 一些地主的长子背井离乡到东京接受高等教育；他们的女儿嫁到省辖市，住在"城堡下"，而不是嫁到邻村；贫穷农村家庭的次子或者三子迁移城市，他们占据了外来劳动力人口的大多数，数字显示他们也很有可能留在城市不再返回农村；他们的姐妹十几岁时就在家乡以外的纺织厂工作，人们认为这些青年尤其深受都市热的毒害。[3] 而当那些遭受"城市诱惑传染病"残害的人们返回乡村时，乡民就指责他们破坏了农村的质朴风俗。[4]

　　虽然思想家经常提及青年，但是他们还会描述1905—1915

---

1 "町村的自治"，石田传吉，《自治丛书：模范町村与优良小学》(大学馆，1910)，1—6。

2 农业人口参见：野尻重雄，《农民离村的实证性研究》(1942)（农山渔村文化协会，1978)，11、74。"鲁莽地挤入"见："社会的紊乱，学生的腐败"，《太阳》卷3，24号（1897年12月5日)：256。

3 农场男女劳工迁出见：渡边信一，《日本农村人口论》(1938)，80—100、137—198。关于长子、次子、三子的记述见：野尻，《农民离村的实证性研究》，466—487。虽然他的发现是基于1920年代和1930年代晚期数据得出，但是这些发现同样适用于早期的状况。一项关于劳力外流的有用研究见：牛山健二，《农民层分解的构造：战前期》(御茶水书房，1975)，21—38。同时代参考文献有：横井时敬，"都市青年与乡下青年"，《横井博士全集》3：1—20。女儿嫁到省会城市的情况见：各连队区管内民情风俗思想界的现状，Ⅵ，松山（手稿）。

4 泽柳政太郎，"学生的风纪问题"，《人道》卷1，6号（1905年9月15日)：6。各连队区管内民情风俗思想界的现状，Ⅳ，敦贺；Ⅴ，滨田，等等（手稿）。

160 年10年间经济和人口不断加速增长的总体趋势，这是由于农村人口外迁和非农业人口人数增长两方面原因促使农村性质发生改变。家庭整体以及个体移入或者移出农村，一起导致家庭流动的持续增长。比如，爱知县有一个居住着365户人家的村庄，在1890年代和1900年代，有20户人家已经从此县的其他地区移居到这个社区。到明治期间，一共有36户人家迁出乡村，其中一半人口迁入到名古屋、丰桥和东京，其中10%的迁移人口是无法满足温饱的贫苦农民。第一批移民潮发生于1880年代早期的通缩年间，另外一次移民潮出现在1900年代经济衰退和通货膨胀的时期[1]。1910年，滋贺县的县长报告称在当地也发生过此类现象。他认为自己县的经济变化可以分为三个时期。滋贺县在德川幕府时期一度是通往京都和大阪的商业港口。第一次变化是由于“明治维新和铁路发展之后，世界发生了改变。这些对于民众职业产生了巨大影响，并且他们再也不用像以前一样管理自己的花销”。第二次变化发生在1880和1890年代。土地租佃以及租户、地主间发生纠纷“导致了农业改良等方面我们落伍了”。第三次变化发生在最近，这次

---

1 神谷力，《家与村的法史研究：日本近代法的成立过程》(御茶水书房，1976)，152—154。由于城市区域不同，数据也是有所差异，并且东北部的一些乡镇在1906—1909年人员流失更加严重。爱知县的这个乡镇可能是这一时期户口迁移较为典型的代表。相似数据同样反映了1897—1907年的10年间农村家庭迁移城市数量增加，参见:《茨城县北相马郡小文间村是》(1914)。关于1888—1908年经济发展对农业的影响见：中村:《近代日本地主制史研究》，133—140。当时对于1911年人口迁移东京经济原因的调查见：宫地正人，《日俄战后政治史研究：帝国主义形成期的都市与农村》(东京大学出版会，1973)，204。

也是最可怕的一次：

> 现在农业收益的经济价值小。由于城市工业的迅速发展需要大批的工人，每年迁移到其他县区的人口在不断增加。现在，这些人口的数量已经达到了 1 400 人，相当多的人将他们祖先耕种的土地交给了地主。因此，城镇的农业产量减少。所以，商业和工业也理所当然变得不景气。[1]

在其他地区，不仅是穷人，而且还有柳田国男称赞为“最勤奋肯干、最生死攸关，最知识渊博的村民”的富裕农民也“遗弃”农村，选择了城市，为“社会之病”（柳田以此来称呼这种人口迁移）做出了贡献。他说：“由于文明进步和农民成为市民，这些人的子孙成了流浪者，给农业和国家的发展带来恶果。”[2]

然而，同等重要的是农村家庭生活也发生了翻天覆地的变化。虽然他们的居住地点没有变化，但是他们的家庭成员已经开始成为付薪劳工——在离家不远的地方当木匠或者商人，或者去临镇、去较远城市的公司和工厂里当临时工。[3]

161

---

1 《滋贺县甲贺郡石部町情况》(1910)。

2 柳田国男，“塚与森的故事”，《斯民》卷 6，10 号（1912 年 1 月 1 日）：46—48。

3 日俄战争之后，家庭的状况和日常生活发生变化的例子见：武田勉，“明治后期濑户内一农村中农民层的分化”，《农业综合研究》卷 17，4 号（1963 年 10 月）：76—89。1899 到 1916 年间大日本农会的一项对全国各地 18 个乡村的调查表明，从自耕农地位进行了自我转型的农户当中，有 68.8％成了租户，8.4％成了地主，15％的人离开农场经商或者成为工资劳工，1.2％的人成了“无产者”。在后面的两种人中，外出劳工和永久性移民比较普遍，参见：大日本农会，《本国自耕农的状况》(1918)，6—8。

> 随着时代的进步……农户的预算也发生了巨变。1880年代，大米是衡量物价的一般标准，而且人们在一个物价相对稳定的环境中能够买得起商品。但是自从1890年代末以后的几十年，除了普通谷物和食料以外，人们必须购买每件日常用品，比如肥料、油、盐、烟草、酱以及米酒。每件商品的价格已经升至大米价值再也无法衡量的程度。而且，孩子的教育费用和其他社会支出需要巨额开支，尚且不论这些地区的所谓政治上的花销。甚至对于那些留在农村，勤勤恳恳从事农业劳动的人们来说，仅仅依靠日本传统的水稻种植业已经无法满足家庭花销。如果这些都是真的话，那他们还有什么未来可讲？因此，农户集中精力尽可能多地挣钱变得愈加必要。[1]

因此，思想家将农村的变化与青年人对于城市的致命热爱相联系。事实上，这种农村变化是人们追求社会经济来源的现象。

对于另外一种“疾病”——“企业热”也是如此。在社会分析家看来，这种“疾病”在战后数年间广为流传。此疾病所带来的各种压力通过不同的方式影响不同的社会阶层，但是没有一个有利于国家的健康发展。工业巨头遭受民众的批评指责，因为他们放任自己做生意的狂热追求，从而投资于一些有利可图但社会需求不太迫切的事业，像建造通往旅游景点和宗

---

1 斋藤万吉，《农业指针：实地经济》(青木嵩山堂，1911)，37—38。

教圣地的铁路和有轨电车。然而，比较普遍的声讨仍指向了那些“放下手中的犁头”而屈服于“快速致富的市场热潮”的民众。[1]

在被胜利冲昏的战后年代，商业热潮变得猖獗起来。充满投机热潮的世界诞生了大量的暴发户，助长了谣言，并且给人们的印象是没有什么比投机更能致富。那些幻想着家产万千的人们纷纷放下手中的犁头，一手拿着杯子，一手拿着雪茄，却丝毫不考虑自己的结局。而且，由于他们铺张浪费和卖弄虚饰，城市的种种恶习已经席卷了全国上下。[2]

随着1890年代末中日战争之后经济的发展，“实业热”和拜金主义不仅受到了民间思想家的指责，还受到教育家、平民和军队官僚以及社会评论员的普遍指责。[3] 一些人致力于成为农场青年人，“成功热潮”促使他们放弃祖祖辈辈的职业；还有一些人致力于成为乡镇和城市中产阶级年轻人，“小小的成功热潮”导致他们极易满足于肤浅的物质成就。对一位论者来说，美国也有拜金主义的说法给他带来的安慰作用不大，

162

1 “企业热”见：“企业热的勃兴，Ⅰ”，《国民杂志》卷3，8号（1912年4月15日）：7—8。“快速致富的市场热潮”见：各连队区管内民情风俗思想界的现状，Ⅴ，姬路（手稿）。

2 小林莺里，《明治文明史》(1915)，1176。

3 1890年代晚期起对“实业热”的批评，参见：建部豚吾，“明治思想的变迁”，《日本》，第8部分，(1898年3月23日)；横井时雄，“关于同志社的主义方针”，《世界的日本》，18号（1897年8月）：21；奥田义人，“日本的立宪政府事业”，《远东》卷2，4号（1897年4月）：146；《太阳》卷3，24号（1897年12月5日）：253—272。在年轻人中“商业热潮”取代了“政治热潮”，参见：德富苏峰，“町村的子弟”，《周日讲坛》，卷1（民友社），52—53。

因为他认为美国人至少还有西奥多·罗斯福的精神，而日本人的“大和精神”已经随着两次明治战争而消失了。[1] 然而，明治末期乡村的企业精神却稳定增加，人们认为即使是1870年代以来政府鼓励的农业副业也对祖传地产构成了威胁。农民被“蚕丝业可以快速致富的幻想”所迷惑，他们过度扩张自己的资源，导致债务累累。其他人则在对蠕虫和蚕茧毫不了解的情况下开始从事养蚕业。[2] 甚至高利贷已经不再同“明治维新之前一样了——那时当铺老板理解民众的需要并且心怀美德地做生意”；相反，如今他们利用农民的创业热情无情地攫取利润。[3]

人们认定不仅单个家庭的祖传地产，而且所有乡村的健康风俗和简朴习俗已经成为文明开化和“生存竞争”带来的物质主义和拜金主义的受害者。一份乡村计划哀叹：“由于时代所趋（或者由于我们正处于城市化进程中），铺张浪费和豪华奢侈行为稳健增加。”另外一份计划则阐述道：“最近几年，由于文明潮流不断膨胀，农民已经失去勤劳的美德，还有许多人沉溺于奢侈消费。”还有一份计划陈述“村民曾经思想简单、生活质朴，但是现在受到社会潮流的影响，他们不喜欢体力劳动

1 “成功热潮”见：平田东助，《自强琐谈》(1911)，《斯民》卷6，5号（1911年8月）上的广告。“小小的成功热潮”与罗斯福见：押川春浪，“应当警惕的日本”，《冒险世界》(1910年12月)。实业与“小小的成功”见：各连队区管内民情风俗思想界的现状，Ⅶ，大分。

2 《福岛县田村郡小泉村村是调查书》，1902。

3 井上友一郎在斯民会每月会议的讲座（1908年3月15日），《斯民》卷3，1号（1908年4月）：86。

而倾向于奢侈浪费”。毕业于一所地方农业学校的年轻学生甚至悲痛地预测他们的同辈将会“放弃祖先对于农业的追求而成为商人、工厂工人或者官员”。同一所学校新入学的学生纷纷讨论这些一样情境，其中“物质文明的极端发展已经恶化了社会环境，因为农民在追求奢侈的同时也养成了对工作的厌恶以及对愉悦的享受”[1]。而且乡村的城市化程度越高，就越多地显现出人们认为奢侈浪费以及虚饰卖弄跟文明开化和城市生活有关的观点。 *163*

因此，1880年代的铁路建设一方面由于铁路毁坏土地遭到农民的抗议，另一方面又使各地之间货物往返简单化，因而受到当地名流的追捧。关心农村的思想家将铁路描述为运送地方青年的传送带，这些青年新感染上了城市懒散病，厌恶了农业劳动，并且炫耀对白色短袜和金边眼镜的喜爱。[2] 然而，虽然军官和农业道德家不停警告铁路对农村生活的影响，一般民众却越来越着迷于“吹口哨的声音”。《铁路之歌》已经成为全国受欢迎的歌曲之一，它的第一期是包括66首歌曲的《东海道线》，出版于1890年。为了满足民众对铁路旅行日益增长的兴趣，杂志专刊通过旅游手册指南向民众提供他们感兴趣的旅行

1 《福岛县田村郡小泉村村是调查书》，1902；《福岛县岩濑郡西袋村村是调查》，1902；《爱知县海东郡伊福村村是》，1904；《县立中之条农业学校校友会报》（群马县），2号（1907）：8—9；6号（1912）：4—6。

2 早期对修建铁路的反对见：永田，《明治的汽车》，98—101。“当地名流”见：芳贺登，“豪农与自力再生”，《明治国家与民众》，213—235；以及《相泽日记》1：134。

铁路线路和站点的地图和统计表。[1] 随着铁路线路的不断延伸，铁路歌曲不断增加新的篇章，新的旅行手册指南不断出版，也有更多的人出去旅行。[2] 而且当他们出去旅行的时候，企业和城市对他们的诱惑更大，直到他们发现这些征兆"不仅出现在农村的中上层社会，而且还出现在下层社会"。明治末期，据说只有"乡俗质朴的地方交通不方便"，只有偏远山区仍旧没有受到"所谓文明开化"物质主义影响，然而人们常补充说道这种状况不会持续太久。[3]

二

正如明治政府时期其他许多社会问题一样，城市和企业热潮与教育也有联系。战后疾病的诊断项目包括以下两个特别的征兆，它们同样揭示了教育热潮的存在：第一，民众对于小学教育的不断需求以及对其的持续辩论。第二，中产阶级的初中毕业生中出现了"受过教育的闲人"。在文部省提出促进学校

---

1 《铁路之歌》以名句"汽笛一声离新桥"开始，这一旋律现在仍然可以在日本国家铁路的喇叭里听到。古茂田，《日本流行歌史》，29、220；金田一、安西，《日本的唱歌》，115—121。在乡村广泛流传的一本代表性的铁路指南，参见："陆之日本"，《太阳（临时增刊）》卷9，7号（1903年6月）。

2 5 000英里（8 100千米）标识——包括公有和私有铁路——的建立于1906年在名古屋的"铁道5 000里祝贺会"中进行庆祝。国有化发生在1906—1907年，新的干线也不断得以建设。1912年，国有铁路创下了运输8 690万千米货客运纪录以及1.554亿旅客的纪录。参见：日本国有铁道，《日本国有铁道百年写真史》(交通协力会，1972)，132；《国铁历史辞典》(日本国有铁道，1973)，66—67。

3 "从东京到松江"，《山阴新闻》，1912年5月6日。各连队区管内民情风俗思想界的现状，Ⅲ，滨松、富山；Ⅳ，敦贺；Ⅴ，姬路；Ⅵ，松山，丸龟；Ⅶ，久留米；等等(手稿)。

招生政策的数十年后，他们自豪地报道学龄儿童的入学率从1889年的64%提高到1906年的98%。[1] 1906年当年，文部省筹备将小学义务教育的年限从4年增加到6年，部分原因就是几乎达到普及程度的入学率以及“近期国家财富的扩张”。文部省在向内阁提出的提案中辩论到，仅仅4年的教育时限使得“建立道德教育和公民教育的基础以及向民众提供他们生活所必须的小学教育知识和技巧极其困难”。而且，小学教育结束的太早（10—11岁），使得学生在最有效塑造身心、记忆力最好的年龄休学。因此，为了培养民众的纪律性和增加民众的常识，现在是时候完成1890年代末教育家热烈讨论的延长教育年限问题了。[2]

164

文部省预测到民众会反抗延长教育年限，于是将具体实施时间推迟到两年后的1908年。即使当时文部省准备对各地区降低要求，但是他们仍旧不能提供所需设备。为了抑制父母的反对情绪，1907年弘前市的一位校长邀请四年级学生的家长来到学校，并且说服他们开设五年级课程对儿童、国家以及对于他这位教育家的名声都非常有益。由于1900年已经实行免费四年义务教育，因此校长认为很少有人会欣然接受交纳30钱学费在学校再学习一年。然而，他惊奇地发现60对家长中有

1 国立教育研究所，《百年史》4：223、1008。

2 1906年10月提案见：《百年史》4，903—905，以及文部大臣牧野伸显在县级官员大会上的讲话（1907年4月28日），地方长官会议训示要领，地方官会议议决书及笔记，1907（手稿）。《教育时论》，765—791号（1906年7月—1907年4月），多处可见。

54对立即为他们的孩子注册报名。[1] 所有乡村的农民家庭会不定期地聚集同一地点，坚决地甚至有时候非常极端地反对1870年代对义务教育征税的措施，当时家长们莫名其妙地抱怨两个新增年级。[2] 文部省官员后来回忆说，“延长教育年限的实施比官方想象的简单许多，毫无障碍，而且在全国取得圆满成功”。[3]

这意想不到的迅速配合，其中一个原因是1906年虽然政府没有要求学龄儿童上五年级，但是四分之三的儿童已经开始上五年级了。[4] 在理解教育重要性方面，社会好像已经与政府同时进步。正如一位父亲在1904年说道：

> 过去，所有家长必须抚养孩子长大成人，不让他们受饥饿……现在家长必须接受教育，实际上，所谓父母责任的负担很繁重。特别是在当今不管是农业、工业、商业或者是办公事务，所有的职业都需要教育才可取得成功……这不仅仅是国家的责任，而且也是父母对于自己孩子的感情所在。

165 如果任由一个孩子不学无术、愚昧无知地成长，那么

1 千叶，《明治的小学》，255—257。
2 早期的反对见：仓泽，《小学的历史》1：1002—1019；《长野县教育史》1：604—621；堀松，《日本近代教育史》，49—53。
3 “义务教育的延长”（1922），《泽柳政太郎全集》3：442—444。
4 国立教育研究所，《百年史》4：916。

> 你就把他的生命交付给了不幸的命运、推入了深渊。孩子的未来“比金银珠宝更重要”。我想，如果某位父母忍心这样做，那世界上没有什么事情是他不敢做的了。[1]

1872 年，日本颁布最初版本的《学制令》。其序文强调，生活中的成功之道在于学习，这点没人能够忽视。此后的 30 年里，日本努力推动教育的发展，使其达到修身和兴国的目的。20 世纪初，学校教育已经根深蒂固地成了社会生活的一部分。因此，很多人都认为这是人性之法则。

但是，民众并不总是赞同教育机构里义务教育的内容。日本政府和教育者们更加注重思想和道德教育。[2]

> 目前，小学生和老师的要求大概是：“小学教育必须满足当今的需求”。准确地说，什么是当今的需求？对此渔民和小农答道，“孩子在学校里学的东西对我们的工作没有帮助”。商人说，“学校教育应该更加注重实用性”。有些知识分子认为，在小学里开设高年级（即七、八年级）是多余的。相反，技术学校可能会创造更多直接收益。任何人，不

---

1 “对小学教育的个人意见”，《山梨教育》，118 号（1904 年 9 月）：26，引自海老原，《现代日本教育政策史》，222。

2 文部省对于精神教育的观点：例如，训令第 3 号，“当局关于战后教育的留意法”（1905 年 10 月），教育史编纂会，《发达史》5：6—7。民间提倡德育的代表见：大限重信，“去来两世纪间世界各国与日本的位置”，《太阳》卷 6，8 号（1900 年 6 月）：2；横井时雄，“我国德育的前途”，以及井上哲次郎、吉田贤龙、三宅雄二郎、小柳司气太、深作安文、大岛正则，“对右派的意见”，《伦理讲演集》，72 号（1908 年 9 月）：1—28 及之后。

> 论他的社会地位如何，都在谈论教育问题。教育过分强调满足“当今需求”乃是以立竿见影又自私自利的收益为自身基础的。人们想到基础教育时，首先想到的不是德育、知育和体育，而是知识的增长。[1]

该报告1913年发布于东京。不仅在东京，在许多乡村中，人们纷纷要求在基础教育中教授“现代”知识。许多乡村计划号召学校增加几门“实用学科”。此外，该计划更加强调了技术或实业教育不仅在技术学校而且在低级别学校中推行。这些都反映了教育在地方所关注的事物中占用了重要的行政和财政资源。文字技能固然重要，但是更加重要的是农业知识，因为“这与每家每户的发展息息相关”。此外，乡村计划还反映出一个事实：文部省提出的入学率既不和学生每天的出勤率相符，也不和据称注册了的小学生的毕业人数一致。在贫困的农村尤其如此。这说明了学校提高教育的实用性可以提高出勤率，并鼓励更多小学生完成学业。[2]

166 实业补习学校与之如出一辙，通常开创于乡村，面向群体为小学毕业生，其人数在日俄战争之后猛增。实业补习学校的建立旨在满足小自耕农和佃农的需求。这些补充方案一方面可以使他们的儿子继续在农田劳作；另一方面，还使其接受更多的实业教

---

1 各连队区管内民情风俗思想界的现状，Ⅲ，麻布（手稿）。

2 《福岛县岩濑郡西袋村村是调查》，1902；《福岛县田村郡小泉村村是调查书》，1902；《爱知县海东郡伊福村村是》，1904。

育。[1] 因此，关于实业教育，村民的态度往往与那些社会评论家们大相径庭。比如，一位前来巡查的军官抱怨“教育偏重于传授知识”只能导致“小学生在墙上乱涂乱画的本领更上一层楼”。他指出，这些学生以前只是用粉笔在门上、墙上写一些简单的短语。现在，他们用铅笔在商店的百叶窗上书写优美的诗句，郡上的商店无一幸免[2]。但是，这位军官和其他人谴责的知识——不论是出现在商店的百叶窗上，还是出现在家庭账本中，恰恰是町村吏员和地方精英们正在当地努力促进和普及的。

地方的热情招致了报界的批评。持相同意见的还有内务省，其多个战后管理计划包括利用财政手段严格约束地方支出。[3] 当时，教育支出在郡乡预算中所占比例最大。1906 至 1911 年间，其平均比例达到 43%。而行政支出为第二大项支出，所占比例不足 20%。1890 至 1911 年间[4]，地方的教育费用翻了两番。在一些郡县，教育所占的百分比和实际支出远远高于国家的平均水平，有时占到乡村总支出的 70%。地方政府新建屋舍容纳高年级学生，但其建筑成本成为一个问题。比如，地方观察员这样责难富山县官员：“由于县议员们自尊心过强，每个郡里都鲁莽地兴建起了许多学校”。在长野县，很

---

1 在宫城县，乡镇级别的实业补习学校从 1900 年的 73 个增加到 1912 年的 5 530 个。1890 年代早期，中央政府重点培育民众的工业技能。而当地对于农业主题的需求压倒了政府原本的意图。参见：山岸治男，“明治后期农村出现的实业补习学校：宫城县的情况”，《教育社会学研究》(东北大学) 32 (1977 年 9 月)：139—149。

2 各连队区管内民情风俗思想界的现状，Ⅱ，弘前（手稿）。

3 内务省对扩大义务教育之费用的反对见：国立教育研究所，《百年史》4：910—915。

4 大岛美津子，“地方财政与地方改良运动”，古岛，《明治大正研究法》，65—66。

多小村庄在新建学校和扩建学校方面展开竞赛，此举在财政上显得不负责任。尽管当地报纸评论称建造许多美观大方的建筑无疑是一件好事，因为“所有前来参观的中国人都对此赞不绝口”。但是，由于修建太多学校、开支过大，这些省份惹来批评。[1]

为了减轻兴建学校所带来的预算紧张和其他各种教育开支所带来的压力，内务省敦促地方新建私人建筑时必须征求地方有影响的人士甚至是村民们的意见。中央募集私有资金用于公共目的的行为可谓历史悠久，至今还依然有效，其部分原因归功于地方致力于发展教育。

167 人们甚至可以利用这种感情造福于征税。校会上，一名老师面对多名村民，恳请他们支付费用，这样才有可能负担“一个孩子的教育费用”。[2] 但是，当人们对教育的热情引发了政治斗争和乡村暴动时，内务省便不太满意。事实也确实如此。一项统计显示，在 1906 至 1911 年间此类事件至少达到了 97 次。[3] 比如，人们争论是否应该建立两三个学校容纳两个新的

1 对富山的批评见:《国民杂志》卷 2，1 号（1911 年 1 月）：102。长野的学校见:《信浓每日新闻》，1912 年 10 月 5—6 日、1913 年 1 月 8 日。其他事例见:《教育时论》，987—996 号（1912 年 9 月 15 日—12 月 15 日）：多处。

2 铃木正幸，“关于日俄战后农村再编政策的展开的一种考察：以农村小学问题为中心”，《茨城县史研究》，27 号（1973 年 12 月）：21。

3 在记录着乡村骚乱的年表中，青木虹二列出了发生在 1906 至 1911 年间的 249 起抗议活动，其中 97 起涉及基础教育。同一时期，平均每年有 35 起骚乱与乡村政府有关。与此相比，平均每年仅有 20 起佃户暴动:《明治农民骚乱的年次性研究》（新生社，1967），153—214。此数据亦被有泉引用，他使用的日期是 1905 年而不是 1906 年，但数据相同：“明治国家与民众统合”，262。

年级。该辩论在冈崎引发了暴乱。意见不合者互掷碎石，混战中4名警员受伤。[1] 即使没有出现暴力行为，分歧也相当严重。在新潟县，其町村集会出现了两极分化——“主建派”和“缓建派”。双方选择在凌晨两点召开会议，旨在抓住毫无防备的对手。此番做法并不符合政府关于村民和谐自治的理念。[2] 但是，相比于文部省和军方，内务省也认为，町村学校是维护地方社会治安的中心环节。由此，此前批评地方对于基础教育热情过高的声音稍有缓和。

但是，当人们对于教育的热情不仅仅停留在基础教育时，社会评论家的声音开始变得尖锐起来。文部大臣牧野伸显在1907年对地方官员的演讲中谈及扩大义务教育的范围这一话题。他强调，小学教育应被视为“完整而独立的教育；实际上与高等教育无关”。他认为，问题的症结在于：

> 老师们认为小学只是教育的第一个阶段。但是他们忘了对于大多数人，小学是教育的最终阶段。小学生及其父母都被这种流行的思想所吸引。年轻人不加选择地进入了中学。由此，我们面临着一种罪恶——太多人对于高等教育寄予了太多希望。[3]

1 《东京朝日新闻》，1908年2月23日。

2 《新潟新闻》，1907年4月30日。

3 县级官员大会上的演讲（1907年4月28日）：地方长官会议训示要领，地方官会议议决书及笔记，1907（手稿）。

人们对于高等教育满怀希望有诸多不可取之处。首先，它驱使乡村青年来到城市（通常是东京）。在这里，他们成了城市堕落生活的牺牲品。教育家和农业思想家们所见略同。他们劝阻乡村青年“前往首都”。因为如果他们返回乡村，人们会认为：其教育程度越高，道德品行越差；其逃避服兵役的手段越高明，使用锄头的技能就越差。反对通过中学教育培养人才的原因之二在于中学教育倾向于教授对农业来说无用的职业知识，诸如教学、新闻和行政。

168 医生也如“雨后春笋般日益增长”。[1] 部分年轻女性坚持接受过多的教育并进入女子高等学校学习。人们称她们为“不太适合结婚、没有准备好成为‘贤妻良母’”的女性。此外，人们一般认为，她们是“不适合乡村的女性”。[2] 如果她们最终会成为“像西方国家那样的家庭教师或是老姑娘”，同样境遇的男同胞则因为根本找不到工作而面临着更加糟糕的命运。由于他们“学到的知识与就业无关”，再加上他们自认为适合的职位稀缺，这些年轻人成为町村办公室的职员、保险销售员，或是荒废时光。为此，他们为自己赢得了一个不太友善的绰

1 泽柳政太郎，“告天下中学生”（1910），《泽柳全集》6：521—531；“制造游民的教育”，《岐阜日日新闻》，1912 年 5 月 17 日；各连队区管内民情风俗思想界的现状，Ⅱ，高田；Ⅲ，佐仓；Ⅴ，山口、松江、福知山；Ⅵ，丸龟（手稿）。

2 “贤妻良母”见：小松原英太郎，“文部当局眼中的现代社会”，《太阳》卷 17，3 号（1911 年 2 月）：10—14；“熊本县的女子教育”，《九州日日新闻》，1910 年 11 月 30 日；“所谓新女性”，《信浓每日新闻》，1910 年 1 月 3 日；国立教育研究所，《百年史》4：1122—1125。

号——“人类施肥机”。[1] 据说，过多的高等教育导致了这些“受过教育的闲人”就业困难，也将导致严重的社会问题。[2] 的确，一位农业思想家列出了影响町村生活的十种“蛀虫”，中学毕业生位列其中。[3] 除此之外，名单中还有流动演出的演员、堕落的僧侣等。

接受5年精英教育、参加中学课程的男性毕业生是一种特别的“蛀虫”。如果其人数在1900至1909年期间提高了3倍，部分原因需要归于1899年出台的《中学令》。此法令确立了高等教育的三种基本路线。其他两种形式为四年女子高等学校和三年职业学校。20世纪头10年内，这两种学校的数量和学生人数迅速增长，其增长幅度让人印象深刻。但是，1909年640万儿童进入小学读书，其中只有118 000男生进入了中学，51 700女生进入了女子中学，60 000名学生进入了职业学校。同年，中学毕业“蛀虫”仅在全国范围内增加了11 652名。[4] 因此，仅仅这些数字并不能表明人们对于教育热潮的思想关注程度。

大多数中学学生来自中产阶级这点十分重要，其中包括地

---

1 “未探讨的学问”，《长周日日新闻》，1912年7月21日；读者专栏，《信浓每日新闻》，1912年12月5日。

2 “受过教育的游民的处置问题”，《中央公论》(1912年7月)：75—90。

3 石田，《自治丛书》(1910)，85—86。

4 深谷昌志，《学历主义的系谱》(黎明书房，1969)，349—350；日本女子大学女子教育研究所，《日本的女子教育》(国土社，1967)，200—201；国立教育研究所，《百年史》4：854、1085。

主阶级中的精英乡村青年，除了不能继承家族财产的次子和更小的男性外，也包括那些可以继承财产的长子。人们期待中产阶级人士可以成为地方社会的支柱，因此其子孙后代的背叛就威胁到乡村领导阶层的结构。中学教育“使得我国的中产阶级成为最具劣等品格的闲人。令社会陷入混乱的不是下层社会的穷人，而是拥有可观财产和地位的中产阶级”[1]。另外一个问题是越来越多的普通农民子女希望继续深造，即便他们无法负担中学课程的昂贵学费。[2]

比如，有一个孩子，他是福冈县一名贫穷佃农的独生子，169 并于1914年小学毕业。他后来回忆道：

> 对于有钱人家的孩子，继续上中学是一件自然而然的事情，其比例大概是十分之一。我所在的班级有72名同学，其中有6名同学继续念中学或是女子学校。还有一些人去了农业学校，另一些人参加了教师培训，但是大部分同学都呆在家里……很长时间以来，人们对于学习十分厌烦。但是现在，人们开始觉醒并且意识到成功的根本在于学习。就连农民父母都告诫孩子：“如果你们现在不学习文化知识，长大以后就会遇到麻烦。”于是每年，朝气蓬勃中学毕

1 各连队区管内民情风俗思想界的现状，V，福知山（手稿）。

2 1908至1910年间，每月在城镇里念中学和食宿的花费约为10日元。当时，小学教师每月平均工资为15日元85钱，劳工和店主为10到15日元。同时，顶尖职业高中的应届毕业生每月工资为30日元。因此，即使是学校教师和中级官僚都无法负担这些费用，更别说小农和佃户了。参见:《百年史》4：1082—1084；深谷，《学历主义》。

业生的人数都在增加，其中一些人甚至开始去师范学校和大学读书。[1]

人们认为教育是飞黄腾达的重要途径，因此，教育程度越高，获得世俗的成功就越显著。在 1890 年代晚期和 1900 年代，新年时分会举办一些通俗比赛，它阐明了一个理想的人生道路，即参赛选手从上幼儿园时起就开始比赛（幼儿园于 1900 年代蓬勃发展），然后成功考入大学者赢得比赛。人们描绘获胜的学生在大学里打乒乓球和网球（二者都是明治晚期时尚运动的缩影）。

对于初中的期望让人们对于高中产生了希望，高中主要教授大学预科课程。正如 1912 年一首流行金曲的歌词里写的：

我将会成为一名法律博士

你将会成为一名文学博士

让我们一起去城里的快活之地

我们的父母正在农村挖着山药[2]

尽管几乎没有人真正实现上大学的理想，但是日本的年轻人渴望实现这一理想。而他们的父母只能靠挖山药来支持他们上学。这种现象足够引起思想家们的关注了。似乎在他们看来，上小学是

1 楠本藤吉，《村庄的生活：某小农的手记》(御茶水书房，1977)，304。

2 添田，《演歌的明治大正史》，158；《男子教育出人头地双六》，1906。

一回事，然而狂热追求高等教育就是另一回事了。

在这方面，社会评论家们在日俄战争后发现了一个新的苦恼。因为似乎对于他们，“不加选择地读书”能够产生“不健康的思想”，毒害人的思想和品行。人们再次认为年轻人是容易受到影响的人群，这招来文部省、内务省和军部的关注。1906 年 6 月，文部省的牧野颁布了所谓的《风纪训令》，为发扬有教益的思想定下了基调。此举一方面力图对抗精神“悲观”、道德“堕落”和过度“放纵”；另一方面，反对极端思想的“毒害”。

170 与上述不良思想相关联的则是：“最近一些出版刊物散播一些危险的观点、宣扬消极厌世的态度，并侧重描绘生活中丑陋的方面，从而愈发地引诱了青年男女。”为了防止其腐蚀学校和家族的权威、扰乱“国家基础”和“社会秩序”，牧野指示教育者们“仔细检查中小学生所阅读的书籍内容。鼓励学生阅读人们公认的有益的书籍，并在校内校外严格禁止阅读那些容易引发不良后果的书籍。”[1]

报界大多理解并赞同文部大臣对于学生道德问题的关注。其部分原因是人们对于受过良好教育的年轻人十分不满，这本身已经成为公认的社会问题。《风纪训令》这样描述那些接受过高等教育的、处在塔尖上的极少数年轻人——令人失望的、

1 “学生思想风纪取缔训令”，教育史编纂会，《发达史》5：7—8。该训令引发了教育界和报界的诸多争论，其激烈程度远远超过了扩展义务教育时的讨论，参见：《教育时论》，763—765（1906 年 6—7 月）。

“为白日梦极度痛苦的”并“忽视生活中的责任”的一群人。1906年，不到5 000名学生于公立高中登记入学，其人数随后增至7 000人。大概同样人数的学生进入了两所皇室大学。[1] 民间评论家承认，细腻的痛苦使得最优秀的高中生沉溺于文学、悲观或自杀当中，这是一种只存在于“上层社会”的现象。[2] 但是，由于人们认为奢侈浪费、悲观厌世同“危险思想”一样具有“传染性”，因此其传播会导致“国家出现巨大而严重的问题”。[3] 的确，“传染的症状”已经表现出来了：乡村青年正在阅读小说和通俗杂志，由此他们接触到了“自然主义作品中关于肉欲的描写”。他们阅读那些依靠庸俗的报道发展起来的报纸，其内容无比低俗，使得“懂得教育的父母在孩子面前朗读报纸时不得不删节部分内容”。含有通奸、色情的描写和“恶心的通俗小说”的报纸具有社会危害性——就如“一棵悬挂的松树”，路过它的人们都有种莫名其妙的冲动想在上面自行了断，正如其他人所做的那样。[4] 一些格调轻浮的通俗杂志

---

1 日本以编号命名了一些公立高等学校，第八所创立于1908年；东北和九州帝国大学分别创建于1907、1910年。《百年史》4：1198—1204、1254。

2 例如，“厌世观与自杀”，《太阳》卷12，8号（1906年6月）：31—32；“厌世与烦闷的救治”，《新公论》(1906年7—8月)；冈义武，“日俄战争后新世代的成长”，《思想》，512—513号（1967年2—3月）：1—13、89—104；金蒙斯，《白手起家之人》，206—240；唐纳德·T. 罗登，《帝国日本的学生时代：学生精英文化研究》(伯克利：加利福尼亚大学出版社，1980)，165—173。

3《时事新报》，引自《教育时论》，763号（1906年6月25日）：33。

4 乡村青年和小说见：山本泷之助，“乡村青年”（1896），《山本泷之助全集》，350；《东京朝日新闻》，1898年2月26日。小说和自然主义见：《岐阜日日新闻》，1912年5月4日。报纸的批评见：“此社会故有此青年”，《教育时论》，764号（1906年7月5日）：1—2。

“煽动了年轻女性的虚荣心”。一封代表这些女性写给编辑的信中哀叹着询问：对于这些无耻的“课外读物”是否就真的无计可施了？[1]

知识分子批评了政府控制民众阅读的这一意图，认为“并不是所有文部省的官员都品性高尚”，其辨别文章的好坏的能力也并非经不起挑战/质疑。[2]

171 但是，政府坚持不懈地努力，控制民众阅读。牧野的继任者是小松原荣太郎，山县人，1908 至 1911 年间掌管桂宫内阁文部省。小松原十分关切国家的道德状况，他在通俗教育和社会教育领域做出了许多声明，由此以“训令部长”而著称。通俗小说中充斥着他称之为的“情与欲”，“自然主义作品十分流行”。为了抵消上述毒害影响，他指示，“阅读有教益的书籍有助于提高社会公德”这一原则应该在建立图书馆、推广社会教育方面的讲座、故事叙述和电影项目时大力提倡。1910 至 1911 年间，日本爆发了“大逆事件”，当时人们对于激进行动主义的畏惧加剧了思想家们的社会危机感。即使在事件之后，小松原继续把自然主义文学和社会主义学说相提并论。此外，他还把两者同导向错误、未受约束的阅读联系在一起。[3] 1905

1 “课外读物”，《都新闻》，1912 年 4 月 5 日。

2 《读卖新闻》，引自《教育时论》，763 号（1906 年 6 月 25 日）：33。

3 “训令大臣”小松原见：《东京日日新闻》，1911 年 4 月 23 日。小松原论阅读、图书馆和社会教育见：《小松原文相教育论》（1911），1—15、233—246、259—266；《小松原英太郎君事略》（木下宪，1924），114—115。关于社会教育见：仓内史郎，《明治末期社会教育观的研究：通俗教育调查委员会成立期》（讲谈社，1961），11—26。

至1915年的10年间，内务省和军部共同努力，阻止一些作品的传播——托尔斯泰的小说、损害身心的惊悚小说，以及有伤风化、煽动“投机思想”的作品。取而代之的是，政府敦促许多青年协会购买英勇的战争故事、养蚕手册，以及宣扬忠诚爱国的故事书籍，并在成员中传播。[1] 通过这些社会教育的印刷工具，中央政府试图引导年轻人的阅读热潮。这些人已经长大了，可以完全不受公立学校教科书的影响，但是对于潜在的破坏性的社会信息却是触手可及。

结果证明这种做法如同“西西弗斯使命”一般徒劳无果，特别是人们清楚正在讨论的阅读习惯问题并不仅局限于年轻人。日俄战争如10年前的中日甲午战争一样，导致出版行业迅速扩展。1897至1911年间，报纸的数量增长了三倍。在此期间，236份报纸在东京和其他地区出版，最大的七家日报每家发行量均超过了100 000份。[2] 商业竞争十分激烈。政府批评一些报纸的内容尽是偷窥糗事，记者们对此反应迅速，反驳

1　例如：内务省，《地方改良事绩》(骎骎社，1910)，多处；富山县教育会，《青年团指导调查报告》(富山，1918)，1—25；千叶县通俗训诫文库图书目录（千叶，1908）(手稿)；宫本林治，《征兵适龄者心得》(东京，1905)；文部省普通学务局，《全国青年团的实际》(文部省，1921)，8—11。熊谷辰治郎，《关于青年读物的调查》(大日本联合青年团调查，1928)，5—47。小野则秋，《日本图书馆史》(玄文社，1970)，255—256；神奈川县图书馆协会，《神奈川县图书馆史》(神奈川县立图书馆，1966)，28—36。

2　内川芳美，“新闻法的制定过程及其特质——明治后期言论自由变质的一个侧面”，《东京大学新闻研究所纪要》，5号（1956）：88；《新闻总览》(日本电报通信社，1911)，537。

最大的七家日报(《国民》《报知》《万朝报》《东京朝日》《大阪朝日》《大阪每日》和《大和》）见：山本武利，《近代日本的新闻读者层》(法政大学出版局，1981)，410—412。

道："几乎没有人出于慈善的目的购买报纸"。他们还建议，如果政府需要一份对社会有益的报纸，最好从改变民众开始，因为他们的偏好阅读多宗谋杀案、婚外情，而非提升道德的文章。[1]

172 新书的出版数量十分惊人，其中多部口袋丛书大获成功。这就包括一本广受喜爱的《论语》口袋书和久销不衰的《立川文库》系列丛书（书中虚构的江户英雄依靠真诚和那把武士刀闯荡江湖）[2]。此外，1900 年代杂志也繁荣发展。博文馆株式会社是一家出版社，其出版作品《帝国》遍布全日本。其作品多种多样，用于满足不同年龄段人群和不同利益群体的需求。其中有些读者可能自己都没有意识到他们的集体认同性，直到博文馆出版了诸如《青年世界》《男女同校的世界》《中学世界》《农业世界》等杂志，为这些人界定了集体身份。其核心刊物《太阳报》如铁路一般，开始深入传播到全国各地，甚至是最偏远的村落。[3] 关于"阅读喜好"的地方报道论述了这些杂志同其他广受欢迎的杂志（诸如《实业日本》）和几份报

1 "新闻全面调查"，《中央公论》卷 29，1 号（1914 年 1 月）：36—37。

2 口袋丛书的流行："《论语》口袋书、《孟子》口袋书、历史口袋书，各种题材的口袋书都十分畅销。为何这个伟大的民族如此热衷于口袋般大小的书籍？"（《日本与日本人》，1910 年 3 月）引自朝仓、稻村，《明治世相编年辞典》，558。《论语》口袋书见：森铣三，《明治东京异闻史》，卷 2（平凡社，1969），349。关于立川文库，它始于 1911 年，1923 年之前已经出版了 196 本书，包括《水户黄门》和《猿飞佐助》，其小说化的记述见：池田兰子，《女纹》(河出书房，1960)。

3 在 1911 年，博文馆每月出版 20 本期刊，全年出版了 78 部书。《太阳》有主题性标题的临时增刊，特别畅销，流行四方。"关于博文馆特别展览会"，《太阳》卷 17，10 号（1911 年 7 月），230—232；以及《博文馆五十年史》(河出书房，1960)。

纸、惊心动魄的冒险小说），以及描写日俄战争的畅销小说《肉弹》。[1] 第一本家庭百科全书广泛销售。富山房的版本大获成功，光是通过报纸上的广告就在 1906 年正式出版前预售出 70 000 份。书中最长的章节致力于科学客观地解释奇特的西方食物。由此，地方家庭主妇通过这些章节接触到了现今的炸猪排和煎蛋卷。[2]

出版业以一定数量扩张。与此同时，阅读能力稳定提高，读者的数量由此增长。这是由于截止到 20 世纪第一个 10 年末，义务教育产生的结果愈加明显。征兵体检时进行学习技能的简单测试，其结果显示出士兵读写能力的提高，这几乎完全对应了小学升学率的增长。在某种程度上，诸如此类的最小进步都让负责新兵训练的军官们心满意足。

> 1893 年，三分之一的（位于大阪的）新兵不识字，并且大部分人不分左右。这就意味着在开始训练之前，他们必须学习一些基本技能……去年（1906 年）几乎所有人都会写自己的名字，所以军队的教育可以立刻开始。[3]

---

1 例如：《南信杂志》（长野），10 号（1908 年 10 月）；"今天的图书馆"，《岐阜日日新闻》，1912 年 5 月 4 日；各连队区管内民情风俗思想界的现状，Ⅱ，高田（手稿）；爱知教育会，《关于战后社会教育的调查》（1906），25、229，及多处。樱井忠温的《肉弹》：本田增次郎英译（波士顿：霍顿米夫林，1907）

2 芳贺、下田，《日本家庭百科事汇》（1906），741—767。关于其出版历史见：《富山房》（富山房，1932），75—80。当时另一部红极一时的单卷本百科全书为：《国民百科辞典》（富山房，1908）。

3 《教育时论》（1907 年 3 月 15 日）：35。

1902至1912年间，大阪府平均每年招募12 500名新兵。的确，十年间，纯文盲的比例从24.9%下降至5.5%。日本其他地区的文盲比例也出现了大致相似的下降。[1] 但是，为了扩展民众的阅读，更重要的是使人们有能力且想要去理解他们感兴趣的简单文章。

173 “言文一致”（即日语使口语和书面语一致的文体）的创立和假名注释的广泛应用都增加了报纸和通俗作品的普及量。随后，日俄战争带来了阅读的热潮，出售的报纸数量之多史无前例。这是由于报界编印了各自的“战争号外”，热切的民众密切关注“围攻旅顺”事件，并及时了解“对马大海战”的进展（俄国波罗的海舰队于对马海峡中惨败）[2]。识字人群不断扩大，出版业一心想要满足他们的阅读兴趣，的确如某些人所说的，迎合他们的兴趣。由此，出版业的这种意愿大大满足了义务教育的成果。

尽管扩展文化教育无法确保一个小学六年级的毕业生能够阅读或者愿意阅读日报，但是显而易见地是，报纸拥有比以前更为广阔的社会读者群体。1890年代末期，日本流行“给编辑寄明信片”。这一狂热横扫商业出版社，反响巨大。寄明信片者不仅是中产阶级的文人，还有工人、农民、士兵和学徒。比

1 山本武利，“明治后期的读写能力调查”，《一桥论丛》卷61，3号（1969年3月）：345—355。山本，《近代日本的新闻读者层》，164—181。识字人群的增长基于10—14年前小学的入学率，这意味着普遍的入学影响直到1915年以后才能体现。

2 渡边一雄，《实录号外战线》（新闻时代社，1963）。

如，店里的一名伙计抱怨其老板认为“报纸是做生意的头号敌人”。有些伙计会在店里上班时偷偷摸摸地阅读报纸并给编辑写信，告诉他们这种想法。另一些人利用报纸上的假名注释学习识字，通过独立学习提升自我，希望由此飞黄腾达。[1] 商业指南中有“写给日本士兵的文章”，和工业、农业和商业方面的文章。这些指南的出现很快为此类通俗文章提供范例。人们将这些文章描述为“职业成功”的必读之物。[2]

明治早期，乡村中“巡游的读者”通常是年轻人。他们似乎不再为胸无点墨之人揭开一篇文本难懂的面纱。受过教育的居民已经取代了其地位。地方精英、地主和官员，通常还有学校教师订阅地方报纸，通常也订阅《大都会日报》。[3] 由于订阅者在乡村社区中的地位，有时也是因为报纸本身的吸引性，报纸很快在村落中流传起来。年轻男子在乡村青年社团里的小型图书馆中阅读收藏的报纸和杂志；精英家庭里的妇女和儿童此时也会抢走一家之主手里的报纸去看，而过去，男人们曾认为报纸是他们的私人财产。

在城中，人们在公共场所中看报纸，诸如理发店、奶品小

1　被称为“生意的头号敌人”的报纸见:《报知新闻》(1897 年 11 月 28 日)；“学习识字”见:《商业世界》(1901 年 4 月 15 日)；引自山本，《近代日本的新闻读者层》，187。“通过独立学习提升自我”见:《近代日本的新闻读者层》，168—169、359—364。

2　滑川道夫，《日本作文写法教育史Ⅰ》(国土社，1977)，171、282—286。

3　1913 年，一份有关高田团区的非正式调查显示：当地销售 20 种报纸。销量前四位的为当地报纸，第五位和第六位是东京的报纸(《国民》和《东京朝日》)。当地最畅销的报纸号称拥有“各个阶级的读者”；东京报纸的读者主要是“中产阶级和上流人群”。见各连队区管内民情风俗思想界的现状，Ⅱ，高田（手稿)。关于城市和乡村的读者，见：山本，《新闻与民众》;《近代日本的读者层》。

吃店或者是他们上班的地方。现在，报纸如啤酒一般，是一种广泛普及的商品。人们将新建的几家啤酒馆描述为“一个脱离现实的世界，在那里不同阶级实现了真正的平等，黄包车夫与绅士混在一起，工人与文员相互交流，穿着大衣礼服的人士同穿制服的人员混杂在一处”。到 1900 年也是如此，阅读报纸的民众“转向更下层的社会阶层……从小商人、更年轻的学生、马夫、值班的黄包车夫到妓院的娼妓。”[1]

174 该杂志的论者提及马夫、黄包车夫和妓女，尽管这是明治时期标准的社会夸张手法，但有迹象表明城市里的劳工们已经开始阅读报刊。他们有时会在工厂里的阅览室读报。1904 年，有关东京公寓生活的一份报道表明，有些工人甚至订阅了报纸。[2] 杂志论者继续说道，“社会底层”读者数量的增长导致了报纸在其特写版面（“三版记事”）刊登了大量耸人听闻的丑闻事件。1908 年，一篇地方报道抱怨学校教师与报社的兴趣相似——“尽管教师打算浏览一些国外的电报和其他新闻，但实际上他们更倾向于只阅读小说和特写版面”。鉴于此篇报道，杂志论者或许没有必要那么傲慢。[3]

日本政府并未强烈反对有关煎蛋卷和炸猪排食谱的报道，

---

1 市民平等与啤酒馆，见:《中央新闻》，1889 年 9 月 4 日；《东京朝日新闻》，1889 年 9 月 9 日。报纸参见：“新闻读者的变迁”，《中央公论》(1900 年 5 月)：85—86；“报纸的立场”，《大福账》，27 号（1906 年 5 月）：1—4。

2 该记录显示，一间合租公寓里住着 27 户家庭、150 人，他们订阅了 28 份报刊，大都是廉价的《二六新闻》，见：山本，《近代日本的读者层》，193。

3 西筑摩郡大桑普通高等小学（长野），“学堂新闻”，《信浓教育》，255 号（1908 年 11 月）；《长野县教育史》12：591—592。

但是十分反对色情文学和社会主义。可随着信息在社会中进一步且更深入地传播，越来越多的人可以接受上述事物，超出了官僚们施加“影响”的范围（官僚们对于努力创造健全的社会“影响”十拿九稳）。

三

日俄战争后，在他们的影响范围内，思想家们不仅面临了一系列发烧般的折磨，还面临着对他们来说好似瘟疫一般的情形。其症状为愈加明显的社会斗争迹象（不管其形式是罢工、群众游行以及“贫富差距的不断扩大”，还是社会主义学说的传播）。从1880年代晚期时起，许多政府内部和民间的评论家就警告称社会出现纠纷是必然的，因为众多西方国家的经验表明：随着“文明的进步”，工会和社会主义会同时出现。[1] 此外，一些西方模式还表明，1890年代，诸如生产合作社和工厂立法的预防性社会措施有助于预先阻止阶级划分的“灾难”。[2] 人们有关社会主义的看法也如出一辙。有人认为，“既然德国皇帝正在绞尽脑汁、使出浑身解数禁止社会主义，日本似乎也应该采取相同的政策”。因此，1901年内务大臣末松谦澄主张实施抑制性的法案，作为一种管控国家重大威胁的方法。在这

1　对社会主义的恐惧，如:《东京日日新闻》，1889年6月4日、1890年11月20日；穗积八束，“民法与国民经济”，《东京日日新闻》，1891年11月17—18日。作为社会问题的劳工，参见:《读卖新闻》，1891年8月1日。作为“瘟疫”的社会斗争，参见:《大阪朝日新闻》，1897年4月19日，等等。社会主义与“文明的进步”，参见:《东京日日新闻》，1908年8月27日，等等。

2　见派尔，“追随的好处”，特别见148—160；平田东助论“灾难”见156。

种情况下，政府借助1900年颁布的《治安警察法》取缔了社会民主党（在其创立当天就明令禁止）。[1] 但是，尽管对于许多社会问题有历史了解，思想们家对于战后社会爆发事件的反应表明：事实证明，这场灾难比他们所担心的还要糟糕。

175 1905年9月，群众在东京日比谷公园举行了集会，反对《朴茨茅斯条约》的签订。随后，集会演变成暴乱。在此之前，日本首相桂曾写信给山县，表达他的担忧：下层阶级“正在把政治同社会问题混为一谈，现在从马夫到黄包车夫再到小商小贩，人们全都大呼小叫，愤怒地抗议，要求赔偿，尽管他们对于此事一无所知”[2]。1906年，日本爆发了示威游行，反对有轨电车票价的提高。此次游行重现了类似日比谷的暴力场面，与1913年东京的多起暴乱如出一辙（此时正值日本政府变革之际）。人们认为如果社会出现混乱，东京一定首当其冲。因此，有人说，“如果他们在东京放火焚烧有轨电车，他们也会对其他郡县有相同的举动”。首都出现的有关“平民大众的权力”的种种断言使得思想家们担忧整个日本。[3]

罢工也是如出一辙，1907年这个混乱之年尤为如此：

> 起先是足尾铜矿发生大暴乱，随后科伊克煤矿和浦贺

---

1 《治安警察法》见：中村吉三郎，《明治法制史》1：216。

2 致山县的信（1906年9月2日）见德富苏峰，《桂太郎传》，卷2（桂公爵纪念事业会，1917），296；还可见冈本，《日本寡头》，185。日比谷暴乱见：同上，193—223。

3 《都新闻》，1914年10月31日；《万朝报》，1913年2月2日。

> 码头的骚乱接踵而至。现在幌内煤矿也出现了暴动。尽管足尾事件并未持续多长时间，但是毫无疑问，这一年当属罢工之年。[1]

随着工业化日益密集、工厂里工人数量日渐增长，罢工呈蔓延之势。实际上工人的数量增长也确实如此：1900 至 1917 年间，其人数在全国范围内几乎增至三倍，达到一百万人；1903 至 1912 年间，仅在东京的私人工厂中，工人数量就增至两倍，达到 80 000 人。工人工资很低，每月平均收入在 20 日元上下浮动，这是 1911 年东京划定的官方标准贫困线。1914 年，东京每位正规工厂里的工人平均雇佣期限仍然仅有 22 个月。和正规工人相比，工厂中有将近 4 倍的日雇工人，其中许多人来自地方郡县，维持生计更加困难。[2] 同时，农商务省和内务省开展关于劳工状况的普查。政府继续实行双重政策——颁布工厂法，同时调动警力镇压东京有轨电车大罢工。由此，1911 年的明治阶段宣布告终。[3]

---

1 “罢工骚乱的流行年”，《实业的横滨》卷 3，12 号，引自山田，《京滨都市问题》，14。

2 数字有变化；和一般意义上的劳工相比，工厂工人的定义更加狭窄，因为前者人数更多。大河内一男、伯纳德・卡什、所罗门・莱文，《日本的劳动者与用工者》(东京：东京大学出版社，1973)，40；宫地，《日俄战后政治史》，168—189。明治晚期的城市贫苦阶层被分为勉强维持生计的人（细民）、无法维持生活的人（贫民）以及失业和贫困潦倒者（穷民）。1911 年，东京一项市级调查把贫民的每月收入设定为 20 日元。实际上，白天打工者里包括了许多贫民级的穷人，而工厂里正规工人的收入接近这个水平。参见：宫地，201—208。

3 “工厂法”见：冈实，《工厂法论》(有斐阁，1913)，2—101；罗纳德・P. 道尔，“现代化的特殊案例：日本工厂法，1892—1911”，《社会历史比较研究》11（1969）：433—450。

176 同年，也就是1907年至1911年，随着社会主义者参加工会组织及反政府活动频繁，日本政府对社会主义的担心与日俱增。新闻界将社会主义崛起的原因解释如下：资本家同劳工之间的冲突、政府拖延解决劳工纠纷以及中学毕业生供过于求。[1]与此同时，桂太郎政府受到山行的敦促，利用“赤旗事件”（1908）及大逆事件（1910—1911）镇压了山行所谓的“社会解构主义”运动。山行在1910年的一份文件——该文件标题由学者穗积八束协助起草——中表达了他对社会主义的看法，这些看法影响到政府在此问题上的政策，部分原因是同山行站在同一战线的诸多官僚（如桂太郎、平田东助）、小松原英太郎、木喜德郎、清浦圭吾及大浦兼武等）均负责落实该政策。文件开头如下：

> 考虑到现代社会民情发生了变化，民众开始呼吁拥有政治权利。但是一旦他们拥有了政治权利，便会要求有衣穿，有饭吃以及社会财富平均分配。当他们意识到这种需求与目前的国情以及社会制度不相容时，便开始致力于毁坏国家和社会的根基。社会主义便由此产生。社会主义产生的直接原因是：贫富差距极大以及伴随着当代文化油然而生的显著的道德变化。当务之急是：一、制定一项能够从根源解决这一苦难的政策。二、为了国家和社会的安

1 例如，《山阳新报》，1908年6月30日；《东京日日新闻》，1908年6月23日—8月27日，多处。

全，政府应对拥护社会主义的百姓实行严格的管控。我们必须阻止这场“瘟疫”的传播，必须镇压及根除这场“瘟疫”。[1]

第一个关键就是开展充分而彻底的国民教育及培养人们的稳健思想。第二个关键便是经济援助，也就是所谓的“社会政策”。[2]

首先是在思想方面采取一些措施——包括宣扬人们日益熟知的格言，如“发扬民族思想，排除利己主义”，培养老师、学生及课本中的“健康思想”，“扩大职业教育以淘汰那些受过教育而又无所事事的闲人”，“促进健康有益的阅读”——然后提倡为穷人、病人及弱势群体提供社会救助。其次，政府呼吁建立社会改革体系及救助措施。同年，《戊申诏书》打着“艰苦努力”的旗号呼吁民众勤俭节约。思想家们努力推广以上两种措施，旨在应对一些具有破坏性的社会症状的传播。因为他们担心“社会主义会变成无政府主义，就如普通感冒转变为肺炎一样”[3]。社会批评家们看到一幕幕令人苦恼的现实：“个人

177

1 山县有朋，“社会破坏主义论”，《山县有朋意见书》，315—316。德富，《山县有朋传》，《红旗事件》(1908 年 6 月)（即人们所说的 1907 年 11 月公开信事件）。“大逆事件”的审判（1910 年 12 月—1911 年 1 月）：丝屋寿雄，《大逆事件・增补改订版》(三一书房，1970)，51—92、125、195；更简要的见，丝屋《日本社会主义运动思想史》(法政大学出版局，1979)，178—195，以及诺特赫尔弗，《幸德秋水》，145—161、187。

2 “社会破坏主义论”，《山县有朋意见书》，319。

3 社会救济政策见：吉田久一，《日本社会事业的历史》，171—240。“肺炎”见:《国民与非国民》(民友社，1911)，9。

主义、国际主义、社会主义，丈夫们用敬语‘san’称呼妻子，油腻的西餐远比清淡的日式菜肴受欢迎，在日本已经占据主导地位”，[1] 他们的反应便是呼吁“促进和谐与合作、尊敬祖制传统、发扬家庭美德，以及弘扬公益精神等”。因此，他们准备了思想上的“灵丹妙药”，想要将社会还原为以前的那种健康状态。

这些“社会医生”诊断出了明治晚期社会的一些弊病，他们非常清楚病源出自哪里。他们认为导致这些弊病的原因是“国家的进步与发展”，也就是社会文明所带来的疾病。城镇化、商业及工业资本主义、教育的传播、交通及通讯的扩张，大规模的社会抗议——这些疾病将一个现代化城市的各种特点体现得淋漓尽致。就日本而言，这些疾病不过就是明治早期改革所产生的经济、社会及科技上的后果。日本民族迫切地追求文明，但是在追求的过程中，产生的一些结果远远超出了当时民众的预想，结果就如一系列散播在日本身上的瘟疫一般，受到某种不可预料的力量驱使，难以应对。虽然明治后期的一些思想家认为城市、企业、教育及阅读本身并不是社会弊病，但是他们对这些事物传播后所产生的结果毫无准备。尤其是当这些结果与乡村农业秩序的瓦解，以及城市和工厂中兴起的新形式的社会冲突有关时，这些思想家就更猝不及防了。现代化威胁着国家的社会根基，并使之动摇。面对着这一困境，思想家

1 芳贺矢一，《国民性十论》(富山房，1908)，257。

们求助于过去的真理——乡村和家庭，社会和谐及社区习俗　以治愈文明过热这一疾病，这样他们所预想的社会也许才能幸存。

农业的迷思与自治

178

思想家们设想的社会与乡村有很大的联系，因此他们怀着一腔热情将目光投向了乡村，而许多担心在这种热情面前变得惨淡无光。一种农业愿景在思想家们的脑中重新复苏，即使农村同城市以一种既老套又与时俱进的方式对立，这种愿景是思想家们一腔热情的原因之一。雷蒙·威廉斯在一项研究中说明英国也有相似的状况——民众通常用城乡差异来解释所经历的现在与记忆中或想象中的过去之间不能解决的冲突。[1] 本土互帮互助的精神，所谓简单的自然经济，或者是昔日的美好时光——乡村所象征的秩序似乎突然正在消失。在日本这样一个农业意味浓重的国家里，乡村生活的最终消逝对每一代人来说已经习以为常了。因为农村生活似乎要发生翻天覆地的变化，所以当人们批判那些与城市有关的并不宜人的当今社会时，民众们便会回忆及赞扬农村生活。

18 世纪早期，荻生徂徕与江户格格不入，他谴责城市是“一个时代民众举止及传统发生糟糕改变”的中心，而这种改

1　雷蒙·威廉斯，《乡村与城市》(牛津：牛津大学出版社，1973)，1—12。

变不久便“传播到了乡村里的农民身上”。[1] 19世纪末期，尤其在日俄战争后，明治晚期的评论家们越来越认为城市是“社会中的一股毁坏性力量”，是邪恶行为及危险思想的开端，而“罗马”正将整个帝国拽向颓废与衰败的深渊。[2] 有些人提出的解决城市罪行的办法甚至同徂徕一厢情愿的提议一致，即应当将武士阶层迁至农村。1900年代，德富苏峰建议“有权势的人及富人一年之中应在乡村居住一段时间”，旨在“增强社会不同阶层的流动性”及“培养田园味道，如英国一般”[3]。农业迷思在18世纪是一种不切实际的构想。但是到20世纪，这种构想重新复活并成为社会秩序的理想蓝图。

促使这一思想复苏的思想家们有很大的差异，他们有时几乎没有共同点，唯一的共同点即他们都认为农村是积极的社会价值的源泉。

179 一些民间农业倡导者，如1890年代的前田正名、1900年代的横井时敬和山崎永吉也都是热诚的农学家。他们一生中的大部分时间都致力于农学教育及改良耕作技术。当他们不知疲倦地争辩“农业是国之根基”时，这一观点与传统儒家思想相

---

1 荻生徂徕，《政谈》(1727)。J. R. 麦克伊万，《荻生徂徕的政治著作》(剑桥：剑桥大学出版社，1962)，50—51。

2 “城乡教育的利害”，《日本人》，53号（1890年8月）：24—27；“应如何看待都市的膨胀”，《日本人》卷3，455号（1907年3月15日）：9—11；小林一郎，“都市的膨胀”，《伦理讲演集》，58号（1907）：1—15；町田京宇，“物质性文明的隐患”，《战友》，26号（1912年12月1日）；泽柳政太郎，“都市与地方”，《泽柳政太郎全集》5：444—452，等等。

3 德富苏峰：“乡村与都市”，《生活与处世》(民友社，1900)，67—68。

契合，即农为根基，贸易及工业为自然经济之分支。这些农学家为了确保农业在不断演变的国家政策中占有一席之地，付出了多年的努力，这进一步反映出他们对农业的拥护，但是国家政策似乎日益倾向于发展工业。

1880年代早期、末期及1890年代早期，前田就职于农商务省。在他任职期间，他主张发展农业。1880年代早期，财政部的松方反对前田的主张，松方更倾向于支持工业。1880年代末期，在第一届国会召开之前，寡头政治执政者发起了政治内讧，因而前田的农业思想成了牺牲品。1890年，前田被贬。山县任命陆奥宗光为农商务省，陆奥宗光后来屈尊听命于国会的“300位农民”。前田离开农商务省两年后，便开始从事思想上有组织的变革运动，也就是他声称的“私人农商部”。他协助建立了12个不同的农业组织，包括全国农事会。1893年至1897年，他出版了一本标题为“三业”的杂志，这一标题指的“行业”是他所谓的“本土制造”业，例如茶叶、丝绸等当地的半农业产品。1890年代末期，他发起了一项运动，旨在鼓励农村根据实际情况而非异域理论制定自己的计划。他认为在乡镇及农村的政策基础上，可能建立一种更合适的国家农业政策。[1] 简而言之，他的设想就是农业与工业，锄头与机器之间的博弈。

1　祖田修，《前田正名》(吉川弘文馆，1973)，134—150；祖田，《地方产业的思想与运动》，132—173。论1880年代晚期的寡头政治内讧，参见：御厨，《明治国家形成与地方经营》，231—243。此一阶段的农学思想见：哈文思，《农场与国家》，56—132。

前田关心农业的发展是因为他本身就是一个地主。像前田一样，山崎和横井等专业人士也十分关心农业的发展。二者都在农学院教书。山崎在爱知县，而横井在东京的政府农业学院。因此，他们是贸易农学家。山崎将农民称之为“富国强兵之母”及“国体之堡垒”。

180 他在演讲中提到乡下人比城里人善良，并且将农耕视为神圣的天职。他举出乔治·华盛顿在取得极大成功后将自己的余生献给了土地这一事实作为他的部分理论依据。[1] 他称：农耕是保护国家的最合适的职业，而农业道则承传自武士道。[2] 他建议道：

> 城市自己创造人口的能力极其低弱，因此它们别无他法，只能从乡村吸收它们所需的人口。这意味着城市需要依靠农村才能存活。没有农村，城市到哪里获取他们所需的人口呢？如果农村由于某种原因罢工或者决心不再向城市提供人口，那么城市人口将变为纯正的城市人口（例如：城市孩子的父母均为城市人）。城市的人口出生率也会稳步下降，在极端情况下，很有可能降至零。若再进一步的话，

1 山崎延吉，《地方自治讲习笔记》(岛根：1912)，8—9、56、58；“农村教育论”(1914)，《山崎延吉全集》3：24—25；“农民的训练”（1916)，3：459—466、477—484。

2 横井时敬，在“访问——道德与经济”，《人道》卷3，9号（1906年1月15日)：3—4；以及“农业教育论”（1901)，《横井博士全集》(1925) 9：88—90，哈文思，《农场与国家》，103—104；山崎后来以相似的框架撰写了如“农民道”(1930)，《山崎延吉全集》5：1—90。

可能变为负数，最终城市必然会瓦解。[1]

也许只有横井认为农村进入人口罢工阶段会致使城市瓦解。在农本主义的拥护者当中，横井极其保守。[2] 据说，横井于1897年杜撰了农本主义这一词。然而他和其他民间农学家们产生极端评论的部分原因是日益艰难的农业处境。因为如果1880年代商业和工业威胁到了农业，那么到了1900年代农业似乎也已遭到围攻。为了保护农业，农学家们提出了一种思想，从而试图劝说政府及农民相信确保农业是国家经济基础地位的重要性。

与此同时，其他的评论家们重新发现在日本民族经历中农村的一些公共基础被文明的进步所削弱。柳田国男是一位官僚，1900年至1902年就职于农商务省。他不赞同如横井那样的民间农学家对农村的看法及中央政府对农村的官僚主义政策。柳田认为横井思想极端，并且跟不上时代的潮流。他认为在行政上，内务省操控了农村生活。但是1900年代，当他穿着草鞋周游农村时，他自己是在进行一场日本文化"发源地"的朝圣之旅。1892年，前田参加农业朝圣者活动时也穿着草鞋。柳田和其他的知识分子（如新渡户稻造）将关于农业管理及经济学的博学论文同将农村视为祖先习俗宝

1 横井时敬，"都市与乡村"，《横井博士全集》(1925) 5：544。

2 "农本主义"（1897），《横井博士全集》(1925) 8：225—231；哈文思，《农场与国家》，100—101。

库的浪漫呼声相结合。[1] 因此无意当中，他们的文章及讲座181为农业迷思作出了贡献。政府同样认为该农业迷思是有用的。

当柳田开始对日本种族的农村起源进行民俗攻击时，其他人对于乡村习俗却另有目的。军队尽管在体制上并不倾向于田园感情主义，却赞扬那些住在农村离城市足够远的农村人的“礼仪和习俗”，并褒奖农村文明保留了过去那种纯朴简单的生活方式。[2] 据说农村的应征士兵身体更强壮一些。但是据报道，青年人的身体素质大体上在持续下降，[3] 主要原因是他们久坐不动地追求教育及非农职业。据描述农村青年，尤其那些生活在比较贫困地区的青年与那些厚脸皮地生活在首都的青年相比，回避入伍的可能性较小。在东京，一位知青“镇定地”宣称在体格检查时没有检测出他所谓的视力不良，主要

1 柳田的《时代与农政》谈论农业的管理制度［《柳田国男集》卷16（筑摩书房，1962），1—160］，此外，他的《远野物语》（《柳田国男集》卷4：5—54）则是一本有名的传说故事集，标志着他民俗兴趣的开始。这两本书均于1910年出版。《远野物语》（东京：日本基金会，1975）由罗纳德·莫尔斯翻译。此外关于柳田见：莫尔斯，“对日本国家特质及特殊性的探寻：柳田国男（1875—1962）和他的民俗运动”（普林斯顿大学博士论文，1974）。莫尔斯的日语研究著作：《对现代化的挑战：柳田国男的遗产》（日本放送出版协会，1977）。新渡户稻造：《农业本论》（1912），新渡户稻造全集编集委员会，《新渡户稻造全集》卷2（教文馆，1969），5—540；“地方的研究”，《斯民》卷2，2号（1908年5月）；以及“地方的研究”，《东京朝日新闻》，1907年2月16—24日。

2 例如，田中义一，“地方与军队的关系”和“关于地方与军队的关系”（1911年4月、5月对东京官员的演讲，1911年8月对地方官员的演讲），《偕行社记事》，427、432号（1911年4月、9月）：1—17、1—34。各连队区管内民情风俗思想界的现状，Ⅱ，高田、弘前；Ⅲ，麻布；Ⅴ，鸟取、福知山；Ⅶ，久留米；等等（手稿）。

3 例如，“青年的体力与预备役军人”，《田中中将讲演集》（不二书院，1916），208—215；各连队区管内民情风俗思想界的现状（手稿），多处。

原因可能是他的视力会随着自慰的频率而改变。还有一位知青也"冷静地"上报了他的"二三十个兄弟姐妹"，他说"我不知道我父亲有多少情妇"，这些兄弟姐妹都是他父亲和这些情妇所生。[1]"回避入伍行为"在农村也时有发生，当地村民表示这主要是由于日俄战后几年中，人们对服兵役产生了冷淡、不信任甚至惧怕的情绪。从事社会教育的主要军事拥护者（如：军队的田中义一）日益呼吁政府保护正在消失的乡村社区习俗。[2] 1910年成立的帝国预备役协会及1915年成立的全国青年协会都依赖于一个全国性的当地分支网，田中期望这个网可以促进"军队同民众和谐相处"。[3] 尽管军队不断批判农民缺乏公益精神，但是与城市或这些受都市风尚影响而堕落的年轻人相比，军魂的未来似乎取决于乡村那种不朽的合作传统。

运用习俗，尤其是将"群众的礼仪和习俗"作为思想改变的指标本身就是一种常规。明治早期，无论起草民法还是争辩如何建立宪法，体制改革的第一阶段通常要做的就是调查日本习俗。有人说必须确立习惯，这样才能使文明的新体制与其一致。例如，在尝试起草第一份民事法典

1　各连队区管内民情风俗思想界的现状，Ⅲ，麻布。"厚脸皮地""镇定地""冷静地"等引用于这些报告。

2　田中义一，"军队与地方的关系"，《战友》，7号（1911年5月1日）：9—14；田中，"军队教育驰缓"（1911），《田中中将讲演集》(1916)，58—113。

3　例如，田中，"预备役军人的心得"，《田中中将讲演集》(1916) 114—122；"国民与预备役军人会"，123—127。预备役协会以及田中在青年团中的角色，参见：梅瑟斯特，《战前日本军国主义的社会基础》，6—33。

之前，1879 年通过的社会实践纲要涵盖了从德川时代演变而来的农村形象，由于某种非自然因素，存活到了明治后期。

182 据报道："农民们大体上会住在他们祖先遗留下的房子里，很少有人变换住所"。[1] 虽然这一说法即使在德川时代也并非完全正确，但是到了明治末期，有些报纸专栏对一些法律问题提出了流行建议，例如："当农民甲将土地卖给乙，乙再将土地卖给丙时，该如何注册土地?"这时农民们不搬迁这一概念与其说是事实不如说是一种更加神圣的迷思。[2] 尽管如此，明治后期的一些思想家所呼吁的祖先习俗经常使这种迷思重新复苏，以作为衡量乡村秩序恶化程度的标尺。

但事实也有一些差异，这些差异主要反映了群众对农村的态度已经发生了改变。1895 年群众对起草另一部民事法典争议不断，大家争议的问题即，哪一种习俗应成为婚姻法和继承法的基础。保守派穗积八束及横田国臣认为"农民的习俗不应被视为习俗"，真正且相关的习俗应是武士阶级或者贵族所有的习俗。[3] 然而，一旦父权制家族的武士模式被采用，柳田又会发表一种不同的保守观点，抱怨现代法律已经忽视了农民那种更加复杂的传统婚俗。"尽管我们提到阶级平等，但是我们已经千方百

1 《全国民事惯例类集》(司法省，1880)，258。

2 "法律顾问"，《信浓每日新闻》，1912 年 10 月 1 日。

3 法典调查会民法议事速记录，124—130 匣（卷 42—43)，东京大学法学部（手稿)。关于辩论见：平野义太郎，《日本资本主义社会与法律》(法政大学出版局，1971)，79—102。

计地效仿武士习俗，而非尽力反思过去农民生活的美德。”[1] 在整个过程中，“习惯”和社会道德一样被视为与法律同等重要，而对于像山县这样的人来说，“习惯”更重要，因为它将整个社会凝聚在一起。[2] 因此，当乡村社会似乎受到威胁时，思想家们便想就农民们的习俗而非武士习俗神圣化，他们认为必须保存农民习俗以防止社会发生改变。

如果柳田对于乡村习俗所持的传统观点不经意间巩固了农学家以及帝国军队的观点，那么其他人则对唤起农村习俗做出了贡献。心怀不满的知识青年有时将农村浪漫化，将其视为逃离城市空虚生活的世外桃源或者指望农村为改革提供普遍的能量。1890 年代后期，德富芦花及国木田独步等作家已经写了赞扬自然的浪漫文章，几年后，这些文章被知识青年广泛阅读。独步于 1897 年写的著名诗歌《寻找山林里的自由》典型表达了他们的华兹华斯式的向往。[3]

1900 年代群众对托尔斯泰的热情使青年知识分子想起简单的农民生活的优点。有时甚至最城市化的及最温文尔雅的作家的作品也会促使群众重新发现乡村的美好。例如，田山花袋认 *183*

---

1 柳田国男，《故乡七十年》，(朝日新闻社，1974)，119—120；以及《柳田国男集·增补 3》：3—99。“武士习俗”见：川岛武宜，《作为意识形态的家族制度》(岩波书店，1957)，1—125。

2 例如，冈，《山县有朋》，35—37；陆羯南，《日本》，1892 年 1 月 2—3 日，引自派尔，《新时代》，124；井上哲次郎，《教育与修养》(1910)，36—39。

3 德富芦花的《自然与人生》(1900) 非常受欢迎，在 20 世纪已经被印刷了 200 次，参见:《日本的文学 5：樋口一叶，德富芦花，国木田独步》(中央公论社，1968)，546—547。

为柳田的作品“奢华地描写了已受影响的田园生活”，而他自己创作了一些反映农村社会的小说如《家乡》《野花》及描述明治末期的《乡村教师》。[1] 诗人石川啄木写作的目的是复兴农村，虽然他同其他社会理想主义者一样，有时对他所追求的改善乡村社会的潜力表示绝望。1909 年啄木写到，他认为“一个小村庄的苏醒远比那些官僚脑中的宏伟计划重要”。他羡慕静冈市蒸蒸日上的农业活动，而对自己的出生地——岩手县加以轻蔑地评论：“在岩手，群众采取的措施就是高喊口号。即便有年轻人组织萝卜展销会，在东北部地区也无人有能力将这个组织开展下去”。[2]

与政府官僚的那种高高在上的姿态相比，当地知识分子或来自城市的暂住居民对农民的这些评论大体上还是好意的，他们思想关注的中心是农民的生活和生计。就像徂徕痛恨城市一样，这种态度源远流长，可以追溯到德川时代。1649 年“农民被认为是没有思想，没有先见”的一类人，到了 1912 年这一观念转变成“农民缺乏逻辑记忆，不喜欢思考，不能抓住概念”。[3] 据说农民缺乏民族感、进步的动力、足够的观察力，以

---

1 田山对柳田的批评见：莫尔斯，“对日本国家特质的探寻”，27。《故乡》(1899) 和《野花》(1901)，《田山花袋全集》14：3—17、185—305；《乡村教师》(1904)，《田山花袋全集》2：313—595。田山花袋在环游国家时也进行文学创作，这些作品被发表在期刊上（像芦花的作品一样），并深受读者喜爱。《明治文学全集》67：383—387。

2 石川啄木，“百回通信”，《岩手日报》(1909 年 10 月 11 日)，《啄木全集》4：182。

3 “庆安之触书”（1649），见乔治·B. 桑赛姆，《日本：简短文化史》(纽约：阿普尔顿—世纪—克罗夫茨公司出版，1962)，465；井上甲谷，“论农民的信念力”，《信浓每日新闻》，1912 年 11 月 11 日。

及足以应付文明时代的社交能力。[1] 当思想家们对当地精英演讲或有时直接同农民对话时，他们会经常举出这些特征，目的是强调农民接受社会教育的重要性。思想家们对日益举步维艰的农村习俗及家庭农耕的自我完善进行批判及劝告，就好像这样的社会鞭策会激起农民们摒弃顽固粗俗的生活习惯，从而加入社会前进的大潮当中一样。

这一态度也解释了思想创造习俗的另一面。因为一些思想家们坚持要求“在工业时代面前应当保存农村的简单而又纯美的习俗”，但与此同时，他们又对那些坚持农村过去的、已经落伍的社会习俗的人大加挞伐。[2]

自明治时期开始以来，政府以进步的名义鼓励定期进行习俗改革。在 1870 年代早期，政府禁止群众狂舞、仲夏盂兰盆节裸体、敬拜狐狸、戴头饰及赛马等传统，属于各地方的践行“文明开化”的范畴。1880 年代，群众在东京成立的一些私人组织倡导习俗改革，比如发起于东京的“剪发协会”旨在帮助女性打造西式发型，还有一些“食肉协会”旨在加强日本人的身体素质，想要超过外国居住者的身体素质。[3] 到 1900 年代，这些以及其他西方时尚元素在农村也出现了，但是遭到了一些

184

1　井上亀五郎，《农民的社会教育》(金港堂，1902)，1—21；爱知教育会，《关于战后社会教育的调查》(1906)，16。

2　一木喜德郎，“市民村政的改正与社会教育”，在福井县的演讲（1911 年 5 月），《斯民》卷 6，3 号（1911 年 6 月）：4—6。

3　渡边隆义，“旧弊一新”，见“明治事物起源事典”，《解释与鉴赏（临时增刊）》，(1968 年 1 月)：33；小野，《明治话题辞典》，2—10，180—184。

思想家们的反对，他们认为这些东西会破坏乡村的美丽习俗。内务省及军队官员批评帽子、外套及丝巾等西洋气十足的配备既奢侈又物质。日俄战争后期，这些农村文明开化的迹象成为新一项习俗改革运动的目标。[1]

这些情况说明我们讨论的习俗已经被引入明治时期，然而在其他情况下，那些所谓的省市习俗的缺点自德川时代以来几乎没有改变。在德川时代，幕府将军曾惩罚农民，因为农民筹办婚礼时铺张浪费，过新年时畅饮狂欢，赌博时大胆下注。如今，内务省及当地官员敦促组建一个"道德改革俱乐部"，旨在纠正这些行为所造成的肆意挥霍现象。[2] 除了批评村民们的社会卖弄倾向，官员们汇编了多份历史悠久的"道德沦丧"清单——"在墙上、圣地及寺庙的柱子上涂鸦，倒粪的夜桶肆意搁置在地上"——以及一些新兴的违反道德的现象，如"节日不升国旗"及"农村和学校的节日不能吻合"。[3] 另一个常规问题就是准时，据说农民在这一问题上尤其缺乏。当"准时协会"在当地成立时，内务省对其赞不绝口。时钟——明治早期

---

1 西洋气十足的风尚概述见：内山惣十郎，《明治时髦物语》(人物往来社，1968)，特别见，10—48。对铺张浪费习俗的典型批判见：各连队区管内民情风俗思想界的现状，V，岩国，山口，冈山，福知山；VI，松山（手稿）；町田京宇，"物质性文明的隐患"，《战友》，26 号（1912 年 12 月 1 日）：5—8。对农村一些习俗的典型批判，参见：横井时敬，"通俗农村改良案"，《横井博士全集》(1925) 7：60—78。

2 例如，井上友一，"自治之开发训练"，《井上博士与地方自治》(全国町村长会，1940)，419—431；内务省，《地方改良事绩》(1910)。内务省习俗改革"模范农村"项目中的典型范例见：《宫城县名取郡生出村村是调查书》(1902)；《静冈县榛原郡胜间田村村是调查》(胜间田村农会，1903)。

3 《兵库县揖保郡是及町村是》(姬路：1908)，103—105。

文明的典型象征，显然被认为是帮助人们准时的一种器械。因此，省级政府官员鼓励群众使用时钟。有时地主们会把时钟挂在房子的山墙端，以便使在田间耕作的佃户们知道钟点，还有一些村庄计划计算一下该社区每户人家拥有的时钟数目。但是到1900年代，当在农村招募士兵时，在体检时开始发现他们的个人物品中有金怀表，农民们也购买手表作为“装饰物”，这时习俗改革家们便对时钟怀有一种矛盾心理，他们猛烈抨击时钟，认为时钟违反了勤俭节约的美德。[1]

例如，当一个东北部村庄于1911年建立“Ihō村庄的习俗改革条款”时，第四条便是“大家都不要戴手表，”然而第十一条却是“准时参加每次聚会”。[2] 无论戴不戴手表，究竟什么才是农民以习惯而落伍的方式和毫无时间观念的标志，这一问题一直烦扰着思想家们，但有时他们又会从中找到合理性。因此，1913年，千叶市的一个军官抱怨青年宝德协会发展缓慢的一个原因就是农民们不准时参加会议。他进一步轻蔑地表明甚至精英参加城镇及郡的集会时也很拖沓，这不利于建立高效的自治体制。[3] *185*

因为明治后期不是每一个人都坚信农村生活具有优越性，

---

1 内务省地方局，《地方改良实例》(1912)，73—83。横山雅男，《町村是调查纲要》(盛冈：岩手县内务部庶务课，1909)，30—32；野田千太郎，《市町村是》(市町村杂志社，1903)，42—44；各连队区管内民情风俗思想界的现状，Ⅲ，佐仓；Ⅳ，和歌山；Ⅵ，德岛（手稿）。

2 “伊保村风俗矫正规定”，见不破，“日俄战后的农村振兴与农民教化，Ⅰ”，162。

3 各连队区管内民情风俗思想界的现状，Ⅲ，佐仓（手稿）。

所以城市中出现了一种对农村不同程度的藐视。除了永井荷风（他的文学挽歌颇有古代江户的遗风）外，其他的知识分子也向城市致敬。确实如此，在1899年的一篇关于东京城市规划的文章中，作者幸田露伴严厉地批评他的同行“诗人及小说家们”，认为“他们倾向于将城市视为罪恶渊薮，却赞扬小村庄为天堂的化身”[1]。温文尔雅的文化传统及省市的粗俗甚至是一种比农业的迷思更加值得尊敬的文化价值。[2]

在思想方面，东京的社会教育计划中出现了对农村的某种谦虚态度，而这种态度受到了明治末期政府的短暂支持。[3]加藤咄堂是这一领域最为活跃的演说家之一，经常在东京或其他地方演讲。他呼吁城市群众应以他们的出生地而自豪。然而，他在城市演讲时提到的出生地指的并非农村而是指普通平民的东京，也就是江户的家乡。他宣称古江户习俗已经被乡巴佬们破坏了。首先在1870年代，边远地域的武士迁至农村，而最近一些乡下人为了到工厂里工作开始涌入东京。因为他们，东京已经被“粗俗化”及乡村化，从而失去了象征着日本首都的合理的“美丽习俗”。因此一些演说家们敦促东京人发扬爱市精神，并且在结束语部分和劝告其他农业地区一样要求改革居民的生活习俗，从而将首都塑造成为国家

1 关于永井荷风见：爱德华·G. 赛登史迪克，《小文人荷风》（斯坦福：斯坦福大学出版社，1965），32—52。幸田露伴，“一国的首都”，《露伴全集》27：8。

2 关于当代东京的文化意义见：《作为思想的东京：近代文学史论笔记》（国文社，1978）。

3 山本恒夫，《近代日本都市教化史研究》（黎明书房，1972）。

有价值的典范。[1] 当农学家们将武士道占为农民所用时，加藤将它视为画家、布商及车夫所有。他认为日本现在已经变成一个武士国家——这种现象恰恰是柳田所谴责的——普通东京的市民们现在都是军人，享有平等的权利及职责，并为“国体的荣耀”服务。[2]

出生地、美丽习俗、服役及国体——这些充斥于城市中的思想价值大体上与农村有联系，而其本身揭示了无处不在的农村构想。确实，尽管思想家们在东京发表了这些雄辩的演说，但是群众对生活在城镇的日本人的思想关注仍是漫不经心的。他们仍旧认为城市是社会苦难的罪魁祸首，这些思想传播到了农村，引起了更多的顾虑。城市发展越壮大，人们对乡村的思想关注就越坚定。 186

日俄战争后，社会上形成了一种攻击社会变革的思想，而这种思想背离了这些农业价值交叉表达的社会背景。似乎每一个地区都会强调农村的重要性，这意味着比如神道信徒为神道教——国家意识形态的载体——找到了一批更加乐意倾听的观众。内务省于 1906 年发起了合并神社活动，旨在统一乡村政府及削减行政开支，并将二者作为其战后管理政策的一部分。

---

1 加藤，《社会教育通俗讲话》(1918)：“江户与东京”，293—294；“爱市心的缺乏”，299—300；“作为日本的首都”，301—302。高岛平三郎，“关于京风”，《东京市教育会杂志》，31 号（1907 年 4 月）：1—4。

2 加藤，“国体之精华”，215—217，“武士的精神”的一部分，《社会教育》(1918)，215—235；加藤，“新武士道”（在本庄的演讲，6 月 15 日），《东京市教育会杂志》，(1912 年 8 月)：27—30。

因此那些坚持自身事业 30 多年的神教道徒们，现在成为一项政策的受益人，该政策赞扬神社“有助于改善社会风气和促进民治”。[1]

1905 年至 1915 年间，群众关心村庄的发展。在这样的背景下，像神道教这样的祖先崇拜也受到了越来越多的重视。法学家穗积八束已在 1892 年主张“祖先崇拜是公共法律的源泉”并且于 1897 年的一部作品中不断向群众提及“祖先崇拜是日本独具特色的国体及全民道德的基础”[2]。然而，那时其他从事建立民族感的思想家们对穗积的主张不太感兴趣。因此他的思想主张一直受到孤立，就像早期呼吁建立神道教牧师协会一样。但是在 1900 年代，青年离开农村，个体农村家庭破产。面对这种情况，农商务省官僚、民间农学家、地方官员、内务省、军队以及像柳田这样的知识分子做出的部分回应就是重复引用“祖先土地”“祖先财产”及“祖先职业”这些短语。确实“祖先”这一词几乎就像一个枕边私房话，也就是日版的荷马式描述语。因为似乎群众在提及土地、家庭财产及农耕时总是以这个词来开始话题，因而该词能立即使人想起农村。

---

1 内务省致三重县知事通告（1908 年 10 月），引自弗雷德尔，《日本神社合并》，57。

2 “祖先崇拜乃公法之源”（1892），穗积重威编，《穗积八束博士论文集》(有斐阁，1943)，256—266。相似地，以通俗的形式，见：穗积，《国民教育：爱国心》(1897)。迈尼尔，《日本传统与西方法律》，71—76；以及平井敦子，“穗积八束国家和宪法理论中的祖先崇拜”，见《日本的现代世纪》，爱德华·斯科萨克（东京：上智大学出版社，1968），41—50。

一旦家庭经济状况难以延续，农村社会秩序难以维持，187 “祖先崇拜”的观念就会和这些“祖辈”担心的事情交织在一起，并且越来越普遍地在人们思想意识中建立起来。[1]

同样有类似情形的还有“家国”这一概念。从1870年代到1890年代，传统家庭在保留其社会中心性的同时，也经历了不小的变化。1871年颁布的《户籍法》和1898年颁布的《民法》均对家庭进行了法律层面的阐述，提高了一家之主的法律地位，赋予其财产所有权和社会权力。与此同时，人们思想意识中把家庭概括为：形式上体现儒家关于家庭和社会方面的思想，强调皇族传统，遵循忠孝的道德准则以及《教育敕语》中表述的家庭关系。[2] 家庭概念的比喻意义同样适用于表达思想意识，比如，近代日本警察制度的建立者川路利良在1876年提道：“国家就是一个大家庭，政府是家长，人民

1　浮田和民，“关于将来日本的三大疑问”，《太阳》卷14，1号（1908年1月）：36—41；柳田国男，《时代与农政》，《柳田国男集》16：44；深作安文，《国民道德要义》（弘道馆，1916），第4章。关于祖先崇拜见：学习院，《乃木院长纪念录》（三光堂，1914），544—555。在媒体看来，例如，日本膜拜祖先的方式要落后于西方，因为西方人要将祖先的画像悬挂起来，而日本人只是在祖先牌位前摆上食物，参见：“神道与祖先崇拜”，《长周日日新闻》，1912年7月16—18日。1899年法学家穗积陈重用英文撰写了一部当时的记录，他所持观点与自己的兄弟八束不同，参见《祖先崇拜与日本法律》（东京：丸善，1912）。森冈清美，“现代日本‘祖先宗教’的现象：从明治时期向大正时期过渡的年代”，《日本宗教研究期刊》卷4，2—3号（1977年6—9月），183—212。

2　一篇影响深远的关于家庭与国家意识形态的文章，参见：石田雄，“家族国家观的构造与机能”，《明治政治思想史研究》，1—216。关于明治时期对家庭看法的转变，参见：有地亨，《近代日本的家族观：明治篇》（弘文堂，1977）；青山道夫，《讲座　家族8：家族观的系谱》（弘文堂，1974），28—118；川岛，《作为意识形态的家族制度》，1—191。

是子女，警察则是他们的保姆。”前田正名在宣传其 1890 年代地方规划时，也用了同样的表述：“一个城镇或村子的自治，就像管理一个家庭一样。”而像穗积八束和井上铁次郎这样的学者也有一些抽象的提法，将家庭比作日本国家。[1] 由此看来，日俄战争爆发前的几十年间，对家庭的关注可谓屡见不鲜。

尽管如此，在这一阶段早期，祖制家庭的概念和习俗一直是农村家庭关系的主要形式。如今，传统家庭似乎面临着来自两方面的威胁：一方面，城市中来自农村的移民，特别是那些较为贫困的群体，正有越来越多的人结为夫妻，至于家族和财产这些与农村家庭存在并延续相关的东西，他们已毫不在乎。1911 年曾有一位学者将这些家庭称作“小家庭”，以区别于“大家庭”的概念——即拥有土地的农民家庭。[2] 没有财产、社会稳定和农业劳动分工中经济所起的作用，无论是家庭还是一家之主都不会在传统家族中拥有道德和经济方面的权力。与此同时，对于城市的中产阶级，小松原所谓西方“以个人为中心”的道德观念正在蚕食家长的影响力，因为年轻人开始了自己的事业，就不顾家庭的需要或地位了。[3] 另一方面的威胁，则体现在更为重要的意识形态上，即农村出现了类似的变化。

---

1 关于川路见：广中俊雄，《战后日本的警察》(岩波书店，1968)，5。关于前田见：祖田，《地方产业的思想与运动》，148—150。关于学者们见：石田，《明治政治思想史研究》，67—138；有地，《近代日本的家族观》，108—120、233—240。

2 川田史郎，“家族制度的破坏对社会生活的影响”，《京都法学会杂志》卷 6，2 号(1911)：110；有地，《近代日本的家族观》，323。

3 对郡县长官发表的讲话，《东京朝日新闻》，1910 年 4 月 23 日。

一般来说，家族中 16 岁至 35 岁之间的成员正在逐渐减少。188
1911 年，有报刊对这一现象进行了连载报道，标题为“社会关系疏远的影响——家庭迎来变革时代”。[1] 更为普遍的是，土地从独立的农业所有者那里转到了更有势力的大地主手中，这就意味着对于作为社会主流的农业所有者（借用平田秃木 1890 年代对这些农民的称呼）来说，他们可以耕作的土地面积越来越小，或者迫于没有可雇佣或可供养的家族成员，只能沦为佃户。[2] 面对这种情形，思想家们宣称，不仅是农村，整个民族都面临危机：

> “农民土地所有者构成了社会的中产阶级，如今这个阶级土崩瓦解，给精神世界造成了深重的打击，想想都会觉得可怕。总的来说，首先受挫的是爱国情结，即我们民族特色的核心；其次是极端个人主义思想的入侵，这与我们的民族主义背道而驰；最后是社会主义思想的迅速蔓延，会滋生对执政者的憎恶之情。这三种情况对我们民族的危害是同等严重的，一旦它们综合作用，将会摧毁我们的民族特色。”[3]

---

1 “离家出走的人们”，《东京朝日新闻》，1910 年 10 月 21—31 日；有地，《近代日本的家族观》，164。

2 “社会主流的农业所有者”以及农业所有者比例的变化见：哈文斯，《农场与国家》，67。

3 “农村革命论”，《东京朝日新闻》，1914 年 6 月 2 日；有地，《近代日本的家族观》，304—305。其他对地方自耕农的关注，参见：《爱媛县温泉郡余土村是调查资料》(1903)。

《东京朝日》报以及农民土地所有者都承受着上述爱国情结危机的负担，对于他们来说，这些字眼着实有力。柳田提到“家庭灭亡”一词，意指移民城市导致农村家庭日趋消亡，这与上述说法表达的思想如出一辙，因为他也认为这种家庭的破坏会同时导致国家的动荡。[1] 因此，1910—1912 年间，日本法律学者发起了一场运动，制订了日本版《宅地法》。如果建立起不可剥夺的土地所有权制度，家庭就不会失去财产。有了这种财产，家庭在农村的经济社会地位和对民族的爱国情结就会有所保障。[2] 由于传统农村家庭似乎正日趋消亡，家庭和国家之间的关联正受到越来越多的强调，“家国”概念也在“家”和“国”两个概念上同时演进。

同样在这种背景下，1900 年代教育家们开始强调教育中“家”的作用，以期家庭和学校共同进步。一则地方小学的告示中提出了这样的说法：“一位聪慧的母亲相当于十个老师”，内容虽然简单，但是颇具说服力，就是要让家长明白一个道理——正是因为“孩子长大后要关心父母，充盈家中财富，还要努力做到忠诚于统治者和国家”，所以家长要对孩子进行教育，没有比这更重要的事情了。如果没有学校的教育和家庭的训诫，孩子就会一事无成，“为家长平添烦恼，为家庭带来厄运，给国家造成伤害”。为了避免这些可怕的结果，母亲会

1 关于“家庭灭亡”见:《时代与农政》(1910)，《柳田国男集》16：38—39；色川，《明治的文化》，309—311。

2 有地，《近代日本的家族观》，309—312。

“教导孩子说父亲的慈爱比山还高，父亲则会说母亲的慷慨比海还深”。这两种说法均有助于培养孩子的公益心，而在这方面，“日本人恰恰做得不如西方好，这使得日本人在同其他国家的人进行交往时往往处于劣势”[1]。军队也开始从家庭培养方式中攫取经验，以期形成一种不同的行为准则和公益精神。军事教育家争辩道，现在年轻人成长过程中，缺乏对其军事意志的培养。“征募兵源所来自的家庭，不仅家规松散，家风不正，而且对军事还存有误解，这对军事教育来说颇为不利。”为了扭转这种局面，官员们指出家庭应该从“军事教育的破坏者变成其拥护者”，“由于女性在家中悄然有了实际影响力”，并且是“真正的老师”，军队就寻求让孩子的母亲参与进来，实现上述家庭角色的转变。[2]

189

无论通过何种方式，家庭在相关问题的讨论中变得愈发重要。一份杂志 1906 年评论道：“左一个家右一个家的，现在全国各地的民众都在关注家庭的重要性。”“无论一个人谈及国家还是社会，总是基于家的话题，一切社会变革都必须从家开始。”这样的争论依旧持续着，“爱和责任的意志”已成为家庭

---

1 “家庭的心得”（1904），《长野县教育史》12：370。关于家庭教育的其他例子见：爱知教育会，《关于战后社会教育的调查》（1906），13—15；“通俗教育与中等社会”，《通俗教育》，23 号（1913 年 1 月）：13—15；山崎延吉，“农村教育论”（1914），《山崎延吉全集》3：84—90。

2 大久保益信，“论在营下级士卒的家庭与军队的联络的最好方法”，《偕行社记事》，445 号（1912 年 7 月）：1—9；“军队与家庭”，《岐阜日日新闻》，1912 年 5 月 3 日；各连队区管内民情风俗思想界的现状，Ⅱ，弘前（手稿）。井上友一对与农业相关的家庭教育持有相同的看法，“因为在农村家庭，未经妻子同意（进行这样的变革）有欠妥当”，见：“自治之开发训练”，《井上博士与地方自治》，408。

真正含义的精髓所在。[1] 的确如此，随着男性作为一家之主的绝对权威日渐衰退，这种将情感教育视作顺从的心理源泉的说法开始增多。[2] 唯恐家庭和与其相关联的农村在已然丧失的世界中消亡，政府和民间思想家就把上述价值观统统奉为神圣之观念，作为整个民族和国家的核心之所在。

二

农村的思想家们创造出这一系列社会思想意识是为了应对社会变故，除此之外，日俄战争过后，他们在两个相关的方面做了进一步努力：首先是提高农业技术和产量；其次是强化本土意识，以期延续国家赋予他们的行政和财政上的作用。在提高农业技术和产量方面，政府实行了农业计划，该计划由民间倡导平均地权的人士于1890年代所提出。内务省和农商务省则继续对相关措施提供支持，这些措施是针对维持农学家地位而提出的。1900年生产合作组织开始出现，从属于农商务省。允许成立这些组织的法律得到了两个山形人的拥护——平田秃木和品川弥二郎，他们都认为“社会主流的农业所有者”在社会和经济方面发挥着重要作用。1905年在平田的指导下，这些地方组织整合成为一个中央组织，截至1914年，这个组织已经包括了全国11 160个合作组织，代表了90%的当地民众。类似地，对于那些即将由大地主控制的地方农业协

190

1 小山正武，“家庭与敬神观念的关系”，《日本人》，446号（1906年11月5日）：14。

2 有地，《近代日本的家族观》，120、205—206。

会，1899年法律也将它们纳入统一体系。1910年，这些协会成为帝国农会这一联盟组织的一部分。[1] 这些农业项目致力于提供信贷和促进农业进步，虽然在实施过程中同样进行了思想宣传，但是要少于1900年代内务省推行其他农业项目时进行的宣传。

例如，政府对农村报德协会所采取的鼓励政策就采用了思想宣传的方法，与组织和技术项目并重，以宣传留冈幸助——主要民间倡导者——所惯称的"道德与经济和谐共存"思想。[2] 明治早期激进的地主成立了地方报德协会，他们参照德川时期农业道德家二宫尊德的思想，提倡技术进步和通过诚实、勤奋与公社合作实现报德。[3] 1903年内务省开始支持这些协会，井上友一郎让留冈汇报"报德在地方产生的影响"。不出所料，留冈发现在城镇和农村"报德的情绪比较高涨，自治的成果也相应的利好"，这一论断日后在日俄战争期间报德协会后方支前行动中得到了印证。1906年内务省凭借实现农业多产及和谐

---

1 产业组合与农会，参见：哈文思，《农场与国家》，72—84。

2 例如，留冈幸助，"时代的进军与报德社的态度"，《斯民》卷6，12号（1912年5月）：85—88。一部关于尊德的文章合集作者，包括当时的思想界领袖青浦奎吾、冈田良平、横井时敬、井上哲次郎、浮田和民、德富苏峰、山路爱山、井上友一，以及其他人士如岛田三郎、幸田露伴、内村鉴三：留冈幸助编，《二宫翁与诸家》（1906），这是留冈的报德杂志《人道》第8号（1905年12月）的重印版。该书的宣传广告称，这部纪念尊德逝世15周年的书月销量达20，000册。《人道》，13号（1906年5月）。

3 江守五夫，"明治时期的报德社运动的历史发展"，《日本村落社会的构造》（弘文堂，1976），399—462；佐佐木隆尔，"报德社运动的阶级性品格"，《静冈大学法经研究》卷17，3号（1968年12月）：31—69；卷18，1号（1969年1月）：31—60；小川信雄，"明治后期以后村落报德社的展开"，《地方史研究》卷24，2号（1974年4月）：22—36；哈文思，《农场与国家》，41—49。

自治的名义，鼓励组建其他的地方协会，并且严格按照政府的模式将它们整合在一起，隶属于一个中央机构——报德会。[1]

地方报德协会的活动包括各种讲座，内务省官员如留冈、市来、平田等到各地进行宣讲，内容主要是尊德模式、公共意识、农业自助以及英国穷人面临的问题等。与会者通常可达数百人，尽管中央协会的杂志《臣民》记录的数据显示：1908 年广岛举办的一系列讲座中，人数最少的一次也有 6 700 人，最多的则高达 12 130 人。[2] 杂志也刊登了一些鼓舞人心的文章，关于“老罗斯福进行农业改革”，还有关于农村企业取得成功的新闻，比如千叶的“鸡蛋储蓄”，他们通过养鸡来补贴新增两年义务教育的学费，余下的钱则存为邮政储金。[3] 报德会成员经常受到企业精英人士的褒扬，因为他们“兢兢业业、节约资金，晚上制作拖鞋以赚得更多的钱并积存起来，将收入的四分之一留作存款，并且每月聚在一起讨论尊德的教义和耕种的方法”[4]。经济与伦理之间这种周而复始的关系，使得二宫尊德也成了文部省标准下的教育界英雄。自 1910 年对小学教材进行修订到太平洋战争结束，有说法称尊德和明治天皇是这期间

191

1 江守，“明治时期的报德社运动”，444—450。

2 “斯民讲演会”（1902 年 2 月），《斯民》卷 3，1 号（1908 年 4 月）：84。讲演会简报见：《斯民》，“速报”，卷 2—4（1907 年 4 月—1910 年 1 月）。

3 中川望，“作为农村改良家的罗斯福”，《斯民》卷 6，10 号（1912 年 1 月）：37—40。“鸡蛋储蓄”见：卷 3，1 号（1908 年 4 月），79。

4 早川在日俄战争后成为三井银行总经理和报德运动的主要支持者，在写作此文时是一名大学生：《久徵馆同窗会杂志》，9 号（1890）：15—16。

被提及最多的两个人物。[1] 时至今日，尊德的塑像依然是日本各地小学校园中的一景。就报德会自身而言，一方面似乎在一些郡县蓬勃壮大，比如在静冈县，政府宣传报德会之前，他们就已经比较强大了；另一方面报德会在一些领域仍起着一定作用，虽然不再那么重要，他们涉足这些领域并非本意，而是郡县官员煞费苦心引导的结果。[2]

战后第二个目标是围绕政府所进行的尝试，将其思想体系遍布各郡县，目的在于振奋地方，提高他们的行政效率和财政自治效率。内务省在思想体系中承担核心作用，而在为“影响”地方所做努力方面，军队、文部省和民间倡导平均地权的人士时而合作，时而竞争。“地方”一词在农业、地理、政治等不同领域有着不同的定义，对山崎延吉来说，这个词意思是“相对于城市的地方，那里多农场和农民，进行农业生产”[3]。这个词更为普遍的用法是指东京以外的地方——各郡县，现在法国人也是如此用这个词的。有时这种用法会有所修改，用来表示非城镇的郡县地区，比如留冈幸助在冈山发表演讲时，纠正了其以东京为中心的定义，补充道：“当然，假如你身处冈山，那么‘地方’一次就是指冈山市以外的事物。”“地方的提高，”他继续补充道，“意即乡镇的改革……城市和乡镇总数为

1　唐泽，《教科书的历史》，672—687。

2　日俄战争后，报德协会与斯民会类似，通常在官方的支持下组建起来；报德社则通常可以追溯到更早的时期。江守，“明治时期的报德社运动”，460—462。

3　山崎延吉，《地方自治讲习笔记》(岛根县，1912)，1。

12 566 个，所以这就和提及‘日本’一样。”[1] 虽然这只是谄媚的演讲辞令，但可以明确的是，在内务省的用法里，“地方”确实主要指农村，更为直接的含义则是中央和地方在行政方面的区别。“地方”位于东京之外，并非因为郡县都是农村，显得土气，而东京是城市，温文尔雅；而是因为郡县为地方级别，中央政府希望控制地方，同时其基础也建立在地方之上。

192

因此，内务省主要推崇的既不是农业也不是农村，而是“地方自治”。这个词在 1880 年代后期颇为盛行，成为 1888 年至 1890 年间新的地方政府体系得以建立的基础。“自治”一词首次出现在大众语言中源自德语“自治”的日语译文，这个词用于制度体系则源于普鲁士人鲁道夫・格耐斯特的理论，1886 年阿尔伯特・莫斯来到日本供职于政府，并将该理论传入日本。[2] 该理论的观点得到山形的强烈支持，在他看来，地方自治就像征兵体系一样，是一种稳妥的非政治的实现国家一体化的方法，他将这种一体化称为“强化国家政权的基础”。1890 年 2 月，山形在郡县长官会议上做了演讲，日后被多次引用。演讲中他重申道自治政府体系是这样一个概念：

> 它是国家政权的基础，因为这个体系可以让地方在法律范围内管理自己的事务。建立自治单位，培养自治意识，

1 留冈幸助，《地方改良讲演速记》(冈山，1912)，1。
2 龟卦川，《自治五十年史：制度篇》；斯塔比兹，“明治日本地方自治体系的建立（1888—1890）”。

> 可以让民众学到管理公共事务的能力，并且承担一些国家事务。

不仅如此，对于山形来说更重要的是，随着国会召开时间的临近，

> 无论中央发生何种政治动荡，地方都不会受到影响。地方将置身于政治党派斗争的洪流之外，因此在行政管理事务方面可以免遭邪恶的政治偏好的侵袭。[1]

山形的想法是，地方政府体系是国家生活的另一个领域，体系中没有政治和党派因素；同时地方的角色整饬一新，是为公共管理而服务的。在宪法颁布之前，其他关于自治的讨论则指出了地方自治政府概念中内在的危险。1888 年井上毅写道：地方是“中央制度所触及不到的地方”。他警告说除非这种状况从制度上得到改善，否则“地方自治政府可能会演变到需要国家自治政府的程度”，即“美国和英国学者所认为的共和国的另一种提法”。如果这种发展形势出现，“之后百年之内就可能导致祖先国体的毁灭”。[2] 从这个意义上讲，“自治”从一开始就有两个含义，它一方面强调地方行政管理上的自治，另一

193

1 “对地方长官的训示”（1890 年 2 月 13 日），地方官会议议决书及笔记（手稿），以及，斯塔比兹，150。

2 “地方自治意见”，《井上毅传》2：28。

方面却否认这种制度类似于政治上的自治，将地方与中央尽可能紧密地联系在一起。

因此地方上的城市、乡镇和农村长久以来只可以进行无我的自治，可以管理自己的财政和行政事务，但一直并且只有在符合国家需要的前提下才能进行。虽然最初地方政治和经济的实际情况已经证明这种管理愿景的不合理性，但是在思想家看来，日俄战争后的境况显示出新方面的一种危机，最为紧迫的还是经济方面的事务。战争的支出很大程度上导致了国家经济的困难时期，在此期间，国家号召地方要紧缩开支，同时不要向政府寻求基金支持，而应该致力于更加有效的团体自助。就这样，也可以说与此同时，国家再次期望地方能继续执行分配到的任务，包括征税、征兵管理、教育和救济工作。[1]

在努力让地方应对这一重大挑战的过程中，“自治精神”的意识形态开始出现新的热潮，这个词本身的意思也有所扩大，其早期含义——地方管理的制度含义或者非政治化国家整合的思想含义——有所保留，而地方为实现自我提高进行经济和社会事业，以此名义，将道德劝诫也纳入“自治”的含义之中，使之有所扩展。内务省官员——井上友一郎、平田秃木、床次竹二郎等人在扩大该词用法的过程中起了推动作用。井上1909年撰写的《自治要义》问世之初就被称作“自治的圣经”，他指出，自治就像瑰宝，与宪法一样拜天皇所赐。“通过实行

1 大岛美津子，“地方财政与地方改良运动”，见古岛编，《明治大正乡土史研究法》，50—92。

自治，地方管理得到完善，国家基础有所增强，邻国友谊不断加深，如此一来，国家的习俗就会得以恢复。”[1] 这本“圣经”所列举的自治的具体功能包括：警察和消防；“具有影响力”的管理职能，包括学校和社会教育；“道德”方面的管理职能，涵盖了从儿童的宵禁、鼓励存款到推广“适于文明进步的娱乐项目”等诸多领域；对贫困和患病群体的救济管理；通过预防和改良措施进行公共健康的管理；建设并维护交通运输设施；通过多样化就业、农民俱乐部、信用联盟等形式鼓励农业发展；最后则是金融管理。[2] 在讨论自治问题时，井上和其他内务省官员经常援引西方的自治作为例子，并且时常出国考察，寻求相关的国外自治模式，比如英国的田园城市、伦巴第的农民聚居区和“农业之城芝加哥”——内务省预测其会有“光明的未来”。在内务省对郡县的改革指导中，多次提及二宫尊德所生活的德川时期农村耕地方面的做法，并将其同巴黎与各郡县的关系、克利夫兰的重建等类似例子相互比较。[3]

194

在自治任务纲要中，内务省思想家差不多总是追溯日俄战争，用井上的话说，这段时间“国家意识、公共服务与合作的

---

1 井上友一，“自治的开发训练”，《井上博士与地方自治》，21、16—32；《自治要义》（博文馆，1909），21—22。

2 《自治要义》，83—280。

3 例如，克利夫兰，伦巴第，田园城市见：井上，《自治要义》(1909)，多处。田园城市，芝加哥和其他城市，参见：内务省，《地方改良事绩》(1910)，240—252；《模范町村的现况》(读卖新闻社，1911)，30—37。

精神颇为盛行”。[1] 按照床波的说法，

> 正是在与俄国交战期间自治取得了最大的进步……无论是满足军事经费还是家庭对前线的支援，国人皆通力合作。不仅军事方面，就连诸如植树、储蓄这些平日做不到位的地方事务，在战争那段繁忙的时间里也没有中断。战前邮政储蓄总量达到560万日元，而战后这一数量激增，已经超过1亿日元。我认为，那时候人们都怀有这样的思想，那就是如果不巩固农村金融或栽植树木，我们就不会战胜俄国……日本国人决心管理国家事务，这全是自治的成果。[2]

管理国家事务的确是问题之所在，如床波所论，原因在于：

> 国家与地方的关系就像父母与孩子一样。孩子还小时无法独立完成事情，父母必须照顾他们直到10岁左右。但是渐渐地，随着时间地推移，孩子有能力照顾自己……中央政府与地方的关系亦是如此……国家进入文明时代后，社会变得愈发复杂，政府的任务也有所增多。因此，中央

---

1 井上友一，《井上博士与地方自治》，19。这样的修辞是非常标准的，参见如：内务省，《战时纪念事业与自治经营》(西东书房，1906)，1。

2 床次竹二郎，《地方自治及振兴策》(实业之日本社，1912)，12—13。

政府将其任务分派给各郡县，让地方尽其所能。[1]

床波在他的演讲中对这些地方的任务进行了清晰地阐述：195 “自治是国家的基础”，“纳税是地方公民最为崇高的义务”。[2] 根据这种定义，一旦乡镇和农村出现“官员不称职、征税不到位、耕种不得法、党派不和睦”的情况，人们就会认为这些乡镇和农村“工作懈怠”，自治方面“秩序混乱”。这种懈怠状况“危害到国家的发展”，为了对其进行补救，思想家迫切要求完善自治政策，以此才能实现国家规定的义务。[3]

内务省思想家强调国家规定的地方管理方面的义务，与此同时，官僚和其他一些人越来越多地使用“自治”一词，不仅指代有效的财政管理，还指与理想化农村社会相关的社会和谐与合作。这点在民间平均地权倡导者的劝诫中尤为突出，他们主要的关注点在于国家，也同样在于农村。山崎延吉将“地方的角色”与其“国家层面的角色”相比，指出：地方公民“留守在自己的家乡，这就保证了国家稳定的基础；他们还要继续祖先留下的事业，遵守祖先规定的礼节”。他们和离开农村谋求名利的人一样，在“进步和发展”方面肩负着相同的责任。[4] 内务省推崇井然有序的管理模式，这种模式在明治晚期导致神

1 《地方自治及振兴策》，1—3。

2 《地方自治及振兴策》，5、7。

3 平田武治，“模范町村与不良町村”，《斯民》卷3，1号（1908年4月）：42—46；“成绩不良町村行政整理实行件”（福岛：1908），见不破，“日俄战后的农村”，17。

4 “农村教育论”（1914），《山崎延吉全集》3：124。

社、农村和公共林地的兼并，经常不考虑小村庄各自的特点或者当地惯用的习俗。山崎与柳田、横井一样，对这种模式不以为意。柳田反对兼并神社，横井则对地方进行提醒，指出内务省规划“模范村庄”的弊端，这是因为取悦参观者的开支是在滥用农村的资源，用在了不必要的地方。[1] 出于对农村的担忧，这些人解决问题的办法不像内务省倡导的方案那么具有官僚色彩。

正如附加说明所揭示的那样，山崎对农村建设模式的预想图就像一幅农村曼陀罗，将农业置于国家的中心位置。“合作的满足、文化的繁荣、集体的进步、自治的完善”——这些要素都将有助于“农村的建设”。虽然所有的地方机构，从学校到市场再到公共事业，都在图中有所体现，成为“国家进步”和“社会福利”更大框架下的一部分，但是中央政府在其中却没有位置。[2]

196

“自治”，正如字面之意，指自己管理自己……由此，农村自治意指农村努力实现自身的利益，自身努力增强村民的幸福感，促进自身的进步和发展。不言而喻，农村必须扩大自己的地域。[3]

---

1 横井时敬关于神社、农村和公共林地的兼并见：“农村改造论”，《横井博士全集》(1925) 4：147—182。关于柳田见：桥川文三《柳田国男：其人与思想》(讲谈社，1977)，104—105。关于模范村庄见：“农村的改良”，《横井博士全集》(1925) 4：305；以及“勿当模范农村”，7：90—96。

2 山崎延吉，“农村建设”(1927)，《山崎延吉全集》2。

3 《农村自治的研究》(1908)，《山崎延吉全集》1：13。

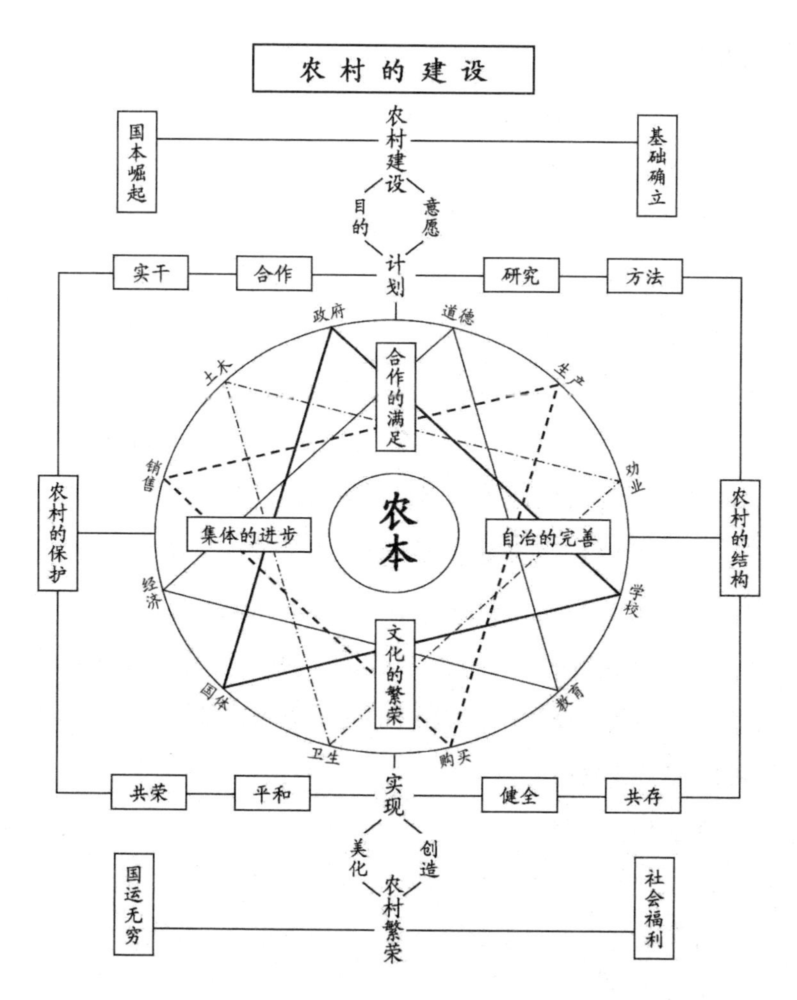

此时，日本政府实施区域自治，地方社区团体可自主管理。“自治”是指一个社区团体有权处理自己的内部事务，行政上独立于官僚等级制度，这有时也成为解决日本农村问题的灵丹妙药。与此同时，军事教育家大力支持此理念，在“自治机构”中工作的官员人数也不断增加，因此官僚及土地改革倡 197

导者渐渐将“自治”作为地方政府的执政理念，这个理念包含多重含义，可以解决多种问题；正如“国体”代表了日本的国家意识本质，“自治”则成为日本町村的特点，广为人知。

为了进一步完善自治体制，维护町村的稳定，需要寻求地方机构和当地町村长的支持和援助。每个农村区域的地方官僚机构，如兵部省、内务省、文部省及农商务省，皆转变为体制机制，且由町村长阶层领导。这种体制性的变革基本上都是成立地方团体。1909 年，内务省正式开展“地方改良运动”，其目的在于“完善自治体系，重整地方财政，发展经济、促进生产，设立道德教育与习俗改良的机构，鼓励居民多储蓄资金”[1]。基本上，要解决这些社会、经济和意识形态等问题，都会成立一个相关机构。因此，冈山的宇知村作为日本百家模范村庄之一，为例证其在地方团体创造力方面取得的成就，列举出村内的自发性组织：

勤俭储蓄机构

农会

矫风青年会及其附属协会——矫风青年会夜校社团

户主会

妇人会

1 在 1909 年 7 月举办的首次地方改良实业讲习会上的讲话，见：内务省，《地方改良事业讲演集》，全 2 卷（博文馆，1909）。关于“地方改良运动”见：宫地正人，“地方改良运动的理论与展开：日俄战后的国家与‘共同体’”，《日俄战后政治史研究》，1—127；肯尼斯 · B. 派尔，“日本国家主义的技术：地方改良运动，1900—1918”，《亚洲研究期刊》卷 33，1 号（1973 年 11 月）：51—66。

市民会

报德会

在乡军人会

胜负会

一些国家机构的地方分支，包括爱国妇人会及红十字会。[1]

1911 年，位于富山县的一个村庄规划书也详细记载了以下 *198* 组织机构：

自治会

农会

地主会

习得校

青年团

校友会

圣德老兵会

戊申妇女会

胜负团

学校机构

产业机构

工业机构

教育会

1 关于模范村庄见：远藤俊六，“模范村的成立与构造”，《日本史研究》，185 号（1978 年 1 月）：33—60。

敬老会[1]

上述组织机构中大部分是标准的，除此之外，其余地区也支持其他的组织团体，如戊申会，其成员遵照《戊申诏书》的规定，促进日本道德建设和经济发展；在地方成立了不计其数的矫风会和一些特殊爱好团体，如在兵库县成立的“购买新型渔船俱乐部”；还有其他各种各样的组织团体，如在函馆附近的“圣德太子会”。1902年，“圣德太子会”成立，此时会员人数仅有50人，而在1911年，有报道声称“在颁布《戊申诏书》及开展‘地方改良运动’之后，会员人数已达230人”[2]。

虽然官僚思想家们通常会谈及在日俄战争时后方的组织效率，这些组织团体大部分成立的时间都较早。部分团体乃是德川遗风，比如青年团及一些宗教团体；其他团体的成立时间常可追溯到1870年代，例如矫风会、农会以及道德会，且道德会的成立时间可追溯到1880年代，而各类校友会可追溯到1890年代后期。与此同时，青年团体也时常改变其组织名称，从早前的青年组变更为青年会或青年团，名称更加现代化。信用及生产协作社为1890年代和1900年代的产物，在甲午中日战争后日本也涌现了大量的军事组织团体。正是由于自治组织繁荣发展，在此基础上日本政府能够划定本国的组织等级，不

---

1 《富山县射水郡横田村是调查书》(1911)。其他有关地方组织的例子见：内务省地方局，《地方改良实例》(1912)。160—252。

2 《模范町村的现况》(1911)，1—37。“渔船”见：内务省地方局，《模范的町村治理》(内务省，1903)，19—20。“圣德太子会”见：池田源吾，《戊申诏书与地方事迹》(札幌：池田书店，1911)，112。

费吹灰之力。然而，这些团体的成立也意味着——单单成立县级和中央联盟组织并不能确保全国上下组织机构的协调发展。199 这些类政府组织（或如石田武所称的半官半民组织）若想依照中央所规划的地方组织结构图、为当地民众做实事，将耗费大量的时间，并需要政府官员们的共同努力。[1]

青年团或青年组织——无论是在明治时期或是在其后期的发展过程中——更是反映了地方组织的特色。正如同许多组织是在日俄战争之后才逐渐兴起，青年团开启现代化进程要归功于民间理论思想家，其中以山本泷之助为翘楚。山本于 1896 年、1904 年分别撰写了《乡村青年》及《地方青年》两部著作，一直积极支持青年组织的发展，因此而为民众所熟知。1905 年，内务卿芳川显正游访各都道府县归来后，对日俄之战时地方青年组织出色的工作印象深刻，并令井上友一郎向山本咨询对相关事宜的建议。[2] 山本的行动主义同政府战后对乡村的关注相结合，终在 1905 年成立了大日本青年团。大日本青年团的成立也得到内务省、文部省及军队的诸多支持，其缘由不尽相同。

1906 年，文部省开始接管地方青年组织的相关事宜，而在之后发布的“地方自治及青年组织”指令中，内务省则揭露了其忧虑之情。1907 年，文部卿牧野就青年团改革问题同县知事

---

1 “半官半民”见：石田，《明治政治思想史研究》，180—202。

2 《山本泷之助全集》，1—93。山本与青年团，参见：熊谷辰治郎，《大日本青年团史》（日本青年馆，1942）。

进行商讨；1908 年，内务卿平田就同一事宜向县知事们发表演说。1910 年，在参议院议会中，针对青年团政策，政府受到质疑；文部卿小松原因青年团体“在继续教育中的出色表现”，将首次文部省奖授予青年团。此时，因青年团过于泛滥而良莠不齐，仍任内务卿一职的平田在县知事大会中发布指令，告诫官员警惕这一现象；文部卿小松原与内务省次官一木也同年在日本全体青年协会会议中发表演说。1911 年，“大逆事件”之后，文部省将青年团纳入社会教育体制，并作为其中的重要机制；内务省也嘉奖青年团，评选青年团为“实施自治过程中的杰出代表”[1]。在 1914 年及 1915 年，田中义一及寺内正毅鼓吹在军队中建立全国性的青年组织，其部分论据为“如今，凡欧洲强国皆致力于青年培养，我国却仰望其后尘”。田中主张的观点则更切入要的，他认为：既然在乡军人会能够为 20 至 40 岁男子提供持续的军事教育，那么在青少年小学毕业（12 岁或 13 岁）至应征入伍（20 岁）这段时期内，军队也定能将其影响力扩展至青少年。[2]

200

每一股支持青年团的力量实际上都在为各自牟取利益，有时这些组织机构间的合作也如履薄冰。虽然山本泷之助常以英国童子军为例，援引诸如“每天做一件好事”等口号，田中义

1 平山和彦，《青年集团史研究序说》，卷 2（新泉社，1978），14—15。

2 “关于青年团体的训令案”及“关于设置青年团体的标准”，寺内正毅相关文书，田中义一，44 号，1915 年 9 月（手稿）。梅瑟斯特，《战前日本军国主义的社会基础》，25—33。

一则认为必须加强体能训练、军事训练并“引导国民思想”。[1]在青年团的诸多支持者之中，山县的门徒声名显赫，这意味着除了教育、军事及地方性活动，很显然青年组织也公开宣称以思想教育为目的。1880年代早期，山县将自己对“青年身心”的担忧之心贯彻于其执政过程之中，然而在1910年代，作为寡头政权强有力的领导者，山县的影响力并未确保各个官僚机构之间顺利合作。内务省及文部省常发布共同指令，有时却建议相互之间分工协作，即文部省分管青年团的规章制度及教育活动，内务省分管青年团与地方政府及地方上层人士之间的关系。[2] 然而，由于在一个指定村庄内可能仅有一个青年组织，这种分工协作模式大多为形式主义，并未落到实处。此外，两大民政部门、报界及国会这两大民政部门皆合力反对军队的军事化活动，导致军队于1926年为青年单独设立了军事训练体系。与此同时，尽管其他处于国家系统中的地方组织（包括在乡军人会）在乡村的参与度明显高于城市，地方青年团成员人数也在不断增加。结果，到1935年全国上下满足入团标准的青年中，已有40％加入了青年团。[3]

青年团在意识形态相关方面以及诸如在乡军人会、农会这些组织机构都常被纳入社会教育的范畴之内，相比于青年团，

---

1 例如，山本论“一日一善”见：《山本泷之助全集》，811—830、1152—1166，及多处；田中义一，“青年与预备役军人会”（1915）和“青年团的意义”（1915），见《田中中将讲演集》，197—207、250—264。

2 例如，滨中仁三郎编，《地方自治青年团体模范事绩》（大日本护国会，1910），序言。

3 梅瑟斯特，《战前日本军国主义的社会基础》，33—41，74—76。

其他组织机构的目标则更为明确、统一。日俄战争后期，尽管文部省曾短暂的使用“通俗教育”这一术语，而军队有时则更倾向使用“军队教育”，但二者皆指代去“影响”那些处于如学校、军队类似国家机构之外的国民。[1] 近乎每一个地方组织都将“社会教育事业”纳入自身的管辖范畴之内。在乡村，这通常涉及继续教育，主要以讲习会的形式举办，其主要内容涵盖颇广——从敬神精神到有组织的废物处理，再到夜校之类的扩充计划。[2] 虽然教育通常是针对十几岁及二十几岁的乡村青年，一位极具进取心的社会教育民间倡导者甚至提议为妓女设立“晨校”。[3]

201

日俄战争结束后短暂的一段时期内，内务省及文部省加深了对城市意识形态教育的关心程度，并支持社会教育面向东京的普通大众或庶民。1905—1906 年，城市动乱率先爆发，此后 1910—1911 年的“大逆事件”给政府带来了更大的冲击，因此政府开始将在地方进行社会教育的类似方式应用于首都东京。1910 年，内务卿平田东助——当时山县最为亲近的门徒之一——呼吁“国民训育”，并给予由“东京教育协会”发起的

1 关于通信教育，参见：通俗教育研究会，《与通俗教育相关的事业及其施设方法》(1911)；仓内，《明治末期社会教育观的研究》；国立教育研究所，《百年史》7：379—744。

2 关于敬神见：《斯民》卷 6，2 号（1911 年 5 月）到卷 7，3 号（1912 年 5 月）：多处。关于废物处理见：《信浓每日新闻》，1912 年 10 月 1 日。关于夜校见：小塚三郎，《夜校的历史：日本近代夜间教育史论》(东洋馆出版社，1964)。

3 伊东圭堂，《就职指南草》(1909)，32。

通俗故事讲述活动及讲座会议资金支持。[1] 当时，《都新闻》在东京的平民阶层中广为传阅，该刊于1911年评论道：

> 目前，文部省正努力举办通俗讲座会议等活动，其要点在于：日本的平民社会并未赶上时代文明的步伐。因为受制于不良的习俗及其他事物，我们的能力也随着时间的流逝而退化，无法像孩子一样去应对当今面临的挑战、取得进展。文部省为此十分担忧，认为在教育孩子的同时，我们也应该接受教育指导。
>
> 自“大逆事件”以来，文部省一直强调庶民教育，大力宣传敬神思想，除此之外，文部省也正考虑在贫民中进行调查，并对“特殊小村落”（即先前贱民阶层所居住的地方）进行改革。[2]

1910—1914之间，通俗讲座会议风靡东京，其受喜爱程度于1912年达到巅峰。据记载，有32 000人参与了60场大型活动，总计在东京15个区中每百户便有4人参与到其中。[3] 这些活动包括一般性聚会，为商人及实业家量身定制的讲座演讲，以及专为贫民和居住在东京商业区的下层社会人士所举办的活动。“通俗教育”的支持者们认为：“通俗教育”不仅仅是“一

1　通俗故事讲述活动及讲座会议，参见：东京都教育会，《东京都教育会六十年史》（1944），413—414。

2　《都新闻》，1911年5月17、23日。

3　山本恒夫，《近代日本都市教化史研究》，93。

202 般意义上的教育”，而是有趣得多，因此能够在“不知不觉中对民众产生积极的影响”[1]。然而，当爱国性及激励性宣讲佐以投影仪的幻灯放映以及愈来愈多的电影，这些潜移默化式的教育就变得更加引人注目了。若单单举办讲座活动，300 至 400 人会参与；然而，若将娱乐融入其中，为教育“影响”这剂良药注入丝丝甜意，参与活动的人数竟增加了二倍有余。[2] 无论这种劝诫活动在东京的平民阶级和贫民窟是否有效，大正早期政府都撤销了对城市宣讲活动的资金支持，部分源于政府对城市意识形态的忧心反复多变。然而，各方在城市相关事宜缺乏共同利益，与此同等重要的是缺少一个随时待命的社会阶层，这个阶层由城市的地方领导者们组成，可作为社区意识形态的监管人。

其原因在于这样一个事实：日俄战争结束后，无论民间抑或政府在意识形态方面所做出的努力皆仰仗地方精英，这种依赖感始于明治早期。理论家们在多方面都提及“地方极具影响力之人”——“融资者”“有力者”“地方名望家”“笃志家”，但近乎皆指代具有公正公平、宽厚待人及为地方无私服务精神的人。山县对地方精英的定义更着重强调为社区服务，且与政治无关。在 1880 年代山县的地方政府规划书中，“地方名望家”是乡村的顶梁柱，担任地方官员及自治组织的行政人员，不收取任何酬劳且远离党派政治。但是，部分“名望家”现已

1 笹川洁，《眼前小景》(敬文馆，1912)，1—2。
2 山本，《近代日本都市教化史研究》，108。

成为国会议员并加入政党，另一些人则同原敬等党派领导人进行交易。这些党派领导人以政府资金为筹码，允诺为地方性项目提供支持，来换取“名望家”们对党派的支持，从而扩张政友会的影响力。[1]

虽然不久就证实，将地方精英隔绝在政治舞台之外是不切实际的做法，对地方精英更常见、更精准的描述则提及他们在社区中享有很高的社会、经济地位。1889年，有关地方名人的定义包括如下言论——如“‘融资者’即携有大量资金的人”。他们“由于享有土地资源、资金财富或家族声望，在地方颇有影响力。抑或，如果没有资金及家族背景，他们也一定精通某些方面的学识，因为没有土地资源，他们可以在别的方面取得成就并赢得回报。这些人也可称作‘名望家’”[2]。这些名人也被进一步描述为：在金钱上大方慷慨，且具有高度的团体精神。1980年，“融资者”因公共服务而备受民众称赞，如出资建设学校，为贫苦学生提供学费，在抢米风潮中开展社会救助，以及建造“县内首屈一指的公共会堂，雄伟宏壮且融日本、西方建筑特点于一身”[3]。同样，当地具有影响力之人也十分关注乡村居民的教育问题。正如地主儿子出身的记日记者相

1 例如，山县有朋，“关于市制町村制郡制府县制的元老院演说”（1888年11月），《山县有朋意见书》，193；斯塔比兹，“地方自治体系的建立”，147—159。关于地方名望家见：菅野正，《近代日本的农民支配的历史性构造》（御茶水书房，1978），81—104。

2 《朝野新闻》，1889年2月20日；石川，《国会议员选举心得》（1889），9—10。

3 贫苦学生见：《山阴新闻》，5月8日。学校及西式大厅见：《信浓每日新闻》，4月9、12日。抢米风潮见：《秋田魁新报》，1890年6月26日。

沢一样，他们也加入了“发达协和会”，帮助当地村民以及整个村子发家致富。[1] 社会经济学将这些颇具影响力之人称为“地主”，他们通常是明治早期时的“豪农”，幸免于1880年代的通货紧缩危机，并在此过程中逐渐累积土地资源。1870年代，这些人曾是当地“殖产工业”的支持者，并逐步扩张其金融业务范围，将业务率先延伸至地方商业活动，并在1890年代及1900年代进一步延伸至城市资本投资及证券领域。随着业务的扩张，“地主”与乡村之间的联系逐渐削弱，因此在日俄战争结束之后，思想家们对“地方精英”所下的定义也发生改变，唯恐上述精英不完完全全属于“地方”。[2]

203

的确，在1900年代，内务省一直寻求富有“地主”的援助。内务省鼓励他们去召集同僚一同为政府出力，而非利用公共资金在战时举行胜利庆典，或是在紧张的战后管理时期建造更多的校舍和公共建筑。[3] 思想家们鼓励——甚至有时阿谀奉承——这些地方富豪们，这意味着地主们所做公益事业的价值远超过政府工作，因为这些公益事业都是由民众所操办的。金原明善为静冈县一位声名显赫的地主，且热衷于公共事业，他向皇家林区一荒芜贫瘠之处捐赠树苗，据报道金原栽种的树苗茁壮生长，而皇家森林局所栽种的树苗却枯

1 《相泽日记》1：130及多处。

2 见传田功，《豪农》(教育社，1978)；芳贺登，“豪农与自力再生”，《明治国家与民众》，165—256。

3 《秋田魁新报》，1905年11月4日；《信浓每日新闻》，1908年9月10日。

萎死亡。除了赞扬金原报德之品行，杂志《斯民》有报道称“相较于民间企业，政府完成任务所耗经费更多，而所得结果却不及民间企业”[1]。

据说，金原向社会的捐赠已达数万日元，如他这样为社会公共事业慷慨解囊之人并非个个县区皆有。随着地方需求耗费增加且愈来愈复杂，思想家们开始拓宽对“地方领袖”所下的定义。井上友一援引儒家道德模范行为的理念，即“一人之美德可惠及全村”。井上以“‘地方笃志家们’的美好事业”[2] 为题，发表了大量演说及文章。但是，他们在赞扬布施者们时会愈来愈多地提及一些町村人物，如町村长——无论贫者富人、小学校长、地方官员、小地主、警察、老师、在乡军人、神道教士还是佛教僧侣[3]，这些人以其他方式为地方做出了贡献。文部省表彰嘉奖了旧时拥有土地资产的名人显要，以及现今的小职员们（如学校教师），因为他们“在自治、习俗改革、影响及经济领域”[4] 取得了成果进展。这不同于早前的情况，也不同于“美国融资者（有影响力的人）——安德鲁·卡内基”[5]

204

1 “关于金原明善翁的成功”，《斯民》卷1，5号（1905年8月）：56—58。金原诸多传记中的一部见：《金原明善：更生保护事业的先觉者》（静冈：静冈更生保护协会，1966）。相似的明治时期地方乡贤的例子，见：《稻穗长者：一名·米安大明神》（博文馆，1919），《岩谷九十老正传》（岛根县安浓郡教育会，1919）。

2 井上友一，《井上明府遗稿》（1920），416—418；“地方慈善家的美丽事业”，《斯民》卷6，4号（1911年7月）：14—19。

3 例如，“关于设置青年团体的标准”，寺内正毅相关文书（手稿）；内务省，《地方改良事绩》（1910）；石田传吉，《理想的村庄》（松阳堂，1914），等等。

4 平田东助对各县官员发表的演说，宣布新的内务省奖是为了“培养自治政府的基础并帮助其取得进展”（1907年6月）。宫地，《日俄战后政治史研究》，32。

5 田中义一，“出访欧美之际，Ⅱ”，《田中中将讲演集》（1916），175—178。

所提出的模式。

然而，尽管对地方精英所下的定义在不断延展，明治后期的思想家们常常提及：在理想方案中，町村长本身应拥有足够的财富以及影响力来支持其职务（如町村长以及青年团、在乡军人会和农会的名誉主席），并仍能够创造充足的财富，对适宜的事业领域进行商业捐助。但是，自从乡村阶级——拥有等同丰富土地资产且其中非当地居民人数不断增加——应每个意识形态活动的核心发起有关政党、名人个人和地方人际关系的号召，旧时的"地方精英"通常无法完成分配给他们的任务。这是因为在明治早期的自发性地方慈善模式不再能够满足日益复杂的国家需求。此种情形之下，社会、地方以及名望家发展过快，无法适应过往的町村社区。

奋斗与成功的思想意识

明治后期的思想家们试图通过重唤以往的价值观及风俗来保障乡村的发展，以适应当前愈渐复杂的社会。在日俄战争战后岁月，思想家们付出了更多的努力，采取多样化的方式为将来的官方社会意识形态打造意识内涵、塑造机制模式。然而，在建立有关乡村居民及其家庭的官方意识形态时，进展并非一帆风顺，而且也并不是明治后期村民唯一能够接触到的意识形态。在他们看来，其主旨及过程看起来都有些不同之处。

地方官员及地主偶尔会认为内务省爱多管闲事，对合并乡村神坛及公共用地提出“多余的建议”。在日本部分地区，村民们游行示威，反对内务省开展的项目，抗议政府干涉地方风俗及当地民生。[1] 地方媒体的主编们评论称“农民是城市的牺牲者”，并对政府多加批评，指责政府几乎不“关注为地方通水、建设电话系统此类工程”[2]。针对“怎样拯救地方”这一问题所提出的建议通常涉及减免贫困村民的税收，并“对资本集中的城市进行更加严格的评估”[3]。由政府所开展的意识形态项目有时会被驳回，例如在 1915 年，山梨县将内务省“地方改良运动”的经费从 1 200 日元削减到 600 日元。一位支持削减经费的议员声称“我们之中大部分人来自地方，为了实现地方自治而日夜辛勤工作……大致来讲，县内财政预算中大部分都拨给了‘地方改良’”，并总结道——“因此县政府没有理由特别为了实现地方自治这一目的而将这样一大笔资金搁置一旁”。[4]

205

一方面，内务省呼吁和谐与合作，然而在乡村，内务省的项目有时却会激发矛盾，当地方政府主张削减资金经费之时更是如此。因为行政村开始削减经费预算，有关此话题的争论逐

1 “多余的建议”见：《信浓每日新闻》，1912 年 10 月。神社的合并始于 1906 年，整合共同土地始于 1909 年，新乡村合并始于 1910 年。还可参见青木有关乡村地区骚乱的年表，《明治农民骚乱的年次性研究》；铃木，“日俄战后农村再编政策的展开”，15。

2 “农民的现况”，《山阴新闻》，1910 年 4 月 2 日。

3 《岐阜日日新闻》，1912 年 5 月 8 日。

4 山梨县议会事务局，《山梨县议会史》3：426—427；有泉，《明治政治史的基础过程》，330—331。

渐转向了小村落。这些小村落就学校、道路及公共建筑的建造地点和经费争论不休。[1] 争执发生之时，内务省官员及军队将领将起因归咎于地方政府，埋怨“处于二、三阶级的‘地方名望家’”过于好辩，这些‘名望家’固守于“自身狭隘的团体利益，显露出他们极度缺乏合作精神”[2]。地方报刊更倾向于责备自治的官员，他们身处在过度中央集权的官僚政府之中，工作能力很低。“政府将大学毕业生任命为郡长，并将有学术倾向的人任命为村长。地方居民并未参与选举地方领导人。”[3] 就地方居民而言，他们通过上书请愿以及游行示威来抗议地方官员舞弊、腐败现象。[4] 思想家曾在1880及1890年代激发了地方自尊心，鼓励地方精英建造学校及道路。如今，思想家却因地方精英在地方建设方面相互竞争而对他们多加责备。[5] 因此，就地方政治、利益而撰写的报道评论常为预想中和谐的自治理念带来诸多挑战。

---

1 例如，“村民示威”，《东京朝日新闻》，1903年10月28日；“三百人于郡衙示威”《岐阜日日新闻》，1908年8月30日；“在府会郡衙示威”，《岐阜日日新闻》，1906年5月16日；“五百人示威”，《东京朝日新闻》，1907年9月24日。大岛美津子，“地方财政与地方改良运动”，见古岛编，《明治大正乡土史研究法》，50—92；铃木，“日俄战后农村再编政策的展开”，11—28。

2 石田传吉，《自治丛书：模范町村与优良小学》(1910)，1—3；各连队区管内民情风俗思想界的现状，V，鸟取（手稿）；《国民杂志》卷3，17号（1912年9月1日）：23。

3 “自治性改善”，《山阴新闻》，1910年1月9日。

4 例如，“塚泽的村民大会”，《国民新闻》，1909年3月5日；“大隈的不稳”，《自治新报》，1902年9月7日；“示威流行”，《东京朝日新闻》，1908年3月30日，等等。

5 如，将郡长于1894年发表的演说，激励乡村管理者“提高出勤率，聘用好老师，建造学校，购买装备设施……，这都是为了你们村子和你们自己的荣誉”(《对大塚鹿岛郡长町村长的演说》，大阪：1894，6—7）与内务省于1909年发布的有关“地方改良”的禁令进行对比（内务省，《地方改良事业讲演集》1：1—166及多处）。

正如政府无法全部掌控地方自治政府一般，在地方协会之中政府也难有十足的影响力。青年团及在乡军人会的许多支部 206 是在 1910 年代早期新设立的，报刊及地区军事将领对这些支部多加批判，因为“除了与其他团体竞争，举行大量集会之外，这些在广岛县设立的支部名存实亡。”再比如，在另一个例子中，冈山县的“青年团是实际存在的，但是团员都以自我为中心，基本没有人参加集会，即使有人参加也会迟到。”民众通常评论道：“没有美酒佳肴，”基本没人会出席。[1] 有关意识形态交流的效用也被民众所质疑。在 1913 年同一个地方民意调查中，《教育敕语》鲜为人知；《戊申诏书》——自 1908 年，受到思想家们在社会教育及地方组织方面的大力推崇——的推广情况则更为糟糕。撰写人描述关于 1 343 名达到征兵年龄、高等小学的毕业生之中“能够大致解读并背诵《戊申诏书》”的人数时，并未采用惯常使用的百分比，而是用言语表达其失望之情——“仅有一人”。[2] 地方民众并未完全遵从政府的思想，但这些证据并非意味着思想家们的努力都付之东流，而是思想家们的效率并非总是按照他们在发表演说和指令时看起来的一样。

然而，与这个负面证据相比，更重要的是明治后期在

---

1 各连队区管内民情风俗思想界的现状，Ⅴ，广岛，冈山（手稿）。“令人震惊的收成进步的起因：青年会事业效果之一例”，《斯民》卷 6，1 号（1911 年 4 月）：71，等等。

2 各连队区管内民情风俗思想界的现状，Ⅱ，高田。

官方提倡的社会意识形态——家庭和团体内的集体合作——之外，日本人身上体现出了所谓的另一种意识形态。对于教育、职业、立身出世等看法逐渐积累成为有关成功的社会意识形态，这种意识形态提倡个人奋斗意识而非集体合作精神，标榜有关达尔文主义生存竞争的言论而非有关社会和谐的言论。

要在世上取得一番作为，这一目标绝非是什么新鲜事。它披着现代的外衣，这件外衣同明治时期开展的文明及启蒙运动一样古老。这一目标起源于德川时期，同新儒学中的武士精神以及平民资产阶级的利益一样受人敬仰。但是，在明治时期实现“青云之志”的进程并非一帆风顺。明治维新后的几十年间，明治青年们所追求的梦想，其本质也历经了数次转变。[1] 这对于青年精英来说尤为如此，他们怀揣梦想，预见自己在未来成为声名显赫且富有的政治家或其他名人，很早就响应号召，允诺创建社会“文明”。他们很容易就相信教育与成功有着千丝万缕的联系，他们也不断加入 1880 年代“上京（东京）”学生的队伍之中。[2] 到了 1890 年代，他们的目标开始更加侧重于取得物质上的成功，其中通常少了些浮夸的成分。

---

1 金蒙斯，《白手起家之人》；前田爱，“明治立身出世主义的系谱”，《文学》卷 33，4 号（1965 年 4 月）：10—21；森下公夫，“明治时期立身出世主义的系谱：大众传媒扮演的角色”，见福地重孝先生还历纪念论文集刊行委员会，《近代日本形成过程的研究》(雄山阁，1978)，187—211。

2 吉田升，“明治时代的上京游学”，见石山修平编，《教育的历史性展开》(1952)，429—442。

207

1890 年来自五能县的一个大家庭的 16 岁孙子在他的日记中写道："我的人生目标已定，那就是成为一名富豪，而达到这一目标的唯一途径是发展农业。"尽管他构想以后在北海道"成为百万富翁"，但靠农业致富仍需去东京接受高等教育。他的父亲时不时地责备他，怨他太书生气，并发出了一通反对教育的激愤之语："把我心爱的北海道扔进了厕所"。后来，曲亭马琴（红极一时）的《南总理见八犬传》原稿不幸丢失。他仍能渡过难关，继续自己的人生，虽未成为北海道的富豪，却也变成了当地社区的领袖人物。日俄战争（1904—1905）之后，他年仅三十多岁，却已成为了信用社合作社的社长，同时当选为本地的市长。[1]

然而，就在同时期，在他下一代的年轻人，有许多和他能力相当，但面临的就业前景十分惨淡。因为战后几年，就业十分困难，许多年轻人不得不收起自己的抱负，降低自己的眼界。中学的就业辅导员们也告诫毕业生不要嫌弃银行、邮局甚至警察局里那些低等的职位。预料到自己最后的建议会招致学生消极的反应，一位辅导员便又安抚那些自负的学生，对他们说：

> 但别担心；中学毕业生不会止步于巡逻员。他们会升为调查员、"宗王"亲卫队。但巡逻员只是进入职场的敲门砖，就像上学从一年级开始一样……就把它想象成边上学

1　小池，"明治后期地方青年的思想与行动Ⅱ"，71—72、88。

还边赚钱。[1]

把工作比作继续教育，可以宽慰从事低等职务的情绪。但这个类比对高中和大学的毕业生的作用却收效甚微，因为他们同样面临着社会阶层流动上的挫折。社会上存在着不少的“高等教育的失业人群”，安部矶雄曾针对此问题，发表了一系列的文章，并提出了三个解决方案。这三个方案一个比一个奇特：一是独立创业，做些小本生意。例如早稻田大学的毕业生在木材和木炭行业做得风生水起；二是回到缺乏“知识和人才”的农村，从而像京都帝国大学法律专业毕业生去伊豆经营农场那样获得成功；三是去美国，那里赚钱容易且工资水平高。例如去美国当司机；以日本社会的评判标准来看，这个工作似乎“配不上”大学毕业生，但在民主的美国，并没有如此的区别。[2] 如此说来，安部等人的初衷是想要鞭策那些满脑子只有自己和托尔斯泰的大学毕业生们，鼓励他们在明治晚期成就一番事业。而成功就像当时一首广为传唱的流行歌曲副歌里所抱怨的那样，“啊！这是个向钱看的社会！”[3]

然而，几乎无人谴责这种在内务省或文部省官僚间盛行的208物质主义。相反，那些有关成功的文学作品则给人们提供在

1 《就职入门：近期调查》，(盛文社，1911)，42。

2 安部矶雄，“三个解决方案”，见“受过教育的游民的处置问题”，《中央公论》(1912年7月)，78—83。

3 “呜呼，金钱之世”(1907)，古茂田编，《日本流行歌史》，26、227—228。这首歌在明治后期关于求职的文献中反复出现。

“金钱社会”下的各种生存之道，同时在社会和经济的阶梯上上升一二等级。比起过度教育、待业在家的中产阶级精英分子，这个道理在普通青年身上体现得尤为明显。他们的首选职业并不是“官员及学者”，因此几乎不会对工商业怀有嫌隙。20世纪，工商业被广为推崇，成为通往世俗成功的“最安全和最简单”的途径。在此背景下，那些看似数不胜数的就业指导手册，亦即“求职者的福音书”，都越来越趋于直接面向家境贫寒、小学文凭的年轻人。这些手册以平白朴实、振奋人心的语言告诉他们：卑微的社会地位本身其实是一种优势。

> 你的确是幸运的。你看，许多大户人家的子孙们终日无所事事，挥霍光了祖先留下的遗产……失去了家族的房产……最终沦为乞丐。再看看过去或者目前的成功人士，他们大都出身寒门……至少你现在没有深陷放纵奢靡的生活，并且完全能忍受住生活的艰辛。你可能并没意识到，这些是上天赐予你的美德，而不是简单地赐给你教育的费用——你是世上最幸福的一类人。[1]

至于作者或是读者是否信服这套说辞，还有待商榷，因为手册里面剩余的全部内容都最终教导你如何摆脱这种上天赐予的幸福。

1　高柳淳之助，《小学毕业立身指南》(育英书院，1907)，4—5。

一方面，手册毫无理由地就催促绝大多数渴望高薪的小学毕业生去做警察、狱警、邮差和电车售票员，以及最好一律都去东京的政府办的兵工厂做工——“因为那里工人总是辞职，工厂一般都有空职”。还建议城市里的求职人员不要轻视零工职位，因为这些职位将有机会转为工厂正职。同时告诫来首都谋财致富的外地青年不要去专门欺诈乡下人的中介公司找工作。另一方面，又建议有商业头脑的年轻人去乡下练习他们圈钱本领，例如向本无意消费的村民推销二手鞋，或者贩卖食品——“明治时期人口众多”，因此食品行业“总是盈利”。而对于青年女性而言，教师、护士和话务员都可供选择，但是去工厂做女工总是首要推荐的职业。

这些就业指导的册子是以“工厂圣经”或“女性箴言”的定位设计而成的。在指导手册中，女孩们应寄回工资以增加家209庭财富，并且要遵守工厂的规定，因为“3—5 年内你将结婚成家，而遵守规定的习惯会助你成为一名合格的新娘”。然而，对于那些期望不交学费但取得成功的人而言，他们有“四种选择”：参军、经营小本生意、边打工边上学或从低薪职业做起，不懈地奋斗。但很显然，所有成功的秘诀都未提及像祖辈一样耕田务农。[1]

1　例子引自《男女必带：就职指南》(永乐堂，1905)；高柳，《小学毕业立身指南》(1907，1910)；《最小资本：新职业指南》(谷崎贩卖部，1909)；《小学毕业苦学成功就职手续立身指南》(成功社，1910)；《就职之秘诀：求职者的福音》(横滨：1910)；《就职指南草》(东京弘文馆，1909)；《职业指南全书》(东京实业社，1911)；《就职入门：近期调查》(盛文社，1911)；《女工读本》(实业国民协会，1911)。

同时，这些秘诀也对社区的稳定和社会的和谐只字未提。有关成功的文学作品在当时十分流行，书中充斥着大量有关“生存战场”的内容。这为一个演讲者的言论提供了证据——当他在一群博学的观众面前演讲时，他评论道：“现在每个人都不断讲述着生存竞争的故事或者将其创作成书，就连童话里的四岁小孩也深谙这个道理。”[1]

> 在这个生存竞争的年代，随着文明的进步，竞争也在加剧。生活在这个社会的人们必须在进步中前行。不进步的一天就是落后的一天。一旦某人跟不上这个社会进步的步伐，便会落伍，则只能在生存斗争中沦为弱者。换句话说，他就成为社会的异类。[2]

“文明”，像社会一样，是“无与伦比的复杂，并且最终只有适者才能生存下来。”拿破仑对“竞争”的深刻/颇有见地的理解被广为引用。他说：“竞争是进步的源泉”，只有意志坚定、体魄强健的个人才能承受这种洗礼。[3]

在19世纪90年代，各个国家间为生存相互竞争。童话故事的主人公桃太郎也顺势变成了一个“为保卫国家”而屠龙的男孩。而到了1900年代，生存竞争转移到“阶级间以及个体

1　演讲见：藤井健次郎，“生存竞争与道德”，《丁酉伦理会伦理讲演集》108（1911年8月10日）：1。

2《就职入门：近期调查》，3。

3《小学毕业苦学成功就职手续立身指南》，2—4。

间”。此时，桃太郎再次独自出击，带回了珍贵的宝藏。[1] 无怪乎在评论家看来像桃太郎之辈似乎忘记了乡村乃至整个帝国的更大的“善”，因而指责他们的那种不恰当的“平凡”。因为“比起爱国，他们更看重金钱和家庭”，并且甘愿回归家庭，过着宁静的生活，做个极其平凡的人，并尽享天伦之乐。[2]

因此，明治晚期的日本人所继承的广泛的社会意义超过了思想家可以处理或控制的范围。此外，思想家们就此方面给出了互相矛盾的信息，因此他们也应负担部分责任。

210 正如后来他们强调道德品行一样，为了支持道德和经济层面的和谐，思想家们将经济目标合法化。他们坚称道德是通往物质成功的最佳途径，并且将《自己拯救自己》视为道德规范的范本，以“提升每个学生的思想”。[3] 尽管像井上哲次郎这类的学者后来试图将道德从财富中分离出来，然而这两者长久以来一直紧密相连，根本无法被撕裂为两部分。井上哲次郎为了批判近年来流行的强调大胆进取的“前进！再前进!”的社会思潮，重提德川时代武士道的纪律与规范[4]。但他忽视了同时期已并入道德价值和经济利益中的民间道德，而这种民间道德

---

1 从国家到个人，见：藤井，“生存竞争与道德”，4—8。桃太郎见：鸟越信，《桃太郎的命运》(日本放送出版协会：1983)，12—48。

2 押川春浪，“应当警惕的日本”，《冒险世界》(1910 年 12 月)，见《明治大杂志》，174。

3 道德和经济见：如，建部豚吾，《戊申诏书衍义》(同文馆，1908)，由内务省和文部省批准。

4 井上哲次郎，“诗赋颓败的一个原因”，《斯民》卷 4，6 号（1909 年 7 月）：3—9。

也确实产生了像二宫尊德这样被内务省官员及其他官员广为推崇的人物。

类似的矛盾也在日俄战争后进行的社会教育改革运动的材料中随处可见。由内务省和文部省赞助的“讲故事式教学法”在东京市区以及东京其他地方率先推行。它用传统叙述式方法讲述江户时期平民的普通常识，同时又添加了大段离题的、说教式的文字，报告人类文明的最新发展。在一本书中，主人公的商店失火，令他身无分文。叙述者解释道，“在过去没有银行或者保火险的保险公司”来保护他的财产。由于无法筹集足够的资金东山再起，主人公只好做了一名轿夫，这给他提供机会记录了从轿子到飞机的交通工具发展史。作为市井故事，故事的结尾不可避免地回归到金钱的重要性，结尾的对话与歌词“啊！这是个向钱看的社会”大同小异。与上述故事题材类似的另一本讲谈小说中，主人公意志更加坚强，他效仿井原西鹤笔下的百万富商，赚得了大笔财富。作者将本小说命名为《少年马蹄发迹记》，讲述了一个来自三河贫苦的农家男孩因买不起草鞋就在路上捡了一个马蹄铁穿。后来他来到了江户，并在那里“勤俭持家，积累了大量的财富，”成了老式的“白手起家的年轻人”。但是明治晚期的读者是怎样看待一个过度节俭的主人公的呢？他是如此的“吝啬”甚至在路上捡到的橘皮也要卖到药剂师那里去，或者从不开玄关的灯，让客人在黑暗中四处徘徊寻找自己的木屐。毋庸置疑，他们的看法和更早的江户时期的读者看法一致：他是一个在赚钱的同时又扩大自己实力的人，他本身就代表了一种美德。[1]

流传到乡间的意识形态信息远远超过了“讲谈故事”，并211且传递了更加混杂的信号。为“促进当地发展”，一位县教育家提出了“社会地图”这一概念。该地图以独到的眼光绘制出日本年轻人在通往成功的蜿蜒曲折的路途上可能遭遇的困难和挫折。许多义务教育的毕业生可能跨越那座“愉悦之桥”，最后回到自己的故乡，住在“平凡的街道”。其他一些毕业生可能都留在“奢华之都”，最后又不得不沦落回“贫困之村”。有些人则进入了“职业中学的大都市”，并通过了考验，而后也许会登上开往“社会港湾”的轮船，或者有些人被快速致富的念头分了心，进入了“借贷业”，最终也不得不返回“奢华之市”。只有少数人选择攀登“努力之峰”，翻越了被喻为“最险峻的山坡”，成功进入中学，并且极为可能继续穿越“野心的隧道”，前往“高等教育的大都市”。他们一路奔向地标——“成功之灯”，进入“勤奋大街”，跋山涉水、披荆斩棘，最终成功跻身于“财富之都”。若不幸失败，则会和缺少教育的人一同逗留在“奢华之都”，甚至被打回“贫困之村”。[2]

尽管这位教育家确实提到宝德思想——并非基督教思想——为“社会地图”的恰当的指导思想，但他笔下“由教育走向成功”寓言的影响力完全不同于思想家们的呼吁——他们力促年轻人留守在算得上“贫困之村”的地方，辛苦耕作于祖

1 早川与吉，“人之母”，“马的草鞋：青年立志”，见《教育讲谈》(大江书房，1919)。
2 “师范学校校长的规划与社会地图”，内务省，《地方改良事绩》，43—46。

先的土地上。即便内务省出版了这个地图，不幸的年轻人依旧纷纷涌向“财富之都”及“奢华之都”。然而他们选择乘火车以更快的速度驶向成功时，却没有意识到——如同另一位著名教育家指出的那样——这趟列车“沿着道德的轨迹，以知识为动力”，一旦火车偏离轨道，踌躇满志的年轻人最终将堕落为“社会的渣滓”。[1] 不论这些由内务省批准出版的“渗透作品”运用多么新奇的比喻，这些比喻都只能作为明治晚期流行的社会思潮大军中的一部分。

因此，不仅政治冲突和经济危机冲击了这些思想和作品，就连广为流传的个人成功的思想也是如此；而官方的社会思想又与这三者共存。在维持日本传统的家庭美德、公共道德以及风俗习惯时，思想家们也像是在攀登他们专属的“努力之峰”，努力对抗着社会变革这股强风。

然而，在此过程中，他们不断强化一种社会风气——它巩固了根植于乡村集体及家庭集体中的深层次价值观，同时不鼓励个人单打独斗后取得的成功，借此保证个人的奋斗处在社会团体的约束之下。即使思想本身永不能阻挡现代化狂潮的脚步，但在思想上巩固集体观念的这一手段在明治晚期产生了持续而重要的影响。 *212*

1 “道德与记者的比喻”，内务省，《地方改良事绩》，46—47。

第七章

一个时代的结束

一个空前的葬礼

一

1912年9月13日晚8点，葬礼队伍出现在二重桥的皇宫里。在加农炮和礼炮声中，在108次钟鸣声中，在游行挽歌哀伤的曲调中，葬礼队伍开启了一场庄严肃穆的游行，缓缓地前往目的地——青山阅兵场专门建造的葬礼礼堂。在手电筒和新装路灯发出的昏暗摇曳的灯光下，两万多名市民在东京街道——此前，政府下令将街道翻修为碎石路——两旁排队等候丧礼队伍的到来，绵延达2.5英里。街边等候的人群中，有的人来自东京周边市区，有的人甚至来自遥远的县城，他们闻讯后，都在一天之内赶来送行。随着丧礼队伍驶过，秋夜的街道愈加肃静无声。两个多小时后，皇家灵柩到达青山。然而又花了一个多小时，整个队伍才完全进入阅兵场。仪仗队和军乐团，包括“我们的盟友英国”的一支海军乐团，与身着长袍、拿着民族传统乐器的宫廷乐师一同护送葬礼队伍。身穿朝服的朝廷执事拿着弓、戟、扇、棍走在队伍的前列，随后紧跟着皇嗣子弟、王公大臣、朝廷元老、政府大臣、高级公务员以及皇室贵族，其中很多人都身穿闪闪发光的礼服套装。数千名“特殊朝拜者”也等候在葬礼场，其中有人就评价道：国会两院的议员们都身着黑色燕尾服跟在后面，这景象“活像是金鱼后边跟着泥鳅，或者是山鸡后边跟着企鹅一样”。尽管这个评论员认为宾客们在阶级和服装之间形成了“鲜明的对比”，然而他自己和他绝大多数的同伴们也身着燕尾服，因为它是明治时期中产阶级精英分子的标准正装。

包括外国大使在内的各色政要端坐在看台之上，其中最显贵的当数西方政府与皇室的特使们。

214 宾客中还包括英国和德国的王子们、美国国务卿诺克斯，他们都友好地“不远万里、漂洋过海”参加葬礼仪式。日本驻朝鲜大使、“驻台湾大使”和驻库页岛大使都列席仪式，以彰显日本疆域的新的纵横范围。虽然此次参会人数史无前例，但东京市政府各官员、东京商会、地方官员、各个市长、中小学校长以及宗教团体领导人（明治晚期常见的参会要员的名单），全部了出席此仪式。午夜临近，号声响起，葬礼正式开始，一万多名列席要员和市民对国王表示哀悼。先皇的儿子继承王位成为新任天皇，他身着总司令军装发表了简短的悼词。随后，时任首相西园寺以及宫内省大臣渡边分别悼念了已逝天皇。仪式结束后，天皇的灵柩被转移到葬礼火车上，于凌晨两点驶向京都。天皇与火车并称为明治时期两大标志，列车穿过了 340 多英里的东海道线，而沿途的铁轨边摆满了各种祭奠物品。在当天傍晚，先皇的灵柩抵达京都，随后当地又举行了一系列的哀悼仪式，15 日上午，埋葬仪式在桃山皇室墓园举行。至此，已逝天皇的葬礼仪式正式落幕——这位先皇“在位 45 年间仁慈统治臣民，亲手筑建了一个宏伟崛起的日本帝国，这是在明治早期始料未及的”。所有人都将这次仪式描述为“一次史无前例的葬礼”。[1]

13 日，全国各地的乡镇政府办公室、学校、寺庙以及其他公共场所都举行“远方的哀悼仪式”。地方仪式仿照东京的规格，邀请地方名流列席。各个学校代表、乡村大会代表、警察代表以及地方红十字会预备役代表们相聚在学生和村民面前，出席哀悼仪式。列席人员对先皇的逝世致以沉痛哀悼，随后村长发表悼词。当时以日记形式记载了历史的相泽菊太郎于 1908 年当选为村长，在哀悼仪式中他歌颂先皇的仁慈赐予了子民文明开化及其带来的各种福祉。[2] 在栃木，严阵以待的反政府积极分子田中正造，在东京仪式开始的那个时刻就面南向着首都所在的地方，“如岩石般、笔直沉默、面无表情地静坐”了一个多小时。[3]

7 月 30 日天皇逝世，全国各地随即展开了一系列的悼念仪式，而 9 月 13 日举国上下开展的“远方的哀悼仪式”——不论是公开仪式还是私人仪式——都只是一系列仪式中最后举行的活动而已。中央部门及地方政府都颁布了不计其数、巨细无 *215*

---

1 有关葬礼场景的描写借鉴了无数亲历者的描述，参见：“明治天皇御大葬号”，《风俗画报》，438 号（1912 年 10 月）；《明治天皇御大葬》(至诚社出版部，1912)；“御大葬纪念号”，《太阳》卷 18，14 号（1912 年 10 月）；《日本》，9 月 13—16 日；《东京朝日新闻》，9 月 13—18 日；《读卖新闻》，9 月 13—17 日；《万朝报》，9 月 14 日。关于“特殊朝拜者”以及“无人想象过的日本”的评论，参见:《太阳》，44—50、12。这场史无前例的葬礼被称为“前所未有的盛仪”，“空前的盛式”，等等。

2 《相泽日记・续续》，463—465；《秋田魁新报》，《新潟新闻》，《福冈日日新闻》，1912 年 9 月 12—15 日。

3 史壮，《对抗风暴的公牛》，196—197。田中早些时候曾代表全村人给天皇写信，祈祷他能顺利康复。而田中的村庄被足尾矿山污染事故所摧毁，为了村庄的利益，田中与国家政府长期周旋，这也成了他毕生的事业。

遗的仪式指令指导全国悼念仪式。这使得天皇逝世的消息渗透到整个日本，就连最小的村庄都沉浸其中。指令规定在仪式中禁止击鼓、醉酒、体育竞赛及跳盂兰盆会舞。与此同时小商贩在火车上兜售黑臂带，官员获悉后裁定此类物品不符合明治时期尊贵的风尚。[1] 尽管如此，但市面上黑绉胶还是迅速销售一空，价格高昂，同时通过售卖单独用黑布捆绑的报纸"乞讨者大赚了一笔"。到了 9 月，开始偶有言论认为葬礼如继续歇市将对生意带来不利。然而到 13 日，城镇和乡村依旧都沉寂在哀悼中，就连黄包车夫也不开工载客了，全国各地都弥漫着这种庄严肃穆的气氛。[2]

人们常常用"中西结合"这个词评价东京的仪式——日本传统的仪式与新兴的浮华的欧式仪式相结合。由于年代史编者的理解相当世俗化，所以这里的传统仪式特指皇室传统仪式。报道并没有提及葬礼当天清晨神道教法师在皇居为天皇灵魂超度，但是媒体确实报道了在仪式结束后皇室家族和包括山县有朋在内的政府高官共同享用了先皇生前最喜爱的食物——鲶鱼和欧洲葡萄酒。与早先 1889 年史无前例的宪法颁布仪式相比，这次皇室葬礼确实更加简化了新旧仪式相结合的过程，给人留下了国家在举办仪式上更加得心应手的印象。

同时在天皇患病期间及辞世之后，皇室方在保护天皇隐私

1 《秋田魁新报》，1912 年 8 月 2 日—9 月 13 日。整个 8 月份，报纸一字不漏地刊登了各种哀悼指南。其他细节来自《信浓每日新闻》，7 月 31 日—8 月 10 日。

2 《信浓每日新闻》，1912 年 9 月 10、14 日；《福井日报》，9 月 18 日。

问题上的态度变得更加公开。一位记者回忆道："在这之前，皇室生活是完全高高在上，人们根本没有机会去了解它。但是这次他们却打破了这个陈旧的习惯，就陛下的身体状况发表每日公报。"[1] 报纸甚至大胆建议，既然皇室已允许公众在旁观室俯瞰天皇出席国会开幕式，也应允许人们从高处俯瞰皇室的送葬队列。[2] 总体来说，围绕天皇逝世举行的各类仪式表明人们并不是将天皇奉若神明，他们神化的是天皇的统治。

日本的现代化所取得的所有成就归功于明治天皇和他的统治。在葬礼仪式上，大正皇帝用隐晦的皇家辞令诉说着先皇的恩泽和民众对皇室的忠诚，而首相西园寺在演讲中却处处透露出政府鲜明的立场——歌颂他自己或者更准确地说政府的所取得的成就。明治维新、颁布《五条御誓文》、废除封建集权等大事件都赫然在列。日本天皇不仅对内颁布宪法，对外还修订条约并且为扩大日本国家利益而进行对外扩张，甚至还建立了法典，振兴了工业，强健了军队、改善了教育以及提升了民众的文化修养。鉴于上述成就，首相西园寺将他的吊唁打造成了官方的明治维新史，该段历史至今依旧保持着自身的权威。而宫内省大臣的吊唁则提及了天皇更加温和且符合体制的举措。日本皇室认为，明治天皇巩固了皇室的统治，求贤纳士、颁布诏令、奖励功绩、简约军队、调研民生，从皇家的金库拨款帮 *216*

1 生方，《明治大正见闻史》，191。天皇病情的详细资料见：如，《东京朝日新闻》，1912年7月22—29日。

2 《读卖新闻》，《时事新报》，1912年9月3—4日。

助深陷贫苦的百姓。在葬礼的当天日本皇室确实将一百万日元的皇室礼金拨给地方和殖民地以纪念先皇的仁治。[1]

明治时期的日本十分看重国外各国的反应。此次西方媒体对天皇逝世表现出了主动甚至热情洋溢的态度。二十年前，西方媒体对日本效仿西方立宪的做法持怀疑态度，而如今却又改口追捧日本天皇为“世界君主”，大大称赞现代化的日本。

> 这意味着明治时代的结束，先皇“开明与和平”统治的终结。日本曾是一个默默无闻的小国，一方鲜为人知的土地，在封建军国主义的铁蹄下生存，任由历代幕府将军们鱼肉苍生。15岁的天皇继承了幕府将军王位，继续前任的路线将皇权推奉到至高无上的地位——皇室祖先可谓始自提尔和西顿古城仍处在兴盛的时代，那时北非的迦太基国为摆脱殖民统治为自由而战，而东方的圣人则瞪大了眼睛在寻找圣诞星。现在天皇已逝，在他东京那座现代化的宫殿中驾鹤西去，但他深知在他的鼓舞下和其他政治家的竭力辅佐之下，如红色碟状的日本国旗被一位日本伟人称之为好似封闭岛国之上的又薄又圆的“圣饼”，象征着这个统一的民族的信心和希望，也为其在世界大国之列赢得一席之地。这个岛屿王国的进化史谱写了文明史中最绚丽的一章。[2]

---

1 演讲见：杉，《明治天皇御大葬》，52。皇室礼金见：42—43。

2 《每日电讯报》，1912年7月40日。望月小太郎，《作为世界君主的已故日本天皇》(东京：自由新闻社，1913)，19。这些外国评论以日语的评论集的形式发表为《世界的明治天皇》(英文通信社，1913)。报纸和杂志也再版了这些评论抑或是总结了评论的主旨大意后刊登出版。

伦敦《每日邮报》文章的精妙在于它将日本置于历史中评述。相比之下，维也纳人的评论更加简洁平实，“睦仁天皇可以自豪地向世界宣布，他从无到有，只用了一代人的时间就将日本打造成了一个世界大国。”[1] 几乎所有的日本人都不认为日本天皇是“白手起家塑造了一个大日本帝国”，就像他们也不同意当时美国人的评判一样——他们认为日本的进步证明日本人“拥有出众的雅利安人的品质”。[2]

然而，刚刚结束的那个时代的历史记录者非常在意此类评论，而且对葬礼上那些尊贵外国特使的外貌颇感兴趣。吉尔伯特和沙利文共同创作的喜剧《日本天皇》原定9月14日在伦敦进行公演，媒体报道称公演已被取消，以示葬礼当日对天皇的尊重，这一举动进一步彰显出国际尊重。[3] 中国有些喉舌媒体持反对态度，甚至有一家媒体称“谢天谢地，日本终于遭到了老天的报应，天皇归西了”，[4] 并对这一事实欢呼雀跃。但此类观点孤掌难鸣。在国外舆论就像在国外政策上一样，日本大多数评论者倾向于从西方的角度来观察日本。 217

葬礼也反映出一个问题：1889年国外的观点曾经备受关注、令人焦虑，在1912年其受关注程度有所减弱。对于现代

1 《新自由出版》(1912年7月30日)，见望月，《作为世界君主的已故日本天皇》，183。

2 亚瑟·梅·纳普，“谁是日本人?”《大西洋月刊》卷10，3号（1912年9月）：335；乔治·凯南，“我们能理解日本人吗?”《展望》(1912年8月10日)：822。日本媒体对两篇文章均有报道。

3 《东京日日新闻》，1912年9月12日。

4 《日本时报》1912年9月1日刊登了译文，原文来自在广州发行的国民党报刊《南粤报》。

的定义正如燕尾服一般，逐渐体现出本土特色。而明治天皇的歌颂者们创作了大量信心满满的诗歌，对那个时代引以为傲。8月和9月的报刊上充满了对王朝复辟以来伟大成就的长篇回忆录和占据了头版头条的历史报道。[1] 其中颇具代表性的例子为山路爱山列举的五大成就：团结人民、推进民主、唤醒日本担当国际使命、资本家兴起，以及民众信仰发生改变。民众信仰的改变造成易卜生和托尔斯泰“不再属于异国他乡的人士”，日本与世界则同此凉热，已成为“世界的一个省份”。[2] 有人将明治天皇与历史上的圣武等天皇相提并论，还有人认为他可以媲美拿破仑和维多利亚女王。[3] 在明治统治时期，对于现代的定义几乎总是强调相同的要素：《五条御誓文》、宪法和帝国，与首相在葬礼上的描述相差无几。论者提及前朝，怀旧之情油然而生，似乎前朝已然迷失在了古代的黄金年代中。“如今每个人都很奢侈，但他们在前任天皇的统治时期却很节俭。他们穿衣时都戴着脏脏的领圈，直到衣衫褴褛才舍得做新衣服。”[4]

---

1 例如，“明治的骄傲”，《福井日报》，1912年8月5日；“明治的回顾”，《福井日报》，8月4日—9月22日；“皇帝御圣德记”，《九州日日新闻》，8月1—7日；“呜呼先帝!”《中外商业新报》，7月30日。

2 “明治大帝与其时代”，《国民杂志》卷3，16号（1912年8月15日）：4—21；卷3，17号（1912年9月日）：1—11。大隈重信，“谨表追怀明治大帝”，《新日本》卷2，9号（1912年9月）：2—17。这一风潮的一部长篇范例，其中部分刊登在全国的报纸上，参见：三宅雪岭，“明治年间的变迁”，《同时代史》4：160—397。

3 例如，圣武天皇见：《信浓每日新闻》，1912年7月31日。拿破仑和维多利亚见：“明治天皇一代圣德记”，《太阳》卷18，13号（1912年9月）：7—12。相比之下，有些论者认为明治天皇无与伦比，比如：“大行天皇（译者注：对逝世天皇的尊称）与列国皇帝”，《秋田魁新报》，1912年8月4日。

4 《信浓每日新闻》，1912年8月25日。

短短三个星期之内不仅改朝换代，就连因贫穷而养成的习惯也改头换面。

1889 年，有些评论者曾宣称宪法下的现代化即将到来，如今这些人则吹嘘现代化已经彻底实现。然而他们对民众的态度大同小异，依然保持着说教的嘴脸。在宪法出台前夕，这些评论者曾敦促善良的国民展现出民族意识和爱国精神，但是现在他们又警示民众不要对已故的天皇感情泛滥。

成千上万的乡下人原本打算涌入东京，参加葬礼。但是经过劝告，他们决定纠正自己对于忠诚和爱国的错误认识，杜绝这种“狂热”，还是留在家中远距离膜拜。[1] 乡野之人从未参加国家仪式，言谈举止难免失礼，无法为日本乃至世界打造“一场模范葬礼”，[2] 只会“为国家抹黑”。 *218*

然而，语调大同小异，但听众已经有翻天覆地的变化。舆论代表的公共人士关注着宪法和议会，代表了社会数量较少但颇具经济地位的一小部分民众，1889 年媒体曾敦促他们承担公民责任。然而为天皇驾崩而感慨万千的日本人却在最广泛的意义上属于整个国体。另外，官员和记者提到了东京葬礼期间的公众暴行，其中不仅包括 1880 年代和 1890 年代政治狂人的个别暴动，还包括大规模乃至暴力性的动乱，比如类似 1905 年

1 “御大葬与地方人”，《东京朝日新闻》，1912 年 9 月 6 日。

2 “欧美特使的欢迎”，《东京朝日新闻》，1912 年 9 月 11 日；“大葬之看点”，《东京朝日新闻》，9 月 12 日；“一般市民的奉送注意事项”，《东京朝日新闻》，9 月 13 日；“下个月 13 日的警察”，《读卖新闻》，8 月 30 日；“灵柩奉送的须知”，《时事新报》，9 月 4 日。

日比谷纵火事件那样的游行示威。民众在之前的一切国内重大事件中都会受到潜移默化的影响，相比之下，虽然排除了战争的可能性，但是对明治王朝终结的认知的确是国家性的标志性事件，这件大事会促使“全体人民”融入一个范围更广并更具包容性的集体。确实，许多评论家都认为以明治天皇驾崩所激发的民族团结意识让人回忆起明治时期的两场战争。[1] 同一时期的其他人说当时的民族团结意识空前强盛，后来还有很多人回忆这一时期并做出了相同的评论。“历史上从未出现过这种情况，整个民族不分阶层、不论出身，都被同一种情感深深地吸引着。”[2]

当时的各种演说和图片散布着浓厚的回忆的情感，相比之下，上述民族团结的情感更具普遍性，这种情感可谓俯仰皆是。毫不夸张，明治天皇驾崩的相关报道一时“洛阳纸贵”，在一位地方评论员看来，“自从天皇的葬礼以来，民众的阅读能力似乎已经突飞猛进”。[3] 杂志的纪念专刊大为畅销，卖出了数万份；葬礼系列明信片迅速成为热门收藏，至于那些获准参加葬礼的媒体，民众对其报道的任何细节都饶有兴趣。《明治宪法》的发布仪式被印制成木刻版画，当时这种媒介形式在可视交流中已不再常用。

---

1 关直彦，“御大葬中体现的日本人之特质”，《太阳》卷 18，14 号（1912 年 10 月）：62；“半月评论”，《国民杂志》卷 3，17 号（1912 年 9 月 1 日）：12。

2 牧野伸显，《回顾录》，卷 2（中公文库，1978），61。

3 《爱媛新报》，1913 年 1 月 24 日。

然而，经过无数次的印刷，天皇葬礼上的影像得以保留。219 利用新型照相机的闪光灯技术，夜间的仪式也得以拍摄。[1] 日俄大战以来，商业印刷迅速兴起，而且民众对它的兴趣也空前浓厚，商业印刷得以抓住葬礼这个机遇大显身手。

这种兴趣原本集中在天皇身上，因此民众对天皇弥留之际以及死后数日的细节十分好奇。全国人民都在天皇病入膏肓之际为他祈祷，然而噩耗突至，在东京皇宫门前，成千上万的民众聚集起来，寄托哀思。[2] 天皇死后，民众或是参加葬礼、表达哀悼，或是大吃一惊、悲叹连连。还有些人戒酒、斋戒，很多民众轻声交谈，认为天皇之死难以置信。有评论称天皇之死印证了一句名言，“众神、佛陀和大学教授都无法战胜必死的命运”。[3] 媒体评论道，黑臂带比比皆是，佩戴者“毫无疑问为市民，其中还包括农民，甚至来自田间地头”。内务省警察的报告以同样奉承的语调称，从未挥舞过国旗的社会主义者如今也打出哀悼的旗帜，“与普通大众一样，以相同的方式”纪念

1 媒体的报道，包括照片，参见：社史编纂委员会，《每日新闻七十年》(每日新闻社，1952)，148—152；朝日新闻社社史编修室，《朝日新闻社的九十年》(朝日新闻社，1969)，265—271。

2 媒体于7月21日报道了天皇的疾病，九日之后天皇便与世长辞。“日月无光神人同哭”，《万朝报》，1912年7月30日；《东京朝日新闻》，7月27—30日；《风俗画报》，437号（1912年9月）；“巨大的悲伤”，《俳味》(1912年9月)。当时的日记，如：田代晃二编，《田代善太郎日记・明治篇》(创元社，1968)，471；《相泽日记・续续》，457—458。

3 “呜呼！明治的终结：记者间的杂感”，《东京朝日新闻》，1912年7月31日。流行的反应见：《新潟新闻》，1912年8月16—17日；《秋田魁新报》，8月1—15日；《九州日日新闻》，8月1—9日，等等。

天皇的离世。[1] 确实如此，但原因并不在于农民和社会主义者因天皇驾崩而转变为帝国的爱国主义分子，而在于他们正如其他许多人一样，为“我们熟悉、敬爱、万人景仰和依赖”的君主之死而悲哀。[2] 这些话出自自诩“自由思想家”的田山花袋之口，从而帮助我们理解了为何众多知识分子没有避开民族情绪的高涨，而是在生活中和报刊上倾吐悼念之情。

首先，民众悼念的是天皇个人而不是政府。正是出于这个原因，虽然德富芦花曾经抗议对“大逆事件”中社会主义者的残酷惩罚，但是面对天皇驾崩，他一定能通过感人至深的悼词来表达自己的伤感。基督徒内村鉴三曾对当权者而非国家进行了猛烈抨击，他也撰文指出自己正如丧父一般悲痛。另一位基督徒海老名弹正则为“上帝已如慈父一般庇护”了的天皇祷告。[3] 为了彰显对弥留天皇的敬畏之情，政府强行而急切地匆忙关闭了平民百姓的娱乐场所；与此同时，媒体在报道天皇驾崩时也极尽阿谀奉承之能事。夏目漱石对这两种现象明确表示深恶痛绝。

220 但是，漱石也不例外，他在挽歌中对天皇歌功颂德，并将天皇与操纵天皇的“当权者”划清界限，因此也与政府划清了

1 “黑臂带”见:《东京朝日新闻》，1912 年 9 月 13 日。“内务省”见：近代日本史料研究会，《日本社会运动史料》，系列 2，卷 2—1，《特别要视察人状势一班》(明治文献资料刊行会，1957)，177—184。

2 “东京三十年”，《田山花袋全集》15：685—686。

3 内村，致宫部金吾的信（1912 年 7 月 31 日），《内村鉴三全集》20；海老名弹正，“明治天皇的圣德”，《新人》卷 13，9 号（1912 年 10 月）：13—18。

界限。[1] 知识分子也有同感，当时他们代表着日本的平民百姓。民众将天皇和政府区别对待，知识分子的反应揭示出其程度大小。天皇颇受民众爱戴，由于手下的官员劣迹斑斑，相对而言天皇的权威神圣无暇，加之政治体制和思想意识的影响，民众饱含深情、浩浩荡荡地悼念明治天皇。相比之下，寡头政治家正如国民图腾一般，风平浪静甚至是悄无声息地走向坟墓。

对于与世长辞的天皇，还有一种情绪较为普遍，而且同样与政治无关。漱石在名作《心灵》一文中提到，“明治时期的时代精神始于天皇登基，终于天皇逝世”，造成那个年代成长起来的人“成为落伍之人”[2]。换而言之，这些人不仅为天皇的逝世而悲痛万分，而且为出乎意料的时代转变而感到无所适从。天皇去世当天下午，政府宣布改变年号，长达 54 年的明治时代戛然而止，大正一年拉开序幕。年代的表述发生改变，不过民众受长期习惯的影响，“笔误之下”仍会写出明治二字。[3] 商人们将自己的名字改成大正，从而在新时代中起到宣传作用。另外，日本对于一切划分时代的表达都十分精确，提到过去，不管刚刚过去多久，都成了“前朝”或“前任天皇时

---

1 《漱石全集》(岩波书店) 13：701；15：156。“挽歌”见:《夏目漱石全集》(筑摩书房) 10：165。

2 夏目漱石，《心》，埃德温·麦克莱伦译（芝加哥：亨利·雷格纳里公司，1957），295。

3 “今日秋晨/笔误中写下明治四十五年/改为大正，颇感悲伤/见行人黑臂带/满眼泪水”。“千鸟节”，添田，《演歌的明治大正史》。156。媒体也报道，学童和其他人均很不习惯将“明治”改写成“大正”。

代”。[1] 面对新时代纪年，许多老年人感觉到自己的时代已经随着明治天皇逝世而终结。德富芦花这样写道：

> 天皇逝世，年号也随之改变……我心知肚明，但是仍然感觉到明治这个名字会永远流传下去。我出生于明治一年的十月，当年明治天皇登基，当月天皇首次从京都来到东京……我习惯于将明治的年号当作自己的年龄，与明治同岁，我既为之光荣，又为之羞愧。
>
> 天皇逝世使明治时代的历史走向终结。当年号由明治变为大正时，我感觉到自己的人生也一分为二。[2]

日本还有些年轻人对其他朝代一无所知，瞬间感到无所适从。有个学生称自己属于这么一群人——“我们唯一的骄傲便是身为明治时期的新一代。”现在他却意识到，“归根结底，我们并非新一代日本人，我们的命运与天宝年间出生的人毫无两样。”[3]

221 几年之后有句话颇为流行——明治天皇已消逝于往昔——然而在天皇逝世的那年夏天，民众对这句话已经有了深切的感受。

---

1 商家改名见:《新潟新闻》，1912年8月22日。

2 德富芦花，“明治天皇驾崩的前后”，《蚯蚓的戏言》(1913)，《明治文学全集》42：335—338。

3 新一代日本人见:《东京朝日新闻》，1912年7月31日；以及，“七月三十日的早晨”，《秋田魁新报》，8月11日。

二

历时三天的葬礼标志着明治时代的终结，这一终结感引发了情感共鸣，但是乃木将军自杀这一新闻使得这种情感的共鸣和葬礼双双破碎。9 月 13 日晚上 7：40，正当送葬队伍即将离开皇宫之际，战斗英雄乃木希典与夫人静子坐在家中明治天皇的画像之前，按照传统方式切腹自杀。乃木用一柄军刀开膛破肚，夫人则以匕首刺入心脏。夫妇二人生前曾留下笔记，其中有诗歌提到“追随天皇”，并记述了乃木在 1877 年的西南平叛战争中丧失了军旗的经过。[1] 自杀传言在葬礼上散播开来，民众付之一笑，不以为然。然而次日凌晨 2：00 第一份号外传遍大街小巷之时，嘲笑转变为震惊，但是民众仍然将信将疑。[2] 明治时代声名赫赫的一位公众人物选择殉葬，乍听此新闻，确实令人难以置信。当时日本正在隆重庆祝现代化，但是日俄战争中的伟大军人和英雄却因袭传统、切腹自杀，更何况德川幕府早在 1663 年就在法律上废除了这种陈规陋习。

不久有人指出，“自从 1703 年四十七浪人复仇以来，没有任何事件能像乃木将军切腹自杀一样唤起国民的感情”[3]。这一对比恰如其分，部分原因在于乃木志虑忠纯，经常与广义上的

1　有关自杀的记述见：大滨徹也，《明治的军神：乃木希典》(雄山阁，1972)，184—196；“跟随我主”(慕大君之行迹，我亦随去)，192。

2　如，芳贺矢一，“大葬仪出祷之期”，《新日本》卷 2，10 号（1912 年 10 月）：7—11；生方，《明治大正见闻史》，212—219。

3　浮田和民，“论乃木大将的徇死”，《太阳》卷 18，15 号（1912 年 11 月）：2。

复仇武士联系在一起；加之乃木的自杀方式也与四十七浪人大同小异，在当时的知识分子当中引起了激烈的讨论，焦点在于切腹的道德性和合理性。天皇去世暂时引发了国民的情感共鸣，而乃木自杀又使其分崩离析。一石激起千层浪，媒体或是赞扬“这一壮举在辉煌的明治时代终结之际为之锦上添花”，或是指责“这一陈规陋习”违背了整体上“追求进步和发展的国家政策”。[1] 有些人热情讴歌，“啊！伟大的乃木将军!”；其他人则表示遗憾：真是悲哀，日本竟然纵容与一切“文明之道”背道而驰的行为。只要出现类似言论，持反对态度的信件或文章就会第一时间见报。[2]

222 曾有记者采访多位伦理学家对这一事件的看法，得到的答复是“虽然从伦理学角度来看，自杀当然是件坏事，但是对于乃木的案例却不能轻易作出评判……如果你打算见报，那我确实无可奉告”。这位记者评论道，报纸则面临着更大的难题。[3]

在关于乃木的浩如烟海的传记和回忆录中，提到最近天皇去世的不过是做了混杂处理的寥寥一二段，因此有关报道的问题得以轻松解决，社论倒成了难题。日俄大战以来，年轻人自杀这一问题颇具争议，广大民众将它称为文明的顽疾。无独有

1 《日本与日本人》(1912 年 10 月)：3；“陋习打破论”，《信浓每日新闻》，1912 年 9 月 19 日。

2 《万朝报》，1912 年 9 月 16—18 日；《新潟新闻》，9 月 16—21 日；《福井日报》，9 月 15—26 日；《长周日日新闻》，9 月 17 日—10 月 23 日；《信浓每日新闻》，9 月 15—25 日。

3 生方，《明治大正见闻史》，228。谷本富乃是厉声斥责乃木殉葬行为的批评者之一，但他的观点遭到了抨击，最终向京都帝国大学辞职。

偶，7月，二十个平民在天皇死后自杀，“这一陋习”遭到了严厉谴责：日本作为20世纪的“世界一流大国”，这种习俗成何体统！[1] 但是，对于乃木的情况却不能轻下结论。短短一个月的时间内，同一份报纸模棱两可地评论道：

> 乃木将军之死标志着日本传统武士道的终结，虽然我们情感上万分敬佩，但是出于理智却不敢苟同。但愿这一举动未来不会败坏日本的伦理道德。将军的动机值得欣赏，但是做法下不为例。[2]

在报刊的第一反应中，这一娴熟调控的矛盾心理颇具代表性。乃木的殉葬与现代日本格格不入，但他的忠心耿耿和武士道精神却在“无意之中”成了“伦理教材”，评论者试图将二者分割开来。[3] 外媒对武士道大肆赞扬，进一步缩短了这种差距，日本的媒体也很快受此影响。伦敦的《泰晤士报》曾在天皇驾崩时预言“一场精神危机”的到来，如今则宣称乃木自杀展示出“日本的民族精神尚未灭绝”。[4] 这一点正是乃木的批评

---

1 “徇死的弊风”，《东京朝日新闻》(1912年8月10日)，引自大滨，《明治的军神》，205。7月31日，一位老人在佐贺自杀，这一行为引发了此文及其他众多评论：《佐贺新闻》，1912年8月1—3日。

2 《东京朝日新闻》，1912年9月15日。这种对理智和情感的分割是一种常用的方式，例如：《信浓每日新闻》，9月22日。

3 《时事新报》，1912年9月16日；《东京日日新闻》，9月17日；《日本》，9月18日；《中外商业新报》，9月18日。

4 《泰晤士报》(伦敦)，重刊于《东京朝日新闻》，1912年8月30日、9月14日。德富苏峰的《国民新闻》(1912年9月17日) 记录了对国外媒体报道的欣慰之情。

者们所惧怕的。

有些评论者严厉谴责乃木的殉葬，但就是这些人也颇感尴尬。因为天皇逝世之后，他们近期在勉励同胞或批评政府之时，虽然打着隐喻的幌子，实际上三番五次将“殉葬”这个词用作褒义。举例来说，9 月有一份报纸对乃木狂轰滥炸，而这份报纸曾在 8 月指出，“政界元老和当朝官员只会从私人金库中一掷千金修建官邸”，按理说来应该切开他们的便便大腹，从而表彰已故天皇的功德。

223 “然而，既然当代伦理不允许殉葬……达官贵人至少可以决心在精神层面上达到相应的高度，同时摒弃自己的私欲。”[1]毫无疑问，这位论者将“殉葬”一词进行了戏剧化地使用，完全忽视了当代的现实。然而这些比喻是真实的；实际上，那些目光长远、对日本的现代化满怀信心的记者们反倒推动了“殉葬”这一概念的广泛传播。这位论者甚至有可能宣称，在 1912 年的夏天，自己的做法无可挑剔。无独有偶，众多读者几周之后大声疾呼，称赞乃木忠心耿耿、遵循传统，其论调与那位论者大同小异。确实，对于其中的许多人，乃木的可歌可泣之处在于他切身实践了殉葬这一仪式，而在几乎所有人看来，它只是过去一种颇具修辞色彩的遗俗。

“殉葬”一词因鲜有人提起而无关痛痒，倘若情况属实，那“武士道”一词更是如此。日俄大战以来，该词总是被民众

1 《信浓每日新闻》，1912 年 8 月 9 日。头山满所写的题为《精神性的徇死吧》的文章造成文部省禁止了报纸的发行，见：《新潟新闻》，1912 年 8 月 17 日。

挂在嘴边，因此日渐强势。乃木被称作“武士道中的精英”，这一称谓不仅指代他的赫赫军功以及他在贵族学校的勇士教育理论，还有一整套扩展之后的意义，它提升了乃木自杀的伦理价值。有些因乃木自杀而大吃一惊的人也亲身扩展了这种重要性。举例来说，《太阳报》是当时阅读范围最广、影响力最大的舆论报刊，其主撰稿人浮田和民自称基督徒和立宪主义者，他曾在1908年指出商业道德败坏乃是日本的一大问题，并提出“为商界注入武士道精神”[1] 作为解决方案，就连他都在无比现代化的环境中使用了传统的比喻。然而乃木自杀之后，正如众多伦理学家一样，浮田似乎也不知作何评论。他认为这一举动可歌可泣，但与今日“复杂的社会”水火不容，并指出虽然这一举动有可能对军人产生影响，但若想引发“在自己的选区贿赂选民的政治家和出卖选票的选民”的悔改之意却希望渺茫。人们也不可能指望此举能将“爱慕虚荣的官员”和“贪图享乐的商人”改造成高尚的人。这样看来，真希望乃木将军仍然在世，并教育出一位“天才”继续践行此类令人敬畏的任务。[2] 浮田的观点犹如织布机上的梭子一般，来去之间自相矛盾，在尊重和谴责之间徘徊。

浮田倡导独树一帜的武士道，认为他的读者有可能称赞、 *224*

---

1 “关于将来日本的三大疑问”，《太阳》卷14，1号（1908年1月）：37。浮田论同一主题的笔调温和版本，见：“关于武士道的三种见解”，《太阳》卷16，10号（1910年7月）：1—7，以及，山路爱山，“新武士道”（1899），《爱山文集》，361—362。

2 《太阳》卷18，15号（1912年11月）：9。

至少理解他的这一指代。乃木实践了他人口中货真价实的自杀，浮田也许希望民众产生敬畏之情。还有一些悼念天皇、仰慕乃木的基督徒则将乃木自杀批评为“戏剧化的武士道”和“过时的武士道”。[1] 但是武士道确有其事。不管是漠不关心还是有意批评，知识分子选用了这样的语言，尽管厉声谴责，却在不经意中促使这种颇为流行的现象持续下去。

乃木自杀在其他阶层中也引发了截然不同的观点。在这个节骨眼上，军队希望申请预算，成立两个新的部门，因此公共形象陷入低谷，可以猜测，军方对乃木的英雄事迹倍感欣喜。政府则出于政治和思想两方面原因，只得自我克制，给出一个违心的答复。然而，乃木的英雄主义进一步复杂化，因为他的遗嘱中有一小段提到，随着自己去世，乃木家族将永远终结，但是政府并不鼓励民众享有这种特权。于是政府出面打压，企图隐瞒这个部分，结果仍被媒体抢先刊登。就在政府发言人公布经审查的版本之时，德高苏峰将删除的部分刊登在《国民新闻》之上并沿街叫卖。当时反对派指责政府违背乃木的意愿，进而引发政治冲突，后来政治冲突再度燃起，原因在于 1914 年政府不顾将军的遗嘱，将乃木家族正式保留下来。朝廷对神化的乃木形象颇为重视，而且似乎并不担心他人模仿乃木的鲁莽行为，因此并未禁止当年出版的 28 本关于乃木的书，也没

1 植村正久，“奉送明治天皇之车舆”，《福井新报》，1912 年 9 月 12 日；柏木义圆，“乃木大将与自杀”，《上毛教界月报》(1912 年 10 月 15 日)，引自大滨，《明治的军神》，215—220。

有干涉1913至1942年新增出版的97本。但是朝廷仍然迫于压力，并未全篇公布乃木自杀的法医报告，原因可能与遗嘱相同：其中包含的医学事实将会破坏喷涌而出的英雄传奇。[1]

在民众口中，乃木已然成为一个英雄，但是相对于千篇一律的版本，乃木自杀这一行为大大减轻了矛盾和说教的意味。[2]在大众文化中，明治时期的化身是乃木而不是天皇。讲谈和浪曲是民众所讲述和歌颂的传奇故事，它们是当时最为流行的消遣，乃木连同四十七"浪人"一道成了其中无处不在的主角。起初浪曲只是一种街头娱乐，精英人士认为其与"下层社会"密不可分，而1912—1913年，民众却不分阶层地对乃木将军故事的兴趣空前浓厚，于是这种娱乐也达到流行巅峰。[3]

225

虽然在帝国时期的小学课本上，明治天皇的出镜率高居榜首，但是据一份表格统计，《少年俱乐部》对天皇只字未提，而这份由讲谈社出版的杂志在年轻人中最为流行。取而代之、在年轻人的英雄排行榜上领衔的是楠木正成、四十七浪人、虚构故事"道中膝栗毛"的主人公弥次喜多，以及乃木将军。教科书中也不乏乃木的身影，而且地位高于楠木，语文课文就是例子。讲谈社声名远播，被誉为"私人教育部"，讲谈社对乃

1　大滨，《明治的军神》，187—203、291—294；大宅壮一，《火焰在流动》(文艺春秋，1972)，21—32。

2　例如，《都新闻》，《东京朝日新闻》，1912年9月15—16日；大滨，《明治的军神》，210—213。

3　仓田喜弘，《明治大正的民众娱乐》，116—129；思想之科学研究会，《梦与面貌》(中央公论社，1950)，293—301。有关乃木的流行歌曲见：添田，《演歌的明治大正史》，156。

木大肆宣传，加之乃木在课本上时有出现，因此乃木在英雄榜上高居榜首。[1] 乃木的妻子也自杀身亡，但是并未受到太多关注，有一位歌颂者称乃木厌恶三类人：神父、商人和女人，也许她希望通过自杀向丈夫证明自己的忠诚。[2]

在文学界，森鸥外和芥川龙之介等作家也对乃木自杀作出回应。[3] 但是著书立说的作家或是像森鸥外一样为自杀辩解，或是如芥川龙之介一般讽刺挖苦，暴露了知识分子阶层模棱两可的态度。对于他们来说，乃木正如“日本的堂吉诃德”，既令人赞叹又令人不安。[4] 然而，虽然各派观点层出不穷，乃木对于大多数日本人的重要性不应被夸大。相对于针对乃木自杀发表意见的群众，更多的民众选择保持沉默。对于他们来说，殉葬既不值得谴责，也不值得庆祝，只不过是与自己的生活毫不相干的异常举止。[5] 确实，年轻人似乎并未从乃木殉葬中受到“启发”，于是由于不理解将军之死而受到指责。天皇死后举国悲痛、深切悼念，而乃木殉葬则争议不断、众说纷纭，民

1 唐泽富太郎，“日本儿童文学的近代式发展与其教育史意义：以明治—昭和的儿童杂志为中心”，《日本人的近代意识形成过程中的传统的契机与西欧的契机》，《“日本近代化”研究报》，2 号（东京教育大学，1968），25—28。关于讲谈社见：铃木，《出版》，164—168。

2 井上哲次郎，“从思想的系统上看乃木大将”，《人格与修养》（广文堂，1915），342。

3 乃木的自杀激发了森鸥外，他开始写作历史类小说，并且很快就于乃木自杀五天之后就写出了与殉葬相关的《舆津弥五右卫门的遗书》，还有 1912 年 11 月的《阿部一族》，参见：大卫·迪尔沃思、J. 托马斯·里默尔编，《〈堺事件〉及其他作品》（火奴鲁鲁：夏威夷大学出版社，1977），15—69。芥川的作品《将军》（1922）被 W. H. H. 诺曼翻译为《〈地狱变〉及其他作品》（东京：北星堂出版，1948），135—167。

4 例如，佐藤春夫，“悼乃木大将”，见《解释与鉴赏·临时增刊》（1968 年 1 月）：135。

5 《国民杂志》卷 3，19 号（1912 年 10 月 1 日）：8；卷 3，20 号（1912 年 10 月 15 日）：9。

众对于二人之死的反应迥然不同。

1912年9月13日夜里举办了两场仪式，其中之一为全民仪式，标志着明治时代的终结。明治时代横跨经年，在亲身经历这一时代的民众看来时间更长。明治天皇正如维多利亚女王，以自己的名字命名一个时代。造成"在某个时间段内出现连续性和一致性的假象；相对于任何一个未因政治或宗教信仰巨变而一分为二的时代而言，这一时代的民众和风俗、科学和哲学、社会生活结构和指导思想都更加迅速而彻底地发生了变革"[1]。

在日本，虚假的延续和潜在的变革与君权和帝王联系在一起，而且更名改姓，成了"现代化"。明治和现代化均未得到民众的广泛认同。部分进步青年满心向往明治时代尽快走向终结，现代化方可大行其道，但是其父辈却满心恐惧，明治时代一旦终结，那他们所熟悉的世界将会被现代化风卷残云。但是二者都感受到了一个时代的流逝，而且毋庸置疑，他们已然生活在现代化之中。 226

乃木殉葬在一定程度上动摇了这种确定性，造成知识分子摇摆不定，对日本现代化的本质满腹狐疑。对于包括军队、学校以及乃木主义的私人拥护者在内的其他人来说，殉葬成了为国尽忠和为国捐躯的象征。对于通俗文化而言，乃木正是武士自杀这一英雄壮举的当代写照。[2] 虽然民众对乃木自杀观点不

1　G. M. 杨，《维多利亚英国：一个时代的肖像》(纽约：双日锚出版社，1954)，269。
2　大宅，《火焰在流动》，32—37；大滨，《明治的军神》，270—290。

一，但是这种分化也成了明治时期的一大遗产。宪法颁布当日清晨，森有礼遭到帝国主义狂热分子的刺杀，与之相同，乃木自杀连同“世界级君主”葬礼的豪华排场，它们都是时代的产物。1889年，明治天皇以祖先的名义在全国范围内颁布了宪法，其祖先最为庄严的神社为伊势神宫。文部大臣遭到刺客暗杀，从而纠正了民众的皇室祖先的轻视。在逻辑上或是思想上，一石激起千层浪。1912年，民众将对帝国的忠诚等同于爱国主义，加之天皇逝世所引发的情感大爆发，二者共同营造了一种氛围，其中乃木殉葬虽然匪夷所思，却不可反驳。现代君主立宪政体和传统意义上的忠诚并行不悖，而且通过天皇自身相互连接。有些民众偏爱立宪主义、反对武士道，他们对乃木之死惊愕不已，但是也加入了这场话语的争论。无意之中用了某个比喻可能说明你粗心大意，或者对明治天皇和明治时代感情真挚，而将众说纷纭改进为众声喧哗之中的异口同声，虽有些刺耳，但和谐确有其事。在接下来的几十年中，这种双重思想遗产不仅影响了军国主义者和激进的右翼人士，也影响了民主主义者和社会主义者。立宪主义和帝王主义的词相互交织、相互重叠，在左翼和右翼、议会政治和恐怖暗杀、各种信号的操纵者和被操纵者之间产生了共鸣。明治时代的终结并没有结束明治时期的历史，它为后来的几十年埋下了伏笔。

大正时期的新政治

227

虽然山县似乎很担心天皇的逝世会改变他所谓的“国之方舟航行路线”，但事实并不是这样。而且要让刚刚登基、经验匮乏的大正天皇能够充分听取他的建议，山县确实应该要下些苦心。[1] 与此同时，1912年8月，山县通过把皇室里的双重职位分配给桂太郎将其逐出了政治舞台。这样，他的得意门生就要在皇室中听从山县的领导，更重要的是，山县一直认为桂太郎背信弃义、结党营私，因此他的门生将无须迎合桂太郎[2]。12月，元老们被统一召回着手选举新总理的事情，“日本大臣自摧内阁”——舆论大力抨击山县助力推翻西园寺政府的行径——这急需政治处理[3]。山县宣扬自己关于党派“混乱无序”的熟悉论调，他知道“元老们受到了来自演讲和报纸的一致抨击，民众情绪大为躁动并被引入歧途”，便警告“紧随这场纷争之后的缠结”[4]。他自称“只是一个军人，而非政客”，民众对这一程式化的辩解不予理会，但在1月民众对政府的不满甚

1　信件是写给山县的，有的来自当时短暂在宫内任职的桂，还有的来自渡边千秋——他之前是内务省的官员，曾进入宫殿的官僚体系，当时为皇室大臣。山县有朋文书，1912年8月—10月（手稿）；同引于山本四郎，《大正政变的基础性研究》(御茶水书房，1970)，114，n. 2。

2　原奎一郎编，《原敬日记》，卷5（乾元社，1951），（1912年8月1、20日），90、101。虽然原对山县之动机的解读并不客气，但它可能未必错误。冈，《山县有朋》，121—122。桂从1912年8月13日到12月21日担任侍卫长，同时也是掌玺大臣。

3　浅田幸村，“内阁破坏者”，《太阳》卷19，1号（1913年1月）：19—28。

4　山县致寺内的书信（1912年12月12日），寺内正毅相关文书，106—360号（手稿）；同引于山本，《大正政变》，271。

嚣尘上时，他的确全面诉诸了军事化的比喻：

反对派大举消除党派与保护宪法之旗。他们这么做目的就是误导和煽动民众，把政府推向众矢之的漩涡，这个策略使其收获日益增多。未免整个民族只剩一条逃亡之路，最好的方法就是向反对派的中心力量发起攻击[1]。

但他所号召来负责打头阵的桂太郎却选择了投降，并且决定组建对于山县来说将永远是宿敌的心腹——议会党派。因为如果山县仍然坚持自己40多年秉持的这个坚如磐石的信仰，那么现时政治世界的激流会以越来越大的力量将其裹挟而去。大正政治变革见证了1912到1913冬天发生在两个月里的两场内阁变故。这表明了1890年以来现实中政治变迁的程度。[2]

228 用当时公认的话来说，“自日本宪政建立以来已有20余年”。因此，大正时代初期的政治更迭便为评定两个时代交替时期所呈现的政治形态提供了契机[3]。

虽然天皇的逝世就意味着国家统治、君主专制甚至是个人独裁的终结，但在政治话语中，未来比过去更有吸引力，对崭

1 山县致桂的书信（1913年1月14日），桂太郎文书，701—151号。关于山县对12月事件的记录中所谈到的“一介武人”，见：德富，《山县有朋传》3：819。亦见，哈克特，《山县有朋》，256。山县对1912—1913年事件的描述版本见：大正政变记，宪政资料室，国立国会图书馆（手稿）；亦见，山本，《大正政变》，641—52。

2 “大正政治变革”见：山本，《大正政变》；升味，《日本政党史论》3：1—124；坂野润治，“桂园内阁与大正政变”，《岩波讲座：日本历史，卷17，近代4》（岩波书店，1976），263—304；坂野，《大正政变：1900年体制的崩坏》（密涅瓦书房，1982）；奈地田，《原敬》。

3 例如，“监视议员吧”，《二六新报》，1913年1月5日；“新内阁与民党的对抗”，《山阳新报》，1912年12月23日，“皇室与政争”，《时事新报》，1913年1月14日。

新开始的寄望比在大正时代头几个月所做的反思更为重要。实际上，这种在日本政治时评员和党派政治家中广为流传的情緒与一种期许相似，即同样的社会精英群体在等待国会 1890 年开门时所寄予的期许。此时的民间舆论再一次提出了“二次复辟”的诉求，大正时代提出的这次复辟是为了满足明治时代“只在形式上而没有在精神和实质上”达成的立宪承诺。[1] 因为意识形态的分类一旦确立便自其形成期不断发展下去，所以此后基本的政治划分还是分为了官和民两种，即“官家民家”。在大正时期的新政治中，在寡头统治集团的官僚子嗣中，在民众的政治党派中，究竟 1880 年代这场两分法中的哪一端会占据统治地位呢？[2]

然而，在这些划分类别中，反对党派不断进化的标语也表现出一种自信，这种自信是来源于前两个立宪十年中他们所获得的经验。在大正时代宣称的这场复辟中有一对相似的标语，第一个是“摧毁派系政府”，这标语同“山县，井上，大山和松方这几位朝臣一样古老，他们在明治维新时期就是老政客，到现在大正时代还操纵着大权”[3]。新时代助力“积攒了 30 年

1 “新时代的使命”，《国民杂志》卷 3，17 号（1912 年 9 月 1 日）：18；《东京朝日新闻》，1913 年 1 月 13 日。“二次复辟”见如：林毅陆，“受到威胁的西园寺内阁”，《太阳》卷 18，14 号（1912 年 10 月）：227。大正复辟见：“大正政治性维新的开始”，《东京朝日新闻》，1912 年 12 月 5 日；“大正维新的声音”，《东京朝日新闻》，1913 年 2 月 2 日；《福井日日新闻》，2 月 10 日；《高知日报》，1 月 14 日；标题为“大正维新的风云”的刊物：《太阳（临时增刊）》卷 19，4 号（1913 年 3 月 15 日）；等等。

2 例如，笹川临风，“官家民家”，《日本与日本人》，597 号（1913 年 1 月）。

3 “政变物语：现今的政界”，《大阪每日新闻》，1913 年 1 月 23 日。

的民愤”来对付寡头统治派系和元老大臣，雄辩家们兴致昂扬地宣称高潮的到来——“这些国家发展的最大绊脚石”终迎来了其迟到的终结。[1] 反官僚势力的第二个标语是“保护立宪政府”，这更多地适用于现在的大正时代而不是过去的明治时代。他们运用宪法的权力和权威来迎合新型民生政治的需要，借此使用了同义词“立宪的”来表示党派的职位和需求。1889年，当立宪政府还是一个空想的时候，政府就宣称自己具有超越党派的公正，而党派则宣称代表了自由意志和公众意愿。“天皇授予的宪法”有一个广为人知的名号叫做“钦定宪法”，但寡头统治集团已经设计好实施方案并有意控制其运作过程，因此如果说该宪法属于任何人的话，那就一定属于这帮寡头集团了。

229 在1912到1913年间，每一个政治党派都在其官方名称中使用了“特权”这个字眼，他们借此修辞宣示了其对宪法的所有权。然而政府的每项举措则被冠以了一个快速生成的表达，即“合宪-违宪”。[2] 对于伊花《注评》中宪法方面的理解，这次的美浓—上中之争夺取了其中占绝对优势的权威解读。同样，各个党派借着宪法的名义把现已成熟的立宪政治思想体系融入官家和民家的思想划分当中。

---

1 “30年”见：社论，《福井日日新闻》，1913年2月10日。“绊脚石”见：“大正诸政之结核”，《日本与日本人》，597号（1913年1月）；等等。

2 “合宪-违宪”的修饰，见如：《东京朝日新闻》，1913年1月22日，以及整个1913年1月到2月。

有些人认为“立宪危机”会引发“捍卫立宪政府的关原之战”，然而事实与他们的构想却并不相符。即便这样，大正时期的变革还是清楚表明，会有更多派系从更多方面参加到官僚党派官家和政治党派民家的战争当中，这比明治时代的场面可恢宏多了。[1] 元老大臣和私营党派都不必非得退出该领域，因为正如媒体正确观察的那样，铲除桂太郎并不意味着寡头统治集团在官僚党派、参议院和军事领域影响的终结。[2] 这些部门仍源源不断地给山县提供特殊支持，直到1922年山县去世，他在这十年的大多数时光中也维持了较大的个人影响。尽管如此，元老大臣手中的权力还是衰减了，桂太郎不是山县派系中最后一个通过与其他党派结盟来寻求政治未来的人。因为田中吉和其他人的调解适应，政府最高层中的官民界限不断模糊。另一方面，天皇和议会政治的界限却越发分明。用尾崎行雄的名句来说，这是因为党派的存在使官僚无法继续再拿皇权当作护栏，拿天皇的法令当作子弹了。[3] 军队在明治时代主要是通过元老大臣发挥作用，可现在已然以独立力量的姿态重新出现，他们有能力并且也有意向摧毁内阁。这些的终结也变得愈加明显。田中和山县皆将1911年的中国辛亥革命视为“黄金

---

1 “立宪危机”，一个当时的典型说法，见如：《大阪每日新闻》，1913年1月16日；《东京朝日新闻》，1月18日、2月26日。“关原”见：社论，《日本与日本人》，598号（1913年2月）；以及，山本，《大正政变》，134—138。

2 《山阳新报》，1913年2月16日。

3 奈地田，《原敬》，147。对于法令的典型回应见：社论，《大阪朝日新闻》，1913年2月10日。

机会”，这次革命促成了军队进行大陆扩张的计划，并以一分为二的形式影响了国内政治。[1] 随着企业领导和商会联盟参与到保护立宪政府的运动当中，而且绝非偶然地参与到了降低营业税的运动当中，政治舞台上便能持续而迫切地听到商界的声音。[2]

230 1912—1913 年间扩大的政治精英队伍正是德富苏峰所说的军事力量、财政力量以及民权力量。[3] 最后一个民权力量仍然是指政治派别，其规模与影响的扩大通过大正变革事件日益为公众所熟知。1890 年，民众派联合起来赢得了国会中的大多数席位，但从 1908 年到 1913 年，众议院的控制权都掌握在一个党派，或者确切的说是一直掌握在同一个党派手中，即立宪政友会。此外，原桂提出了“和解政治”和“相互谅解”的主张，这样，早前民众党派和官僚集团之间不可调和的敌对立场就取得了一个怀柔的结果。[4] 尽管立宪政友会是一个民众党派，可它现在也是一个政府党派，一个与官僚集团进行利益交易以求得国会支持的执政党派。1912 年 12 月到 1913 年 2 月期间，

1 田中致寺内的书信（1912 年 2 月 21 日），寺内正毅相关文书，315—319 号（手稿）；以及，坂野，“桂园内阁与大正政变”，286。山县写给桂的信（1912 年 2 月 9 日），桂太郎文书，70—150 号（手稿）；以及，奈地田，《原敬》，92。

2 升味，《日本政党史论》3：109—113。坂野润治，“大正政治危机与日本政府的财政问题，1906—1914”，《远东历史论文》，19 号（澳大利亚国立大学，1979 年 3 月），181—202。

3 德富苏峰，《大正政局史论》（民友社，1916），10；坂野，“桂园内阁与大正政变”，265。

4 “和解政治”和“相互谅解”，后一词专门指 1911 年原与桂的协定。对于“和解”的普遍用法，见如：“政治上的妥协”，《东京日日新闻》，1910 年 5 月 27 日。

立宪政友会对桂太郎短命的内阁表达了其反对意见，成了一个反对党。2 月份的时候，立宪政友会在山元统治官僚内阁期间回归政府党派；这样，最近一直被大声疾呼为官僚集团的反立宪政友会党派现在便高举起了反对的大旗。明治时代的变革是权力由官僚向党派的变革，而大正时期的变革则为权力在党派之间的更迭铺好了道路。[1]

但这种在国会系统中再正常不过的变更发展却完全无助于增加党派的声望，或者从整体上增加政治的信誉。国会体系实际上并不完整，官僚内阁在其中的持续存在是促使上述现象发生的一个原因。此外，另一个原因则是明治时代政治话语中所确立的种类与和解政治相互妥协。这是因为长期标榜代表民间势力的人士似乎与一直以来备受指责的官僚官家互相妥协，携手联合了起来。[2] 正如彼得·杜斯所说，这些党派已由“反对者”变为了“受尊重者”，这番巨变促使各个党派跨越界参与到了政治体制当中。[3] 实际上，自大正时代以来，人们很少知道它是民众党派——“民党”，更多的是以既定党派——“正规政党”的名号来认识它。从公众舆论中可以得知，人们认为民众党派和官僚集团都一样，都是那种只顾政治而罔顾代议制的党派类别。早在 1912—1913 年，常常用来形容政府的消极词正被用来

1　三谷太一郎，《大正民主论》(中央公论社，1974)，23—24。

2　例如，读者专栏，《信浓每日新闻》，1912 年 12 月 5 日；“新内阁与民党的对抗”，《山阳新报》，12 月 23 日。

3　皮特·杜斯，《大正日本的政党竞争与政治变革》(剑桥：哈佛大学出版社，1968)，12—16。

形容党派。批评家警告说：尽管党派各个都信誓旦旦，实际上它们既不倾向于立宪也不倾向于民粹，只有“私营党派政治”将紧随“官僚党派政治”之后成为下一种政治模式。[1]

深陷在一个较早时代产生的分歧之中，党派政客似乎是想确保留下这么一种整体印象：就是无论他们的言谈听起来多倾向于民家，其举措还是更多地倾向于官家。就像之前一样，这种观念阻碍了天皇施行立宪政治，天皇进一步丧失了直接的政治操控权，这样，那些打着所谓单纯“非政治”旗号的人就变得更加容易求得天皇的庇护。这同样也不利于更多的民众施行立宪政治，虽然他们在语义层面上仍属民家，但在立宪资质上却依然没有一个有效的自我政治定义。

231

然而，在这束集中关注议会政治耀眼而狭窄的聚光灯之外，大正时代的变革也表明了其他形式的公共行动同样可以在政治舞台的广阔边际上找到立足之地。民众大会和民众暴乱与1913年初发生的保护立宪政府运动一样都是有着双重根源的。既传承自19世纪八九十年代有“影响力的精英人士”的演讲大会，又传承自通常很暴力的城市的群众抗议，而这种抗议正是明治时代最后十年群众罢工和游行的主要特征。[2] 2月10号

1 “政党革新之机”及“吾人对政党的疑惑”，《山阳新报》，1913年2月15—16日；“天下何时能安定”，《信浓每日新闻》，1913年1月21日。

2 县级会议通常可以吸引1 000到4 000人参加，参见：《东京日日新闻》，《大阪每日新闻》，此外，如《信浓每日新闻》和《福冈日日新闻》之类的当地报纸（1913年1月18日—2月12日），列举了部分会议出席人员的列表，参见：升味，《日本政党史论》3：114—116。

的这场游行的确“将国会周遭区域突然变成了一幅战场景象”。实际上，尽管人们判定这次暴力事件较以往更为严重，但还是会不停地拿它与1905年反对《朴茨茅斯条约》的日比谷烧打事件相比较。这次事件中，暴民们再一次在东京和其他各省上演了焚烧警察岗亭和攻击遵循政府路线的报刊的恶性事件。[1]政府人物，特别是像田中义一这样的类似山县的人物，很快就看到了民众游行中社会主义的效果和无政府状态的可怕。[2] 民众的政治行动和群众的社会抗议这两个分开来都让政府感到异常恐惧的东西，在此正式交会。用田平东助（山县的另一门生）的话来说，12月到次年2月这段时间对于政府就是“国家解体切实发生在我们眼前的一段时间”。[3] 而事实上，随着政治行动和政治表达实现并包含了一个很大程度上正在急速变革与工业化社会，他们所看到的情景实为国家融合的结果。

扩张的政治范围在其他行业也一样明显。无论是数百个当地有志者为抗议1887年政府提议条约修订所发起的地方集会，

---

1 “战场”见:《时事新报》，1913年2月11—14日；以及，“呜呼！二月十日”，见“大正维新的风云”。《太阳》卷19，4号（1913年3月15日）：233—240。早期围绕国会的抗议见:《东京朝日新闻》。1913年2月6日；以及山本，《大正政变》，594—610。被东京暴民攻击的报刊包括《国民》《大和》《都》《二六》《报知》及《读卖》(《东京朝日新闻》，1913年2月11日)。《高知新闻》《中国新闻》等也在地方上受到过类似的攻击，参见:《福冈日日新闻》，《东京日日新闻》，1913年2月13—15日；山本，《大正政变》，604—610。

2 田中致寺内的书信（1913年2月15日），寺内正毅相关文书，314—315号（手稿）。

3 奈地田，《原敬》，100；平田致桂太郎的书信（1912年12月10日），桂太郎文书，10—19号（手稿）。

还是街头暴民回应1905年条约所引致对于“国耻”广泛的大声疾呼，新闻舆论对于刺激公共行动一向起着重要作用。在1912年12月动乱发生期间，德富苏峰曾抱怨过“新闻舆论所能做的就是煽动民众情绪”。然而因为他自己政府喉舌性质的《国民报纸》也不过如是，并且再次被斥为“御用报纸”[1]，因此其言论不免显得虚伪狡猾。

到1912年，政治机关闲置已久，更多的报纸宣称自己“不偏不倚，无党无派”，但是也许正是因为《大阪朝日》长期与寡头政治先验论相联系，让它过多地受到了政府思想的玷污，从而使其一度避开了这个称号。[2] 政治人物为赢得舆论导向争风吃醋，就连山县都一反常态，谄媚地表现出对德富报纸莫大的兴趣。该报对政府的支持使得山县对其不断增加的发行量笑逐颜开，也为报纸带来了非官方的月入补贴。[3]

232

尽管大部分媒体声称追求社论公平，然而在大正变革期间，他们仍然进行着积极地反政府活动。他们既口诛笔伐元老大臣，又热衷参与记者立宪运动。记者们不但积极参加其他组

1 “御用报纸”，即政府的或官办的报纸，参见：德富致寺内的书信，（1912年2月11日），寺内正毅相关文书，314—330号（手稿）。关于该攻击见：《东京朝日新闻》，1913年2月11日。

2 山本，《新闻与民众》（纪伊国屋书店，1973），123。

3 “笑逐颜开”见：山县致德富的书信（1908年8月15日），德富苏峰文书，苏峰纪念馆。关于与德富的这次和其他各次的私人交流，其讨论见：伊藤隆、乔治·秋田，“德富—山县通信：明治—大正日本的出版与政治”，《日本纪念碑》卷36，4号（1981年冬）：391—423。

织，还在1913年1月和2月牵头组织了自己的集会。[1] 这种行动主义促使德富的国民报纸、其他五个官僚日报和另外20份县级报纸联合组织了一个“促进立宪政府的媒体联盟”，其目的是支持桂太郎对阵反对党派和其他报纸的事业。然而，反对政府的新闻媒体影响力却更为深远。事实上，一个学者之后曾对记者的行动主义及对抗报道的联合作用给出如下结论：这是反政府媒体首次驱使党派作出决定而不是受制于党派。[2] 这种奏效的“骚动”模式在1918年的抢米暴动中再次上演，当时《大阪朝日》煽动起了全国上下对政府财政政策的不满，而且自己也在同时期的白虹事件中遭到政府的镇压。[3]

因此，随着历史由明治时期进入到大正时期，20世纪日本新闻舆论的两个特点也变得明朗起来。一是规模稳健扩大，这不仅体现在整体发行量的持续增长上，还体现在其向着大型国家报纸的定位不断转型的趋势上。正是因为它将严肃报道与大众喜好有机结合，才得以成功吸引了一批形形色色兼容并包的读者群体。这种形式的典型代表——《大阪朝日》报纸及其规模更大的竞争对手——《每日大阪》皆在大正时期取得了巨大的发展。《大阪朝日》的发行量由1913年的约250 000份扩大

1　记者集会的例子见：《时事新报》，1913年1月9日；《东京日日新闻》，1月14日；《东京朝日新闻》，1月18日。

2　小野秀雄，《日本新闻史》(良书普及会，1948)，123。

3　所谓“白虹贯日”是古代中国用来表示内乱的征兆，这种表述使得内务省颁布了禁令，从而导致了报纸的自由派代表作家以辞呈表达抗议的活动，参见：有山辉雄，“朝日新闻‘白虹事件’”，《隆道》(1972年10—11月)。

到了 1923 年的 800 000 份；而同时期《每日大阪》的发行量也由 300 000 份增长到了 920 000 份。[1]

233 1890 年报纸的读者圈还很小，但后来就突破了中产精英阶层的观念界限，向着受众越来越大众化的方向发展开来，成为一场席卷全国的风潮。与此同时，仍然代表了日本新闻媒体特征的独特的社论立场也以一种更为决然的姿态出现在大众面前。经常爆发改革运动的反政府立场通常会像反对政府一样也反对党派。社论的立场就是将这种反政府立场和人们越来越坚持的“公正无党派”的社论政策相联系。就连积极进取的《大阪朝日》也接纳了这个自己早前极力避免的格言，在 1918 年政府镇压的余波中成了一家公正中立、不偏不倚的新闻媒体。[2] 人们小心翼翼地践行着反对举措，有时还要付出艰辛的努力去维持社论的独立自主不结盟。但是两者的结合并不仅仅是审查制度的产物。相反，如同审查制度本身，这种结合实际上是明治时期政治活动和思想意识的产物。反对立场源自由来已久的反对政府的大众改革，而不结盟立场源自判定无益民事的党派政治所累计产生的影响。

---

1 每日新闻社，《每日新闻百年史，1872—1972》(每日新闻社，1972)，419；山本，《新闻与民众》，130—134、198。1912 年底主要报纸发行数据的另一个（但有时未必可靠的）来源为：小野秀雄，《我国新闻杂志发达之概观》，见“明治大正的文化”，《太阳》(创业 40 年纪念增刊）卷 33，8 号（1927 年 7 月 15 日）：377—395。

2 朝日新闻社社史编修室，《朝日新闻社的九十年》，318—323。这段话依然是今日《朝日新闻》的格言之一，并被日本三大日报的另外两家(《每日》和《读卖》）以类似的话语复述，参见：山本，《新闻与民众》，185。

二

1912 到 1913 年的系列事件也表明：地方的政治领域扩张可以和国家级的相匹敌。虽然人们说立宪运动是由中央的积极分子“挑起”的，但只有地方社会和政界的革新才能解释为什么这种转变会点燃如此明亮而急促的火焰。[1] 一些“立宪青年”团体以党派的名义反对政府，另外一些以天皇的名义反对政府。“立宪青年”团体的数量表明了这种对青年了解政治进行思想隔绝的行为不是完全成功的。新闻界很快把这种现象诊断为“政治热”，现在，这种“政治热”使得很多女同学和男同学备受煎熬[2]。就像 1880 年代的政治青年一样，1913 年的立宪青年是新一代政治意识的产物。一位地方军官将他们描述为堕落的农民和懒汉。因为这些人都屈服于了“令人似懂非懂的立宪理论和野心勃勃的政客的煽动”[3]。实际上这些当地青年通常也是有学识的积极分子，尽管他们受过无关政治的爱国主义思想教育，但还是在大正时期参加了这样或那样有组织的政治活动。

在许多大正时期的青年刚刚开始参与政治之时，当地精英中许多年长于这些青年的社会人士到 1913 年已经深谙党派政治之道。[4]

---

1 升味，《日本政党史论》3：118—123。

2 “立宪青年”团体的例子见：《福冈日日新闻》，1913 年 2 月 13—17 日；《山阳新报》，2 月 13 日；等等。关于政治热见如：《东京日日新闻》，2 月 27 日；《大阪日日新闻》，3 月 1 日；《大阪每日新闻》，3 月 19 日。

3 各连队区管内民情风俗思想界的现状，Ⅱ，高田（手稿）。

4 见松尾尊兑，《大正民主的研究》（青木书店，1966），106—122；有泉贞夫，《明治政治史的基础过程》，371—387。

234 山县欲使当地政府继续“远离中央政治纷争”，但政府没能听从他的反复警告，还是卷入到了“党派冲突”的漩涡当中。[1] 有位军官用19世纪八九十年代山县就这个问题发表的每一场演说的语言批判了他所在区域的立宪青年，并对1913年自治制度最终引发了国家的四分五裂深感痛心：

> 这个区域出其不意地掀起了一阵政党热潮。党别和派系色彩不仅充斥在中上级阶层当中，甚至在社会底层人民中也随处可见。极力控告反对党派成了当时人们生活事物的重要组成部分。这就意味着只有一个党派的城市或村庄才能得到相对的安宁平静。但是如果一个地方存在两个对立政党的话，那派系斗争就会渗透到自我管理的每一个问题当中。这些问题通常关乎道路和学校，或更为甚者会涉及农业设施和神社的财政管理。似乎不论一个党派提出什么主张，不管这个主张有什么优点，都会被另一党派不遗余力地进行抨击。这就像国家政治一样，会在很多情况下产生危害。政党热潮使得各县深受其害。我一向认为党派斗争介入自治制度应该算是一种违反公德的行为。
>
> 我在这2个城市和这个区域的193个村镇中待了14个月，在此期间，有8宗公职人员犯罪的案件闹上了法庭，有

1 山县有朋，“对地方官的训示”（1889年12月25日），翻译于麦克莱伦，《日本政府档案》，419—422；“对地方长官的训示”（1890年2月），引自菅野，《近代日本的农民支配的历史性构造》，87；山县，国会演讲（1899），见亀卦川，《自治五十年史：制度篇》，426—428。

> 11 宗正在接受调查，谁晓得还有多少宗仍未见天日。这无疑要归因于官员的腐败，可即便这样，他们也会推托说反对党的控告通常才是事情发生的真正原因。因此，我相信直到这种极端的政治热潮冷却下来，狂妄的政治党人停止煽动大众，村庄团结才有可能真正实现。[1]

这样的政治冷却很难实现，这是因为政党已经在府、郡等各级别的地方政治层面上很好地完成了进一步的自我建设。在1913 年 1 月桂太郎忙于应对各种政治问题的当口，他收到了山县的一封来信，力劝他索取各府的一手报告。“那里的条件和以往不同了”，山县在书信中低调地陈述道，“政府官员、行政人员、警务人员和其他官员似乎都持有各自不同的观点”[2]。县级政府一度是府级政府稳定的下属官僚机构，可他们现在确实吸纳了越来越多同级别适合进入政友会的人。虽然山县在1906—1907 年试图否决原敬废除郡的提议。但 1921 年原太郎最终还是成功地将郡从当地的政府系统当中移除了出去，在此之前的几年当中，郡县领导也都受到了党派的影响。[3]

在明治时代后期，地方政治中官家和民家的界限已经变得 235

1　各连队区管内民情风俗思想界的现状，Ⅱ，高田（手稿）。笔者注：整个国家都有着相似的评论。见：Ⅱ，弘前；Ⅳ，和歌山；Ⅴ，鸟取；Ⅶ，佐贺；等等。类似的记录见：山路爱山，《国民杂志》卷 1，1 期（1912 年 12 月）：5—6。

2　山县致桂（1913 年 1 月 14 日），桂太郎文书，70—151 号（手稿）。

3　三谷太一郎，《日本政党政治的形成》（东京大学出版会，1967），70—132。奈地田，《原敬》，35—55。1923 年该提议生效后，郡的行政机关随即于 1926 年被废除，参见：龟卦川，《自治五十年史：制度篇》，500—516、552—558。

模糊不清，这和中央政坛中的情况如出一辙。正如山县所担心的那样，民家政党渗透到了地方官家当中，我们再也不可能自信地宣称官家统治结束而民家统治开始了。此外，村民和镇民认为，官家统治结束和民家统治开始的分界点也并不明确。这是因为，当地负责人在占据官职的同时也支持党派。就像在国会中与其类似的官职一样，他们是以政治家的面貌出现在大众面前的，这种官职通常和施行统治的官家相关联，而不是受统治的民家。

党派人员和官僚人员除了在彼此的管辖范围内互相融合之外，政党路线的不同划分也逐渐在府级、郡级和村级的集会中逐渐凸显出来。这是因为当地经济结构的变革使得党派在那里的存在显得越来越不可或缺。明治时代早期和中期的恶霸富农多半是在村中一边打理农事一边履行当地负责人的职责。明治后期也有一群类似于这些恶霸富农的人，他们加强了商业活动，扩大了所据土地，作为县级精英即当地的名望大户，他们常常为人所求，其政治眼光已经扩大到了县级及其以上的国会。他们中的许多人都是中层地主，随后成了不断扩大的立宪政友会在当地的支柱，并且成了政治分肥性质的“积极政策”的受益人。然而到大正时代中期，地主阶级的稀缺正好给村子松了绑。这是因为佃户问题日益恶化，不断增长的工业商业利益削弱了农业的政治强度。对于大地主来说，即便他们资金充足到足以在明治时代的各路党派中独善其身，可以不依靠他人仅依靠个人影响力达到成功，可现在也还是要常常向党派寻求帮助（多求助于反对立宪政友会战线的党派）以获取他们对其利益的支持。无论如何，这种情况还是变得越来越不“本地化”了。[1]

与此同时，各地也经历了类似的转变。这明确表明：他们再也不能在没有外部帮助的情况下独立处理财政事务了。在1890年代早期，人们有时还会抵制政府对当地的事务的干涉，但到了明治时代后期，政府的管理就成了分配县级与国家级经费的必要环节。这些经费通常用于道路和学校建设，洪灾防控和各种各样的公共事务。[2] 需求一直都是适应权威权贵从中央流转到地方，可现在却备受争议地向两个方向一起发展开来。有充足的经验作保障，当地负责人追求的是那种在1889年被寡头政治执政者痛斥为党派颠覆行为的“利害关系”。

自日俄战争之后的若干年中，内务省一直惯于给反对自治的理念打上有益地方发展的标签，这实际上就意味着当地负责人把工作重心转移到了代表当地利益的工作当中。[3] *236*

1912年，中央政府曾试图缩减其开支过大的财政预算，与此同时，地方管理者也开始制定自己的财政计划，而这些财政计划通常是非常大的手笔。举个例子，长野县就有一个城市启动了一项60 000日元的项目，预计在3年内新建两所小学。而

1　就像所有包括不同地区在内的概论一样，这些描述都忽视了地域差别，不同地域精英的社会经济学行为差别很大。关于明治—大正时期山梨县的这种过渡的研究见：有泉，《明治政治史的基础过程》，328—370。

2　有泉，“明治国家与民众统合”，247—254；《明治政治史的基础过程》，244—327。

3　例如，内务省，《地方改良事业讲演集》（1909）1：25—26。

另一个村镇里的各个村庄之间更是对用于河堤修缮的资金争论不休。然而同时，还有一个村镇为了纪念天皇统治的第五个年头，计划加大在村镇资产、学校预算和道路建设方面的投入。[1]虽然当年明治时期的统治和西园寺内阁都没能撑过整个夏天，但政府的运作还是维持了足够长的时间。其间，内务省、文部省和农商务省得以在 10 月份以调节当地财政的名义颁布了联合指令。人们对政府节省开支的要求感到愤恨不已。长野县的一家报纸曾用卡通漫画表现了这样一个场景：大汗淋漓的中央政府工作人员正在用一把木槌从财政包中攫取庞大消费和政府补贴的每一粒谷物，而这个财政包当中就包括了用于当地教育和公共事业的预算开支。[2] 地方官员和组织不但不惧怕政府的行政恫吓，还转而求助于政治党派，希望他们不断增加县级和国家级的资金投入量以充实当地的财政包。政府即时要求地方缩减财政投入，增加军事开支，而地方社会又对立宪政友会的“积极政策”充满期待，这其中的重重矛盾最终引致了社会的失望和不满。1913 年 1 月和 2 月间，一股“寻求党派支持”的火焰在全国范围内点燃，其部分原因就要归咎于这种失望和不满。

国家的凝聚力由此发展成了一种政治化的行为，而明治前期在很大程度上还是执行性和劝谏性的。一位越来越倾向党派的精英人士从中穿针引线，使得中央和各县通过彼此的需求紧

---

1 在这些例子中，上田学校的建设，丰丘区民关于村落河流基金的大会，信田自供会对明治周年的纪念，参见:《信浓每日新闻》，1912 年 10 月 5 日、5 月 6 日、5 月 5 日。

2 《信浓每日新闻》，1912 年 10 月 5—10 日。

密相连。一些当地的资助者过去喜欢家长式的庇护支持，也曾在其阶层当中为灾难援助和学校建设筹集资金，但现在却再也不会这么做了。同时，地方需求也超过了他们能够提供帮助的范围。当地运筹的各个项目不但需要大量的资金支持，还需要地方甚至是全国的团结协作，而这并不能光靠有影响力的当地人士就可以做到的。

当地政治家和政治一样均要求实行各政党能够提供的超地方调解。1890 年代，日本实行“地税政策”。日俄战争后期，政策则转变为“铁路政策”。两者之间的转变成了日本政党与 *237* 乡村精英之间关系转变的一个缩影。[1]

20 世纪早期，像同一时期的法国一样，日本省区的政治化业已开始。当地精英阶层通过满足政府的需要和需求获得自身利益。通过上述方式，国家政策融入了当地居民的生活。[2] 与此同时，地方政策融入日本国家政策也同等重要。山县和其他政治家曾极力反对过此现象。明治政府早期推行中央集权制。随后，中央集权制逐渐转变成全国综合体制结构。该结构得以运作不是由于管理公正而是政治利益的驱使。1880 年代，策划者本着富有成效和中立的态度制定地方政府体系，以“巩固国家的根基”。在不干预国家整体政治的前提下，策划者尽量满足国家综合管理的需要。如今，政策已经与策划者的计划相一致，日本已经走上了现代化的道路，而走向这一道路的方式与

1　三谷，《大正民主论》，17—22。

2　这是欧根·韦伯对法国的描述，见《政策如何到达农民：对农民政治化的再观察》。

策划者之前的设想截然不同。

议会制的思想

一

明治末期，政治与思想的相互影响促成了两个结果。大正政变事件证实了这两个结果的产生。第一，政府在思想上对政治的否定并没有阻止政治的繁荣发展。政府对思想的否定引起了新近参与者的注意。持有思想否定观点的党派代表已经参加了议会，并且深入了解中央和当地政府的官僚政治。在政治新的宪法背景下，无论思想多么公正与先验，其也无法阻止政治的发展势头。第二，换个角度考虑，政治上对意识形态某种意义上的否定事实上是另一种意识形态建立的过程。国家的建立必须以议会政治的实施为主，帝国权威为辅，而不能颠倒主次。明治末期，思想领域十分分散，“议会思想”占据了稳定地位，而帝国意义上的国家观尚且包含在整个思想领域之中，但还没有起到掌控作用。

238 明治维新后的几十年中，政治家起初从反对党积累的政治经验中提炼出了议会概念。因此，议会概念的部分内容包含如下构想：1880 年代的自由和民众权利、1910 年代的宪政以及 1920 年代的民主。但是，议会概念的诞生绝对不能只归功于反对党一方。如果议会思想起源于民间反对党的政治传统，那么议会思想的成熟则归功于明治末期的政治实践。政治实践包括“选举骚乱”“利益关系”以及“妥协政治”。1913 年，对于议会思想的产生，当地和国家政治家所做的贡献要多于评论家。在此之前，政治家已经学会用党派和议会的方式进行政治运作。他们相信这些方式在大正初期、1920 到 1930 年代以及战后时期都具有效力。此外，随着主要的官僚主义者参与政党政治，议会思想对于很多成功的政界人物的素质来说也变得愈加必要。

鉴于此因，本书所提到的议会思想并不等同于由“大正民主主义”所引起的政治理想。确实，在一些重要的方面，民主运动中的一些自由派理论家与活动家甚至在这一理念的某些重要方面难以达成共识。他们经常批判实践中的议会政治，但同样批判据说在实践上与议会政治针锋相对的官僚体制。对于政治思想而言，这便形成并保持了一种重要的差异性。原因在于：虽然一些民主理论家领袖（如吉野作造）的观点被认为有“潜在的反政治”倾向[1]，但本书所描述的在议会范围内活动的政治家在情感、精神和经济方面都致力于政治实践。

这些政治家们的活动领域正是演变了的思想领域的一部分，其中大正变革的意图与议会领域政治家们的观点契合。1913 年，议会思想让宪法运动的参与者对未来充满信心。通过宪法运动，政治得以持续发展。政治发展的下一个十年，议会的主要奋斗目标和政治史的主要内容便是为全体成年的选举权以及负责任的政党内阁奋斗。1925 年，25 岁以上的所有男性

1　奈地田哲夫，《日本》(恩格尔伍德克里夫斯，新泽西：普林帝斯—霍尔，1974)，121。

239 获得选举权。1924年，加藤高明提出“正常的宪政”。这两次事件进一步证实了议会观点的牢固地位。但是，议会观点所普及的社会基层的力量具有局限性。尽管议会观点所普及的人数比1890年多，但是普及范围主要集中在乡村以及富人阶层。此外，直到1913年，民众清楚地认识到即使在政治活跃的精英阶层，议会概念的号召力也十分有限。

社会主义的左派和民族主义者右派抛弃了议会活动，作为他们“否定政治”[1] 的范围，并且以社会和国家的名义践行激进主义。直到1930年代，左派和右派的激进分子谴责党和政府，认为二者是促成“陋习”的罪魁祸首，而这些“陋习”不利于民众（穷人或农民）的福利。教育精英阶层的其他成员全然排斥公共政策。他们通常批评国家的过错，而这一次他们代之以如下诉求，即民众应为个人修养追求道德，在文化上进行美学追求，以及柳田国男所提倡的习俗上的集体表征。柳田将本土社会习俗视作超越与政治相关的部分利害以及超过半数[2] 的多数决定原则。在上述案例中，政治的议会概念开始处于优势地位，但随即由于没有价值被弃用。对于大多数人来说，大正变革并没有引发任何改变。像从前一样，民众仍不关心议会政治。如果明治思想的一个遗留问题是没能阻止政治实践，那

1 大正社会主义中“否定政治”见：三谷，《大正民主论》，80—92。

2 桥川，《柳田国男》，64。关于明治末期到大正时代知识分子从政治中退隐的状况，参见：哈里·D. 哈鲁图尼恩，“在政治与文化之间：帝国日本中的权威与知识分子选择的模糊”，见西尔伯曼、哈鲁图尼恩编，《危机中的日本》，110—155。

么另一个则是成功降低了政治在民间的价值。

二

自1880年代以来，对于政治地位的下降，政府一直是最处心积虑的一方。因此政府在政治上妥协，但是在思想上，其立场仍然坚定不移。寡头政治执行者和政府部门无力将国家或地方政府去政治化，已经越权调整了党派政治，并且接受了资本主义不断扩张这一政治事实。事实上，官僚主义政治家被迫把议会思想当作政治实践习惯做法的一部分。然而，跳出官僚政治家这个圈子，就总体的国民而言，帝国思想风靡全国，因为官僚主义思想家顽固地坚持国家团结，坚持要求专一、非政治性的忠诚。在政府内部这两种立场频繁地相互结合在一处。若伊东和山县有朋分别是明治官僚中政治家和思想家的缩影，尽管有些矛盾，但田中义一是典型的两者兼具。田中义一是一位军人出身的官僚。他在1910年代操纵了一个政党，后来又控制了另一个政党，从而实现了军方的目标，并且在1920年代末达到了事业巅峰，成了政友会[1]的首相和总裁。田中义一在党内用尽伊藤了如指掌的手段来谋取政治权利。与此同时，在他的导师山县有朋所提倡的思想努力方面，田中也投入了大量的精力。田中把目标对准了年轻人、应征入伍者和后备役军人，并且孜孜不倦地警告他们小心政治。“好的，”田中答应对 240

1　一个观点认为田中的政党观最早可上溯至1912年，参见：坂野润治，“大正初期陆军的政党观：以田中义一为中心”，《军事史学》卷11，4号（1976年3月）：54—62。

早期的宪政缺失做出让步，“因为后备役军人作为个体可以维护自身的权利和义务，但是如果后备役军人作为一个组织参与政治，则意味着危害国家”[1]。

随着政治觉悟和政治活动的社会扩张将新一代年轻人和来自乡村和城市的民众涵括进来，政治的玷污似乎变得愈加致命。青年人协会以及后备役军人组织的队伍不断壮大。因此，他们也成为政治活动受限群体的一员。民族团结和地区和谐在思想上是应对政治分裂的一剂良药。政治分裂会危害国家安危，同时像往常一样，它还会改变国家的本性。因此，大正新政的支持者强调宪法以及议会的未来。与此同时，政府思想家则援引天皇以及社群的历史。在同质性的基础上，政府思想家提出了民族团结的观点。他们认为对精神团结的不懈坚持似乎可以为国家在政治上的日益融合提供一条替代性的选择，并且（如果天皇愿意）可以平息政治纷争。然而，现实却并非如此。1920 年代，政治洪流将老师、租户、学生、工人以及一些青年团卷进了政治活动的漩涡。政府利用一种新的方式回应，即法律上压制、思想上劝说。同年，政府通过了全国成年男子选举权法案。在“常规立宪政府”统治期间，1925 施行的《治安维持法》为思想控制提供了法律基础。在 1928 年大规模逮捕共产主义者的事件中，《治安维持法》在当时首相田中的领导下

---

1 田中义一，“国民与军队”（1911）及“六周现役兵的觉悟”（1913），见《田中中将讲演集》（1916），55、303。梅瑟斯特，《战前日本军国主义的社会基础》，1、2 章及多处。

得以应用和加强。田中认为“邪恶思想”也会产生不利影响，所以一直处于警戒状态。[1] 在整个帝国时期，随着后果日益严重，政府重申其思想观点，即无论是世袭制还是选举制，政治舞台都不适合爱国主义者。

但在政府外部，公众舆论的裁决者一直站在相反的立场上，试图增强他们同胞的政治意识。直到明治末期，评论员不断抱怨日本国民缺乏自己作为宪法国民[2]的充分认识。浮田和民曾提出过解决办法，具体内容如下： 241

> 为了让民众理解宪法的起源、重要性、精神和理想，办法之一就是向其做出解释，指出宪法如同国体一样神圣。只有通过实施和提升宪法才能确保国体的永恒。因此，任何重视国体的国民都应该意识到宪法的神圣，并且祈求宪法付诸实践，朝着和谐的方向发展。[3]

然而，为了将宪法神圣化，社会上存在比浮田的建议更普遍的提议，即提倡更广泛地传播宪法条款知识。国会成员依旧定期向下议院提交请愿书，并且要求增加国民教育中选举政治和宪法思想的比重。随着1913年宪法运动的到来，国会最终通过了一项条款。该条款规定在每年二月宪法颁布的纪念

---

1 参见理查德·H. 米切尔，《战前日本的思想控制》(伊萨卡：康奈尔大学出版社，1976)，39—96。

2 典型的抱怨见:《东京府教育会杂志》，82号（1911年5月27日）：5。

3 “关于将来日本的三大疑问”，《太阳》卷14，1号（1908年1月）：40。

日[1]，学校和乡村办公所要积极践行《宪法传播之敕语》。然而，建国纪念日已经传播过宪法，建国纪念日既是传说中帝国奠基的纪念日，又是重要的钦定假日。因为《敕语》认为宪法是对天皇和其神圣的帝王祖先的观点陈述，而这一针对宪法教义的立法条款与浮田的建议相似，这或许已超出提案人的本意。

法律学者美浓部达吉与上杉慎吉展开了关于宪法的争辩，由此另一相似的悖论引起了公众的关注。两人的争辩发生在1912—1913年政变期间，争辩目标为“阐明宪法的基本精神”[2]。美浓部主张天皇机关说[3]、宪法对天皇特权的限制，以及国家在法制、团体上的本质，由此为议会政府奠定了理论基础。民众必须接受教育，旨在其可以参与到政治生活当中去，从而维护自身权利，抵制官僚政府的专制主义。上杉慎吉则跟

---

1 它于1912年3月28日提出；1913年3月30日通过（但是没有保证它在选举期间被阅读）；政府于1914年3月的第31次国会会议上质疑它的履行状况。（原回答到，指令已经被送到中小学，但是乡村部门提出了更多的问题，尚未遵循指令。）“政治性知识品德涵养的建议”等等，见安部编，《帝国议会》3：128—131、168—170、182。

2 美浓部达吉，《宪法讲话》的序言，1911年文部省中学教师夏季大会的讲稿，1912年出版时引起了上杉的攻击［“关于国体的异说”，《太阳》卷18，8号（1912年6月）：69—80］和辩论。争论的文章总集见：星岛二郎编，《上杉博士对美浓部博士最近宪法论》（实业之日本社，1913）。关于辩论见：松本三之介，“日本宪法学中国家论的展开：以这一过程中的法与权力问题为中心”，《天皇制国家与政治思想》，254—308；中村雄二郎，“民法典论争与美浓部—上杉宪法论争”，见宫川编，《近代日本思想论争》，85—95；以及，弗兰克·O. 米勒，《美浓部达吉：日本宪政主义的诠释者》（伯克利：加利福尼亚大学出版社，1965），27—38。关于上杉的立场及其老师穗积的观点，见：迈尼尔，《日本传统与西方法律》，105—147。

3 1912年，美浓部达吉发表《宪法讲话》提出“天皇机关说”，主张国家为法人，日本天皇是国家行使统治权的机关，统治权乃国家权力，既非君主也非国民之权力。

随其老师穗积八束的脚步，强调天皇的神圣主体性，认为宪法乃天皇所赐，而国家本质上体现在历史和道德。民众必须接受教育，旨在培养强烈的民族精神，民众应为人忠顺，并能维护国体。[1]

1920 年代，上杉慎吉的支持者同时就职于东京帝国大学法律系。这些截然对立的立场确立了一个领域，即日本帝国宪法的解释性论述领域。1913 年，为了帮助政党对政权有更深入地了解，拥护宪法运动引用了美浓部达吉的观点。1935 年，拥护国体联盟则引用了上杉慎吉的观点，旨在本着“阐明国家政体”的名义迫使美浓部达吉离开贵族院。[2] 明治宪法理论的两种对立观点均可作为未来政治的用途。在思想方面，两者之间的共同之处则显得更为重要。上杉慎吉支持法律，美浓部达吉则支持天皇。大多数日本人逐渐了解到：正是宪政与国体、宪法的主体政治与帝国国策的结合塑造了日本帝国的政治形态。 242

原因在于，尽管民众抱怨其没有接受过宪法的指导，但是在大正初期几乎没有人对宪法一无所知。大多数民众没有注意到报纸和杂志上关于宪法的错综复杂的争论，但 1913 年，更广泛的民众意识到了他们居住在一个宪法国家，这与 1889 年截然不同。如今，关于宪法和《教育敕语》所形成的解释性层

1　上杉自 1910 年直到 1929 年去世都在东京帝国大学教书；美浓部达吉则于 1920 年获得了新设的宪法第二讲座的讲席，直到其于 1934 年（“美浓部事件”的前一年）退休。关于该事件见：米勒，《美浓部达吉》，196—253。美浓部在 1932 年获选为贵族院议员。

2　加藤，《社会教育通俗讲话》(1918)，253—254。

面主要有两种传播途径：一，学校和政府资助组织；二，刊印以及社会交往的每一种方式。宪法通常与法律、公民应服从的义务以及日本国民作为臣民和同胞的“权利和义务”有关——“权利和义务”这个短语业已家喻户晓，田中甚至引用此短语来警告后备役军人小心政治。在社会教育的进程中，讲师所传授给听众的常见方法之一将明治天皇描述为“（他）建立了宪法，旨在清晰化民众权利”。年老的农民和城镇居民本没有追诉权，可以被武士处死。然而，一位著名的学者指出，既然他们是宪法体系下的国民，他们就不应该受此种歧视之害，他们的法定追诉权和政治参与权就应该得到保障。[1] 就此方面而言，几乎没有人会否定天皇宪法善行的益处，或者拒绝用所要求的义务换取所赐予的权利。驻扎在各个省的军队官员们的报告指出民众的权利意识日益增强，同时也有一些官员指出这也是因243教育和新闻自由而产生的负面结果。当教师的命令违反学校规章制度时，学生就会指责其“不具有宪法意识”。[2] 当艺妓受到客人的侮辱时，艺妓也会给出同样的理由。[3] 在1913年的本国语中，这些表达反映了模糊却广泛传播的互惠义务感。通常看来，互惠义务感附属于立宪制。因此，那些希望将议会观点逐

---

1 各连队区管内民情风俗思想界的现状，例如，Ⅱ，姬路、冈山；及Ⅰ—Ⅴ，多处。

2 “不具有宪法意识”的本国语使用，参见：《东京日日新闻》，1913年2月27日；《大阪每日新闻》，2月12日；等等。

3 例如，《东京朝日新闻》，1912年5月2—12日；“国民的政治思想”，《岐阜日日新闻》，5月3日；《山阴新闻》，5月4、9、16日。关于地方教育的警示性材料见如：西彼杵郡教育会，《小学校长讲习会讲演录》(1918)，52—53。

步灌输给民众的人会面临重重困难。他们所面临的困难不仅仅是民众对宪法政体的无知，更大的困难则是天皇法律与政治之间存在着民众熟知的分离。

舆论机构进一步加大了帝国爱国主义与实用政治之间的隔阂。尽管舆论机构预料到了大正新政的到来，它们依旧继续着自 1880 年代以来业已成为稳定的公共节目对政客们的诽谤。1912 年 5 月的全国选举催生出令人熟悉的关于腐败和“金钱政治”的哀叹。媒体严厉指责候选人行贿、选民受贿——选民有时收取双方的贿赂——有的选民甚至最终并没有投票。[1] 投票的选民同样也受到了批评。媒体指责他们将选举当作个人事务而不是公共事务，批评他们“选举议员与挑选老婆或者新娘毫无差异”。挑选老婆时，他们至少还会考察新娘的家庭背景。但是选举议会成员时，他们都不会考虑议会成员的任何原则和特征。[2] 政府的干预使得 1915 年的选举成了日本历史上第二大腐败的投票选举。当该事件发生时，报刊读者早已熟悉了贿赂和选举政治的违法行为。通过描述议员各种各样的公共罪孽，批评家试图激发议会行为的更高尚形式。尽管如此，反政府的评论员事实上只是不断强化了政府努力破坏政治美名这一

1　安部矶雄，“对选举变得冷淡的国民”，此处引自《山阴新闻》，1912 年 5 月 5 日。

2　例如，“腐败议员”见：浮田和民，“新时代的使命”，《国民杂志》卷 3，7 号（1912 年 9 月）：18—20。“不良议员”见：《山阴新闻》，1912 年 5 月 12 日。“极度堕落”见：木山熊次郎，“二三青年论”，《伦理讲演集》，101 号（1911 年 1 月）：82—83。其他例子见：“代议员气质”，《东京朝日新闻》，1912 年 1 月 26、29—31 日，2 月 1、23 日；“议会风云录”，《日本与日本人》，598—602 号（1913 年 1 月 1 日—3 月 15 日）。

事实。

如今，腐败议员和不良议员身上累计的嘲笑与政客们的极度堕落，同早先预留给行政官员们的嘲讽不谋而合。在流行歌曲中“傻瓜”成了议员的代名词。[1] 一位曾在明治时期度过青年时代的人警告大正时期的年轻人不要像 20 年前明治时期的年轻人一样对政治心怀狂热。精英阶层继续在日比谷暴乱中坚守，议员如同马夫和车夫一样主导对政府的攻击。考虑到上述二者，评论家盛气凌人地总结出商业本可以承担更重要的天职。[2] 尽管胡须已经刮去，马车变成了汽车，但是专业的政客们取代了象征官僚主义的“鲶鱼”和“泥鳅”，成为具有讽刺意味的污秽之物。与此同时，官僚机构再一次召唤受过教育的青年。在减少就业机会的时期，大学毕业生被低等和高等的文职工作的社会地位和生活保障所吸引。[3] 受欢迎的就业指导总是建议地方上的小学毕业生应该成为当地乡村、城镇以及县办事处的警察和职员。在上述地方工作四年或者五年之后，这些毕业生提升了一个等级，“甚至可以通过学习超过年长者”。尽管官僚主义集团已经过时，但是官员们并没有过时。[4] 尽管议员们成了新的害群之马，“在帝国的历史上留下了巨大的污

244

1 关于“傻瓜”，参见：“呜呼无法理解”，添田，《演歌的明治大正史》，126。致大正青年见：新渡户稻造，“大正青年的进路”，《新日本》(1915 年 1 月)，《大正大杂志》(流动出版，1978)，36—39。

2 见金蒙斯，《白手起家之人》，277—287。

3 例如，《就职入门：近期调查》，19—21。

4 伊东圭堂，《就职指南草》，10。

点”，但是官员们受欢迎的名声似乎得到了些许的修复。[1]

三

政治实践已经发生变革；政治思想尚未革新。在距离大多数日本人自身生活经历相当遥远的议会领域之外，政府和“民众的舆论”均未能改变他们对于政治的道德模糊性单独但又相互深化的立场。影响流行政治文化的第一个综合因素就是民众与政治之间分歧的永存。1910 年，山路爱山评论道“四种有影响力的人组成了日本的特权阶级：贵族、官员社会、政党以及富人”。山路爱山的目的是说明上述四种有影响力的人应该被当作“所有民众的同盟者，而不是敌人”。[2] 事实上，山路爱山的陈述（不排除带有敌意）确是对于政治和特权流行观点的一种公平表述。一方面，政府依旧是“官”的范围。尽管“官僚政治没有出现在亚里士多德定义的政治中”，“在任何有关政治理论的外国文本中也不能找到官僚政治”，但是在法律和专门知识当中建立了官僚政治。[3] 另一方面，一部分原因是受欢迎的各个党派不得不使自己适应官僚作风，如今，“民”所谓的代表们组成了专业政客的一个阶级。这些专业政客们与官员们

---

1 山路爱山，“应与世间战斗的我等之军规”，《国民杂志》卷 1，1 号（1910 年 12 月）：4。

2 “官僚政治”，《大阪每日新闻》，1913 年 1 月 21 日（有续，1 月 23—29 日）。

3 关于这种各政党对官僚主义之结构性适应的强有力观点，参见：伯纳德 · S. 西尔伯曼，“日本的官僚主义角色，1900—1945：作为政客的官僚”，见西尔伯曼、哈鲁图尼恩编，《危机中的日本》，183—216。

分享政府事务。[1] 在大众看来，各个政党加入官僚们的队伍当中，与他们一起站在了国家政治裂痕（即将统治者与被统治者分开的裂痕）的管理者一边。同时，如同过去的“官”一样，各个党派是政治的主体，而日本民众总是（如“民”长期所做的那样）将自己看作政治的客体。

“虽然我对政治了解的不多”，1914 年一位年老读者在给报纸的信中写道，“但是政府里显赫的官员大人们此刻到底在做什么呢?”他解释到，尽管富人们可以支付得起奢侈的生活费用，但是物价还是很高，“处在社会中下层的我们不能支撑起家人的生活。他们声称法律和规章制度可以使我们过得比过去 245 更加自由，但更舒适的生活会是最大的自由。尽管规章制度很好，但是在现实生活中金钱是第一位的，没有金钱，法律也不会给我们带来好处”[2]。新闻媒体不断批评民众对政府的态度如同“他们”对“我们”做过的事情一样，表现出了对政治不思进取的冷淡。[3] 大隈言道，随着习俗夸张的繁荣，为什么民众对他们在议会中利益的代表漠不关心？“他们缺乏经验吗？他们不成熟吗？或者他们睡着了吗?”[4] 如果有的话，他们变得麻木，训练有素，“如同持有先验观点的中世纪欧洲的和尚”，生

1 “读者与记者：生活的乐趣是首要的”，《都新闻》，1914 年 2 月 13 日。
2 例如，社论，《东京每日新闻》，1907 年 5 月 17 日；《信浓每日新闻》，1912 年 5 月 25 日；《山阴新闻》，5 月 6 日；《岐阜日日新闻》，5 月 11 日。此外，赞许角度的论述见：各连队区管内民情风俗思想界的现状，Ⅲ，津，及多处（手稿）。
3 “国民性的大反抗：大隈伯爵的谈话”，《东京每日新闻》，1907 年 1 月 8 日。
4 “立宪国民的教育”，《东京每日新闻》，1907 年 5 月 17 日。

活在议会的体制下，感受不到政治的存在。[1] 在这个方面，明治前期对“官”和“民”的区分依旧基本保持不变，安部矶雄所称作的“政府对政治的阉割”引起了更多民众与国家事务之间反复灌输的无关系感。[2]

此外，议会政治被公然地贬低。选举政治与无知的利己主义、原则的缺失以及个人关系对社会利益的控制联系在一起。各个政党背负着不公正的、偏袒的、派系代表的骂名。据说，在政客们和大臣们身上找到优点的可能性就如同谚语“缘木求鱼”一样毫无可能。如同广泛传播的对政治事务的不关心一样，引起民众对政治价值产生持久的矛盾心理的集体描述依旧被认为是当时日本选民的特征。[3] 政治行为其他可供选择的形式——无论是阶级反抗还是爱国主义的威胁——都公然地拒绝议会政治，认为议会政治或许不如统治思想对现存政治体系的诋毁那样鲜明。统治思想的产生不仅源于政府的官僚们，而且源于大多数致力于宪法事业的民间知识分子。

就思想进程而言，政治性质的共同改变可以归结为两点。第一，为了使民族道德化，国家非政治化，无论帝国的意识形态起到了多大作用，没能改变统治者与被统治者之间关系的事

1　安部矶雄，“对选举变得冷淡的国民”，《山阴新闻》，1912 年 5 月 5 日。

2　相泽哲堂，“告地方青年”，《信浓每日新闻》，1912 年 12 月 5 日。

3　例如，内阁官房内阁调查室，《日本的政治性冷漠》(1961)；日本放送协会放送舆论调查所，《第二日本人的意识：NHK 舆论调查》(至诚堂，1980)，55—69；英文摘要见 639—644 页。布拉德利 · M. 理查德森，《日本的政治文化》(伯克利：加利福尼亚大学出版社，1974)，29—82。

实。对帝王无条件的忠诚只占据了民族信条的一部分。另一部分包括政治对民间话语的取代和实践中民众对政治的厌恶。上述二者如同国体的迷思一样切入地很深、普及地很广。倘若天皇成了一位完全支持宪法的君主，议会政治或许依旧会获得含糊的名声。原因在于那些不愿意优先建立公共机制规范国家思想建设中心的利益和解决其中冲突的人不仅仅局限于帝国思想家们。尽管在日本帝国如下事实已经变得习以为常：无论是右派、左派还是中立派，几乎每一个日本人都接纳天皇用他的观念管理国家，但是以下事实也同样存在：无论是是右派、左派还是中立派，几乎没有人对议会实践怀有绝对地全心全意以及抱有永不幻灭的忠诚。

246

第二，在一些潜心于对现代政治做出解释说明的人当中，尽管他们的地位和目的各不相同，但是他们往往都表现出对于政党相关利益的党派代表的厌恶。对党派政治的抵抗一部分源于儒家对公共领域中利己主义的否定，一部分源于日本社会体系中解决冲突与追求利益的可供选择的形式，更有一部分由于明治政府的机制结构。尽管对政治进行思想否定的官僚主义动机起到了一定作用并且具有现实意义，其反方即新闻媒体和知识分子则持有批评和理想主义的态度。但是双方都做出了贡献。就像仅仅以天皇为中心的思想不能解释对帝国国体广泛的默许，而政府单方面也不能取代政治的全部的作用。当霸权思想被普遍接受时才具有最大的影响力。在当代日本，尽管曾经君权神授的天皇如今成了一个符号，新闻媒体、知识分子以及公众继续对议会政治实践既秉持同样的信念，又对其表示不满。无论这是否是明治政府或者明治深层次社会结构的礼仪化结果，政治价值的模糊性一旦建立后，至今其依然存在。

第八章

意识形态的语言

意识形态的语法

一

到 1915 年，日本掌握了意识形态的一门公共语言，一直到二战结束仍然通用。方言在发展过程中，一部分会保留下来，明治时代形成的意识形态词汇、语义、句法、用法也几乎以同样的方式流传至今。就语言社会进化的最普遍意义而言，曾经仅为少数人所拥有的文字如今成了公共财产。19 世纪 50 年代，普提雅廷和佩里为日本提供了一个“火轮车”的模型，作为西方强大实力的缩影见证。而现在，该模型已演变成随处可见的日本国铁（Japanese locomotive），无论在技术上还是语言上都日本化了。它所停的地方也不再叫“ステーション”（英文“车站”的日语音译），而是“駅”（日语的“车站”）。如今，铁路在日本人眼中是“便利”与“沟通”的代言，而在伦理学家看来则是日本版的伊甸园毒蛇[1]。明治天皇当初在古老封闭的朝廷深宫登基，开启了新纪元，已然转型为现代君主，其象征性的存在属于他的每一个子民。仅仅五十年前，铁路也好、天皇也罢，都尚未融入大多数日本人的生活。以前是多褶的和服，现在是立领的西服；以前学知识是一种特权，现在人们能经常看见安了窗户的农村学校；以前是朴素的本土国家意识，甚至可称为地区意识，现在是气势宏大的

1　各连队区管内民情风俗思想界的现状，Ⅱ，弘前；《战友》，1—40 号（1910 年 11 月—1914 年 2 月），多处；以及，梅瑟斯特，《战前日本军国主义的社会基础》。

帝国意识。当明治时期的日本人在日常生活及言论上实现了社会语言学层面的过渡，便也开始共享一套意识形态话语。在描述国家、社会方面的语言方面，虽然不同阶层的日本人对使役态的使用情况差别很大，但至少被动态得以广泛理解和交流。

248 和任何语言一样，明治时期的整个意识形态是无人能够完全表达或掌握的。在某个给定时间段里，也的确无人能够彻底接触到身边意识形态的所有表达。不同的是，众思想家将某些特殊表达形式归为某特定客户群所有。如今的社会在经济架构、组织架构方面日益专门化，思想家所言说的对象不是整个社会或团体，而是他们的个别客户，并为实现其个别制度的目的效劳。在义务兵和后备役接受的思想教育中，国家的军事理念是以天皇和町村为中心。天皇的作用是树立神威，以此灌输忠义的军人气概和武士道精神。町村的作用是为乡村青年和当地农民营造军事氛围，因为一些青年不愿从军，而农民对军队又没兴趣，令人担忧。在农民眼中，专门举办的军事演习并不能吸引他们，“受枪声刺激的只有麻雀”。[1] 另一方面，提倡平均地权的人和官僚为农民呈现的又是一番景象——国家更像是受家族掌控，而不是天皇主导。农村政策强调祖上基业、“储

1 森，《町村是调查指针》，18—19。

蓄精神”以及作为国家的单位的町村。[1] 当消费者支出和学校预算占生产性“国家基金”的比重越来越大，“经济上的恶魔——非生产性财产”会同时对家庭和町村带来危害，“因为它无法产生任何经济效益，反而带来损耗”。作为地方精英，乡绅享受着等级优势，也很享受随之而来的责任感。而从明治维新起，东京市中心地区的车夫、店员开始拥有平等的社会待遇。通过一些宣讲，他们了解到其中益处。“既然所有男人都是武士”，那他们就都应培养“男子气概般的服从意志”，并效仿罗斯柴尔德和三井，做到忠诚不二。[2] 这并不是向本江的各位木匠暗示，农民是国家的支柱力量，也不是对农民说，工厂一定会导致城市退化，也一定能保证工人享有稳定的、也许较低的基本生活工资。无论是乡村青年还是成功的青年精英，教师、地方官员、报德会成员、贤妻良母还是鞋匠，他们所用的特殊表达方式都被思想家归入其所属的行业。就像从更广义的意识形态语言来说的各种方言，同一时间里通常只在社会的某些特定地区使用，但在其他地区很少听到。

虽然在支持者看来，这些特殊表达方式逻辑清晰，足以表

---

1 例如，“家族学校”见：前田正名，《产业》，38 号（1897 年 2 月）：9。“储蓄精神”见，《爱知县海东郡伊福村村是》(1904)，134；内务省地方局，《地方改良实例》(1912)，26。“国家的单位”见：横山，《町村是调查纲要》(1909)，1。

2 “武士”见：加藤，“武士的精神”，《社会教育通俗讲话》(1918)，215—234。“服从”见：加藤，《修养小品》(1915)，101。“罗斯柴尔德”见：田川大吉郎，“老实人的故事”（1911 年 3 月在芝的通俗讲谈会上的讲话），《东京府教育会杂志》，78 号（1911 年 4 月）：60。

249 达整体意识形态，但它们的描述仍不全面，带有特殊性。尽管目标设定了、要求有些夸大，但无论是文部省、神道教主义者、民间民族主义者，还是道德家都无法掌控他们各自语言的纯正性。后备役军人甚至可能是农民，通晓军事、农业两方思想家的语汇。这两种语汇时而互相竞争，时而强加于人。此外，在一个越来越融合的当代社会，社交网络纵横交错，十分典型。在这种情形下，意识形态信息就会一直受到干扰。因此，若想阐释明治末期出现的混合语意识形态，应从语言间的交融入手，仅靠某种语言是不够的。

二

不同意识形态在成型时，都会产生大量共通的内涵思想。在此过程中，有三组相互作用。第一组来自意识形态演讲中的重点部分，这里称之为“信息中间层”；第二组来自非重点因素，通常情况下就是意识形态术语中的“独立从句”；第三组来自非语言表达因素，这里指“深层社会意义”，该“意义”能让参与人理解意识形态话语。公共意识形态语言源源不断地产生，这些相互作用就是其过程的一大特色，正如意识形态的一本语法书。

第一组相互作用是最明显的，也是最公开的，来自各种资源中加以强调的重复语义。作为“信息中间层”的组成部分，这些因素很常见，而且重复频率高，影响力日积月累。将不同颜色的圆重叠后，其交错位置会变成一片色调较深的区域。各种意识形态表达也一样，虽然它们的内容、目的不尽相同，但也有共同的因素。层层叠加、反复出现，这些因素的存在就变得更为重要。在本组里，有许多标记、符号及神话。在过去，它们用于解决民族团结和社会秩序上能够被感知的复杂的公民问题；而现在，它们和天皇制意识形态相关。

明治天皇是人人效忠的对象，同时还象征着现代性。事实上，每个环境中都少不了他的存在。当他穿上华丽的朝服，帝王的形象便深入大街小巷。然而，虽然天皇是无人不知的神，但他接触的公共语言表达范围始终较狭隘，他所处的语言圈很少和外界重合，因此社会影响力较薄弱。从基础层面讲，国体是一种民族延续的神话，代表着日本的国家特色，也是在意识形态信息交融互动的过程中产生的。作为国家的代指，其表述也十分模糊，而正是这一点促进了“国体”的概念在民间盛行，但也因此，“国体”无法层层汇聚与天皇息息相关的描述性细节语言。虽然在明治晚期，民众大体已将“国体”理解为“日本”的近义词，但经常提及“国体”这个词的仍是统治者，因为它象征着统治者的谱系和国家政权。同样，“忠君爱国”由于出现频率太高，在市井中也已是相当陈腐的表达。这类短语代表了某种世俗主义的最低程度社会统一性。它们可以用于多重目的：以“国体”为例，它不需要确切的定义，只需大众的一致认可。尽管思想家们仍强调要把“忠君爱国”作为德育的目标，其他人却出于不同的考虑，比如认为“忠君爱国”有利于党派忠诚，能敦促企业跃

250

居世界一流，或提升国产货的销量，而不是让进口啤酒占领市场。另一方面，社会上对“帝国”的不断重复和“天皇”的情况很像，它们都需要在所有社会方言的公共语言中不断渗透，增加具体的表达。在这种情况下，在信息中间层日益积累的就不是古代的帝国创始神话，或是最近人们为国内宪制、国外帝制现象的诠释，而是对大日本帝国的不断宣传。1913 年，某地对 1 592 名青少年进行了调查，10 个小学毕业的人中只有 2 个知道太阳女神为什么重要，只有不超过 3 个人知道建国纪念日是哪天。[1] 但日本帝国陆军、帝国海军的两军军旗似乎随处可见，市政厅、流行杂志、插画，甚至陶器上都有它们的踪影。课本、演讲、流行歌曲中也出现了相关表达——从库页岛到台湾的“5 500 万日本同胞”。就如当代帝王一样，它们就是用来表明日本新地位的具体实证——日本已然是“一流国家”，迈入了“世界强国之列”，成了东方帝国。[2] 像天皇和帝国、国体和忠君爱国这类表达都是爱国主义的精髓，是经过无数意识形态表达的锤炼才产生的，以发展“国民意识”。

思想家们在应对“复杂的社会”时，信息中间层往往涵盖与意识形态渊源极深的町村。无论是作为地方公民中心的行政

1 各连队区管内民情风俗思想界的现状，Ⅱ，高田（手稿）。

2 金田一、安西，《日本的唱歌》，284。关于“一流国家”的一个典型例子见：竹越与三郎，《人民读本》(1913)，1—5。课本，第二版（1910）：海后，《日本教科书大系》3：63—109；2：115—118。

自治村，受部队熏陶、作为军魂摇篮的民族村，还是具有农耕浪漫主义的传统村落，重要社区的各种标志都集中在乡村。[1]相关的表达元素在农村往往很常见，比如推崇“迷人的风俗”，251 表明了日本最重要的社会美德就是其本土方式或对安定的祈求。

> 如今，我们童年的各种传统也只是走形式……名古屋进口的奇特西式糖果替代了以前手工自制的礼物，它们外面裹着花哨的糖纸，上面写着糖果名，比如“菊花雾”……参拜当地神明曾是促进农村团结的最重要方式……现在却退化成了毫无意义的仪式，节日成了喧闹的祭祀……家人各奔东西，远离家乡，疯狂地寻找安身立命之所……

“利害关系”，低俗娱乐，城市生活和易卜生笔下的娜拉，都可能破坏家庭的和睦、破坏町村的团结，并由此威胁着“日本民族的优越性”。[2] 町村社区的社会秩序受教条思想的摧残最为严重。信息中间层的另一个产物是对党派政治的偏见，同这一偏见一样，鉴于个人主义在思想表达上具有反社会的特质，人们渐渐将其当作社会异见，不再信任。此间探讨的社会主体往往就是町村。

1　关于“民族村”一词，见：梅瑟斯特，《战前日本军国主义的社会基础》，xvi 及多处。

2　近藤静月弥，“是去是归：国民的优秀性”，《下伊那郡青年会报》，1 号（1913 年 3 月）：16—27。近藤是经常给当地青年组织授课的一位讲师，当身患疾病、无法亲自登台演讲时，他就把自己的想法写到纸上，形成了这篇文章。

在反复强调之下，家庭在意识形态语言中拥有了社会中心地位，这种强调也与农村生活的方方面面密切相关。农村青年如果想接受大量教育，就会受到官僚的连声怒骂，农民也会随声附和。有一家的长子因为父亲不允许他参加师资考试，就偷偷学习，悄悄参加考试，还通过了考试。邻居们听到这个消息一片唉声叹气，都说“那家完了”。这个故事发生在东北部，当时正值日俄战争过后的几年，日本局势危殆，许多家庭都是上述状况，町村的结构组织便随着家家户户的问题受到了威胁。有一个教师曾是武士出身，在明治维新期间成了自耕农。然而受“离开乡村的异教邪说”悄悄影响，他不断参加考试，两年后他就债务缠身，最终破产。其他青年似乎也想证明离经叛教具有传染的能力，纷纷加入教师、火车站员、护士、接生员等行列，结果“町村里的情境和几年前大有不同”。因此，这样相互重合、不断强加之后，意识形态精髓的最密集地带就多了家庭和町村两个概念。该思想精髓的组成由四元的国家变成了二元的社会，说明某些方面有所变化。这并不是指上述两个问题，而是指可遵守的价值观清单。最关键的是，共享交流的有效程度相对不同了。

252 严格来说，这类共享交流并不等同于共识。[1] 如果人们就某事达成一致或意见汇集一处，从而产生共识，那裁决民意的人就是该议题达成共识的代表。他们往往以外交政策中的“强

1 对“共识”的几种意义的相关讨论见：查尔斯·泰勒，“诠释学与人类科学”，《形而上学评论》卷25，1号（1971年9月）：3—51。

硬派”为名反对政府。然而从意识形态上来说，他们的立场仍有所偏向。就某个问题而言，愿意效力的都广泛赞同，“不相干”的人对此却是闻所未闻。在信息中间层，情况却几乎相反。除了信息重叠部位的中心，各种意识形态的表达或多或少都存在分歧。而那些与身边问题不相干的人可能只会注意到常见的重复性表达。就算之前没听过，但它们太常见了，一不小心就能“偷听”到。

比如，天皇的意识形态存在就不是共识的产物。1890年，各派政党在竞选会议上拉起了自相矛盾的条幅，宣称“永远自由”“以诚感天”和“天皇万岁”；1913年的宪法议会谴责了日本政府为得到天皇神权的一切作为，然后在“天皇陛下万岁”的高呼中关闭了议程。[1] 喜多一木于1906年表示，政治关系应有所转变，这样人民就不再是天皇所有，而是和天皇一起为国家所有，但课本和流行读物都亲切地以家庭的称呼将天皇描述成日本人的母亲和父亲。[2] 虽说各种观点各种信息来源都涉及天皇，但它们要么就天皇的本质各持己见，要么当天皇进入各自话语之时难以达成共识。相反，倒不如说他们一直致力于解决不同的问题，涉及的却是同一类符号。[3] 这

1 关于1890年见：梅森，《日本的第一次大选》，148。“宪法议会”见如：《信浓每日新闻》，1913年2月2—13日。

2 北一辉，《国体论及纯正社会主义》(1906)，再版为《国体论》(北一辉遗著刊行会，1950)，68—69；此外，《北一辉著作集》(美篶书房，1959)，213。家庭式天皇见：例如，大隈重信，《国民读本》(宝文馆，1910)，2。

3 见默里·埃德尔曼，《作为象征性行为的政治》(纽约：学院出版社，1971)，10；《政治的象征性应用》(厄巴纳：伊利诺伊大学出版社，1964)，1—21。

些符号被强调、重复的次数越多，其他人也就有更多机会接触。结果就是这些词语在使用时似乎资本化了，在共享的意识形态语言中成了通用的专业名词。很多日本人开始逐渐接受，与此同时，这些词语的符号化诸般用法仍然十分通用，可以有各种理解，还可以相互加强。早在明治时期，评论家就曾提出，君主政体就如山川河流，是“自然形成的”，而天皇就如富士山，能激发人们的爱国情感，就像美国的尼加拉大瀑布一样。[1] 那些社会创造的符号经过时间的积累和大量使用，已经转变成天然遗迹的意识对等。

253

三

语义的自然化也会以其他形式存在，同样也是经常重复，但没那么明显。意识形态演讲中的非强调部分也的确会针对不同形式的国家、社会产生另一种非常有效的互动。如果分析一个意识形态语句的语法，就会经常发现句子开头是一个从属子句，陈述主要观点的论据。在这部分里，讲者会阐明他作出如此规定的必要性，以及出于对什么样的考虑而发表公共演说，比如环境如何不完善或出现了某种危机。由于讲者在界定问题，其主要观点就是该问题的解决方案，所以这部分往往非常有说服力。对历史学家而言，这就是他演讲中信息量最密集的部分。但对于讲者来说，这也是他希望听众最易理解的部分。

1 “山川河流”见：阪谷素，“通向民选议会的非常规道路”，《明六杂志》，27 号（1875 年 2 月），见布雷斯特，《明六杂志》，334。“富士山”见：尾崎行雄，“欧美漫游记”（1888—1890），《尾崎行雄全集》3：48。

他认为听众会同意他的观点，“由于现在许多年轻人都被城市的种种引入歧途……”，事情有必要得到某些改善，而他恰好有一个解决方案。然后他会花相当多的公共时间来详述某种方案的种种益处，比如在某个外省建立夜校，希望能让当地教育家、年轻人或是他们的家长相信自己的提议是值得一做的。

对于思想家来说，其展示的主要亮点在于夜校，而不是城市生活如何危险。而对于意识形态的学者或语法专家来说，情况往往相反。这是因为意识形态的措辞可能是句子、段落或卷章，其从属句包含的各种语义都是社会共享的。这些元素应该都是清楚易懂、富有涵义的，一旦调查清楚了它们在措辞上的共同之处，讲者就能发起与众不同的语言攻势。然而，有些表达比其他表达更常见，即便是粗略扫一眼那些从属句，就能发现其他不同的开场说辞总会包括一些极为常见的语义，似乎就是常识。“当文明进步时”，它带来了社会主义，导致生活方式转变，或左撇子现象。所以思想家们提出了几种解决方案。[1]像“文明”和“进步”这类概念在从属句中出现得越频繁，就会变得越来越没价值、越来越像常识性概念。但就观察而言，常识绝不像它看起来那样普通。它也是一种社会产物，是集体对经验的阐释。只不过因为它的使用范围太广，看起来很自然，或很直白。[2]

1　文明和社会主义见:《东京日日新闻》，1908 年 8 月 27 日。“生活方式转变”见:《长周日日新闻》，1912 年 7 月 7 日。“左撇子”见:《岐阜日日新闻》，1912 年 5 月 3 日。

2　克利福德・吉尔兹，“作为文化系统的常识”，《安提阿评论》，33 号（1975）：8。

254 的确，如果回到五十年前，明治晚期意识形态常识的某些组成元素要么不存在，要么是晦涩难懂。“文明”这个词开启了明治时代，它的形式是外来的，语义是欧化或西化的，最后也慢慢归化了。起先，它在自身形式的前面汲取了“新的”或“日本的”这类形容词，后来又删掉了这些词语。[1] 到明治晚期，“文明”已经成为一种本土社会文化的表达，和所有保持不变的普通名词一样，描述起来通俗易懂。

在归化过程中，文明这个词从意识形态演讲中的主句转移到了从属句。1870 年代，“文明”和“启蒙”已成为意识项目的一部分，以接受、适应西方模式。当时，文明的倡导者总会用一番表达稍有差异但意思相同的措辞起头：“为了国力着想，为了扩大国家权力”，然后开始他们的谆谆劝诫。[2] 因为这是 19 世纪中期最常用的从句之一，对“文明”的旨令则构成句子的中心大意。在很多表达中，“日本”和“文明”彼此结合，作为中心论点被人们公开强调、重复，数年之后，它们几乎就在听众的潜意识里积累起来。到了 1900 年代，就算有人对“文明”一词所带来的影响不满，也再无法屏蔽这个概念，就像他们无法抵抗“积攒铁轨”（成功的实体比拟）

1 作为新词的“文明”见：西村茂树，“对于十二个西方词语的解释，第一部分”，《明六杂志》，36 号（1875 年 5 月），见布雷斯特，《明六杂志》，446—449。关于一种论点认为“新”不应该再和“文明”“日本”有所关联，参见：“废除旧日本新日本的差别”，《日本人》，400 号（1904 年 12 月 5 日）：3—6。关于“文明”的更早期使用，见：铃木修次，《文明的话语》（文化评论出版，1981），33—68。

2 《明六杂志》为所有这类用法提供了简明纲要：例如，布雷斯特，93、117、132、159、196、272、458，等等。

这样的表达一样。[1] 那时，“文明”在从句中最常出现。它往往作为开场白，尽管“显而易见”，确是必须出现在意识形态声明的引言部分。因此，和社交礼仪的致敬用语及其他常见寒暄表达一样，“文明”逐渐成为大众眼中理所当然的词，人们使用得相当自然，似乎真是讲者潜意识里的一样。

如今，“文明”作为一个意识形态的致敬用语，任何语境都有，任何场合都可适用，已经无处不在。社会批评家暗示，“文明的邪恶影响”会导致铺张浪费，应推崇勤俭节约加以克制；而它的“阴暗面”藏有种种诱惑，信神、信佛可有助抵制。据称，文明的“装饰物”能引发唯物主义关切——只有亲情和责任感才有补救功效，而其“虚饰”正是政府失职的诱因，这方面政府的改革应“以金钱的方式来鼓励地方产业”。[2] 文明病提及的次数增多，或即便是“所谓的文明”，只会启动意识形态思路。其他文献称，文明的“表象”包括一部工厂法，并且它可以解释乃木的自杀。在令人兴奋的“文明的战国时代”大背景下，众作家极力呼吁，日本必须成为世界第一，“在当今的文明时代”，不应该向火车扔石头。借用人们最熟悉的短语——“随着文明的进步”，评论家解释说经济问题必将 255

1　对“文明”的典型阐述，以铁路开篇，以天皇结尾，见：《大阪每日新闻》，1907 年 1 月 1 日。

2　“文明的邪恶影响”见：田中义一，“文明的隐患”，《田中中将讲演集》（1916），128—136。“阴暗面”见：山崎延吉，《地方自治讲习笔记》，8。“装饰物”见：小山正武，“家庭与敬神观念的关系”，《日本人》，446 号（1906 年 11 月 5 日）：15—17。“虚饰”见：致编辑的信，《山阴新闻》，1890 年 5 月 26 日。

变得更加复杂，这就意味着“政府应该承担地方债务”，当然，这只是一个例子。[1]

也许各种中立的声明对文明的暗示最多，它们的意图似乎是描述文明带来的显而易见的影响。人们往往会以平淡的、理所当然的口吻说出“众所周知，”或“不言而喻”，似乎讲者、他的听众及所有有智慧的生物都真的知道文明会导致专业分工加强、政府开支扩大、“生存竞争”更加激烈或飞机的发明。[2] 1902年，一个地方村庄规划就表明，虽然过去村民都遵守传统，一家只有三个、最多四个孩子，但是，“当社会大力宣扬文明法则，其后出生的孩子都渐渐长大成人，现在一家有七八个孩子已经不是什么稀罕事”[3]。当时的问题是如何增加农作物产量，来承担更高的抚养、教育费用。“文明”也产生了另一个常见结果，即暗示杀婴率显著下降的简单声明都悄悄消失了。1914年的一份村庄规划表明，经调查显示，近期破产人数增加也是由于同样的原因。“尽管这些失败案例都是因为企业遇挫，其负责人对物质文明太过执迷，但直接原因是生活水平上升，储蓄减少，勤恳劳作的人少了，因而人们逐渐忘记了各

---

1 “工厂法”见：道尔，“现代化的特殊案例：日本工厂法，1892—1911”，444。“乃木”见:《新潟新闻》，1912年9月16日。“文明的战国时代”见：押川春浪，“应当警惕的日本”，《冒险世界》(1910年12月)，《明治大杂志》，174。“扔石头”见:《新潟新闻》，1912年8月21日。“地方债务”见：“地方债与国债”，《长周日日新闻》，1912年7月7日。

2 从1910年起，把飞机当作文明的最新产物已越来越常见，参见如：“不知道飞机的人不了解现代文明”，广告，《信浓每日新闻》，1912年10月3日；《风俗画报》，1911年10—11月。

3 《福岛县岩濑郡西袋村村是调查》(1902)。

自应尽的本分和责任”。[1] 在这种情况下，目标就是推崇节俭，防止农户出售土地、向城市移居。顺便提一句，农民对生活的期望值越来越高，明显又是文明的一种影响。

虽然种种迹象表明，文明已被视为生活中的一种社会存在，但这并不意味着明治时期的日本人在其意义或价值上“达成共识”。的确，正如意识形态中的强调元素一样，这种非强调、近乎常理的特性可以让它有多种诠释，产生争论和分歧。但是，文明已然成为明治晚期社会的一部分，当时的日本人经常会以集体的形式提到它，虽然论调不一致。因此，尽管明治时期新一代日本男士、女性批评他们的长辈，说他们不科学、不文明，社会主义者幸德秋水却予以谴责，认为文明的那些形式只不过是一种虚伪[2]。但无论是好是坏，是喝彩还是诽谤，“文明”的存在已不是问题所在。 *256*

因此，在明治晚期形成的常见意识形态语言中，其重要组成部分就是从属句中反复出现的无争议元素。尽管看起来它们没有那些受重视的国家象征有魄力，比如“天皇”或类似“町村”的社会指称，但这些众所周知的价值观可能比那些反复公开宣传、颇费唇舌的论调使用范围更大、受众更广。比如，“进步”这个概念就被人广为引用。作为一个大众命题，它赞成文明不过是明治维新的一种应用产物。“我们国家的发展和

1 《茨城县北相马郡小文间村是》(1914)。

2 “不文明”见：西彼杵郡教育会，《小学校长讲习会讲演录》(1918)，20。“幸德”见：“文明的风俗多仅是伪善”，《新公论》卷 21，5 号（1906 年 5 月）：25—26。

进步”也经常出现，导致其具体含义已大体流失。“进步”一词本身已经成为理所当然的表达。事实上，在明治时期结束时，一位进步的知识分子批评“日本文明的精神浅薄”，并且哀叹由于“时势讴歌者”的努力，这种批评业已黯然失色，因此实际上对大多数日本人没什么影响。“相反，大多数日本人期望着国家能进一步发展，对当代文明也很乐观。”[1] 至于另一些没那么乐观的人则如该论者一样，虽力求维持进步现状，但希望转变发展方向。

在明治时期，立宪制是另外一个从主要命题转移到从属句的元素。在 1870 和 1880 年代，宪政问题已成为政治讨论的纲领性焦点。在一些从属句的引进下，比如“时代潮流所需”或“以自由和大众人权的名义”，宪政的现代含义逐渐产生。在 1880 和 1890 年代末期，日本建立宪政并加以阐释，立宪制这 *257* 个概念开始迅速赢得越来越多人的拥护。到 1913 年大正政变时，宪政本身已不是问题所在。

从艺妓到官僚，日本各阶层将立宪制度适用于他们自己的世界之中，也许每一种应用意义都有所不同，但是基于其足够的语用共同基础，使得其用途得以广泛理解。像文明和进步一样，在 19 世纪中期立宪制度还是大众用语中的新鲜元素，但到了 20 世纪早期，它已然成为常用语了。

从属条款中的其他元素并不新颖，而是经过多次演变而

1 金子筑水，“国运的进步与退步”，《太阳》卷 18，15 号（1912 年 11 月）：14。

来。在世界上寻求成功是对明治维新时期进步教义的个人层面上的解读，而其更早源于德川时代的社会思想。1872年，教育法案中首次对学习与成功的关联进行了官方规定，此后数年间，其普及性的加强表现在鼓舞人心的故事中，如《自己拯救自己》。1912年，这一信条业已在整个社会中普及，即“为了在社会上成功”合理地成了许多人为之奋斗的目标，包括达到比政府此前所努力倡导的教育水平更高的阶段。而从属条款中的其他元素则同本国历史一般古老。尤其是“我国”，实际上指日本一词时，犹如形成了一种古老的魔咒，思想精英们对此如此熟悉，以至于在众多司空见惯的介绍性词语中立刻脱颖而出。然而，由于半个世纪以来不强调但持续不断的重申，这些词语以及其他与其词义相近的词语已为绝大多数日本人所熟知，达到了曾经学识渊博的人所熟知的程度。19世纪进步的神话、明治时期的文明教条、立宪制度的政治学说，成功的社会道德，以及作为“我们日本人”的民族感与道德感——这些概括性的言语有可能存在欺骗性，后期被称为日本天皇思想的愈加明显的因素也是如此。

四

国民更少关注甚至几乎不会关注的则是那些令思想表达“具有意义”的社会含义，意义所在的语境亦即思想得以表达的语境。

他们几乎不会明显地出现在思想言论加以强调和未加强调 258

的部分当中，而是充斥在二者之间未加言说的空间当中。这些属于毋庸置疑的基本价值观，但也与所述之事的意义密不可分。因此，他们促进了第三种交流方式，日常语言表达由此产生。正如语言学家之主张，只了解一门语言的词汇、句子结构和方言远不足以解释使用者之间的沟通和交流，在思想上亦如此，是社会实践中潜在和假定的意义使得思想方面的口语表达更明了，尽管有时这些意义并未得以明显表述。

因为在日本的社会体系中，团体具有可以集体表达及实践的正面价值，所以在地方层面上，对团体精神和合作团结的呼吁合乎情理。那些当地公民被失意的军职人员判定为“不善合作统一”或“完全不具备团体精神”，他们明白这些术语的涵义，尽管他们不曾选择通过某些刻意的行为使自己成为这方面的代表[1]。“修身”这个固有概念是孔子思想和德川时期流行道德思想的体现，没有这个概念，“自助自立”的信条就不太可能为大众所熟知，而教育与个人成功的关联亦是如此。对权威的明确态度造成官和民之间的分离这一点可以理解，同时也提高法律较之于政治的地位，使其成为调节统治者和被统治者之间关系的工具。而以道德习俗的重要性在法律之上来保障公民秩序，这一点在社群风气盛行的社会背景下产生，因为社群风气乃是当时大部分日本人最为熟悉和最常应用的社会道德形态。

1 例如，各连队区管内民情风俗思想界的现状，Ⅴ，滨田、福山；Ⅵ，丸龟（手稿）。

这些集体的态度不仅引发了高度一致的观点，还引发了高度一致的紧张和矛盾，这些都成为日本帝国意识形态的标志。在传统社会关系中，团体和等级制诉求的竞争性与教育和企业应享有平等机会人们对这一主张产生了共鸣，同时对保持社会地位的等级制和官僚特权的诉求产生了共鸣。“自我管理”则强调团体本身既应作为一种社会目标又应作为制度权威下国家等级中的一个单位。《教育敕语》中描述到结合了高尚和低俗情感的民众是在天皇统治下的臣民组成的道德群体。同时，在等级上他们扮演着国民的角色，服从于当地、郡县以及国家官僚机构。

259 个人奋斗和社会和谐是一对冲突的概念，因为人们时常在勉强认可个人经济竞争的同时，又不断劝告大众应将家庭和社会的共同福利放在第一位。在众人推崇的儒家思想中，关于赚钱和消费之间的矛盾引起了大众思想上的不安，这种不安掩盖了在武士道精神庇佑下的企业间的竞争性，同时也减轻了人们对商业的重视程度，或许这种重视本可以更好地适应资本主义经济的兴起。一方面，本国的家庭观念、本民族的传统思想均需和谐地依靠社群主义的价值观，后者使得个人主义的产生或阶级冲突的表现变得尤为困难。另一方面，国家和民族并未能够立刻意识到个人成功和家庭生存是经济和社会的需要。确实，思想家坚持公众价值观的卓越性，并为之不懈努力，这表明通常由个人价值观构成了较强的个人动机。大众价值观和个人价值观之间关系紧张不断，产生的原因部分是因为日本的深层社会意义不会轻易地使人民——无论是盲目的还是在预先安排的情况下——“过渡到国家的层面”[1]。

然而，这些社会意义同样也解释了一些社会现象，而社会现象的产生又要归功于意识形态。于是思想家们会经常愉快地断定：乡村组织的有效运作或地主精英鲜明的爱国主义部分源于他们为“影响”他人而做的巨大的努力最终取得成功。而其他人则不停地在抱怨民众对实践他们的思想态度冷漠，令人感觉遗憾、可叹，极其有害，令人难以忍受[2]。前者主张坚持权利，而后者则坚持认为明显的思想劝说在产生社会实践的效果上毫无作用。事实上，社会实践会自动产生结果。选举人聚集到一起提前推选竞选者；村民全体参加到游行中，唯恐拒绝的结果会导致未投票者门前发生传统袭击事件；在战争时期，女人们则同邻居们一起列队出来栽种规定数量的树木；而地方议员则以微不足道的票数支持内务省的地方改良运动基金，以此来显示他们并未完全不配合[3]。响应性或缺乏响应性很大程度上很少源于思想本身，而应更多地归咎于一位明治时期的社会教育理论家所说的社会制约的道德力量。他补充道，毕竟武士道已经得到了发展，不再只是“武士们渴望不为人们所耻笑”

1 关于一种不同的观点，见：色川，《明治的文化》，315。

2 多种变化包括“有应担忧之物”“存有遗憾”“有无法忍受之事”，甚至是“无法忍耐长叹之念实是遗憾至极”，等等。

3 村庄暴乱见：“社会下层的波澜”，《太阳》卷3，30号（1897年10月）：263—264。战争时期的女人见：例如，德岛县府，《明治三十七八年德岛县战时史》（德岛，1907），644—656；茨城县，《茨城县战时状况一斑》（水户，1906）。“地方改良运动基金”见：山梨县议会事务局，《山梨县议会史》3：426。

的层面，甚至到了20世纪这样一个金钱主宰的年代，只要社会愿意用它们，社会就已拥有了道德制约的力量[1]。

社会确实会用到他们，即使不是在直接为国家服务或为“真正的武士道精神”服务时，也至少应该会在追求各种各样利益的过程中用到，这些利益均与金钱问题密切相关。不仅是社会制裁，还有实践中的集体利益使得当地组织和国家专业机构去大力游说，要求基金和优惠。地方村庄在1870年代相互竞争来建造小学。而1910年代又就当地中学校址的选择进行竞争。起初，文部省就其努力进行了表彰，而后又对他们进行谴责。然而，这些村庄负责人固执已见，始终坚持“追求属于他们自己的利益[2]。”而当这种利益与国家的主张产生冲突时，他们被官员指控为无理的冷漠；而当其回应与近期政府的指示一致时，文部省官员对其优点进行褒奖，并将其归功于自己。通常情况下，在思想与行为的关系当中，思想家们认为自己扮演的角色恰恰来自大众高度共享的社会意义和社会动机，这些意义和动机时而支持那些既定的思维模式，时而又与之相矛盾。 260

类似于社会体系中的其他元素，这些集体态度对大众的意识形态加以限制。一方面因为思想家们的分享；另一方面也因为任何过大的偏差都有可能会导致其与传统社会智慧产生巨大的违逆。如在一门语言的句法当中，其深层次的社会意义决定

1　加藤，《社会教育通俗讲话》(1918)，229—230。

2　例如，各连队区管内民情风俗思想界的现状，Ⅲ，敦贺；Ⅶ，大分，等等（手稿）。

着思想家们会如何表达及可以如何去表达，但这两者并非固定且一成不变的。尽管对于一门语言而言，接受新的词汇比较困难，但句法上的变化仍时有发生。战前的思想讨论有时无意间暗示着这种情况不适用于日本农村的社会语言。对极端民族主义、军国主义的社会基础的分析，或对“集体主义伦理”的描述，同“日本法西斯主义的农村根源”联系在一起，而现代思想大厦就坚定地奠基在这种思想之上[1]。

但社会关系的基本观念也在不断变化之中，尽管其变化比思想表达的变化速度更慢。思想表达中的相互交流意义重大。例如，自我、家庭和团体关系的各种概念——不言而喻、甚至出乎意料，但在社会行为中普遍存在——它们产生于深层的社会体系，进而同类似孝道的学而得之的社会道德构想以及纲领性的指令（如劝诫人民勿抛弃祖先们的土地等）产生千丝万缕的联系。

261 然而，基本的家庭观念也处于一个缓慢移动和变化的过程当中。在本质上，其变化受到了新态度的影响，而这类新态度的产生又源于快速变迁的社会秩序。由于社会和经济变革的浪潮放宽了对农村生活中家庭成员惯常结构和固有角色的要求，那么由来已久的“家庭”这个概念也必然要随之发生变化。同

1 例如，丸山真男，《日本的思想》(岩波新书，1961)，44—50；梅瑟斯特，《战前日本军国主义的社会基础》。“集体主义伦理”见：罗纳德·P. 道尔、大内力，“日本法西斯主义的农村起源”，见詹姆斯·W. 莫理编，《战前日本发展的两难困境》(普林斯顿大学出版社，1971)，181—209。

理，集体的社会意义明显地影响着当代社会意识形态的发展。如今，这种意识形态已然演变成资产阶级的社群主义而非个人主义。然而，社会关系也处于一个不断变化的阶段。在战前那些年代，思想家们认为有时这种变化恰恰与人们愈加厌恶的资产阶级的观念相反。战后的日本之所以能够成为“中等的”工业化资本主义社会之一，部分原因在于其社会观念的改变。因为即使在1930年代，官方在思想上赞扬了农民以及士兵，日本的社会观念的变革仍在不断进行之中。

大众思想的普遍用语即源于这类交流和沟通，诸如这些加以强调、未加以强调或未明显表述的思想表达。此处的表达所指代的并不单是思想家在阐述其信仰时的口语或书面表达，还指一系列的社会符号，在明治时期，日本人民将其收集起来并对其内在含义进行了深化。其中包括铁路一词，原意指“文明的发动机”，暗示的是货物和人类的移动。后者若指代乡村青年，似乎就不如前者货物受欢迎。在东京，有轨电车作为一种平民交通工具已成为该都市的标志，同警察的岗亭一起象征着财富和权利的工具，却成了罢工和游行示威期间人民倾泻愤怒的对象。在农村，农民一方面将蚕视为面临经济困难时的标志，另一方面，将其视为逃避问题时的部分补救方法。从每个村庄中心广泛修建起来的小学，人们意识到了可以通过教育获得成功的可能性，同时也意识到继续攻读中学则超出了农村学生家庭所能承担的经济水平。在战争中，天皇和牺牲代表两个伟大的字眼。而在农村较为小型的仪式中，天皇和民族却被与当地精英们在仪式中所穿着的燕尾服联系在了一起。

这些及诸多其他的社会符号所传达的是国家和社会中的部分表述，这些表述往往与思想家们的表述产生了共鸣。

262 同时，它们也是对思想家们一致观点的呼应，这些表述致敬了 1880 年代的日本，却哀悼 1990 年代的社会，而且明治晚期社会的关注点所带来的影响力远远超越了当时那个时代。

意识形态的语境

一

那个时代仍然十分重要，因为当时思想家们正在就他们在明治晚期所说的每一句话作出回应，当时的社会已为他们的每句话贴上了时代的标签。因此，他们所产生的思想语言欣然取决于当时的社会，主要由于其社会效力。从这一点上来看，思想意识的考察必然要从语法的层面过渡到语境的层面。在对语言的分析中，文法学者或许可以停留在种种相互作用上，这些作用可以形成会话且可以使其成为被彼此理解的表述。然而，在一场关于思想过程的讨论当中，有必要采取进一步措施。这是由于思想家们不只期望自己的言语为人们所理解，而且还希望为人们所信任，甚至希望人们可以遵循它们去行事。为了创造可信的思想，人们需要做的远不止于统一货币这么简单。

除非思想表达与人们所接受的指导经验在一定程度上一致，否则出现的任何形式的霸权言论都可能经不起考验。无论是在消息所强调的中心部分，或是在附属从句未经强调的部分，抑或是在高深及沉默的社会意义中，与大众了解的相同，似乎思想表达与政治、社会和经济现实的“相似度”愈高，就愈发显得无懈可击。尽管其迷惑性很强，但似乎完美无瑕的事物往往能够在不遮蔽大众视线的情况下足够顺利地融入社会版图。某个因素可以如根深蒂固的儒家社会伦理突然之间即被《教育敕语》奉为无上真言，或如民族统一这个护身符一样因其可操纵性在日本国会召开之前被用来避开政治。但是在提出这些观点的当时的背景当中，两者本质上均不“难令人相信”。的确，孝道和民族统一似乎不需要人们将其视为积极的信仰；很大程度上只要避免人民公开怀疑即可。简而言之，这种思想表达与生活经验的一致性促进了思想价值观中的“明显的不可见性”。

因为这种一致性总是更显见，明治时期的思想从不会完全同其原本意图要勾勒的现实相符。

然而，在1915年之前出现的日本思想语言却与创造它的社会具有足够的一致性，总体上它貌似真实，甚至在诸多方面均符合常识。这意味着在明治时期，日本人可以在没有过度竞争或高压政治的情况下共享基本前提，并且可以就与他们相关的特定构想展开辩论。然而，在这种存在普遍可信性的框架下，一些明治时期思想如当时日本人民的生活经验相较于其他思想似乎更易于存活下来。而在这种一致性中散漫形成的差异可以有助于解释：相较于明治晚期的社会思想，为何日本的思想表达似乎变得更加无懈可击？ 263

与时机有关，在思想上创造一种“民族感”的努力在1880年代晚期聚集了力量，通过追随当时的政治事实，这种“民族感”在某种程度上开始出现。换言之，明治时期早期的变革已经为晚期思想家们努力去提供民族精神打下了民族基础。然而，从另一个角度分析，1890年代，宪法体系刚刚起步，民族统一也正处于从既定的条件向政治现状过渡的过程，而日本从1860年代开始在世界上寻求的地位仍需要在未来实现。因此，当时的时事评论员从事着多样的思想行业，而他们的工作与其所解说的系统的演变在某种程度上具有一致性。历史变革和思想建设的同时代性适用于明治晚期日本的思想表达，这种表达是一致性中最初的优势。19世纪，国家和天皇在驱动思想家方面的种种计划也同时受到了对方的驱动，而以经验和思想之间的辩证法来看，表述和规定性之间的关系也相对接近。

本民族的思想也无懈可击，因为他们似乎适应19世纪日本和世界的各种现象，而他们也确实做到了。当代君主、民族统一、民族独特性、公民权的现世道德观，以及对君王愈演愈烈的吹嘘在很大程度上并未耗尽明治晚期的轻信性。通过长期探索和反复讨论，这些价值观亲密而自然地不仅存在于政府大厦中，更存在于多元社会领域的诸多角落里。大量与国家相关的历史同丰富的可用价值观详细清单相匹配，这些价值观即源于日本的传统也源于从西方挪用的更新式的思想源泉。而且，在1890年到1915年的25年当中，出现的事件多半支持了国家和君王的观点，使得后者得以广泛传播。

人民开始习惯于视自己为国民。在战争中取得的成功使得 264
日本在世界上的地位日益壮大。在天皇去世以后，因为“日本在45年里取得了西方国家要花费数百年的时间才能取得的成就”[1]，所以日本得到了来自国际社会的认可和国内的一致赞誉。从最普遍的意义上来讲，直至1945年战败，19世纪日本的思想最终也并未受到驳斥，而且其中的一些思想，如公民的“民族感”，一直延续至今。

除时机以外，价值观的适当保留、历史的支持、及时性——更精确地说，及时性的缺失——或许也促进了明治时期民族感的相对有效的交流。当时民族价值观的集体认同更容易实现，或许是因为他们对人民生活没有过于直接的影响。在明治时期的日本，除非在战争时期，否则很少有人会一觉醒来后有意识地思考到国家这一层面。对国家征收（如征税、征兵等）所导致的不满大体上指向那些管理他们的中层官僚。在明治晚期出现了保佑逃避兵役的神灵，家人会向神灵祈求他们的儿子体检不合格，但兵役逃离的现象与当时大众对天皇的崇拜相互矛盾[2]。向前来调查问询的官员隐瞒关于家庭财产、预算、纳税和债务的消息——用一个模范村的村长的言论，即向“科学”保守“秘密”——这却不会与家庭成员履行其他国家义务

1 《福井日报》，1912年9月22日。

2 “兵役逃离”见：各连队区管内民情风俗思想界的现状，Ⅲ，佐仓；Ⅳ，奈良；Ⅶ，福冈；等等（手稿）。

起冲突，如做军队后备军和成为“爱国妇女”[1]。到了明治末期，人们不断向官员表达要求和不满，但同时，升国旗和为君主欢呼则相对容易地随处可见。

在政治价值观这一问题上，情况多少有些不同。阻遏政治的思想努力和建立有效运行的议会体系二者之间的矛盾随着时间的推移变得愈加明显。政治以党派和“利益关系”的形式无处不在，加剧了思想和经验之间的紧张局面。在国家政治中，政府自身说一套做一套。这些紧张的问题同时出现于议会思想的规划中，这种思想营造了一种完全政治化的氛围，成为去政治化官方版本的替代品。然而，由于政治离大多数日本人民的生活经验较远，他们之间的矛盾便不至于十分突出和尖锐。

相较于民族思想甚至政治思想，明治晚期的社会思想从最初即与他们不甚一致。在某种程度上是由于时机问题。因为思想精英们开始加大力度关注“复杂的社会”这一问题，实际上他们是在回应他们感受到的社会变革，而这种变革已经多多少少不是他们能够应付的了。在明治时期两次战争的这十年当中，“文明”对社会和经济的影响变得愈加明显。同时，这些影响为思想家们展现了已经在进行当中的一项 20 世纪的工程。带着明显的惊喜和诸多愤怒，思想家们开始对其进行回应。在这种情况下，明治晚期的人们似乎在追赶现实，紧跟着社会变革的脚步建构着属于自己的社会。通常的结果便会在他们自己

1 森，《町村是调查指针》(1909)，6—12。

所描述的情境——或者他们诊断出的典型症状——以及为治愈其诊断出的症状提供处方。明治晚期的社会思潮在导致产生这些思潮的社会现象之后出现，可以理解它们似乎有时候跟不上时代的潮流。

在国家问题上，思想家们基本尝试从社会问题上去推行变革，然而，也有很多思想家认为应限制变革的施行。为了实现工业化的社会，他们重振农业的神话。身处城市化社会，他们神化村庄。法理社会唤醒了礼俗社会；面对个性化愈加得到推崇及社会的反常状态，思想家们将家庭奉为神圣——其实是以家国的隐喻来实现对家庭的神圣化，而且至少同等程度上起到了教化国家的作用。随着达尔文“适者生存”的观点进入大众道德的视野，甚至农村地区的日本人也开始寻求做好准备登上舞台，在指导下寻找“增强你的记忆力”和治疗“不可避免地伴随文明而产生的神经衰弱”的家庭秘方[1]。但对于同样的苦难，平均地权论者主张道：城市以竞争运作，但农村却以不同的原则运作，于是他们规定合作统一，共同奋斗，以及终止高等教育[2]。对于农村经济困难，人们普遍提出了解决办法，即从节俭、肥料、农副业（如凉鞋制作和养蚕）等方面入手，而财政上拮据的当地人则会听取关于关于朴素和更为有效的社区

1　“随着世界文明继续发展，所有人都为了生存而奋斗……提高你的记忆力”，《记忆力增进术》一书的封面广告（1909）。“神经衰弱”见如:《信浓每日新闻》，1912 年 8 月 7 日、10 月 10 日；《新潟新闻》，8 月 19 日、9 月 4 日，等等。

2　横井时敬，“农村改造论”，《横井博士全集》4：277。

自救的讲座[1]。1880 年代和 1890 年代的人们常常提及的那些生活水平不高的农村人士如今早已湮没在“富有都市气息的、官僚化了的”地方精英的世界当中，并且领薪水的城市中等阶层的人数不断增加，思想家们开始愈加严厉地批判中等阶层的自私和懒惰。至于劳动阶层，他们普遍倾向于一言不发。同时，小资产阶级开始了解武士道精神，而农民开始了解对神灵的崇敬[2]。

265 这种对过去社会的呼唤十分吸引人同时又很伤害人，因为它假定了一个大众呼唤的世界的恢复，尽管它即将消失。在常见的价值观清单中包含家庭、村庄和社会习俗。这份清单本身并不缺乏可信度，尤其是在农村。因为家庭观念源于这里，且大多数人仍然生活在这里。但是，社会生活中的各种考验已不再能支撑传统意义上的真理。因为，在日常生活的使用中，人们已经想当然地认为事实就该如此。越多的经验赋予这些真理以谎言，真理就会愈加精辟，愈加圆滑，愈加神圣。社会经济变革陪伴着日本过渡到成熟的资本主义经济和大型工业化社会。面对这些变革，要保持住这些真理需要付出相当巨大的努力。而且事实上由于这种过渡刚刚起步，因此，介于官方社会神话及社会之间的矛盾也随着时间的推移愈来愈大，这种社会

1 典型例子见：内务省，《地方改良事绩》(1910)，多处。

2 “武士道”见：加藤，《社会教育通俗讲话》(1918)，多处。“对神灵的崇敬”见：例如，“敬神思想与奖励善行”，《斯民》卷 6，1 号（1911 年 4 月）：32—35。平田东助，“敬神的精神养成”（1911 年 4 月对地方官员的讲话），地方官会议议决书及笔记（手稿）。

正处于城市化与工业化进程当中，且其农业部门愈加不堪一击。因此，通常情况下，经验驳斥了思想建设，证明其实用性从最初就存在问题。

明治晚期的各种关乎社会的看法遭受了不利因素的影响，不仅仅是时机问题、占主导地位的农村价值观体系，还有随之而来的历史关联的匮乏以及及时性问题。不同于民族价值观，社会劝导更多情况下要面对的是——正如日本人所经历的——日常社会经济的现实。一方面频繁禁止对物质主义、创业热和暴富的投机思想，从而与农民自身的经济常识产生了矛盾，因为当时的农民常识性地认为任何有前途的商业计划都比明年的水稻或大麦收成不佳可取。关于祖先们职业神圣性的布道对于相对贫困的农村人口来说可信性不强，而当时的经济困难则说服性更强，经济上的难题可以驱使农民的第二个或第三个儿子成为农民工，到城市中去寻求工作，或到海外如朝鲜和北美找工作。在一些村庄中，约近有五分之一的人口离开了农村，居住在异乡，而剩下的五分之四的人口当中则不乏所谓的“美国寡妇”，她们暂时且在未来的很长时间内都将与丈夫们分离，于是对剩下的男人们来说是一种道德上的威胁[1]。无论情况是否是这样，政府官员和巡回布道者们经常会讲一些与当地听众生活经验相悖的事情。可以理

266

1　生活困难与外出务工，见：各连队区管内民情风俗思想界的现状，Ⅲ，津；Ⅴ，姬路，福知山，岩国，山口，松江；Ⅶ，久留米（手稿）。“美国寡妇”见：Ⅳ，和歌山。劳动力外流见：渡边信一，《日本农村人口论》，78—173；以及桑原真人，“明治大正时期的北海道移民”，《新道史》卷7，5号（1969）：1—15。

解，村民们开始怀疑对他们的奢侈生活水平的反复指责。评论家们赞美着那段时光，那时只有村长们家的地板上才有榻榻米的垫子，同时在1913年，评论家们批评了佃农们，因他们竟也期望如此奢侈的享受。自此，评论家们加入到了一场反对经济利益和社会变革的艰苦斗争中去。[1]

267 由于日常生活中人们的确遇到过这些问题，所以在这些人以及思想家看来，意识形态的差异性极其明显。在“国家意识”基本成型很久之后，他们仍一直在苦苦探索“复杂社会”的种种出路。

民族的社会观念想努力扭转社会经济变革的方向，因此它们与社会的观念二者皆毫无例外地融入明治后期的历史情境之中去。然而，在1915年二者之间的差异还仍然可见。思想家们常常祈求回到乡村的过去，而社会正在走向一个截然不同的未来，尽管如此，在目前这个环境中社会的发展趋势可以说确定无疑。但毕竟在日本，乡村仍然占主导地位：1915年约有五分之三的高薪从业人员从事农业工作；1913年接近四分之三的日本人居住在人口不到10 000的地区；半数日本人留在人口不到5 000的城镇及乡村中。[2] 1910年，日本针对21个县的土地所有权进行了一次调查。人们预期该项调查可以揭示出土地所有权集中化在急剧上升。但结论与之相反：1899年到1908年

---

1 榻榻米和佃农见：社论，《读卖新闻》，1913年1月3日。

2 农业方面的就业情况见：大川、筱原，《日本经济发展的模式》，392。农业人口见：《明治以降本国主要经济统计》，14。

间“没有显著的迹象”表明土地发生了频繁的转让，土地所有权反而“极其稳定”。[1]

无论怎么哀悼农耕传统的即将消失，这一传统对日本民众来说都具有无比重大的意义。日本民众认为——至少是希望——可以保留农耕传统的精华，甚至可以重拾逝去的传统美德。希望与经验之间的矛盾只存在于时间的可能性当中。这也同样适用于意识形态语言的其他方面。重申人们熟知的美德、自信的文化优越感（较之中国与朝鲜）——对大多数日本民众来说这些都很合理。即使是那些不可能宣扬类似观点和立场的人也认为争论这些意义不大。为影响日本民众，思想家们写了卷帙浩繁的书籍。这些书籍以及意识与经验当时的一致性使得明治后期的神话变得真实可信，可以这样说，现在仍盛行着这些神话。

二

随着明治时期的结束，当时这种一致性也不复存在了。可以预见，适合某一时期的意识形态并非必然适用于另一个时代。然而明治时期思想的保守本性无疑加剧了后来出现的一致性与可信度之间的矛盾。

考究主要意识形态语言的保守性部分的目的在于解决这样一个问题：是谁的思想？就代际、社会构成及集体忧虑而言，统治着意识形态解读过程的那些人是一个特殊的群体。如同那些人提出的观点一样，很大程度上他们自身也是明治时期的产物。 268

1　农商务省农务局，《土地所有权移动之状况》(农商务省，1910)

总的来说，思想家可归为两代人，这两代人都对日本产生了极其深远的影响。第一代人生于1830年代和1840年代，明治维新事件使得这代人在其职业生涯初期就掌控了日本的政权。这代人大都一直为官，甚至在他们被称为“天保年间的老人”之后依旧长期为政。山县友朋是早期意识形态的代表人，生于1838年，卒于1922年。在1870年明治改革初期到一战后这段漫长而多事的时期内，从30多岁到80多岁山县有朋对日本政府及其意识形态一直影响重大。第二代人生于1860、1870年代，德富苏峰把这代人称为“明治时期的新人”。像德富苏峰一样，这代人年轻时已小有名气。[1] 山县友朋那一代人填补了国家政治领袖的空缺，而第二代人则一心急于谱写他们在成长过程中一直坚信的明治时期的未来。第二代人的全盛时期正好处于明治末期，即从1880年代到1910年代之间。[2] 因此这个时代孕育出了许多最为活跃的思想家，包括在官僚及军事领域山县友朋年轻的弟子们、在中心官僚机构中位居中层的职业长官以及一些有影响力的人，同时期的新兴意识形态才得以形成。德富苏峰在整个1940年代期间一直很活跃，足以使美国在战后以“帝国主义知识分子”的罪名逮捕他。他于1957年逝世，终年94岁。[3]

---

1 “天保年间的老人”“明治时期的新人”，参见：德富苏峰，《新日本的青年》(1887)，讨论见派尔，《新时代》，32—36、42—47；皮尔森，《德富苏峰》，118—124。

2 明治时期的第二代，见：内田义彦，“知识青年的诸类型”，《日本资本主义思想像》(岩波书店，1967)，157—202；色川，《明治的文化》，209—232。

3 皮尔森，《德富苏峰》，381—397。

这两代人引起了明治时期的变革，同时他们也是明治时期变革的产物。随着他们的老去，新设立机构的人员也渐渐出现了老龄化现象。1911 年大隈重信指责日本议会上院为“官僚们的养老院”；又谴责下议院“官员老龄化太多，这些人并不能正确代表日本民众所关注的新近的焦点问题”。[1] 大隈重信一贯会对掌权者进行投机取巧地批判。尽管这次控告也不例外，但是在评价议会成员的年龄上他是正确的。

1890 年，选举产生的官员中有 45%是 20 到 30 岁的青年，下议院中年满或超过 50 岁的官员仅有 17%。到了 1924 年，年满或超过 50 岁的官员达到了 56%，而未满 40 岁的议员人数只占到了 10%。[2] 中央及省级政府高层领导中以及从事政治、教育及商业的上层精英中都出现了这一老龄化现象。1870 年代不到 30 岁的官员到了 1890 年代都已年满 40 岁。截止到 1920 年代，政府部门高官要职的当权者大部分都已年满 50 岁。这种官员模式一旦建立，便会一直沿袭下去，直到现在这种模式依然存在。[3] 与此类似，明治时期当地的精英们在 1880 年代还称得上年轻，但到了 1910 年代精英们也年事已高，上了年纪的官员频繁出现。比如有一位常年坚持记日记的地主相泽菊太

269

1　大隈重信，“从帝国议会看现代社会”，《太阳》卷 17，3 期（1911 年 2 月）：8。

2　梅森，《日本的第一次大选》，196；杜斯，《政党竞争与政治变革》，15。

3　高根，《日本的政治精英》，34；万成博，《商业精英》(中公新书，1975)。明治时期另一个不同寻常的例子与贵族相关。战前 85%的“新贵族”都是明治时期的政治与军事人物。他们在明治时期的政治影响力巨大，但仅限于他们那一代人。（高根，35—36、51）

郎，他生于 1866 年死于 1962 年。1880 年代末期相泽菊太郎还很年轻，在一些乡村自助组织中也表现得积极踊跃。相泽菊太郎在 1897 年当副村长时只有 30 岁，从 1908 年到 1920 年间他一直担任村长职务。之后他又被聘为当地银行行长，直到 1935 年才退休，退休时相泽菊太郎已经有接近 70 岁的高龄了。[1]

尽管山县、德富和相泽菊太郎比其同时代的大多数人都长寿，但是作为同一代人他们具有一个共同点：他们从政的职业生涯比后来的官员都要长。在明治维新之后的几十年里日本进行了深入的体制改革，因此，这两代明治时期的人都在早年就已崛起并对日本产生了极大的影响，而且这两代人对日本的影响要远远大于在成熟制度体系内他们的继任者们。[2] 因为这一代人的跨度长，所以在意识形态方面这代人中的大部分既响应了 1880 年代末期国家意识的需求，同时又参与解决 1900 年代初期出现的所谓社会秩序上的危机。因此，他们对这两个任务分别做了不同的准备。这一点不足为奇，因为这两个任务出现在不同的时期。

270

作为一代人，已故的明治时期的思想家们也经历了激烈的社会变革，这些变革由明治维新之后的改革应运而生。封建阶级中既有旧时的武士又有平民，其中武士经常在本阶层内部处于较低的社会地位，而平民大都是地主和富农。但这两类人都

1 简要的年表见《相泽日记》1：285。

2 出生于 1925 到 1935 年之间的那代人是个例外。1945 年日本战败，当时这代人之中的一些人虽年轻却已崭露头角，而且在战后一直保有影响力。

是依靠自己的成就获取了成功，而并非凭借其祖先的地位。“武士精神”体现在明治时期所强调的忠君爱国当中，而平民思想家与旧时武士都具有“武士精神”。[1]

社会阶层中既有传统的乡村精英又有新兴的现代中产阶级。这两类人的城乡意识形态往往大相径庭，但是由于处于同一社会阶层，东京的官员、新闻工作者同大多数留在当地的名人通常在国家与社会问题上的观点比较类似。一部分原因是来自乡村的新近移民构成了城市的中产阶级，另一部分原因是他们共同经历并推动了明治时期的体制与经济的发展。可以这样说，那是属于他们的时代，他们在保护明治时期国家成就及社会制度方面拥有专属权利。明治时期的思想家们既不是贵族、农民，也不是再次提及的基于欧洲模式的中产阶级。他们代表着新旧中产阶级精英混合的社会群体，是明治时期主导现代日本社会构成的代表人物：这一中产阶级以其通过教育和成就所取得的社会流动性为荣，同时也密切关注现有的社会关系和社会地位以巩固自身的地位。

与此类似，明治思想家们的共同关注也超越了其经历的形成时期。他们的一些经历与 1910 年代日本人的经历迥然不同，这一点在当时引发了人们的热议。新一代的年轻人，即于 1880 年代后出生的那代人，常常欣喜于这一差异。他们也乐意生于这样的年代，在这个时代里：

---

1 “武士精神”见：福地重孝，《士族与士族意识：使近代日本兴盛与灭亡之物》(春秋社，1967)。

> “现代”这个词语有种奇异的吸引力。中老年人及一些学者对这个词心生厌恶并且感到无比的痛苦。但与此相反，大多数年轻人及另一些学者却对现代主义大旗之下也已取得的胜利成果欢欣鼓舞。[1]

1910年代的“中年人和老年人”属于明治时期的前两代人，他们对现代性所取得的胜利成果不感兴趣。一位评论家认为：一切伟大的变革都发生在明治维新时期，那时，政治原则鲜明，民众以帝国忠诚之道或立宪政府的名义从事着国家而非个人的事务。[2] 另一位论者则哀叹道：“人们谈论忠孝这个词语的次数越多，这个词语就越容易丧失其真正的含义”，接着他又总结说“当今所有日本人中仅50岁以上的老年人才具有真诚这一美德”。[3]

271 现在明治初期成为人们歌颂、自豪与怀旧的对象，以前人们并没有意识到这一时期激发了意识形态的产生。一位内务省的官员详细列举了1870年代与1880年代间的各项改革并总结道：“在我们民族整个2500年的历史当中，明治时期无与伦比。”[4] 1911年中国的辛亥革命重新引发了日本对明治初期各项改革的重大讨论，并把这些改革视为解决中国动荡不安局面

---

1 金子筑水，“近代主义的渊源”，《太阳》卷17，14号（1911年11月）：11。

2 三宅雪岭，《明治思想小史》(1913)；鹿野政直编，《日本的名著》，卷37（中央公论社，1971)，416—427。

3 海老名弹正，“宗教家眼中的现代社会”，《太阳》卷17，3号（1911年2月）：29。

4 《教育敕语戊申诏书捧读式及第二次地方事业有功人员表彰式记事》，67。

的一种有效出路。在1905年的一本历史作品当中，一名明治时期的第二代人把后明治维新中的各项变革描述为：不单单指政治机构方面的变革，而是“全面的革命、精神上与物质上的根本性革命”[1]。同一时期，人们越来越有意识地关注国家历史问题，国家历史日益成为制度化的焦点问题。1908年日本历史第一次作为一门独立的学科增加到了五、六年级的扩展后的必修课程当中；1911年在文部省的指导下开始正式收集与明治维新有关的历史素材。[2] 明治末期又出现了国家纪念碑的保存问题。鉴于“虽然美国建国最晚、历史不长，但美国正在做这项工作，”一位保护运动的支持者主张日本也必须开始保护本国愈加珍贵的文化传统和历史遗迹。[3]

在明治末期国家反思的过程中，明治初期被确立为一项历史课题。1868年《五条御誓文》作为帝国政府各项改革的意图与成功的象征日趋频繁地进入人们的视域。1880年代在塑造意识形态方面，《五条御誓文》中的内容似乎过于抽象，但在1890年代《五条御誓文》中的内容又重新活跃起来。《五条御誓文》中的每一句话每一个词又重现在1908年的《戊申诏书》

1 山路爱山，“现代日本教会史论”（1906），《基督教评论·日本人民史》，8。

2 “课程”见：有泉，“明治国家与民众统合”，229。教育界控告维新史料编纂会，称其在史学研究方面存在偏见——它支持政府对长州关于明治维新的偏见：《教育时论》（1911年1月15日）：60、68。地方教育机构对历史也有类似的担忧，例如：“信浓史阶段设立宗旨书”，《信浓教育》，270号（1909年4月）。

3 “关于史迹胜地纪念物等的保存”，（提交于县政府会议，1911年4月），地方官会议议决书及笔记（手稿）。对问题的讨论见：《斯民》卷6，1—4号（1911年4月—7月）。

之中，并重申了“统一全国各阶层思想观念”的重要性。[1] 尽管在随后的10年间，宪法与《教育敕语》将会给出更多的解释与评论，但因为《五条御誓文》是思想家们构思出来的，因此《五条御誓文》很可能会是有关现代性最为出名的陈述。到了1910年代，《五条御誓文》似乎属于辉煌的过去了。尽管有些人反对回归过去，但他们也认同“我们出生的时代与明治先驱们所处的时代截然不同”，伊藤公爵取得伟大立法成果的时代与他那一代人“已经成为旧梦一场”[2]。还有些人赞扬从明治维新到宪法之间数十年当中所涌现的“无出其右的政治领袖们”。虽然那些政治领袖们缺乏知识与经验，但瑕不掩瑜，他们“纯正的民族意识”弥补了他们的不足。[3]

272 事实上，正是明治后期的几代年轻人缺乏民族感这一点使得山形和德富这些人十分担忧。数十年里，他们在国家各项事务方面已经设计好了种种目标。在山形一生所写的大量信件中“为了国家”反复出现。“为了国家”是山形所知的最佳辩护理由；不知真诚与否，他几乎在每封信件的内容中都强调了这个词语。从国家利益的角度看，井上馨之死、“郡”的废除及危险思想的出现都让人十分遗憾；从国家利益的角度看，有轨电车罢工后东京恢复平静，官僚体系在应对议会时的统一以及一

1 “诸家一心”，《明治天皇诏敕谨解》，1377—1378。《五条御誓文》还被肯定性地完全引用于1946年1月1日发布的“天皇诏书”——这份诏书否定了天皇的神性。见：驻日盟军总司令，《日本政治的重新定向》，470。

2 “模仿西洋绝对没门儿”，《国民杂志》卷2，1号（1911年1月）：8。

3 例如，早川哲司，“人心一新论”，《国民杂志》卷2，1号（1911年1月）：8。

次创纪录的农业大丰收都令人十分满意；所有与山形互通信件的人都尽一切办法劝说山形“为了国家”保重自己的身体。[1] 在德富出版了的一些作品中、受欢迎的各个专栏中（德富把专栏命名为“训诫”，并把这些训诫收集为自己的周日闲聊），以及在他的各项历史作品中，类似的说法随处可见。[2] 1913 年德富对一群年轻人说道：“我表面上看来一直处于简单休闲的状态中，但实际上我的头脑中一直充斥着各种忧国的思想。”[3] 事实上，那些思想已经成为他那一代当中大多数人的思想写照。

日本的目标已经变成保护其自主权、抵御西方国家对自己的威胁。这一目标在明治维新及明治早期激励着山形的事业蒸蒸日上。明治末期，德富及其他人努力想提升日本的地位，使之成为世界强国之一。明治时期的最后几年里，前述的两个目标都一一实现。但对于这几代当中的评论员来说，这些目标似乎永远处于威胁当中。日本每年的新年回顾会上都会描述自 19 世纪中期以来的文明的进步，当时日本正处于危难当中，而且刚刚恢复了帝王的统治。文章常常能以理性的思维做出总结：以后没有非凡的付出，“1906 年的奇迹”（或者当时讨论的某一

1　比如，致寺内正毅（1911 年 8 月 16 日）；平田东助（1907 年 3 月 19 日）；寺内（1906 年 9 月 19 日）；桂太郎（1902 年 12 月 9 日，1903 年 6 月 2 日）的信，见：山县有朋文书（手稿）。致德富的信（1903 年 10 月 3 日），德富苏峰文书（手稿）。

2　比如，德富苏峰，《大正的青年与帝国的前途》（民友社，1916）；《事务一家言》(民友社，1913)。“周日闲聊”见:《周日讲坛》，全 11 卷（民友社，1900—1911），并被广泛地再版。“历史作品”见：尤其德富其撰写的广为人知的《吉田松阴》修订版（民友社，1908）。

3　皮尔森，《德富苏峰》，307。

年份）将不会持续下去。[1] 在山形生命的最后几年里，他的言辞中不时地流露出担忧国家能否兴旺发达的类似观点。由于“白色人种联合起来对抗我国”，因此第一次世界大战预示着在远东会有一场种族冲突，而当时的日本外有俄国革命，内有“抢米风潮”，这使得他“非常担心与焦虑日本的未来。”[2] 1913年德富带着对日本未来的思考在其向一群人演讲时的结尾说道：我们所处的世界“现在正给我们施加着沉重的压力。”

273 因此即便日本暂时可以稍作休息，“但是务必小心谨慎、居安思危……提前做好万全准备。”[3] 我们“为了国家”已经取得的成就也可能会付之东流，这一观点在明治较老的两代人中的思想家们心中已经根深蒂固。

思想家们对日益膨胀的社会变革所引发的各种后果的担忧加剧了对上述观点的恐惧之情。俄日战争后期，思想家们认为对国家最大的威胁似乎来自国内。在这种情形下，思想家们提出了社会的观点，以确保国力能得以保护，使国力免于徒劳地浪费在国家混乱、发展衰退之中。因此他们反思过去，好像要去找到一些迄今为止决定日本成功的关键因素。村庄、家庭、社会道德、节俭、武士道精神、农业及神道教——这些因素合起来似乎在明治初期有力地推动了国家的发展，因此这些因素

1 “过去与将来”，《大阪每日新闻》，1907年1月1日。
2 “第一次世界大战”见《山县有朋意见书》，342。“俄国革命”及“抢米风潮”见：伊藤、秋田，“德富—山县通信”，421。
3 皮尔森，《德富苏峰》，307。

也可能会在未来像壁垒般防止日本出现国家分裂。

国家进步发展带来的一些负面社会效应可能会摧毁其产生的正面的国家成果，这一恐惧使得日本从意识形态上努力去修复过去数十年的社会团结。山形对于日本民众“情感、习俗及思想”的担忧促使他在1913年的大正变革后要求军队的72名国内的团级指挥官每人都提交一份报告。所提交的报告中频频出现关于对乡村进行文化入侵的毁灭性描写。山形的手稿中有许许多多的符号，一些与乡村自治政府中分裂的党派政治相关，但大部分都是关于年轻人爱国意识淡薄以及奢侈浪费的作风。偶尔山形会记录在应征士兵中普遍出现的沙眼事件，但他常常会在一些句子下划线强调，被划线的句子记录了乡村新兵夸耀丝巾及金边眼镜的频繁性——实际上其中一名东北青年所带的眼镜并没有镜片。低水平的国民教育使他不安，民众通过圆滑的手段获取应征豁免也使他担忧。尽管东京的青少年并非文盲，尽管他们会进行计算并且掌握了实用商业语言，但是许多一流小学的毕业生却对伊势神宫一无所知。当一位小学教师被一名官员问及伊势神宫时，他也并不能清楚地作出解释。[1] 一位名叫相泽的“地主”也记录过类似的令人懊恼的事件：在征兵体检这种庄严的场合，当地青年人却表现得“不守规矩、甚至十分任性”。[2] 山形和其他人把青年人的毫无章法、奢侈以及自私自利的特征看作国家危亡

1 山县的铅笔标记在各连队区管内民情风俗思想界的现状（手稿）中多处可见。

2 《相泽日记·续续》，1907年5月15日，192—193。

的社会证据。

274 “物质主义的发展使得社会走向粗俗、变得动荡不安。粗俗的社会或许尚在容忍的范围之内，但社会动荡却会对国家的安定造成威胁。”[1] 一战后德富写道。镇压社会主义也发生在这一背景之下，因为正如评论中所说，“单单‘摧毁’这个词就足以使日本政府心生恐惧了”。[2]

1910 年代使明治时期的思想家们愈加恐惧的是日本的未来。为了国家的利益，他们自 19 世纪便开始致力于使日本兴盛繁荣的事业。沿着保守主义的路线（如曼海姆[3]）因此他们时常争论称制定宪法、设立议会、实行杂居制等政策的时机还未成熟。[4] 然而，以国家进步的名义，他们判定自己最终会深思考虑这些及其他的一些变革。后来由于早期的一些改革使得社会变革在明治末期日趋明朗化，思想家们开始暗示时机已经过度过熟，社会在衰退，相应地国家处于危险之中。思想家们态度发生变化的时刻正是他们认为社会变革可能会摧毁日本业已取得的国家成果之时。他们从意识形态上努力使社会回到过去，他们有时会过分地担忧青年一代的堕落现象，这些都源于他们深深地恐惧“明治时期所取得的光辉成就”有可能只是昙

1 皮尔森，《德富苏峰》，307。
2 木山熊次郎，“二三青年论”，《伦理讲演集》，101 号（1911 年 1 月）：74。
3 志贺重昂，“宣示日本人之优越”，《日本人》(1888 年 4 月)：3—4。关于曼海姆见：“保守主义思想”，《社会学及社会心理学论文集》(纽约：牛津大学出版社，1953)，74—164。
4 曼海姆（1893—1947），德国著名社会学家。

花一现。

不只是思想家们对此担忧。一方面，明治后期人们认为明治时期会永远持续下去，因为许多畅销杂志预测明治时期会继续延续半个世纪，各个村庄也在积极筹备明治一百周年的建设规划。[1] 另一方面，1910 年代被普遍认为是走向未来的“一个转型时代”，而未来的轮廓是模糊的、不确定的。[2] 明治时期的许多日本民众一生之中经历了一次非同寻常的、日新月异的变革，一位西方观察者写道：这种变革“致使人类异常地感到自己已经变老了。”[3] 一位撰写国家道德纲要的作家 1916 年带着优越感表示：“大多数保守主义分子都年事已高；他们都有着怀旧的心理。他们并不理解现在的时代，也不赞同现在的时代。”[4] 当然，像大多数精英一样，这位作家把自己视为一名进步分子，虽然他的书致力于解释意识正统的各种原理，比如国体、家族世袭制。年龄是个问题，而更大的问题则是未来的不确定，因为绝大多数的日本民众主要还是希望继续维持现在的社会，而远非排斥反对现在的社会。因此大多数日本民众容易受到那些承诺“使社会一成不变”（如巴特[5]）如之前日本历史

1　坪谷水哉，“明治百年东京繁昌记”，《冒险世界》1910 年 4 月 20 日；《宫城县名取郡生出村村是调查书》(1902)。

2　“一个转型时代”见：“现代思想的统一”，《国民杂志》卷 3，13 号（1912 年 7 月 1 日）：86；秋元兴朝，“家庭眼中的现代社会”，《太阳》卷 17，3 号（1911 年 2 月）：23；等等。

3　巴兹尔・霍尔・张伯伦，《日本事务志》(伦敦：约翰・默里，1905)，v。

4　深作，《国民道德要义》(1916)，456。

5　罗兰・巴特，《神话学》(纽约：希尔与王出版社，1972)，155。

一样，人们抗拒彻底的变革，再加上后来又把变革整合到现状当中，这二者使得明治时期的思想以保护国家进步的名义变得保守谨慎。[1]

275 正统思想及其演变

普遍的意识形态语言出现于明治后期这段时期，产生于不同国家与社会的版本相互影响的过程之中。因为这种语言与明治时期日本民众的经验相对一致，因此这种语言居于主导地位。明治时期许多的日本民众都具有共同的诉求——维持现状，较老的几代思想家的这种愿望尤为强烈。他们不仅自己坚信，而且也劝说有着普遍公民价值信条的其他人。他们费尽心机地努力“影响”日本民众，尽管他们最终并没有使日本“思想统一”（自明治维新以来这一词语被频繁地使用），却使得民众之间建立起了一个共通性，这种共通性部分反映在被称为天皇制意识形态的各种信条之上。明治后期，天皇制意识形态的各种信条构成了这种正统。乔治·奥威尔描述了这种正统时这样写道：

> 在任何给定的时刻都存在着一种正统（这种正统包含着大量的思想），而人们认为所有思想健全的人将会毫无疑

1 罗兰·巴特（1915—1980），法国文学批评家、文学家、社会学家、哲学家和符号学家。

> 问地接受正统的思想。虽然并没有明确地禁止人们不要说这种、那种或是其他的思想，但谈及非正统的思想却是“不妥当的”。正如在英国维多利亚中期，在女性面前提及裤子是“不妥当的”一样。[1]

从这个意义上说，日本民众“毋庸置疑”会认可天皇和国家，正如他们懂得在政府官员面前提及社会抗议是“不妥当的”一样。部分民众的这些态度源于明治后期的经验之中，同时又与此经验之间产生了共鸣，因此对于那个时期的日本民众来说这些态度常常是不言而喻的。虽然表面上看民众会自然而然地接受正统的思想，但实际上民众是在社会上习得了正统的思想，这一思想也是通过社会进行传播的。

随着正统的持续传播，明治末期的思想构成便被永久地确定下来，在这个过程中，有时会把 19 世纪的担忧强加到 20 世纪的社会之中，部分原因是处于主导地位的思想家们那一代的代际如此，但也有一部分是政府机构的原因，因为日本的许多政府公立机构都是在明治时期新设立的。这些机构一旦成立，就会趋向于维系自己的发展，保护支撑它们持续发展的各种价值观。而这些价值观自然会带有这些机构成立时期的色彩。这不仅适用于国家机构，如：军队、教育系统和当地政府；同时也适用于半公共半公益性质的协会和组织，如青年组织、地主 *276*

---

1 乔治·奥威尔，《动物农庄》(1945) 初版“序言”，首次出版时题为“出版的自由”。《泰晤士报文学增刊》(1972 年 9 月 15 日)：1037—39。

协会。明治时期形成的意识形态及设立的各个政府机构在未来十年里将会原封不动地延用下去，这时，正统的各种体制便由此得到了巩固。

然而，有人争论说随着明治时期的结束，日本进入大正时期后，正统体制——天皇、忠诚、乡村以及皇族世袭制——在更为多样的意识形态景观之中只占有一部分比例。正是因为正统普遍的各种价值观没有多少独特之处，可以说是极其一般，因而与其主导思想大相径庭的多种多样的思想构成也一并存在着。1880 年代政府的思想家们十分惧怕政治并且开始采取行动，他们尤其重视国家的统一。但是政治家和热衷于政治的民众都丝毫不畏惧政治。随着国家的建设，议会中的意识形态逐渐成形。1890 年代政府内外的思想家们都十分担忧社会秩序并且开始作出反应，主要着眼于社会和谐与集体主义自我奉献精神。但是较年轻的几代人却相信或者说更为相信竞争及个人成功的社会思想，就像相信农耕的神话一样。那些既不认同集体主义价值观也不接受物质成功价值观的愤愤不平的知识分子们完全地退出了主流意识形态的舞台。文化和文明相比，这些知识分子更加喜欢文化，他们形成了自己独特的自我教育与知识追求的意识形态。尽管社会主义者在 1901 到 1911 年之间的大逆事件中受到了压迫，尽管他们后来又遭到了政府日益残酷地控制，但是也创立了激进另类的意识形态，这种思想一直贯穿于整个战前时期。1910 年代较老的几代人对未来充满了恐惧，他们努力想要保护国家过去取得的成就。然而，尽管现在较年轻的几代人欢呼明治维新是一场革命，但是他们却认为明治维新失败了，并且在右翼的复辟抑或左翼的革命中试图重新履行明治维新的承诺。

总而言之，明治末期分散的思想意识领域体现了日本与其战前不同的历史时刻相互关联的多重立场。 277

对于作为意识形态的社会载体的制度来说，情况亦是如此，甚至国家制度也可以变得和正统制度大相径庭。当地政府继续进行政治渗透，大正时期的学校也继续进行自由观念的教育渗透，尽管这既有违最初的意愿，又和后续的早期官僚机构所做出的努力相背离。在大正时期的公私合营机构里，一些青年组织宣扬社会主义，许多地主组织并未作为政府组织帮助解决地主与租户的矛盾，而是结成了联盟保护地主。[1] 此外，明治时期各组织机构积累的经验也有利于当地组织进行不同的活动。明治末期涌现的养蚕机构和蚕事杂志致力于“向普通的平民蚕户传达（养蚕）真理。”至20世纪20年代前后，其中的一些机构和杂志发展成为制丝企业和行会；至20世纪30年代，丝绸市场在经济大萧条中崩溃，这些机构和杂志又发展成为当地土地改革理论的支持者。[2] 这些制度如同社会意识形态，

1 “大正时期的学校”见：中野光，《大正自由教育的研究》(黎明书房，1968)。“青年组织”见：平山，《青年集团史研究序说》，108—257。“地主组织”见：安·沃斯沃，“对平等的追寻：1920年代的日本佃农联盟”，载于奈地田哲夫、J. 维克托·科什曼编，《日本现代史中的冲突：被忽视的教育》(普林斯顿：普林斯顿大学出版社，1982)，366—411。

2 《山梨蚕桑时报》(1906)，引自泷泽秀树《茧与生丝的近代史》(教育社，1979)，167—176。

由思想家提出、经思想家影响，却不会永远受思想家的控制。

在这个具有多重意识形态的宇宙中，将正统信仰视为众多信仰中的一个系列构成有助于解释后续几十年间正统价值的发展道路。一系列看似独立无关的现象——从明治时期的保守主义到大正时期的自由主义，再到昭和时期的法西斯主义——反而成为一个持续进化的意识形态景观，而其中一个或其他分散的现象则不断发展成为权威。明治末期，正统信仰似乎经常在公共领域占据主导地位，其中的一个原因即为思想家的描述占有数量优势。然而事实上，皇家的正统价值都和敌对价值相依而存，在这些敌对价值中只有社会主义被特别排出于社会容许的公民话语之外。或许是因为当时那个时代背景下正统信仰相对可信，因此无需过多强制，大多数人便都赞成它，正统信仰也能在掌握控制权的前提下容忍众多差异，所以在意识形态方面就连社会主义也得以在接下来的几十年中幸存于世。在后来几年，正统价值丧失了其自然信誉，其他可代替的信仰有占据主导地位的危险——于是这种多样化的信仰便遭到了禁止。

278 然而，到了明治末期，社会话语方面的控制则稍稍减弱。事实上产生明显效果的可能是那些正统思想之外的元素——例如支持社会进步和促进个人成功的思想。

如果说现代民族国家所塑造的类似意识形态的思想包含了一些常规价值，且这些价值能够帮助国家、政府永世长存，那么这些价值至多会促使人民积极热烈地支持这个国家系统，而且至少可以防止他们通过起义来颠覆国家政权。一种有效的现代思想意识能够产生更进一步的效果——它能使这种只有一小部分精英人物赞成的小范围思想认同扩散，最终使整个社会都赞成它。从更广阔、更多重的意义上说，明治末期的思想意识可以说提供并促进了这种常规价值的产生和传播。尽管如夏目漱石所述那样甘愿为国家的利益出售豆腐的日本平民只占少数，然而希望完全脱离当时现实社会的人同样少之又少。[1] 民众参与国家政治的态度不一而足——从激进的自我牺牲或者抵制反抗到消极的漠不关心、视而不见，而大多数日本民众的态度很有可能恰恰处于这两种极端之间。尽管他们在社会意识形态方面消极被动，但是在社会事件参与方面却可能积极主动。举例来说，这意味着他们去参加乡村会议可能更多是为了饮酒或是为了自己的社会圈子，而不是为了提高道德和农业的地位。另一方面，许多人既享受着“文明”带来的希望，又忍受着“文明”导致的束缚，他们理解更多的是个人意义上的现代性，而非国家意义上的现代性。鉴于这种自由度，大批日本民众参与到这种相对自愿的公民活动的人数可能比以往任何时候都要高。明治时代的日本既没有高压政治，人民对正统思想也有信心，但这二者都将随着明治时代——这个创造了现代意识形态的时代——的结束而结束。

1　夏目漱石，“我的个人主义”，杰伊·鲁宾译，《日本纪念碑》卷 34，1 号（1979 年春）：45。

第九章

结语：思想意识和现代日本

从明治末期到第二次世界大战结束共有30年的历史，在这段时间中，思想意识领域的控制从未松懈，因为按照后代思想家的观点，影响世人的任务从未真正完成过。1930年代，军国主义和国家控制日益加强，思想意识的内容和方式变得异常激烈，甚至有时需要警察强力干预；在对战争进行“精神动员”时，这些方式和内容达到了高潮。因此，明治时期形成的思想意识的控制过程得以继续。然而，战前几年中鲜有新事物诞生，倒是明治末期形成的构想规划被一再重申解读，以应对在现代社会中政府内部时事评论者念念不忘的任何危机，或是“公众舆论”的仲裁者最为关注的任何风波。

在1910年代初期经济萧条的时候，国家政策再次经历唇枪舌剑，争论不休。官僚主义者和知识分子们从各自实例出发，赞成国家以农业（这是理所当然的）、经济以及工业为基础；[1] 大正年代的教育家们不顾迅猛发展的“革新论”，依然娓

1　例如以“立国论”为主题的一系列文章:《中央公论》卷26，4号（1911年4月）：15—132。

娓而谈道德危机，再次强调以道德教育解决困难。[1] 他们的观点听起来与1880年代末期教育家颇为相似，他们表示如果要以正确的方式向年轻人脑中注入正确的公民的“国家归属感”，那么道德教育十分必要，这种必要性“甚至被法兰西共和国的学校认可，因此在广泛学习西方的今天，这种必要性在日本显得更为迫切”。[2] 此外，道德教育还能进一步保护年轻人，使其免遭如物质主义、个人主义和社会主义等“异常思想”的侵蚀。[3]

第一次世界大战后的混乱年代仿佛代表了思想家们对于社会秩序混乱的早期恐惧，因为粮食短缺、罢工不断以及呼吁改革的浪潮使得俄日战争之后的日本的社会狂潮相形见绌。为了回应这种恐惧，神道教徒、文部省和内务省以及各省精英再次从思想意识的角度呼吁人民的各种情感结合起来。[4] 某些怀疑论者则如下评价这种周期性的担忧：

280

1 例如，在当地教育界会议上的讲座，发表在《信浓教育》上：浮田和民，“道德的基础”（1913年12月），筧克彦，“教育敕语与时代思潮”（1915年8月）。关于“革新论”及其他典型的修辞，见：吉田熊次，“道德教育的革新”，《伦理讲演集》，125号（1913年3月）。

2 津田元德，“理想的小学校长”，《小学校长讲习会讲演录》（西彼杵郡教育会，1918），14—15。

3 “异常”；“关于教育的效果与一般设施紧密相连的建议”；发表于临时教育会，1919年1月17日，见教育史编纂会，《发达史》5：1196—1204。关于文部省建立的教育调查会（1913—1917），见：《教育时论》（1913年3—8月），关于寺内内阁（其成员中有诸如小松原、平田、一木等山县派人员）建立的临时教育会（1912—1919）：海后宗臣，《临时教育会议的研究》（东京大学出版会，1960），池田进，“关于临时教育会议”，见池田进、本山幸彦编，《大正的教育》（第一法规出版社，1978），163—176。

4 例如，“神道教徒”见：孝本，“‘思想国难’与神社”，315—335。“文部省”见：国立教育研究所，《百年史》1：273—323。“内务省”见：大霞会，《内务省史》1：338—344。

> 近来，不断有人鼓吹人们将情感和思想结合起来，但是，人们的思想或是感情是如此轻易就能够结合起来吗？又要用怎样的方式才能把它们结合起来呢？很难理解这些人的真正意图。[1]

然而，思想意识领域的控制有增无减。教育家们和地方议员既抱怨民主思想影响了在校学生，又抱怨日益增多的女性出门工作影响了社会风俗。[2] 对于社会上显著增加的劳动人员及阶级冲突，内务省按照常规，综合运用思想意识和预防性的社会立法，并通过警察管控以减少罢工，三管齐下加以应对。1919年，日本成立了“社会部”，内务省组织中首次出现“社会”一词。一年后，该部部更名为“社会局”，负责处理失业、救济事宜。1919年，内务省又成立了一个政府资助的称作“协调处”的联盟。在为该联盟命名时，山形避开了“劳动力和资本”这一表达，因为这种表达带有明显的阶级斗争意味。[3]

面对一个日益陷入苦难的乡村（1920年代增长不足，1930年代经济萧条），中央政府继续采用“积极的”行政政策。1919年，内务省推广了一场旨在“培养民族资源”的运动，该

---

1 《都新闻》，1919年3月29日。

2 “教育家们”见：例如，“今后国民思想指导上教育者应当关注之点”，《帝国教育》，446号（1919年9月）。“议员”见：芳贺登，“地方文化与风俗习惯”，见古岛编，《明治大正乡土史研究法》，199—200。

3 大霞会，《内务省史》1：338，3：361—398；派尔，“追随者的好处”，127—164；森田良雄，《日本经营者团体发展史》(日刊劳动通信社，1958)，57—59；悉尼・克劳库尔，“日本雇佣体系”，《日本研究杂志》卷4，2号（1978年夏）：225—246。

项目延续明治末期地方改良运动的模式，在思想意识领域努力“培养民族感”“培养自治概念”，并“通过提高生产资本，倡导勤勉坚韧、艰苦努力的美好习俗，以保障人民生活”。[1] 尽管名称在不同时期各不相同，但不论是从自治变为自我努力，还是从1900年代的地方提升和1920年代的民族资源培养变为1930年代的经济再生，思想意识领域的鼓励和组织上的鼓舞相得益彰，在这一时期保持不变。[2] 正如一位学者评论1930年代中期“经济再生运动”对当地的影响时所讲，“经济的自我调节越困难，思想意识方面的重要性越突出”。[3] 事实上，即使是在1945年8月末期，即战后社会最为艰难贫苦的时候，中央政府仍在促进实施战后乡村项目，而该项目正是依赖于通过各类地方农业协会所实现了的精神复苏和组织复苏。[4]

281

1880年代到1910年代之间确立的意识形态的意义和创立的那些意识形态的机构在后续几十年中得以延续。然而，后续几十年的情况已和明治晚期——即这些意识形态意义和机构初现萌芽的时期——大不相同。随着时代的发展，主流意识形态所描绘的世界和这种意识形态本身之间的差距越来越大。在众

---

1 内务大臣床次竹二郎给都道府县知事的第94号指令（1919年3月）。《内务省史》1：340—344。

2 例如，内务省和农商务省的“经济再生运动”开始于1932年；诸如官僚思想家和农业思想家之类人物经常使用的“自立再生”一词也起源于这个时代。关于此运动的当地报道资料参见：中村政则，《近代日本地主制史研究》，321—383。

3 胜田市史编纂委员会，《胜田市史料》，卷3（1973），15。

4 粟屋宪太郎，《资料日本现代史，卷2，战败后不久的政治与社会》（大月书店，1980），389—390、495—496。

多意识形态领域中，一些非正统的构想规划与正统思想相抗衡，以求让人理解这个不同以往、日新月异的社会。一战过后，尽管许多人都提议加强道德教育和精神统一，更多的精英人士（自由主义者、左翼人士和右翼人士）却号召实行民主政治，进行改革、维新，以及重建（简言之，重建似乎适用于所有场合）。[1] 1920 年代，日本的教科书面临着激烈的竞争，其竞争对手主要来源于明治时期其他的意识形态遗产。[2]

1930 年代不同寻常：不仅“天皇制”一词诞生于这一时期，正统的思想意识也在这个时期变得僵化。要想描述正统思想僵化的过程，就需要了解当时思想家们所处的社会环境，了解他们在明治时期的情况。目前可以得出两个观察结论：第一个与和谐相关，它的产生源于 1930 年代政府对思想意识控制的日益增加。明治末期的思想意识虽不是自发形成的，但是在其形成过程中，说服劝告远远多于威逼强迫，成为建立思想意识霸权的手段。这种说服劝告有时是道德方面的，有时是社会层面的，有时还会从学校和军队的各部门机构入手。不同情况下威逼强迫的程度各不相同，但都行之有效。最终的结果就是形成了正统思想，正如奥威尔所形容的那样：（正统思想）强

1　此用法的例子包括北一辉的《国家改造案原理大纲》，一份“激进右派”的文书；永井柳太郎的《改造的理想》，大正“新自由主义”；讲述大正民主的卓越杂志，《改造》，创办于 1919 年；以及就新学生与工人运动而言呼吁“社会改造”的论著，尤其是 1919 到 1921 年的友爱会。参见斯蒂芬・S. 拉奇，《日本劳工的崛起：友爱会，1912—1919》（东京：上智大学出版社，1972），以及亨利・德维特・史密斯Ⅱ，《日本的第一次学生暴动》（剑桥：哈佛大学出版社，1972。）。

2　关于大正年间的教科书，见：唐泽，《教科书的历史》，330—430。

而有力，因为人们都普遍信仰它，而这种普遍性得益于它在那个时代的合理性。

在 1920 年代到 1930 年代的历史进程中，一些思想意识方面的规划日益与其施加对象的经历格格不入。这在变化初现之际社会观点强烈反对变革这一方面尤为如此。如一位评论员所述，1912 年时，家人们已不是一直住在一起，夫妻已在不同的工厂工作，《教育敕令》里列举的儒家思想中五种人际关系（君臣、父子、夫妻、兄弟以及朋友的交往）已不能够涵盖社会道德。[1] 从 1910 年到 1935 年，工业和服务领域的实际就业的人数所占的比例正稳步上升，城市人口翻了一番，到 1935 年，已有 30.8%的人口居住于五万人以上的大城市中。[2] 然而，也正是在这几年中，有关农业的神话势头正旺，吸引了前所未有的关注。此外，日本乡村也发生了变化。在农场，思想意识的应用最初依赖于当地的精英人物，而到了 1920 年代，大多数最具权力的精英人物已日益缺失。也正是在这些年里情势发生着转折——传统的家长管理式农业土崩瓦解，而现代的家长管理式工业尚未完全形成。地主不再向贫穷痛苦的佃户提供救助，而公司尚无法胜任任何程度的“家长”角色。[3] 因此，在乡村面临经济困境时，政府定期要求当地居民进行自我救助

282

1 浮田和民，“新时代的使命”，《国民杂志》卷 3，17 号（1912 年 9 月 1 日）：19—20。

2 就业数据见：大川、筱原，《日本经济发展的模式》，392。“城市人口”见：《明治以降本国主要经济统计》，14。

3 “地主”见：沃斯沃，《日本地主》，66—93。“公司”见：克劳库尔，“日本雇佣体系”，225—246。

的号召日益显得微弱无力。在这种情况下，在一些人士看来，对于有效的“自我努力”来说，不论是1920年代的社会主义者提出的方案，还是1930年代激进的平均地权主义者提出的计划，都比政府提出的合作精神、忠于皇权等耳熟能详的规劝训诫有效得多。[1]

思想意识和经验之间的差异日益增加，这首先意味着一些思想意识并不像曾经那般完美无瑕。人们不再将思想意识视为自然生成的产物，因此需要施以更多的阴谋诡计和武力措施来维护正统思想的统治地位。随着皇家意识形态丧失其“明显的不可见性”，遂变得更加强调当下、更加固执己见、更加无法容忍多样性，甚至更超过明治末期的实际所需。为了确保思想意识霸权，政府最终不得不“以恶制善”，审查关于《昆虫社会》的科学论文以及关于无产阶级社会的政治传单。与此同时，政府还镇压从皇家正教中偏离出去的少数学说，这种颠覆程度就如同军队发起武装叛乱，占领民众聚集的城市中心一样。[2]

1　作为合作精神的范例，战前第四版小学教科书（1933—1939）讲述了五个乡村首领众志成城，共同修建了大坝，促进了当地繁荣的故事。这一现象在明治末期屡见不鲜，但是在1930年代中期日益变得凤毛麟角。海后，《日本教科书大系》3：340。

2　“以恶制善”，字面含义为“用粪便来调节味增”，见：“二三青年论”，《伦理讲演集》，101号（1911年1月）：80。《昆虫社会》是一本讲述昆虫的生物书，该书由于“社会”一词受到审查人员的询问，见：城市郎，《续发禁本》（桃源社，1965），170。关于1888年到1934年受到审查的书籍，见：内务省警保局，《禁止单行本目录》，卷1（湖北社，1976）。关于思想控制，见：理查德·H·米切尔，《战前日本的思想控制》（伊萨卡：康奈尔大学出版社，1976）。关于“颠覆”，见：本-阿米·施罗尼，《日本之乱：少壮派军官和二·二六事件》（普林斯顿：普林斯顿大学出版社，1973）。

与此同时，这种差异不仅诱使高压政治加剧，还促使政府加强对于1930年代特色思想的劝说和“影响”上的力度。此外，由于前期的普遍思想变得日益繁杂与教条，思想家们的工作变得更加辛苦。对于像最初的“国体”这一模糊不清的概念，思想家们的做法更是如此。“转变国体”最初被1925年的《治安维持法》认定为国家危害罪的一种。直接反对共产党，以及在美国暗示类似“反美国”的情绪，这些行为的内涵是将“国体”转化成为一个法律术语，一个即使是立法者也很难定义的法律术语。[1] 截至1930年代末，“国体”一词以一种崇高的、神秘的、有时又令人费解的描述方式出现在低年级教科书及思想手册当中。在1937年的爱国教育指南，即《国体的根本意义》一书中（截至战争结束，该指南已被复印、分发出上百万册），“国家政体”被视为最为华丽、能够涵指一切的表现形式。一份翻译文献（这份翻译文本和原文一样浮笔浪墨）的首段写道：

283

世袭的皇帝们接受了日本建国者的圣谕，世世代代统治国家，这就是我们永恒且亘古不变的国体。因此，基于此项伟大原则，所有人民团结一心，组成了一个大家庭，遵从着天皇的意愿，实际提高了忠孝之类美德的地位。这就是国体的辉煌之处。这种国体是日本永恒不变、万古长

---

1 米切尔，《战前日本的思想控制》，62—68；迈尼尔提出了“有害国体”的指控与“去美国化”的对比，参见：《日本传统与西方法律》，65—67。

> 青的基石，在历史的长河中光芒四射。除此之外，这一国体的稳固与国家的发展相辅相成。这种国体与天地同在，永垂不朽。因此，最首要的一点就是必须要认识到，在国家建基的现实当中，这种光芒之源是以怎样活跃的光辉映照万物的。[1]

然而，正如一位学者日后回忆的那样，1940年代人们对国体一无所知，大家只能简单地“感受它”。关于此方面的论述专著暗示出思想意识的控制规模扩大，所以人们才产生了这种情感。[2] 战争结束后，社会上产生了“过去几年关于国体的歪曲理论”。这个时代的产物是政府和民间思想家们通过固化皇室正统思想，以应对国内社会经济压力与国外日益恶化的国际环境而诞生的。这就好像国体独特的光辉及其可靠的永恒性变得更加重要，好像整个世界都在它周围消失了一样。[3]

1945年夏天，战争还有几个星期就要结束，世界似乎也即将随之崩溃，政府紧紧抓住“国体护持”这一借口，将其作为接受投降的条件。在天皇以广播的方式告知世人战争结束时，

1 《国体之本义》，豪尔、冈特莱特译，59。该手册是在文部省的指导下完成的，它的编委会包括如和辻哲郎和久松潜一等知名学者。

2 植手通有，“关于国体论”（《月报》，31号），《日本思想大系》，卷36，《荻生徂徕》（岩波书店，1971），8。植手也在回忆1940年与他“忠君爱国”的父亲一起徒劳地在商场寻找一本关于《古事记》的书的情景（他的父亲对该题材毫无兴趣）。当时店员还误解了他的请求，以为他要找“乞丐”（与“古事记”同音）。然而《古事记》是国家神道和国体的基本文献资源之一，根据《古事记》，1940年正是立国的2600周年。

3 例如，“各派政策讨论会：宪法问题与天皇制”，见日高编，《战后思想的出发》，105—106。

他宣布国体实际上被保存了下来。1946年，政府保守派和国会坚称新的战后宪法并不能改变国体。[1] 然而，那时候国体的意义已经开始减弱。1946年，保守派将国体视为“国家的基本特征”，以天皇制度存在与否来界定国体。[2] 因此，相比于战争爆发之前几年的光辉国体，这一做法愈加接近于1880年代的国家政体的定义。后来，“国体”在第二次世界大战前的概念随即土崩瓦解。据说在战后时期，日本的年轻人听到和“国体”音似的词（但实际上是“国民体育大会”的缩写词时），会认为这个词仅仅代表每年在日本广为庆祝的“国家体育比赛”。[3]

284

这段关于战前迷思的战后历史暗示了在战前时期日本对于天皇制这一思想角色的另一种观察。战争刚刚结束的那段时期，占领当局和日本人共同废除了关于天皇制思想的一般性及特殊性原则。人们重新以民主的名义审视国家和社会，许多人在短短的几个月里就抛弃了原有的国体，转而追求民主。他们的这种热情暗示着，战前的典型思想意识如今已是弄巧成拙。皇权正统不仅变得与国家及社会现实格格不入，其僵化程度甚至还有违常理。事实上，皇权正统不仅与城市工业资本主义以及之后战争失败这样的明显事实相矛盾，也和思想意识常识相

---

1 “国体护持”，见：粟屋，《资料日本现代史》2：459—461、483—484、256—277。“宪法”见：石田雄，“战后民主改革与国民的对应”，《岩波讲座：日本历史，卷22，现代1》(岩波书店，1977)，135—141。

2 关于定义，可参阅内阁对新宪法（1946年11月）的阐述，摘自豪尔、冈特莱特，《国体之本义》，198—202。

3 色川，《明治的文化》，266。

违背。例如，对个人主义的否认程度逐渐加强，甚至所有在经济、教育方面的努力、奋斗都被认为是可疑的（除非完全提升到国家需求的高度）。从明治时期开始，日本的官方思想就将个人成功及物质生活水平的提高同国家进步联系起来，尽管日本人民接触了此种思想意识却鲜有人愿意抛弃前者，选择后者。然而现在，他们的工作仅仅和“保卫和维持帝国皇位之繁荣的思想”相关。[1] 在战争时代，日本的教科书中不仅将日本描述为诸神的国度，将天皇描述成神祇，甚至将富士山也视为神圣的象征；而坚守这种传统的本土文化保护论者通常带着一种激进的反西方情绪——不论这种传统是以“征服现代”的概念出现，还是以日本精神的优越性进行表达。[2] 从明治时期引入文明到两次世界大战期间全世界追寻现代性，这种反西方主义和日本的经验经历格格不入，在战争结束后甚至消失得比国体还要迅速。回首往昔，1945 年至 1946 年正统“天皇制”的迅速消失暗示着经验和思想意识间的关系已经变得异常紧张，以至于一旦支撑官方思想的体制体系遭到解体，官方的意识形态就很容易予以废除。[3]

在通常情况下这可能是真的，但它绝不是普遍的真理。*285* 1930 年代至 1940 年代涌现了大批维护皇权的狂热分子，他们

1 《国体之本义》，181。

2 例如，海后，《日本教科书大系》3：312、405、412。

3 里昂·费斯廷格的“认知失调”概念与此相关，参见：费斯廷格、亨利·W. 里肯、斯坦利·沙克特，《预言失败时》（纽约：哈珀与罗，1964）。

有力地促进了思想禁令的传播和执行。纵观那些年，正统思想似乎有足够的能力通过刺激社会来实现国家的目的。然而，即使是在这个时期，对于思想意识的众多解读都暗示如果要解释国民行为，那么单纯的官方解读是不够的，这需要多方的解读与多种因素的互动。尽管国家的权力日益增长，早年间的模式却似乎延续至今。这可能意味着当时流行的思想意识规划不仅是官方教化的产物，也是各种思想家（官员及其他人士）共同操纵的结果。如果说正统思想动员了社会，那么更可以说社会也继续进行着自我调动，不论是战前、战时，还是战后，其深刻的社会意义都是社会的支柱。关于昭和时期思想意识的发展过程，有两个问题必须关注：一是天皇制思想如何如同国家意愿的要求一般引领了战前日本人的行为，二是国家如何制止思想意识与国家发展背道而驰。

在回答这些问题的过程中，我们可能会发现，那种从1945年回望昔日皇权鼎盛的时期的观点夸大了正统思想的力量，而这种夸大是可以理解的。某种程度上源于战后日本承诺要建立一个与以往迥然不同的国家，而这需要立刻确定是哪些社会力量对之前的灾难负责。在这种情境下，鉴于思想意识的潜力和令人厌恶的程度易于具体化，因此人们赋予了它可能本质上并不具备的实质、威望，甚至功效。这个研究至少暗示了正统思想——这个包含了政府教化、镇压和控制的结合物——的重要性可能和与之相对应的其他思想论述不相上下，这些思想论述有些并不是由战前日本创造的，也不能被战后的继任者们废除。

这是因为，精心构建起来的若干歌颂天皇制思想的丰碑在 286 第二次世界大战之后被法律或体制的改革摒弃或削减，就像天皇和富士山业已从神圣的典范沦落为自然形成的象征。至于之前提到的明治起源，1945 年失去的正是天皇制的各种因素，它们在思想传播的过程中涌现出来，后逐步扩展，到战争前夕已将早期的其他众多解读排挤出可容许的说法范围之外。然而，这些从其他方面进行的解读在大多数情况下都能在战争中幸存了下来。在明治时期思想意识论述的从属条款中可以看出，不论是将日本视为一个整体，还是视为社会和经济改善中的个体，战后的日本并未抛弃已有的信仰。在明治时期，国民整体首次拥有国家意识（即作为日本公民的意识），并延续至今。战后对于国家成就和“我们大日本国”国际地位的自豪感也延续至今，尽管现在日本主要凭借其卓越的经济文化实力提升国际地位，而不像战前主要依靠帝国力量。从深刻的社会意义（这种意义难以言表）来看，战争的失败无疑并未阻止国家的发展，却深刻影响着日本民众对于个人和集体的态度。新的政治体系并未改变议会政策的性质，反而将其奉为神圣，但也未能全部消除社会在解决谋私导致冲突的做法方面产生的厌恶情绪。

因此，1945 年见证了许多诞生于明治及以后时期思想意识因素的消逝，而战后形成的另一种不同精神的思想意识成果延续至今。事实上，战后的几十年间对于国家和社会的再次解读和明治晚期的解读并不同。此外，与明治时期一样，战后的思想意识并未有任何新突破，亦未采用现成的思想。相反，由于日本的现代化体现在许多其他方面，就如同明治时期的日本民众想象自己享受于政治和社会世界中一样，当代思想继续继承了对政治社会世界的解读。

索 引

“西方日本研究丛书”书目

1.《明治维新》［英］威廉·G. 比斯利 著 张光 汤金旭 译
2.《危机年代：日本、大萧条与农村振兴》［美］克里·史密斯 著 刘静 译
3.《日本发现欧洲，1720—1830》［日］唐纳德·金 著 孙建军 译
4.《日本早期的人口、疾病与土地》［美］威廉·韦恩·法里斯 著 刘俊池 译
5.《日本生活风化物语：俗世生活定义日本现代化的历程》［美］玛里琳·艾维 著 牟学苑 油小丽 译
6.《美国的艺伎盟友：重新想象敌国日本》［美］涩泽尚子 著 油小丽 牟学苑 译
7.《寡头政治：帝国日本的制度选择》［美］J. 马克·拉姆塞耶 弗朗西丝·M. 罗森布鲁斯 著 邱静 译
8.《丰臣秀吉：为现代日本奠定政治基础的人》［美］玛丽·伊丽莎白·贝里 著 赵坚 张珠江 译
9.《历史的忧虑：现代性、文化惯例与日常生活中的问题》［美］哈里·哈鲁图尼恩 著 戴瑶颖 译
10.《亚洲世界中的德川幕府》［美］罗纳德·托比 著 柳一菲 译
11.《日本的现代神话：明治晚期的意识形态》［美］卡罗尔·格鲁克 著 徐翠萍等 译